国家社科基金
GUOJIA SHEKE JIJIN HOUQI ZIZHU XIANGMU
后期资助项目

明代浙直地方财政结构变迁研究

Study on the Transition of Financial Structure in Zhejiang and South Zhili Province in Ming Dynasty

丁 亮 著

中国社会科学出版社

图书在版编目（CIP）数据

明代浙直地方财政结构变迁研究／丁亮著 . —北京：中国社会科学出版社，
2020. 4（2022.7 重印）

ISBN 978 - 7 - 5203 - 6460 - 7

Ⅰ. ①明…　Ⅱ. ①丁…　Ⅲ. ①地方财政—财政史—研究—浙江
②地方财政—财政史—研究—华东地区　Ⅳ. ①F812.9

中国版本图书馆 CIP 数据核字（2020）第 077408 号

出 版 人	赵剑英
责任编辑	宋燕鹏
责任校对	石建国
责任印制	王　超

出　　版	中国社会科学出版社
社　　址	北京鼓楼西大街甲 158 号
邮　　编	100720
网　　址	http://www.csspw.cn
发 行 部	010 - 84083685
门 市 部	010 - 84029450
经　　销	新华书店及其他书店

印　　刷	北京君升印刷有限公司
装　　订	廊坊市广阳区广增装订厂
版　　次	2020 年 4 月第 1 版
印　　次	2022 年 7 月第 2 次印刷

开　　本	710×1000　1/16
印　　张	20.75
插　　页	2
字　　数	372 千字
定　　价	99.00 元

国家社科基金后期资助项目

出 版 说 明

后期资助项目是国家社科基金设立的一类重要项目，旨在鼓励广大社科研究者潜心治学，支持基础研究多出优秀成果。它是经过严格评审，从接近完成的科研成果中遴选立项的。为扩大后期资助项目的影响，更好地推动学术发展，促进成果转化，全国哲学社会科学工作办公室按照"统一设计、统一标识、统一版式、形成系列"的总体要求，组织出版国家社科基金后期资助项目成果。

全国哲学社会科学工作办公室

序　言

丁亮博士是我国明清史学界后起的青年学者，毕业于东北师范大学，任职于辽宁师范大学。近几年来在《中国史研究》《中国经济史研究》《中山大学学报》《西南大学学报》《历史档案》等学术期刊发表明代社会经济史、明代财政史学术论文多篇，有较好的学术影响，尤其以几篇关于明代浙直地区地方财政史的文章，颇获国内同行的好评。毕业任教两年后，他的博士学位论文获批国家社科基金后期资助项目立项，自此以后，他用了近三年的时间，在博士学位论文的基础上，斟酌推敲学术理论、补充增添文献资料、打磨润色叙述文字、核对订正财政数据，反复修改，让书稿尽可能臻于完善。呈现在我案头的这部洋洋洒洒二十五万余字的书稿即将付梓行世，丁博士问序于我，我细读两遍，品味再三，觉得是近年来不可多见的好书。说它好，好在不同于当下的泛社会史、泛文化史研究，选题更具学术价值，此其一；说它好，好在文章有理论思考，非人云亦云，有作者独立的新识见，此其二；说它好，好在实证研究中使用了大量的统计数据，支撑立论，使立论基础更坚实更厚重。正是因为文章很好，才促使我写出下面文字，算是对本书的推介，或可作为初涉明代财政史的读者之导读。

明代财政史研究曾是中日两国史学研究的热门领域，自 20 世纪中叶开始到 21 世纪初，名家辈出，论著丰厚，成就斐然。作者选择明代浙直地方财政结构变迁为研究课题，依照常规学术研究规律，必须对学术史做一番详细认真的梳理，弄清学界前贤关于此课题发表了哪些学术论著，涉及到哪些主要学术问题，有哪些学术认知达成一致，有哪些学术认识尚存巨大分歧，分歧是由理论依据不同还是史料诠释差异造成的？明了这些之后，作者才能找准问题切入角度，提升研究质量，在前人研究的基础上，有新突破，有新建树，无论老专家还是青年学者，概莫能外。作者阅读梳理国内同行专家论文98篇，专著54种，日本同行专家学术著作28种，欧美学者著作23种，工作量很大。国内专家梁方仲、王毓铨、傅衣凌、唐文基、李伯重、栾成显、刘志伟、万明、高寿仙、范金民、樊树志、刘光临的代表性论著均做了详细论述。日本学者山根幸夫、川胜守、岩见宏、小山正明、岩井茂树、谷口规矩雄、栗林宣夫、伍跃的代表论著，作者也做了认真梳理和分析。这里有一点需要说明，就是日本学者的一些著作，迄今尚无中译本，凭添了学术史梳理的困难，作者如无一定的日语阅读理解能力，这项工作是无法胜任的。作者把与本书稿主题相关的中外学者论著梳理而成的学术史，没有放在《绪论》之中，而以《明代地方财政史研究回顾》为题，以附录形式放在书后。学术史分七个题目：配户当差与里甲制、里甲正役的任务、杂役佥派与均徭法、田赋折银、均徭役银纳化和科派方式的调整、上供物料与地方公费的改革、一条鞭法的成立与展开。围绕这七个题目，叙述中日学者的学术观点，客观载笔，不做是非判断，诸如民户之外的其他役户承担相应特殊差役，是否不担正役和杂役；里甲正役是否负担上供物料和地方经费；杂役是分六类亦或五类，均徭役的编审、佥点有何关联，均徭役的服役周期和形态如何；田赋折银是否始于金花银，金花银就是京库折银米麦吗？均徭役之银差、力差孰轻孰重，均徭役的货币化编审是否意味银纳化完成；上供物料和地方公费原来由"系官钱粮"支出缘何演变成现年里甲出办；欧阳铎、庞尚鹏和一条鞭法改革的财政史意义如何，改革是自下而上还是自上而下。这些相关认识，自然会启迪作者的治学灵感。

文献资料是历史学的前提保障，认知、观念和结论，皆源于史料辨析和诠释，任何史学论著的成功都必须走好这一步。本书作为浙直地方财政史研究著作，所用史料以明清浙江、南直隶地方志为主，非如此，则无法反映明代浙直地方财政变迁的区域特色。此外，还要辅以明代正史、政书、实录和明人文集、笔记等史料，从区域与全国的关联中，认识明代浙直地方财政结构变迁之先后、影响之巨细，更能看清浙直作为明代财富之区、人文之薮在时代发展中的引领意义。明代地方财政数据和赋役相关记载，一般收录在明清两代地方志中。嘉靖以前的方志记载数据比较简单且存世量很少，对地方赋役支出结构基本没有记载。嘉靖以后明代地方志修纂水平提高，记载地方财政数据和赋役收支结构的文字增多，是作者完成研究任务的文献保障。《天一阁藏明代方志选刊》《天一阁藏明代方志选刊续编》记载了嘉靖朝地方财政史的大量内容，史料弥足珍贵，其他方志无可替代。万历朝以后的方志记载地方财政收支的数据很详实，除天一阁藏地方志外，《中国方志丛书》《南京图书馆藏稀见方志丛刊》《日本藏罕见中国地方志丛刊》《四库全书存目丛书》《稀见中国地方志汇刊》《北京图书馆古籍珍本丛刊》等几部丛书中多有收录。其中南直隶各府州县之财政数据主要得自《南京图书馆藏稀见方志丛刊》相关方志，浙江布政使司各府州县财政数据主要在《中国方志丛书》相关方志中辑得。作者批阅检索了明清两代浙直府州县地方志 89 种之多，泛滥于方志书海，真可谓"上穷碧落下黄泉，动手动脚找资料"，没有这种精神，谈何史料翔实。这部书稿的创作过程中，作者还使用不少明人文集中保留下来的明代浙直地方财政史的资料。其中包括主持南直隶财政改革推行征一法的欧阳铎《欧阳恭简公文集》、主持浙江布政使司一条鞭法的庞尚鹏《百可亭摘稿》、参与部分财政改革实践的唐顺之《荆川先生集》和顾鼎臣的《顾文康公集》。还有曾在浙直地区任亲民官的基层官员的文集，如况钟的《况太守集》、海刚峰的《海瑞集》、张选的《忠谏静思张公遗集》等。此数文集的作者皆亲历亲见某一时段明代浙直地方财政变革的实践活动，又都有中央或地方官员的身份，所记史料可信度极高，对于厘清浙直地方财政演变中的某些不同认识，具有其他载籍不可比拟的学术价值。

学术史的梳理和基础史料的发掘，是保证学术课题研究成功必须做好的两项基本功课，没能完成这两个基本功课，便无资格谈学术创新。下面将谈谈丁亮博士这部书稿谋篇布局、基本结构、主要内容及研究方法与特色。在书稿《绪论》作者交待"财政可理解为国家或公共团体以维持其生存目的而获得收入、支出经费之行为"。所谓财政类型，就是指国家汲取财政资源的各种方式，并依照这种方式来定义国家类型和财政类型。明朝初年是在原额主义思想指导实行的赋役财政（即实物财政），中叶后开始向货币财政变迁，过程漫长而艰难，浙直地区作为明代社会经济发达地区，地方财政结构变迁最能代表明代国家财政的特色，最能辉映国家财政演变的历程。田赋和徭役的征收支办是地方政府的一项重要职能。第一章"田赋的收支结构与银纳化进程"，第二章"上供物料与地方公费的收支结构与变化"，第三章"均徭役、驿传役的运行、负担与结构变迁"，第四章"明代地方财政运行原理与一条鞭法的财政史意义"，这是书稿的主要内容与结构。

第一章第一节以浙江布政司杭州、嘉兴、衢州三府为中心，考察正项田赋中起运、存留项目的结构、银纳化进程，进而揭示银纳化改折的动力。作者编制了"杭州等三府税粮起存结构表"，依据三府方志中所得资料和数据，开列起运项目京库折银麦、京库折银米、京库兑运正耗米、漕运轻赍银、徐州广运仓改兑正耗米、永福仓改兑正耗米、北京白粮本折正耗米、南京白粮本折正耗米、南京各卫仓本折正耗米、解太仓光禄寺派剩米麦等 10 项；留存项目兑军行粮秋米、拨派兑军项下楞木松板、本府存留麦、本府存留米、各县存留麦、各县存留米、秋余米、征解他府秋粮、协济他府秋粮等 9 项。每项名称之由来、数量、解往地、储存地等皆明确交待，对起运税粮和存留税粮总量也进行了统计。作者认为明代田赋银纳化以京库折银麦、京库折银米（习惯称金花银）为开端，从正统初年至嘉靖中期，又有漕运耗粮（漕运轻赍银和派剩米麦）改折。田赋的大幅度改折发生于嘉靖中期以后，改折的动因都与军饷直接相关，是卫所军俸支放形式的改变和抗倭战争对白银的大量需求导致了正额田赋，尤其是存留税粮的改折。正额田赋的起运部分由地方政府征收，遵照中央政府的指令，解往指定的仓场，支配使用权完全操在中央政府之手。正额田赋的存留部分，按字面的意思是存储放在地方政府的仓场，支配使用权应由地方政府掌握。而实际情况却不是这样，存留税粮的掌握权仍操在中央政府，地方政府所能支配的仅是其中的一小部分。第一章第二节作者详细的考察了江南地方政府与卫所财政的互动关系，指出浙直地方处于海防前线，防倭寇防海盗任务繁重，加之军政腐败，卫所屯田籽粒远不足支付军俸支出。地方政府田赋存留部分，或支付有漕州县漕军行月粮，或支付境内卫所军粮，这两项支出大约占地方存留总量的 80%，甚或 85%。除此二项外，地方存留税粮，还要支付地方官俸禄、地方儒学师生廪俸以及赡恤地方孤铎。地方政府要开门办公，必须有经费支持，行政开支、祭祀费用、上供物料解扛银和路费银、上级或同级衙门官员公私交往应酬花销等。无论从制度上还是现实中都无法利用存留粮解决地方官员囊中羞涩，逼着他们另开脑洞，不得不把这些开支转嫁给里甲役、均徭役负担，造成地方财政的徭役化，产生里甲公费银和均徭役的额外财政负担。第一章第三节专门探讨地方存留粮的财政功能和公费银的出现。所谓地方财政徭役化，是指地方政府把大部分行政经费转嫁给基层里甲承担，表现为里甲役的公费负担和均徭役附带财政责任。这一节主要讨论公费银产生问题，浙江地区公费银也称里甲杂办银。作者依据方志文献资料和数据，编制了"杭州府存留粮收支结构表"、"衢州府存留粮收支结构表"和"杭、衢二府地方存留粮支出类别表"，详列存留项目名称、数量、支出类别、支出类别数量占存留粮总量的百分比，用数据说话，大有计量史学的韵味。作者还编制了"《浦江志略》杂办银项目表"，开列杂办银开支分祭祀费、科举费、仪典费、救恤费、行政开支、上供物料附加费、赔纳课钞七类共 17 项，并标明每个项目所用白银数。关于"杂办银"出现的原因，中外学者多有研讨，但意见并不一致。作者认为明初国家强力推行钞法，大明通行宝钞一花独秀，地方存留钱钞数量较大，钞粮钱银性价比值较高，存留钞可用于且足可应对地方公费开支。其后，宝钞严重贬值破产，形同废纸，地方财政缺口无法弥补，将商税流失部分通过"杂办银"方式转嫁给里甲民户负担，便是地方政府最现实、最合理的选择。地方公费最初以"甲首钱"方式由里甲人户负担，称"杂办银"最早见于嘉靖《浦江志略》。

第二章"上供物料与地方公费的收支结构与变迁"，上供物料是指供皇室和中央政府各机构所使用的除正项钱粮之外的生产、生活物资，是国家财政多样化需求不可或缺的组成部分；地方公费则是地方政府一般行政所需的财政开支；两部分财政收入用途不同，收支方式也有差异，浙江地方财政将两部分统称之为"三办银"，也有称之"丁田""均平"者。额办、坐办主要供应中央政府的上供物料以及修造战船、漕船之类的支出，杂办是用于地方政府祭祀、乡饮、科举、办公等公费支出。额办、坐办可能由明初"岁进"（岁贡）、"岁办"演变而来，额办物料的种类、数量是经制，历年无变化，而坐办物料的种类、数量非经费，每年都有不同。唐文基先生、小山正明先生与岩见宏先生、岩井茂树先生关于上供物料是明初便由里甲正役负担、还是由专业役户负担至永乐年间才转嫁给里甲，认识上有分歧。物料折征白银是否可以认为明代中央财政对物质的获取实现了市场化呢？作者综合各家的观点提出了自己独立的认识。即"明代所有人户要被统一编入里甲之中，并不区分职业或户籍的不同，而且也不存在专门从事特殊职业而不参农耕，不交税粮的人户"。"上供物料任何时候都应该是里甲人户负担"，即"按照应役里甲人户的丁田统一分摊上供物料用度。"物料折银，地方政府统一使用白银来计算物料的派征量，而且民户也确实缴纳白银类解中央，但仍有许多项目缴纳白银后由地方政府买办料物，国家仍不和市场发生联系。这些认识是符合历史实际的。明代上供物料的增长，经历永乐、成弘和嘉靖三个阶段，这是学界的共识，额坐二办形成在何时却无定论，作者分析各种方志的记载，料定其形成在正德十五年，额坐二办上供物料项目的规范化，以正德十五年颁发的"议处文册"为标志。作者耗时劳神编制了"明前期上供物料数量表"，开列黄岩县、乐清县、浦江县、杭州府、温州府、永康县明前期岁贡、岁物料名目和数量；"衢州府上供物料用量变化表"，开列明中期以后弘治、正嘉、嘉靖后期、天启后期额、坐办物料名目和数量的增耗；"万历天启间杭州等五府上供物料数量表"，三表中的物料名、数量互对，可见上供物料负担之增加，特别是浅船料价银、岁造缎匹银、四司工料银数额巨大且为前期所没有。物料由"分收分解"到正德末嘉靖初的"总征类解"，是物料征解方式的重大变化，里甲或现年里甲除原有责任，还要负担由里甲丁田出办的额坐二办银，形成四差中的"里甲役"。

　　第二章第二节讨论地方公费银收支结构和均平法改革，作者设计了"嘉靖时期五县杂办银项目表"，把太平县、安吉县、孝丰县、淳安县、定海县杂办银祭祀费、科举费、物料运费、行政开支、仪典费、救恤支出、赔纳课钞、加征物料、其它差役分九类，分别用 A、B、C、D、E、F、G、H、I 表示，九类共计杂办项目 29 项，每个项目用银数量，分别算出五县杂办银总量，用 S 表示。又用 S' 表示修正后的杂办银总量，S' = S − I + 150（或 100），为什么要这样处理，这是因为 I 类不是经制性常用之项。而行政开支的 D 类中包含"支应银"，但又没给出用银数量。支应银可能是明代地方公费银最隐秘的、不登大雅之堂的杂办银支出项目，它引起了我的极大兴趣。支应银用于地方政府日常办公与生活经费支出，各官私衙柴炭、米肉、纸张、朱墨等；用于往来公务人员接待费用和交际费用，如使官下程、铺陈银、馈送乡宦、举监、贡生等礼银等；提学岁考、季考生童费用及应付临时无备之各种开支。支应银每县受上级府控制，根据"初议文册""改议文册""再议文册"所定，一般县分合附郭县份年均 50—400两不等，趋势是见增不见降。杂办银，尤其是其中的支应银在收支过程中避重趋轻，虚报多支等弊端多多，萧山、鄞县曾尝试全部折银征收，把虚拟化的支应银实质"征银贮库"，将"现役里甲买办供送"改由殷实老人、坊长、大户置办，但因制度障碍和权限不够而未能实行。解决这个问题，由庞尚鹏的"均平法"改革来完成。唐文基先生认为庞尚鹏均平法改革才使得浙江均平银（即杂办银）有了一定的收支规范。侯鹏先生认为，均平法改革之前，规范杂办银的方法在浙江各别县份，已经实行了近半个世纪，庞尚鹏只是总结这些办法并将其推广到全浙。丁亮博士同意他们的意见，却又感到言之未尽之处。作者指出，作为浙江巡按庞尚鹏的"均平法"改革，与萧山县、定海县、鄞县地方政府的改革，在支应银改革指向上是相同的，即银纳化。不同之点十分突出。其一，庞尚鹏改革后杂办银（即均平银）总额大幅提高，杭州、嘉兴、衢州、处州、绍兴、金华六府中，涨幅最低者为 66%，涨幅最高者达 412%。其二，庞尚鹏"均平法"改革明确了支应银各项支出细则。作者编制的"衢州府均平银改革前后项目对比表"，列出支应银五项开支，分别是各衙门行政开支及生活用度、考试生员各项用度、公务往来接待并交际费用、酒席银、预备杂用银。改革前衢州府支应银为 750 两，改革后为 14013 两。公务往来接待并交际费达 9360 两，预备杂用银达 2036 两，行政开支及生活用度达 1825 两。作者提出"均平法"改革的三点意义是很到位的，且将前贤认识程度予以提升。第一，庞氏与地方政府对杂办银中支应银收支方式进行改革，由现役里甲买办供送转为"征银贮库，官为买办"的方式。第二，庞氏"均平法"改革提高了地方政府财政预算额度，确立了支应银收支细则，把地方政府预算外的支应银放到阳光之下，增大费用额度，使之合法化，这是地方政府无权无力完成的。第三，庞氏改革既不是对地方政府之前改革措施的简单总结，也不是将原本无序的地方财政秩序化行为，而是代表中央政府调整地方预算额度，帮助地方政府突破赋役"银纳化改革的制度障碍"。

"均平法"改革解决了里甲役中的支应银这一"隐形财政"，而均徭中库子、馆夫、门子、斗级等差役，虽有明确编金标准的用银数，而标准背后的财政负担要高标准数倍、数十倍，役户卖儿鬻女，破产偿役，苦不堪言。这正是书稿第三章"均徭役、驿传役的运行、负担与结构变迁"所讨论的问题，明初役法体系分正役与杂役两种，正役指里甲役。里甲役及其财政负担前一章已经讨论。里甲役之外供役于地方政府之差役称杂役。杂役因金派不公、分担畸轻畸重，正统年间按察金事夏时在江西对杂役进行改革，行均徭法，弘治年间行于全国，均徭役始得成立。作者概括中日学者关于均徭役研究成果为四方面。其一是将各级地方政府金派均徭役项目、轻重等级和名额确定下来，改变随意金派的做法；其二是官定徭役，禁粮、里长金点之权；其三是黄册之外另置"均徭文册"，均徭各役凭此点差；其四是将均徭役科派并入里甲系统，与里甲正役一样采用十年一周的轮充方式。在前人研究基础上，作者认为地方杂役在均徭法成立之前由粮里长依据赋役黄册所定户等金点，待均徭法成立后，才另编"徭役文册"（即鼠尾册）编金均徭。作者明确自己的认识，均徭役为户役制均徭形态，均徭役应役周期为十年一周，应役年份在应里甲正役之后的第五个年头。作者指出均徭法实施后均徭役的编金分为"审编"和"金点"两个步骤，里长书手人等先将县内人户丁田事产和差役数量编成册，呈送县衙，县州正官用"下半截"册籍对比"上半截"册籍姓名、丁田"亲填差役于上段"，亲点均徭。均徭法之实行实现了徭役编金的分离，保留了粮里的编审权而剥夺了其徭役金点权，实现了"官定徭役"，改变了地方政府与基层社会组织的权力关系，全面掌握杂役系统，增强了对基层社会的控制力。以上是第三章第一节的主要内容。均徭役是作者思考较深，在书稿中用墨最多的部分。第二节"征一法与明代南直隶的均徭法改革"，作者开宗明义指出，学界普遍认为，至南直隶十段法推行期间，各地区的均徭力差已经普遍折银的认识有失偏颇。从时间顺序上看，征一法改革是在十段法基础上推行的，要完成赋役合并编审，逻辑上讲，力差折银自然完成了。其实情况并非如此，嘉靖以来地方志确实已经把力差标定了工食银数量，且民户资产被分解为丁田核银计算。但此时的工食银和丁田银只具有会计学意义，方便政府核算民户负担，便于力差之分解拨派，却不能说明已经折银。综合归有光、唐顺之的记述可以判断出，征一法改革以前，均徭力差仍需民户亲充或雇人代充。多数学者认为随着社会经济的繁荣，力差折银在正嘉之际即已完成。作者的研究表明，截止征一法推行之前尚未有大批徭役改折情况发生，征一法改革才是明代最富庶的浙直地区首次进行均徭役全面折银的改革尝试。征一法改革意义深远，但新法推行也苦难重重，出现大均徭、小均徭之说，大均徭指地方府县依丁田征收均徭银，小均徭指均徭银征收后地方政县仍要在里甲中佥点人户充当均徭力差，像库子、斗级、解户、禁子、馆夫等力差最为民祸，你有均徭银在握，却绝无人应募。其二是逐年审编官征役银导致赋税负担与成本增加。征一法采用逐年审编方式，以一县丁田应一年徭役，想用"每年出银一钱"之法取代"轮年征银一两"来减轻民户负担，又想革除十年审编出现的"田既卖而差仍累"的宿弊。事与愿违，年年审编成本激增不算，而丁田银的剧增让民户负担不堪，二十年间，每丁征银已涨4倍，每亩田征银涨出6倍多。其三是赋役合并审编遇到技术难题。田赋减免只限功臣田土，而徭役优免情况复杂，上自品官乡绅，下至军户灶户都有一定份额的丁田可不与徭役审编，有全免者、有免其半者，有免其十之二三者，"分更分漏，会计将益难矣"。其四是审编改革的"除弊"效果不明显。征一法改革旨在兴利除弊，减轻民众徭役负担。可是年年审编，年年折腾，势要、豪民勾结吏胥，乘审编之机花分、诡寄、挪移、贿买弊端更加严重了，防不胜防。征一法陷入进退维谷的困境，松江、常州、镇江等地废止征一，复行十段法之旧。对征一法的推行受挫，作者不无遗憾，他指出十段法是作为赋役审编的方法，其与徭役折银之间并无直接逻辑关系。十段法推行时期均徭力差尚无大量改折情况发生，征一法才是明代官方主导的徭役折银的首次全面尝试。征一法多种改革措施与一条鞭法完全相同，可称为"类一条鞭法"。这场已经失败的改革何以在时隔三十余年之后的隆、万之际全面推开，不能过于简单论定"一条鞭法是大势所趋"，而应多多考虑东南抗倭这个战争因素对地方财政改革的推动作用。刘光临先生认为这是一条鞭法发生的"外生"推动力量，丁亮博士把国家因财政需求推动的改革称之为"财政推动"。这就是作者因遗憾引发的对"一条鞭法发生契机的再思考"。第三节讨论银、力差变迁和均徭法演化路径。均徭银差出现较早，其出现并非为减轻小民负担，反而是为增润各级官员的荷包。考索历史文献可知柴薪皂隶的设立本为外官养廉，柴薪皂隶本就是配给官员个人支配的役夫，将此役折银作为官员的补贴早在宣德年间就已开始；配给官员役使的"马夫"，在弘治七年已经折银；斋夫、膳夫皆均徭银差，是发给儒学师生的补贴费用。而逃绝富户、解户也是银差，折纳银两由地方政府支配。均徭银差的出现以官员对白银的欲求为契机的结论是成立的，但作者从财政学的角度来说，地方财政对白银的刚性需求对均徭银差的出现起到决定作用，因为明代地方财政是徭役化的财政。均徭银差出现后，总体呈膨胀增多趋势，坐船水手、新官家火、门子、巡拦等力差陆续转为银差。作者编制的"嘉靖间浦江等四县均徭役项目表"，列出浦江等四县银差项目26项，力差项目65项，差役名称、数量、工食银亦开列清楚，根据该表所列，作者对学界认为"嘉靖中期力差项目基本完成了银纳化"提出了质疑，根据是充足的。关于均徭力差的承当方式及其变迁，丁亮博士依据地方志资料总结归纳为"征银除役""编银金役"和"力役亲充"三种类型。"编银除役"，力差转为银差，民户不再亲身应役。"编银金役"指"准银定差，而不征银，听其自身执役或倩人代役。"工食银、财政附加银的数量只能标定差役之轻重而已。"力役亲充"，除"编银金役"中之"身自执役"外，是否还有不许"倩人代役"必须役户亲身应役之项目？这就是"庞尚鹏论均徭力差弊端、改革方式表"中的各驿馆夫、府州县库子、斗级三项。庞尚鹏巡按浙江时，均徭力差应役方式总体还保持"力役亲充"或"雇人代当"两种类型，无论"亲充"还是"代当"都不改变力差本质，都是对活劳役的直接征发。均徭役改革（变迁）方向是力差纳银，由官府自行雇募。力差全部转为银差的过程，可能不如梁方仲先生和小山正明先生所论，在十段法出现之时或之前就已经完成，而是在十段法出现之后才开始实施，作者以庞尚鹏嘉靖四十四年《巡按浙江监察御史臣庞尚鹏题为厘宿弊以均赋役事》和《题为均徭役以杜偏累以纾民困事》及（嘉靖）《永嘉县志》的史料支撑自己的观点，是立得住脚的。本章第四节，作者根据海瑞在淳安知县任内所撰《兴革条例》，编制了"淳安县均徭役正耗银用量表"，共计71项均徭役名头，每项均徭应役人数，每人工食银，正银连耗银，每名合计用银（含高比例附加财政责任），仔细阅读后，读者不能不认同明代地方财政徭役化的认识，因为耗银和附加财政责任有的高到令人咋舌！"淳安县均徭役重轻分类表"把淳安均徭役重轻分四类：极重役、重役、轻役、极轻役。作者认为仓库库子、斗级、监狱狱卒、驿传支应防馆夫、上供物料解户属极重役和重役。

作者提出判断均徭役轻重不能按传统的力差重、银差轻习惯认知，而是按该项徭役正耗银量和附加财政责任大小做出判断。本章第五节讨论驿传役收支结构与变迁，驿传役属于均徭役系统，在明初到正德时期应役方式经历了"亲身应役""纳银代役"和"征银除役"三种形式。黄册制度完善后，仍保留着"丁金粮金"方式。各地水马役所需马驴、船只及相应的马丁和水夫按照相应民粮额金点，称"粮金"；所谓"丁金"也称"市民丁金马"，按市居人口计户编派充当的马驿，所金均江南各府市民。驿传役优先金·"站户"，站户不足则金点普通民户，属明代四差之一种。书稿中"成化时期杭州府驿传役金派情况"开列"丁金"上马、中马、下马编金标准、金派数量、每马折银率及用银总量及"粮金"上马、中马、下马、水夫、站船的编金标准、马匹站船水夫金派数量、折银率及用银总量等数据，足证驿传役重差之灾。"衢州府支应往来使客所用杂办银数量表"，系作者依据（天启）《衢州府志》编制，开支项目共 6 项：上司并公干员吏临经无驿县分中获宿食廪粮饭食、经过公干官员府送下程县送油烛柴炭、上司经临并过往公干官员合用门皂银、门子人夫银、雇马银、雇船并贴船米价银，合计用银 9050 两，均由杂办银和驿传银负担。作者论断，直到均平法改革完成以后，明代驿传役才最终突破役法财政结构，完成"由役入赋"的蜕变。

第四章"明代地方财政运行原理与一条鞭法的财政史意义"和"结论"部分，更加偏重于形而上的理论总结和思考。作者借鉴美国著名考古学家张光直社会结构"稳定态"的理论，提出明代均徭役结构"稳定态"的假说，均徭役在嘉靖朝以前虽有少量的折银、虽有审编和金点过程之分离、虽有力差编定工食银的改变，但力差仍要亲身应役或雇人代当，是为了"以银定役"之重轻，地方财政还没有与市场的直接联系，甚至可以说地方政府尚没有公共财政。均徭役"稳定态"是描述地方政府获取职役的，在这种结构中基本不使用货币也不通过市场，属于徭役财政模式，到嘉靖四十五年庞尚鹏改革才有突破。力差大量转为银差，理论上讲可用征收的白银作为薪酬支付从市场雇募来的职役人，这对均徭役"稳定态"是巨大的冲击，将银差摊入地亩"随粮带征"，完成"由役入赋"的转化，"稳定态"才最后被打破。是嘉靖东南抗倭战争的发生，特别是军事动员的货币化是均徭役"稳定态"突破的重要原因，刘光临先生持此说甚力。作者同意抗倭军饷需求是促发徭役体系转变的重要原因，但不赞同称为外在推动力，因为军事财政应该包括在国家和地方财政之中。作者称引为筹措抗倭军饷，且对均徭役结构影响重大的"抽革充饷"和"提编均徭"的史料，及其所造成的轮役周期的变化，深入论证了自己的学术观点。这是第四章第一节的主要内容。第四章第二节讨论地方财政结构运行原理，第三节解析一条鞭法财政史意义，归纳整理，可从下面各点反应作者的较深邃较全面的理论思考。

第一，明代国家财政以明初到嘉靖中叶是赋役财政，或称原额主义的实物财政体系。正项田赋（亦有加耗）的起运部分由中央严格掌控。田赋中的存留粮，名义上存储地方，可地方政府支配权极其有限，仅可用其支付地方官俸、儒学廪俸和孤铎救恤，绝大部分用于军饷军费。地方行政在明初尚可依靠地方存留钞贯勉为维持，但随着钞法的破产，地方行政开支自然陷入窘境。

第二，作者给出明代地方财政徭役化的概念是很贴切而符合实际的。正项田赋几乎不负担地方财政开支，地方政府又不能宣告破产，关门大吉。被逼无奈之策，是向里甲役、均徭役、驿传役，当然主要是向均徭役寻求解决办法，即徭役之外附加的远超正役的财政负担。更出现了用于地方行政开支的杂办银（即里甲公费银）和包括于杂办银之中更行隐秘的支应银。支应银仅虚拟用银额度，并不实际征银，由现役里甲买办供送，体现的是役的操作原则。

第三，明代实行原额主义的国家财政体系和地方的徭役化财政体系，均有"稳定态"特质，但也不是绝对一成不变。正项田赋的起运项目的京库折银米、京库折银麦，均徭役中的柴薪皂隶、水夫、斋夫、膳夫等项目便是最早的赋役折银。均徭役中银差的出现，可认为是改折项目的增加，也属应役形态之演变。徭役审编和佥点方式的变化，均徭文册的形成，应役周期之变动，支应银初议、改议、再议文册的出现，都可视为地方财政结构的变迁，但不是根本性变迁。地方财政仍为徭役化运行。

第四，明代国家财政和浙直地方财政的巨变或重大变迁，其时间断限在嘉靖中叶以后。正项田赋存留粮基本改折白银，上供物料以额办银和坐办银买办供送。均平法改革、十段法改革、征一法改革，欧阳铎、庞尚鹏等经营人物的改革思想都在这一时段提出和实施。这一时期，徭役普遍折银，徭役的审编佥派尤重丁田标准，地方财政已现实货币化倾向。社会经济的繁荣和白银在流通领域的增加是财政体系变迁的必要条件，可内生的徭役货币化改革的动力仍显不足，欧阳铎对均徭役改革路径已经代表了"由役入赋"的财政思路，但在推行过程中遇到预算和技术难题，不得不放弃。浙江多地财政银纳化改革，也都囿于预算额度（主要指支应银额度不得提高）而作罢。

　　第五，截止一条鞭法改革之前的明代地方财政的运行原理基本上是反市场化的，政府本身很少使用货币从市场获取人力和物资，而是以役为核心的运作方式，地方财政运行赤字，只能到"定额外"寻找，仍属徭役化地方财政。迈出实质改革步骤，自庞尚鹏主持浙江变法始。均平银改革，大幅度提高杂办银额度，大幅度提高支应银额度，把不见天日的支应银纳入预算，放在阳光之下，并制定支应银的收支管理细则；大面积普遍化推行均徭力差折银；里甲役、均徭役、三办银、上供物料皆实行货币审编，摊给现役里甲计丁田出办。浙直地方财政改革先行一步。作者将庞尚鹏改革称"类一条鞭法"全不为过，因其与一条鞭法的赋役派征方法、赋役合并的收纳方法以及解运方法基本相同。作者强调指出，一条鞭法改革是继承了庞尚鹏改革的既定思路，进一步整合财政体制，简化征税程序，减轻民户解运负担。这一评价可谓中肯。庞尚鹏之区域性改革早于全国的一条鞭法改革近二十年，他的全力推动徭役全面银纳化并确立浙直地方财政市场化运行的理论和实践，为明代全国的改革做出了示范。

　　第六，关于明代地方财政体制变迁的动力，作者欣赏刘光临先生的思路，认为东南抗倭战争引发的军事动员体制的变更导致了徭役全面银纳化。作者在前四章多次提及抗倭战争，在短短的"结论"中竟五次提及抗倭战争，是募兵、卫所军俸、军饷对白银的大量需求推动地处抗倭前线的浙直地方存留粮和徭役折银，强化了刘光临先生的观点。

　　总之，这部书稿是部出色的学术专著。其研究的实证方法很扎实，无根之话不说。书稿编制数个图表，表中数据皆有出处，横算竖算均吻合无误，我们有理由称之为计量史学作品。书稿反映出作者具有较出色的经济史、财政史理论修养，作者对明代赋役财政、浙直地方财政徭役化、地方徭役银纳化演变历程、徭役银纳化动力等问题的论说，都具理论色彩，表明作者较强的抽象思维能力。

　　当然，学无止境，书稿仍有略嫌不足之处，如"数字化审编""市场经济"等概念在明代研究中似应慎用。明代里甲、均徭、驿传、民壮"四差"，为何对"民壮"不着一词。明代嘉靖年间东南抗倭战争对白银的巨大需求是赋役白银化的推动力，而同时进行着的对北虏的战争为何只字不提。对北虏的战争持续更长，规模也不算小，自正统年间瓦剌崛起，到成化年间土默特占据河套，再到嘉靖年间庚戌之变，战争不断。而与此同时，自正统年间，募兵制就已经开始，募舍人、军余、民壮从军，天顺、成化、弘治时莫不如此，厚给（与卫所军比较）行月粮、军装马匹，赏银均用银支付，每人三至五两。把"东南抗倭战争"改成"南倭北虏"是否更合适。作者出色地完成了第一部学术专著，对青年学者来说，来日方长，只要勤于思考、笔耕不辍，在未来岁月中定能撰写更多好作品，嘉惠世林。

赵毅于滨城寓所

2020 年 3 月 16 日

目　录

绪　　论

第一节　概念的界定与问题的提出

本书关注的基本问题是明代地方财政结构的转型问题，笔者首先界定"财政""财政类型"和"财政转型"等概念，以明晰书中使用概念的确切含义，并交代本书的研究范围。

财政可理解为国家或公共团体以维持其生存目的，而获得收入、支出经费之行为也。[①] 该定义说明了财政的一般性质，即只要有大的共同体产生，自然要为其生存而进行经济活动，那么财政便随之诞生。从这个意义上讲，国家财政的存在是毫无疑义的，国家对财富的汲取和消费，不管其方式是掠夺的还是协商的，均可以归入其中。所以，中国秦代以来即有"治粟内史""司农"之官，相应的也诞生了"国计""岁计"之制。

在现代西方财政学的视野中，财政一词专指"公共财政"这一类型，也即英文的"public finance"一词。从这个意义上讲，并非所有国家主体的经济活动都能称为财政活动。如日本学者神野直彦就认为，明治维新之前，日本没有形成市场社会，封建领主通过从领地征收产品或者以徭役的形式强制人民劳动等方式来调配统治者所需要的物资以及服务。明治维新以后，国家开始通过国民的同意强制征收货币，形成税收国家，也即政府只要获得货币，就能通过市场调配获得统治所需的物资和服务。[②]

显然这个概念关注的是公共财政和税收国家的形成。所以，将财政的概念界定在某个类型上，虽然给实证研究带来了很大的便利，但却给财政

[①] 陈共：《财政学》（第七版），中国人民大学出版社2012年版，第2页。

[②] 〔日〕神野直彦：《财政学——财政现象的实体化分析》，南京大学出版社2012年版，第5—6页。

史研究造成了一定的困难。所谓"财政类型"就是指国家汲取财政资源的各种方式，并依照这种方式来定义国家类型，如领地国家、贡赋国家、关税国家等等。财政社会学则在这种基本思路的指导下，尝试从财政类型变迁的角度考察国家的转型和历史的演进，即由一种类型的财政国家转型为另一种类型的财政国家。① 无疑财政社会学的这种研究思路很好的调和了财政概念的涵盖性和可操作性之间的矛盾。

如果从财政类型变迁的角度审视中国历史各个大一统王朝的话，我们就会发现任何一个跨度在二三百年的统一王朝似乎都不能因其政权的延续而自然将其视为一个结构稳定的政治统一体。显见的例子就是唐代的国家类型，学者们大多倾向两税法诞生前后的唐政权并不能视为一个连贯性的政治体，因此有关唐宋变革的研究一般以两税法的推行为起点。从现象上看，对唐代国家类型的界定无疑使用了财政类型的概念，"唐宋变革"的概念也为学界普遍接受。但宋以来的中国社会走向则并未取得较为一致的看法，李新峰将学者们对这一问题的论述归纳为三种说法，分别为"明中期变革说""宋元变革说"和"宋元明过渡说"。② 就明史研究而言，"明中叶变革"的提出因一条鞭法的推行而极具财政类型变迁的研究意义。

明代财政结构的重大转变对整个明王朝的影响是巨大的，且该问题早已成为中外学者关注的焦点。如梁方仲强调："明代嘉靖、万历间开始施行的一条鞭法，为田赋史上一绝大枢纽。它的设立，可以说是现代田赋制度的开始。自从一条鞭法施行以后，田赋的缴纳才以银子为主体，打破二三千年来的实物田赋制度……一条鞭法还有种种在赋法与役法上的变迁，与一向的田赋制度不同。从此便形成了近代以至现代田赋制度上主要的结构。"③ 赵轶峰也认为："财政体系货币化意味着国家财政并不直接建立在自然状态的农业经济基础上，而是通过市场经济而建立在包括农业在内的经济生产、交换活动基础上……中国的传统国家管理方式已经开始发生变化，国家管理可以与市场和货币经济形成内在的关系，超经济强制可以在赋税征收和人力支配等多个重要领域被财产占有和支配关系取代。"④

---

① 马骏：《治国与理财——公共预算与国家建设》，生活·读书·新知三联书店 2011 年版，第 3—5 页。

② 李新峰：《论元明之间的变革》，《古代文明》2010 年第 4 期。

③ 梁方仲：《一条鞭法》，收于《明代赋役制度》，中华书局 2008 年版，第 12 页。

④ 赵轶峰：《明代的变迁》，上海三联书店 2008 年版，第 330 页。

如果像内藤湖南等学者所说，唐宋变革开启了中国近世时代的话，那么以上两种观点显然把明代财政结构转变的意义聚焦在近代化的开端上了。① 明史学界对一条鞭法财政史意义的认识并不一致，概言之可将各家的基本观点归纳为如下三类：

第一类可称为"明清特质说"。黄仁宇认为，明代财政制度是一种独特的制度，它的基本设计框架在明朝的全部历史中一直在发挥着作用。非但如此，黄氏进一步指出"尽管由明朝确立的财政制度有其独特性，但是在明清两代接近 500 年的时间没有大的变化。它的许多特征已经视为当然，其社会经济影响已经被接受，可以认为这就是传统中国的典型特点。很难认为明代制度在中国财政史中具有很大的突破性。从那时开始，政府财政的主要目标是维持政治的现状，再没有任何活力可言"②。

日本学者宫泽知之与岩井茂树也认为，明清两代与唐宋时代不同，唐宋时代的财政运行秉持"祖额主义"财政思想，而明清时代奉行"原额主义"，即"根据明初的实际情况，制定出比较轻微的税额（轻税主义）。这种财政体系可以被描述为，包括财政的核心部分税粮、课程（专卖、商税），都被限制在必要的最小额度内，并将这个额度分配给各个部门，额外必要的部分则以附加税、追加征收的方式完成。这种体系可以被称之为明代的原额主义"③。岩井茂树则认为，固定税制的说法过于简单，"税额是否以法定的形式固定下来了，这并不是'原额主义'产生的决定性要因。经常性财政收支尽可能地控制在固定的范围之内，等等，这些要因才发挥着作用"④。岩井氏进一步强调，明清财政运行的症结就是严格奉行了明初确立的原额主义财政思想。总体上，岩井氏的论述是建立在宫泽知之论点基础之上的，两者对明代财政的基本特征秉持同样的看法。

持此种观点的学者认为，无论在财政思想上还是财政运行方式上，明代财政都与前代有较大不同，至少在财政体系上明清应该视为一个单元，与唐宋时代存在明显差异。黄仁宇认为，即便是一条鞭法实行以后，洪武型的生产关系依然没有多大的变动，全面用银并没有改善资源分割和侧面

① 〔日〕内藤湖南：《概括的唐宋时代观》，《日本学者研究中国史论著选译》第 1 册，中华书局 1992 年版，第 10—18 页。

② 〔美〕黄仁宇：《十六世纪明代中国之财政与税收》，生活·读书·新知三联书店 2001 年版，第 470 页。

③ 〔日〕宫泽知之：《中華専制国家財政の展開》，收于《岩波講座·世界歴史 9·中華の分裂と再生》，岩波書店 1999 年版，第 299 页。

④ 〔日〕岩井茂树：《中国近代财政史研究》，付勇译，社会科学文献出版社 2011 年版，第 17 页。

收受的情形，而这种组织形式一直由清王朝持续到 20 世纪。①

第二类可称为"明中叶回归说"。香港学者刘光临指出，如果将明初财政模式放在唐宋变革的长时段历史进程中考察，可以认为洪武型财政是对唐宋变革以来货币化财政制度的彻底否定。洪武型体制创造了一个不需要金钱的制度"奇迹"，而这种类似的实物财政制度只在距明朝 800 年之久的天宝以前才出现过。一条鞭法是对洪武实物财政体制的革命，其承认了市场作用和移民自由，对有明一代经济社会的发展有重大意义，但也仅是回归到 8 世纪唐宋变革以来经济市场化和财政货币化的轨道上。即便如此，由于明代国家的财政收入忽略了非农业税收资源的重要性，在很大程度上制约了国家税收能力随市场发展而进步的空间，对明朝以后的中国财政留下了巨大的负面影响。②

刘文注重从唐宋变革以来的历史变迁中研究明代财政走向问题。这种观点也隐含了刘氏其实认为在宋到明中叶之间存在一个明显的断裂期，这个断裂期的长度至少是明初至明中叶这个时间段。李新峰也强调"元明之间的变革幅度超过宋代以来任何其他王朝变更，元明与明中期之间构成了一个突兀的、特殊的'明前期'"，而这个时期既不与元代相衔接，也独立于一般意义上的"明清"之外，是一个独立的历史单元。③

以上两种观点至少在一定程度上达成了共识，即在财政类型上，明中叶以前的明政权并不同于中唐以来的唐宋政权且呈现出明显的保守和落后性。不同点则在于对一条鞭法的认识上，这样一种财政变革是否影响明清社会作为独立历史时期的连贯性，是双方的分歧点。

第三类可称为"明中叶变革说"。持此说法的学者认为，明中叶发生的财政货币化转变在中国财政史上是一场革命性的变化。如前所述，梁方仲认为，自从一条鞭法实施以后，田赋的缴纳才以银子为主体，打破了二三千年来的实物田赋制度。赵轶峰在对明末财政危机的论述过程中也表达了同样的看法，其认为中国传统社会的财政危机都是发生于实物财政体制时代，而明末财政危机与以往的王朝财政危机有本质的不同，它起因于传统社会结构解体时代的新的社会矛盾，这与整个传统社会体制的转型密切

---

① 《明代史和其他因素给我们的新认识》《中国近五百年历史为一元论》等文章，收于黄仁宇《放宽历史的视界》，生活·读书·新知三联书店 2007 年版，第 76、186—189 页。
② 刘光临、刘红玲：《嘉靖朝抗倭战争和一条鞭法的展开》，《明清论丛》第十二辑，故宫出版社 2012 年版。
③ 李新峰：《论元明之间的变革》，《古代文明》2010 年第 4 期。

相关。[1] 万明则认为赋役折银是明代货币化财政有别于历朝历代的根本特征，是中国历史上亘古未有的变化，具有划时代意义。[2] 该学说强调明中叶货币白银化和财政货币化的深入发展是社会转型的一种体现，是对传统社会财政结构的一种突破。李新峰将此种学说定义为"明中期变革说"，此论认为，明中期开启了中国传统社会全面近代化的变革趋势。[3]

该学说在一定程度上忽视了对"唐宋变革"的讨论，或者说其论点隐含的前提就是明中叶以前的中国社会并未脱离传统的赋役财政体系，而一条鞭法的实施以后中国社会才出现了近代意义的货币财政体系。

总体而言，各家对明代财政类型转变的解读均是建立在对明清历史的基本走向这一宏阔的历史问题思考之上的，这也是笔者写作本书时始终关照的基本问题。无论三种观点的分歧如何，各家的研究焦点均放在明代中前期的财政类型和一条鞭法改革的财政史意义上。自20世纪30年代以来，中日学者多从社会经济史的角度考察明代赋役财政体系的转变问题，认为明初因战争造成经济残破，导致其采用较为落后的赋役财政体系，随着社会经济的发展和白银的大量流入，对原有的赋役财政体系具有极强的瓦解作用，货币财政体系伴随着逐步成立，一条鞭法的推行标志货币财政体系最终确立。由中日学者共同建立的这种对明代财政体系（尤其是地方财政体系）演进过程的叙述被视为描述明代财政转型的标准模式。但该模式的线性进化论使用痕迹非常明显，坚持社会经济的状况是决定财政类型的关键因素。刘光临的研究则对上述观点提出了挑战，刘氏十分敏锐的观察到了明初建立的赋役财政体系与货币财政是完全背离的，明初赋役财政体系的确立并不直接由经济原因所致，关键在于军事动员的反货币化模式。政府因对货币产生需求而将赋役折银，可以视为财政货币化的内生动力，但刘文认为"内生说"只可以部分解释财政转型的动力，无法解释为何"由役入赋"的改革会在隆庆、万历时期突然完成。其认为，明代财政的长期落后与万历时期的突然进步都是适应当时的军事动员体制才发生的。刘光临的分析精辟、独到，其注意到了传统观点逻辑上的不通之处，为明代财政史的研究提供了一种新的视角。在笔者看来，刘氏所提供的分析思路中关注到了国家政权对财政模式的建设作用，同时在思考明代财政结构变迁时突出强调了军事因素。虽然既往的研究，如黄仁宇、唐文基等

---

① 赵轶峰：《论明末财政危机》，收于《明代的变迁》，第276页。
② 万明：《白银货币化视角下的明代赋役改革》，《学术月刊》2007年第5期。
③ 李新峰：《论元明之间的变革》，《古代文明》2010年第4期。

学者的著作，均注意到了战争问题对明代财政体系的冲击，但均未将其作为一个关键性因素引入分析框架。但刘氏对明代财政转型研究的学理分析贡献大于实证研究贡献，其关于明代财政转型"内生说"部分的分析大多采用梁方仲、刘志伟等学者的既有研究成果。其实，即便赋役财政体系自身对市场产生需求，田赋和徭役也未必一定朝着货币化的方向转变，这是既有研究成果中有待修正的部分。概言之，什么是"赋役财政体系"，何种因素推动着明代财政体系的变迁，军事动员和市场经济的发展在其中发挥怎样的作用，才是本书着重分析的要点。

从具体操作的角度而言，明代财政转型研究是一个宏大的课题。赋役财政体系是对明初国家财政各个领域收支体系的总称，涉及中央与地方财政中的田赋、徭役、盐法、商税等各个方面。就笔者接触的学术研究来看，尚未有学者对明代的"赋役财政体系"做出准确、系统的界定。诚如高寿仙所言，明代财政改革的历程曲折、形态复杂，尽量多做一些个案研究有助于对其做出更加全面的解释和评价。其之所以复杂，是由于明代各区域之间所面临的形势并不相同，如九边地区是军事防御重点地区，腹地经济又不发达，所以各布政司转运之夫役负担较为繁重，粮料负担不突出；浙直地区是全国经济重心，民众的粮料与地方公费负担很重，夫役几不涉及。从这个角度讲，明代财政史研究的领域与区域之间没有典型与非典型的区别，只有在一定的研究视角规范下，大量个案研究产生以后，才会对明代的赋役财政体系及其转变有一个比较清晰、明了的认识。本书选择浙直地方财政作为研究对象主要出于以下三个方面的考虑：

其一，从明初赋役财政体系建立时期，明代地方的财政结构就呈现出较大的差异性，大抵北方重役、南方重赋讲的就是这个道理。这既是地理上地区性差异的一种反映，也是中央政府对不同地区的赋、役数量需求不同造成的，因此明史学者尤其是日本学者很早就注意对明代财政进行分区研究。明代的浙直地区正是"华南型"财政的代表之一，其既是明代的财税重地，也是东南海防前线，存在着推动财政体系变迁的共同因素。且一条鞭法的实践与推行均在此地，涉及欧阳铎改革与庞尚鹏改革两大主要事件，更使该地区具有研究的典型意义。

其二，明代地方财政则是以布政司为一个相对独立的单位运行，地方府县要在布政司的统一监管下，完成财政收支任务，而且各地一条鞭法的改革也是以布政司为单位完成的。从这个角度而言，以布政司为单位通盘考察地方财政的变迁是比较理想的做法。但明代的浙直地区又有其比较特殊的地方，作为一个独立的行政区划，南直隶所包含地区的经济差异非常大，苏、松、常、镇四府作为财赋中心地带，政策独立性很强。无论从经济的发展，还是财政政策的推行上，其与浙江布政司之杭、嘉、湖三府共同构成的江南地区相似度更大。从这个角度讲，把苏松等府纳入本书的考察范围，能较好的反映出明代这一地区的财政结构演进轨迹。

其三，本书容量的考虑。鉴于明代各地的地方志保留情况不同，修纂情况也不尽相同，因此选区的材料丰富程度对本书容量的影响是比较大的。就明代方志材料而言，明代浙江地区的方志存世较多，且比较成系统，便于我们利用同一地区不同时代的地方志资料考察财政的演化路径。近年来随着《南京图书馆藏稀见方志丛刊》等各类方志丛书的出版，明代南直隶地区的方志可见数量骤增，也使得该地区的研究更具可行性。因此，明代浙直地区的地方志存量有助于笔者更深入探讨本地区的地方财政问题。

基于以上三点理由，笔者拟以明代浙直地区为例，探讨明代地方财政结构的转型问题。一条鞭法改革前后，地方财政的税收端虽然发生了较大的变化，但是支出端基本保持"粮料四差"的基本框架没有发生太大的变动。中央与地方的财政依然是"起运—存留"的关系，地方政府的财政责任首先是保证中央财政所需本折税粮以及上供物料部分的征收起运，其次是解决各级行政机构的行政开支和公共事务开支，也即存留银粮、杂办银、均徭银、驿传马价银和民壮银等几部分负担，这大致是地方财政负担的基本内容。本书即通过梳理浙直地方的财政结构转型，即正项田赋、上供物料、地方公费、均徭役、驿传役等部分收支结构的转变，考察赋役财政体系下明代地方财政的运行原理，重新审视一条鞭法改革的财政史意义，借以观察中央、地方政府和基层社会在地方财政结构中的各自功用。

第二节　资料、理论与方法

本书作为地方财政史研究著作，所用史料以明清两代地方志为主，并辅之以明代的正史、政书、实录以及明人文集等史料。以下对本书使用史料的若干特点作简要说明。

（一）明清两代地方志书

明代地方财政数据和相关记载一般收录在明清两代地方志中，其中嘉靖以前的地方志史料记载数据比较简单且存世量很小，具体的赋役支出结构也基本没有记载，史料价值相对较低。嘉靖以后，明代地方志的纂修水平显著提高，其中嘉靖时期的地方志主要收在《天一阁藏明代方志选刊》及《天一阁藏明代方志选刊续编》两套丛书中，史料价值极高，具有其他地方志丛书不可替代的作用。由于一条鞭法的推行，万历以后的地方志书记载的财政收支数据都很详细，除天一阁所藏地方志以外，一般收录在《中国方志丛书》《南京图书馆藏稀见方志丛刊》《日本藏中国罕见地方志丛刊》《四库全书存目丛书》《稀见中国地方志汇刊》《北京图书馆古籍珍本丛刊》等几部丛书中，其中南直隶各府数据主要依据《南京图书馆藏稀见方志丛刊》中的相关方志，浙江各府数据主要依据《中国方志丛书》中的相关方志。清代地方志书中保留了大量的明代资料，地方财政数据也有很多保留，可作为补充与修正之用。明代地方志由于抄录与保存等原因，造成很多数据或残缺或模糊不清。在这种情况下，利用纂修质量较好的清代方志保存下来的明代数据是比较理想的做法，本书使用的清代地方志一般收在《中国地方志集成》中。

（二）实录、政书与正史资料

《明实录》记载的内容与地方财政关系不大，但浙直地方财政的变迁涉及嘉靖东南抗倭问题，这方面的情况《明实录》中的记载比较详细。明代的政书对笔者的研究作用更大，地方财政结构的变迁很大一部分源自中央的命令，所以《明会典》中户部、工部记载的田赋和物料方面的数据与指令对我们的研究十分重要。除《明会典》外，《万历会计录》中保留的财政数据也很重要，尤其涉及明代地方卫所的屯田数据是本书考察地方存留粮支出结构时使用的主要史料。

（三）文集、奏议与笔记资料

本书使用的文集首先涉及在浙直地区主持变法的诸人，包括在南直隶推行征一法的欧阳铎《欧阳恭简公文集》，主持浙江一条鞭法的庞尚鹏《百可亭摘稿》以及参与各类改革活动的明人，如唐顺之的《荆川先生集》和顾鼎臣的《顾文康公集》等。其次涉及任职于浙直地区地方官的文集，如况锺的《况太守集》、海瑞的《海瑞集》以及张选的《忠谏静思张公遗集》等。

奏议类主要涉及与明代赋役变迁相关的明人奏议，一般收录在《明经世文编》中，或者收录在相关人物的文集中，在此不一一列举。此外，生活在江南地区的明代文人留有一定数量的笔记史料，如顾启元《客座赘语》、沈德符《万历野获编》、何良俊《四友斋丛说》等，都是本书写作时使用的重要史料。

财政史研究是一门重视理论和方法的学科，没有清晰的理论思路是无法深入分析繁复的财政数据的。前文已经指出，明史学者在分析明代地方财政结构变迁时秉持着社会经济发展推动财政体系变迁的思路，注重分析田赋与徭役的渐次银纳化进程，以及一条鞭法的集成效应。本书写作时更注意吸取财政社会学的思考方式，把财政结构看成国家政权汲取社会资源的一种方式，明王朝的赋役财政体制最初的思考就是以强制的人身控制为基础，汲取国家财政所需的粮料和人力。该财政体制的确立具有很强的稳定性，市场经济的繁荣只会让既有财政结构以一种衍生的方式去与之融合，在没有外力冲击的情况下，本质上不会被颠覆。笔者即持有此种理论思路分析明代的地方财政结构。

在分析方法上，本书尊重历史学的实证主义分析方式，认真梳理比较各类地方志数据，厘清各类数据之间的关系；财政史还注重数据的统计方法，本书各章的写作首先梳理明代田赋、徭役和公费的收支数据，并设计出几种统计口径，将各类数据制成简洁明了的表格，再依据数据对每项收支的计算方式、银纳化过程和具体的收支方式进行说明，勾勒出明代地方财政中存留粮、公费银、上供物料、均徭役和驿传役的实际收支结构。在实证研究的基础上，本书将综合学界既有研究成果，分析明代地方赋役财政体系的运行原理以及一条鞭法的财政史意义。

第三节　各章写作内容

本书从明代地方财政的田赋、均徭役、上供物料与里甲役、驿传役等四个方面入手，分析明代地方财政结构的变迁和运行原理，全书统合分为四章。

第一章讨论了正项田赋的收支结构与改折问题，主要关注赋役财政体系中的"赋"，内分三节。

第一节以浙江布政司各府田赋数据为对象，讨论明代田赋的银纳化进程问题。本节讨论的重点在于田赋银纳化的时间点，研究可以发现，至嘉靖中期以前都没有发生大规模田赋折银的现象，尤其对于地方存留粮，中央政府已经对其各项用途做出了明确的规定。嘉靖中后期出现的田赋开始大量改折白银现象，是抗倭战争对白银的大量需求和卫所军俸支出结构改变造成的。从这个角度讲，田赋的结构性变动需要站在较高的国家层面通盘考虑，也体现了地方存留粮和军事开支之间的联动作用。

第二节考察了江南地区地方政府与卫所之间的财政互动关系。这一节的讨论重点在于卫所军粮的缺额原因及地方存留粮对其补充的程度。江南地区各卫所由于海防和漕运任务的繁重,加之卫所内部屯政的败坏和对卫军的盘剥,屯田籽粒急剧下降。在这种情况下,江南各地方政府不得不拿出地方存留粮的大部分补给卫所。

第三节以浙江布政司存留钱粮的支出结构为中心,考察明代地方财政徭役化的原因。本节与上一节关注问题相类似却各有侧重,主要分析地方存留钱粮的收支结构及其与里甲公费银出现之间的逻辑关系。地方存留粮中的绝大部分被用于补充卫所军粮,其余部分用于官俸、师生廪粮和孤铎口粮支出,地方政府对这些用途不能擅自改变。存留之钱钞本用于地方行政开支,但随着明代宝钞的大幅度贬值,公费不足的情况日益严重,地方政府不得不将其转嫁给里甲负担,并最终在正德时期形成"杂办银"制度。

第二章考察里甲公费银、上供物料的办纳方式与收支结构的变迁情况,共分为两节。

第一节考察了浙江布政司上供物料用量和供办方式等问题。有明一代,永乐、成弘和嘉靖中后期是三个上供物料使用的高峰期,庞尚鹏改革以后则有所节制。成弘以后,各地物料征收出现了许多变通的做法,"分收分解"制度被"总征类解"制度所取代,物料负担被统一改折成白银,按丁田数量均摊给应役里甲的全体人户,成为里甲役的财政负担之一。但在造办和解运等环节上,实物主义财政色彩依旧很浓,各物料的具体解运方式仍需遵循中央各部的指令,或运纳实物或直接缴纳白银。

第二节考察了浙江地方公费银的收支情况。研究表明公费银实际存在两种支办方式,其中祭祀、科举、抚恤等有国家明确规定的项目直接缴纳白银,由地方政府统一支销。另外一部分是地方政府日常办公与生活的费用、往来人员的接待费用、交际费用等项目,这些被称为"支应银",该部分并不直接征收白银,而是由现役里甲人户买办供送,属于附有财政负担的"役"。尤其支应银收支的灵活性比较大,地方政府可根据自己的实际需求来支配,但每年支出的总量也有一定的规范。地方政府虽屡有将支应银改折的提议,均因预算额度过低,不得不重新回到里甲买办供送的"役"的方式上来。庞尚鹏的均平法改革提高了公费银的预算额度,将一大部分"合理不合法"的项目列入地方财政的开支项目之中,最终完成了公费银改折,其实"提编里甲"役补充东南抗倭的军费依然是推动这项改革的最直接动因。

第三章集中讨论役的问题,明代浙直地区均徭役、驿传役的成立,徭役负担以及结构变迁等问题,共分为五节。

第一节论述了和均徭法佥派方式有关的一些问题点。主要包括均徭法出现以后地方徭役编佥方式的调整，均徭文册的形制，均徭法的轮役周期以及均徭役的应役形态四个问题。

第二节考察了欧阳铎在南直隶推行的均徭法改革的情况。欧阳铎于嘉靖十六年在南直隶推行的均徭法改革实际已经具备一条鞭法的诸多特征，但在实际推行过程中遇到了制度上与技术上的诸多障碍。地方政府不能有效化解力差的"附带财政责任"，赋役合并、轮年审编反而增加了民户的消耗，方便豪民大户的贿买行为，给里长、揽纳户和户书里胥等中间层带来了巨大的获利空间，因此各府陆续重新使用十段法审编均徭。欧阳铎改革的反复为我们重新思考明代均徭役的变迁轨迹提供了非常典型的案例。

第三节以浙江布政司为中心分析了均徭银力差之间的变化情况。对明代均徭役银力差的研究表明，银差主要作为地方官员的养廉银两和儒学师生的补贴银两使用，大量用于地方政府行政所需的人员仍然以"力役亲充"或"雇人代当"的力差方式征发。在理解明代均徭役问题之时，需要区别"货币化审编"和徭役佥派两个过程，大多情况民户只是花钱雇人替自己去服役，政府的最终需求依然是役，而不是白银。东南抗倭战争所引发的军事动员体制的变更才是引发徭役全面银纳化的直接动力，均徭提编彻底打破了原有体系的运行方式，迫使地方通过佥役获取财政收入的思路发生转变。

第四节以海瑞的《兴革条例》为切入点考察了明代均徭役的财政负担问题。海瑞在嘉靖末年曾任浙江淳安县知县，其《兴革条例》中保留了较为完整的财政数据，其中均徭役项目不仅标注了工食银，还记载了表示该役实际财政负担的耗银，因而，可以通过各项目的正耗银总量，对均徭役的财政负担进行较为精确的量化分析。通过对工食正耗银的量化分析表明，负担各府县重要财政部门的徭役一般是重差，而没有此类责任的铺兵、门子等服务于各机构的杂役，还有不须亲自服役的银差大多属于轻差的范围。

第五节考察浙江布政司驿传役编佥方式的变迁情况。服役于驿站的人户不但要亲身应役，还要负担驿站运行的财政支出。驿传役的银纳化改革发生在正德、嘉靖年间，此后驿站财政基本实现了货币化，各类水马夫役由驿站自行雇佣，大部分服役人员也都实现了雇佣，但供役于驿站的馆夫等役则由均徭佥派。随着驿站财政的膨胀，尤其抗倭战争爆发以后，驿站的财政压力骤增，多余的负担则被转嫁给馆夫等均徭人户身上。

第四章从理论层面考察明代地方财政结构的运行原理，共分三节。

　　第一节以均徭法为例分析明代地方徭役的"稳定态"问题。均徭役的运行体现出明代地方财政运行中"役"的特性，徭役人员充当政府行政人员是强制性行为，其本身所附带的财政责任也属于役的范畴。而抗倭军费的筹集对冲破均徭役稳定形态起到了至关重要的作用，均徭提编等措施打乱了里甲十年一轮的应役次序，雇佣兵制的常态化要求地方政府必须放弃原有的赋役形态，完成由役入赋的货币化改革。

　　第二节从宏观的角度总结概括地方财政的运行原理。在前人的研究基础上，本节提出定额、徭役和审编是明代地方财政运行的几个重要因素。在定额主义原则下，财政赤字需要转嫁给徭役负担，而审编方式的完善则保证该体系的稳定运行。

　　第三节以庞尚鹏改革为切入点重新审视一条鞭法的财政史意义。在东南抗倭战争对东南地方财政产生巨大冲击的情况下，庞尚鹏巡按浙江等处的主要任务就是改变原有的地方财政结构。在其重建地方财政管理体制的基础上，各地陆续推行了深入的一条鞭法改革。由于本书所分析的明代地方财政结构变迁路径与既有研究成果并不完全一致，所以本节试图对一条鞭法的财政史意义进行重新解读。

　　全书附录部分简要梳理了有关明代地方赋役财政研究的部分学术成果，归纳为七个问题叙述，既是本书探讨各问题的一个基础，也希望对关注本课题的学者有所帮助。

第一章 田赋的收支结构与银纳化进程

田赋是明代国家财政收入的主干，也是财政史研究的重要领域。就明代江南地区的田赋而言，最重要的问题莫过于江南重赋与漕运。自明成祖迁都北京以后，长距离的转漕造成运输费用的增加，进而导致原本就存在的官田重赋愈加困扰江南农民。[①] 因此，明宣宗曾两次下达减免官田税粮的命令，并派遣周忱巡抚江南，具体贯彻之。[②] 此次调整共减免税粮2777300石，国家田赋总额由3000万左右下降到2700万左右，并形成最终的正赋定额。不仅如此，周忱改革基本确定了明代江南地区正项钱粮的收支结构，虽然兑运总额和改兑法都是在成化年间才最终确定下来，但基本都是在周忱确定下来的财政结构内进行的调整。不过，漕运所带来的地方负担并没有因为田赋的减免而彻底解决，其给地方政府和卫所带来的财政压力一直存在。

就本书所关注的财政转型问题而言，"金花银"项目的确立无疑是周忱改革中最值得注意的问题。明史学界一般认为这是明代田赋货币化的开端，但该说为万明所质疑，她认为官俸折银是暂时行为，"京库折粮银"一直要到成弘之际才出现，这是国家适应民间用银频繁而做出的调整。她的论点虽然存在争议，却提醒学者重新思考明代田赋折银的推动力问题。

笔者在本章试图解决三个问题：首先以浙江布政司各府田赋数据为例，分析田赋的构成及各项目的银纳化进程，观察明代田赋银纳化进程的特点和改折动因；其次以卫所为中心，分析江南各府存留税粮与卫所的财政互动情况；最后集中分析地方政府存留粮的支出结构，从而说明存留粮的财政功能。总之，本章试图理解明代地方财政体系中"赋"的内涵，以及在定额财政制度下"赋"的功能。

---

① 江南重赋问题参见范金民《江南重赋原因的探讨》，《中国农史》1995年第3期。

② （成化）《杭州府志》卷19，《四库全书存目丛书》，齐鲁书社1997年版，史部，第175册，第280页。

第一节　正项税粮的构成与银纳化进程分析

对于正项税粮的银纳化问题，小山正明认为这一历程始于周忱巡抚江南之时，即"金花银"制度的确立，此后华中、华南的田赋银纳化程度逐渐加深。另一方面，北边军卫对白银的需求也导致了北方民运量的银纳化，这两方面的变化推动了全国范围内田赋的银纳化进程。[①] 唐文基也认为田赋改折金花银是明代田赋货币化的推动力。成弘以后，各地除金花银外，或因逋欠、灾荒和运输问题而出现的临时性田赋折银也屡见不鲜。[②] 万明认为金花银制度的成立并不在正统初年，而在成弘之后。主要民间自下而上推动的结果，而不是国家法令推动形成的。随着民间用银量的不断增大，国家税赋银纳化的程度也在逐渐加深。[③]

综合以上观点可以发现，明史学者对明代田赋银纳化问题的研究多集中在金花银问题上，无论各方家如何看待金花银制度成立的推动力，但均认为金花银开启了明代田赋银纳化的进程，此后明代田赋的货币化程度不断提高。现有的学术成果大多关注金花银制度，而对此后的田赋银纳化进程缺乏实证性分析，从而无法清晰勾勒出明代田赋的银纳化进程，造成我们对明代田赋银纳化的推动力分析难以深入。本节即以浙江布政司正项田赋为对象，考察明代税粮的银纳化进程，进而说明改折的动力所在。

笔者首先选取记录比较完整的杭州、嘉兴和衢州三府田赋数据制作成表 1−1，然后对表中各项目的构成情况与银纳化时间逐一做出说明。

一　京库折银米麦

本项即税粮改折金花银部分，折率为 0.25 两/石，每两解运路费 0.025 两。浙江共有起运京库折银麦 80000 石，米 598543.6599 石，共折银 169635.9150 两。[④]

明史学者一般认为明代田赋货币化的开端就是正统年间金花银的出现。金花银是为了解决北京武官去南京支取俸粮的困难，将浙江、江西、

---

① 〔日〕小山正明：《明清社会经济史研究》，东京大学出版社 1992 年版，第 69—71 页。
② 唐文基：《明代赋役制度史》，中国社会科学出版社 1991 年版，第 184—199 页。
③ 万明：《明代白银货币化的初步考察》，《中国经济史研究》2003 年第 2 期。
④ 该总数取自《万历会计录》卷 2 所载浙江布政司田赋数额，《北京图书馆古籍珍本丛刊》第 52 册，书目文献出版社 1989 年版，第 77 页。

湖广、南直隶、两广等地的起运税粮按照银粮比1∶4的折率缴纳白银，是为金花银。唐文基认为金花银就是折粮银、京库折银。万明则认为正统初年金花银的名称尚未出现，而且没有规范化，存在一个逐渐形成定制的过程，成弘时期才逐渐形成定制。《明史》的记载误把折粮银、俸米折银、金花银等不同的银的概念混淆在一起。万明进一步强调白银货币化是一个自下向上的过程，其作为明代赋役制度改革的推动力，并非朝廷法令推行的结果。[①] 但（成化）《杭州府志》收录了一条"正统十二年夏税则例"表明，金花银制度的确在正统年间即已经存在。

表1-1　　　　　　　　　　杭州等三府税粮起存结构[②]

		杭州府		嘉兴府		衢州府	
	数据来源	（万历）《杭州府志》		（万历）《嘉兴府志》		（天启）《衢州府志》	
	数据年代	隆庆六年		万历十六年		万历三十八年	
	税粮项目	本色（石）	折色（两）	本色	折色	本色	折色
税粮起运	京库折银麦		925.4285		3815.7437		
	京库折银米		18154.0449		33822.3649		5067.8094
	京仓兑运正耗米	141000		336853.22			
	漕运轻赍银		18061.182		43720.3065		
	徐州广运仓改兑正耗米	4435.83		17670.51			
	永福仓改兑正耗米	3739.5			3484.4214		
	北京白粮本折正耗米			57874.9171	33465.3652		
	南京白粮本折正耗米			3625.7812	237.024		
	南京各卫仓本折正耗米	10107.764	3267.129	94509.7854	14930.4574		33464.6531

---

① 万明：《明代白银货币化的初步考察》，《中国经济史研究》2003年第2期。

② 本表据（万历）《杭州府志》卷29、30，《中国方志丛书》第524号，成文出版社有限公司1983年版，第2037—2240页；（万历）《嘉兴府志》卷5、6、7，《中国方志丛书》第505号，第287—464页；（天启）《衢州府志》卷8，《中国方志丛书》第602号，第754—769页制成，表中只选取了正赋米麦的本折数据，丝绢、课钞等项目均不计入。

续表

		杭州府		嘉兴府		衢州府	
	数据来源	(万历)《杭州府志》		(万历)《嘉兴府志》		(天启)《衢州府志》	
	数据年代	隆庆六年		万历十六年		万历三十八年	
	税粮项目	本色(石)	折色(两)	本色	折色	本色	折色
	解太仓光禄寺派剩米麦		1929.2403		5832.873		3017.2171
起运总计		159283.094	42337.0247	510534.2137	139308.5561		41549.6796
税粮存留	兑军行粮秋米		5649		14684.41		
	拨派兑军项下楞木松板		139.5002				
	本府存留麦	733.5249	414.5505		854.3702		
	本府存留米	1519	13190.8344		386.7982		3262.5402
	各县存留麦	514.2874					
	各县存留米	3974.1286	217.537	357	7655.8301		5215.1196
	秋余米	4579.8045					
	征解它府秋粮	389.0775	2492.9961				1776.2807
	协济它府秋粮						559.2015
盐粮米	各府仓	1705.2013	1526.3528	153	3177.1151		91.448
	各县仓	3831.783	110.6828	887.4	3321.6481		643.0833
	各府儒学仓		391.4		840		560
	各县儒学仓		2299.1188		1400		1400
	征解它府盐粮米		117.8349				31.515
	充兑军行粮				2715.5912		
	盐余米	3314.7125					
存留总计		20561.5197	26549.8075	1397.4	34123.1469		13539.19
总　计		179844.6137	68886.8322	511931.6137	171278.4961		55068.8696

　　征收正统十二年夏税则例。折银麦三千一百五十八石三斗六升六合一勺六抄二圭，每石折征金花银二钱五分，共折正银七百八十九两六钱。议将上年余米拨补，每金花银一两连耗银六分，共准荒银一两一钱六分六厘。每荒银一两支米三石五斗，共支米四石八升一合，通该支米三千二百二十二石三斗五升七合六勺，每金花银五十二两作一

锭起解，另存一两作车脚木柜等项用。前项余米就仰解银粮长粜卖荒银煎销足色金花，赴府县管粮官等处眼同倾泻成锭，口錾姓名，就连车脚银交与解银粮长收解，不许银匠刁蹬包煎。①

以上材料可见，该项税收的正式名目是"京库折银麦（米）"，而非金花银，所谓"金花银"是指一种成色十足的白银形态，是相对成色较低的"荒银"而言的。《明史·食货志》在撰写时直接将其用作税收名目，因而在正统年间的文献中查找不到该项税目自然十分正常。

通过上文记载的金花银征收过程可以发现，税粮到白银的转化过程实际由粮长完成。对于一般小民而言，无论承担何种税目，都是实物税收，一般民户并不直接与市场发生联系。从这个角度讲，由民间用银频繁促动国家税收货币化的逻辑关系是不能成立的。财政主要表现为国家需求，即便在市场白银存量不大的情况下，国家也可以使用自己的财政指令完成，"京库折银米麦"的征收过程就是最好的例证。

二　漕运正耗本折米麦

此项包括兑运、改兑漕粮、耗米与轻赍银等项。明代漕运于宣德年间变支运法为兑运法，成化八年（1472）固定岁运400万石的总额，至成化十一年（1475）施行改兑法以后，基本固定为每年兑运粮330万石，改兑粮70万石。浙江布政司负担兑运粮60万石，改兑粮3万石。②

其中京仓兑运粮一项由正米、耗米、芦席米和漕运轻赍银三部分构成。（万历）《明会典》卷二十七：

> 江西、湖广、浙江每石加耗米六斗六升，又两尖米一斗，共七斗六升。内除四斗随船作耗。余米三斗六升折银一钱八分，名三六轻赍。今于三斗六升内减去二升，只征三斗四升，改为三四轻赍，于内仍扣留银二分。③

表1-1中杭州府和嘉兴府为有漕府分，除随船耗米0.4石以外，还有芦席米0.01石，实际的耗粮为（漕粮×0.41）石，征完交给官军领运。④

---

① （成化）《杭州府志》卷19《税粮》，第309页。
② （万历）《明会典》卷27《会计三·漕运》，中华书局1989年版，第199页。
③ （万历）《明会典》卷27《户部十四·会计三》，第200页。
④ （万历）《杭州府志》卷29《田赋上》，第2037—2241页。

折色轻赍银制度形成于弘治年间，是随船耗米之外的余米折纳而来。《名山藏》卷五十：

> 弘治中，姑议定折耗银曰轻赍。其法：兼算耗锐，稍盈缩而剖之，以银兼米。米从赢数，银从缩数。凡轻赍之银，官给之。[1]

表1-1中杭、嘉二府均是"三六轻赍"，没有出现《明会典》中所言的"三四轻赍"，每正银一两另加0.01两的解京路费，因此浙江各府轻赍银的计算方式是（漕粮×0.36）石×0.5两/石×1.01。该项银两解淮安府收库，听给官军沿途剥浅等项支费，并协济造船支用。[2] 以此计算则浙江布政司60万石兑运漕粮的随船耗米为24.6万石，折色轻赍为10.908万两。

"徐州广运仓改兑正耗米"一项即为成化十一年施行改兑法以后兑与漕军的部分，浙江改兑米共3万石。每正米一石的随船耗米为0.42石，另加芦席米0.01石，共耗米（改兑米×0.43）万石＝1.29万石。

兑运、改兑两项正粮共63万石，与（万历）《明会典》所载额度相符，但表1-1中杭、嘉两府还有"永福仓改兑正耗米"一项，据《万历会计录》记载"永福仓本色米一万五千石，愿纳折色者每石折银六钱"[3]。该项每正粮1石加征耗米0.5石，正耗共米2.25万石，原则上征收本色，如果愿意缴纳折色银则每石连耗折征0.6两，表1-1嘉兴府即直接用银计算。[4]

该项目在《明会典》中没有记载，不是漕运正额部分，笔者也没有找到相关佐证。但（嘉靖）《仁和县志》保留了成化十八年（1482）以来的起存数据，其中就有起运永福仓正耗米一项，而且对比（万历）《杭州府志》中仁和县数据可知，该项目一直保持定额没有变化。因此，可以认为此项是漕粮的一部分，只是不在正额之内。[5]

以上对表1-1中漕运项目的分析可以发现浙江地区漕粮征解的基本原则，即正粮不改折，正额以外（如永福仓米）可以本折兼收，耗粮逐渐改折为轻赍银。本书意在考虑明代田赋收支的一般性原则，因而只关注银纳化的制度化历程，而没有对漕折问题作出分析。之所以如此，是因为漕折大都因地方灾荒或临时别用而改折的漕粮，一般都是"不为例"，即非

---

① （明）何乔远：《名山藏》卷50《漕运记》，福建人民出版社2010年版，第1373页。

② （万历）《杭州府志》卷29《田赋上》，第2076页。

③ 《万历会计录》卷2，第77页。

④ （万历）《嘉兴府志》卷5《赋役》，第294页。

⑤ （嘉靖）《仁和县志》卷4，《中国方志丛书》第179号，第281页。

制度性的改折，故而漕折并不妨害我们对明代漕运以实物收支为基本原则的理解。

三 两京白粮本折正耗米

白粮系供南北二京供用库、酒醋面局和光禄寺等机构使用的上等白熟粳米和糯米，该项目在明代一直采用民收民解的方式运送，浙江布政司的嘉兴府和湖州府都有白粮负担。下面我们以嘉兴府的嘉兴县为例，考察明代浙江地区的白粮构成情况。

据《万历会计录》卷二，浙江共负担白粮 69250 石，按 1∶1.1 征收糙粳米 76175 石。[①] 表 1-2 可知，地方政府的白粮负担要远高于这个数额，实际要按照 1∶1.8 征收，弥补运输过程中的损耗。而且白粮始终采用民运方式，贴役银和运费负担也都很高，北运白粮要达到正粮 1 石征收运费米 1.6 石或 1.7 石，南运白粮也要 0.41 石。因此，每白粮 1 石运至北京几乎要消耗米 0.7 石、白银 1 两，是负担较重的项目。

表 1-2 　　　　　　　　　嘉兴县南北白粮项目结构[②]

白粮项目	正米（石）		准折糙米（石）	贴役银（两）	运费（两）
	本色	折色	1∶1.8	正米×0.18两/石	船钱+贴夫+车脚米
北京供用库白粳糯米	4289.9575		7721.9235	772.1924	3431.966（0.8两/石）
酒醋面局白糯正米	780.0216		1404.0389	140.4039	624.0173（0.85两/石）
光禄寺白粳九分本色米 白糯八分本色米 白粳折色米 白糯折色米	2125.0939 852.7814	236.1215 （1两/石） 234.5148 （1.1两/石）	3825.169 1535.0065	382.5169 153.5007	1806.3298（0.8两/石） 724.8642（0.8两/石） 2.8335（0.012两/石） 2.8142（0.012两/石）
北京白粮总计		470.6363	14486.1379	1448.6139	6465.6774 减免夫车银 121.5 两
南京供用库白粮总计	403.375		726.075	58.086 （0.144两/石）	165.383 石 （0.41石/石）

① 《万历会计录》卷2，第77页。
② 数据来源：(万历)《嘉兴府志》卷5《赋役》，第289—292页。

表1-2中光禄寺白粮有一部分已经改折，据（万历）《明会典》卷217，这一部分改折发生在万历九年（1581）：

> （白粮粳糯米）万历五年题准一年本色，一年折色。九年以米少酌处每年上白十分改折二分，中白十分改折一分。①

改折白粮的折率能达到1两/石或1.1两/石的程度，高出普通税粮一倍。即便如此，相对于本色白粮的征解，改折的成本还是大大降低了。但税粮的改折方案直到万历九年（1581）才正式确定，且额度很小，以此比例计算，浙江只有3600石白粮改折，占总额的5.2%。

以上分析可见，浙江地区的白粮正项基本是实物缴纳，只有很少一部分在万历年间才改折，但运费已经折征白银，这种结构与漕粮类似。

四　南京各卫仓本折正耗米

此项为运送南京供各卫所官军俸给支出的粮米，浙江布政司共有257409石，由杭州、嘉兴、湖州、金华、衢州、绍兴六府负担。② 该项目中分为"折色米"和"水兑正米"两项，"历年折解不等，俱候会计派单至日征解"。③ 其中绍兴、金华、衢州三府的南京卫仓粮米改折发生在嘉靖二十二年（1543），（万历）《明会典》卷42：

> （嘉靖）二十二年题准，浙江绍兴、金华、衢州三府起运南京仓米，每石连席耗折征银七钱，类解本部。④

查照（万历）《明会典》可知，此时的南京仓粮只有这三府折收白银，"其余俱征本色解南京户部仓库交纳"，直到隆庆六年（1572）才全面改折：

> （隆庆）六年议准，南京水兑正耗米三十七万五千石，内二十一万石本色放足三个月，其余一十六万五千石改纳折色。及行各抚按转行司府查照本折米数均派……浙江金衢绍三府每石折银七钱，杭嘉湖

---

① （万历）《明会典》卷217《光禄寺》，第1082页。
② 《万历会计录》卷2，第77页。
③ （天启）《衢州府志》卷8，第757页。
④ （万历）《明会典》卷42《南京户部·粮储》，第298页。

三府每石折银六钱，解南京户部以备官军折银支用。①

上引史料可见，改折以后南京仓粮的本折比为14∶11，这种改折主要是为了适应卫所军俸饷支放制度的变化。材料中可知，此时南京各卫官军的俸饷发放是三个月本色米，其余为折色银。

浙江各府运往南京各卫仓的粮米都采用明初制定的民收民解的制度，因此虽然较北运漕粮而言路途很近，但运费很高，每正粮1石的加耗达到0.65石，其中0.25石是"随粮正耗"，0.4石是发给解户的船夫脚米。②表1-1中衢州府并无本色南粮一项，主要是由于该府派拨本色数目比较少，正耗米总共1200.8石，全部按0.7两/石折征白银，"如解本色即令官解赍银，前赴近京产米地方照依时价买纳，有余扣追还官，俱解南京户部交纳。"③这种做法的好处与折色米一样，可以节省0.4石民运路费花销，但这绝不意味着税粮改折减轻了民户的负担。据杭州府海宁县和富阳县的记载可知，折色仓粮的加耗依然按照0.65石征收，只是其中0.25石按照0.6两/石折征，随正银解往南京，另外0.4石耗粮按0.5两/石折征"解府听候司道明文支用"④。

以上分析可知，浙江地区运往南京各卫仓的粮米到隆庆六年（1572）有大约半数左右改折白银征收，主要是适应卫军俸饷本折兼支的方式。地方政府也乐于将税粮折银征收，这就可以把因折率与市价差产生的剩余白银和因折银节省下来的路费收归本地财政。后文的分析将表明，地方政府利用本折转换产生的差价补贴财政的例子还有很多。

派往南京各卫仓米中，除实运南京以外，剩余部分均解折银解往太仓，是为"解太仓光禄寺派剩米麦"一项。《万历会计录》卷二：

> （浙江）派剩米三万八千五百三十石八斗一升八合二勺，内一万九千五百石，原拨光禄寺之数每石折银七钱，其余一万九千三十石八斗一升八合二勺，每石折银六钱，俱解太仓银库。⑤

以此计算，共有派剩米麦折银25046.9182两，每两加路费与贴役银

---

① （万历）《明会典》卷42《南京户部·粮储》，第299页。
② （万历）《杭州府志》卷29《田赋上》，第2127页。
③ （天启）《衢州府志》卷8《国计志》，第758页。
④ （万历）《杭州府志》卷29《田赋上》，第2146页。
⑤ （明）张学颜：《万历会计录》卷2，第77页。

0.014 两，共计 25397.5751 两，此是浙江正项税粮中唯一折银解入太仓的项目。《明史·食货志》载，自金花银制度确立以后，户部在正统七年（1442）也设立太仓库，"各直省派剩麦米，十库中绵丝、绢布及马草、盐课、关税，凡折银者，皆入太仓库。"① 但《明史》的观点并不代表太仓库成立之初，派剩米麦折银即成为其收入的构成之一。据苏新红的研究，至迟到成化十八年（1482），太仓库已经有了折粮银的收入项目。笔者也大体同意派剩米麦在成弘以后逐渐成为太仓库的稳定收入来源。②

上述四项均为正项税粮的起运部分，以下为存留粮项目，包含税粮存留和盐粮米两部分。盐粮米与户口食盐钞的功能是相同的，都是配给食盐时需要缴纳的项目，只是市民交钞，乡民交粮而已。《天下郡国利病书》载：

> 民户口得于运司支口食盐自给，有司固征其入日盐粮。自钞法不行，灶户日以耗散，商人每引增至银二两，口食盐亦不复给，商民盖交病之。然盐口之税，官吏每口一十二斤，市民六斤，每斤纳钞一贯；乡民二斤二两五钱，每斤纳米四升三合二抄五撮。盐虽不给而原额固在，有司并其额入税粮内带征。③

可见盐粮米已经逐渐成为地方政府的税收项目之一，并入税粮统一征收，因此本部分也将其与正项税粮放在一起分析。

五　兑军项下行粮什物

（此项分析可参见第一章第二节）这一部分包括支给漕运的行粮和随船什物两部分内容。其中"兑军行粮秋米"一项每正粮 1 石加耗 0.05 石，每石折银 0.6 两。其中"以银五钱抵石给军，余银一钱解府贮库，听候司道明文拨给取用"④。可见兑军行粮按照 0.5 石/两折银发放给运军，但在实际的折银过程中，地方政府往往提高折率，留出一部分供地方财政支用。

漕运官军的俸粮或于所属府分领取，或于兑粮所在州县领取，浙江各

① （清）张廷玉：《明史》卷 79《食货三》，中华书局 1974 年版，第 1927 页。
② 苏新红：《明代太仓库研究》，博士学位论文，东北师范大学，2009 年。
③ （清）顾炎武：《天下郡国利病书·浙江备录下》，上海古籍出版社 2012 年版，第 2436—2437 页。
④ （万历）《杭州府志》卷 29《田赋上》，第 2147 页。

卫运军属于第一种情况，需要在地方政府支领行粮。《通漕类编》卷四：

> 永乐十三年题准官军行粮，浙江、江西、湖广、江南直隶各总卫所俱于本处仓关支，南京各卫于兑粮水次州县应解南京仓粮内扣算关支，俱米三石。①

兑军行粮在明中叶之前始终采用实物放支的形式，只是在解决拖欠兑军行粮米的时候才指定地方官府"不拘银米"，尽数补足。② 这种情况直到嘉靖四十四年（1565）国家规范运军行粮则例之时还基本如此。《通漕类编》卷四：

> 嘉靖四十四年题准运军行粮例，该本处关支者，虽派别省兑运仍旧本处支给，如征收不齐，浙江、江西每石征银五钱……官军一到即与支给，如征收不及将在库别项银两借支补还……③

可见直到嘉靖末期，兑军行粮也只有在粮食不足的情况下，才按照0.5两/石的折率发放白银。表1－1显示所示杭嘉二府的兑军行粮已经全部发放白银，因此笔者认为兑军行粮是否折银还与当地存留粮的整体改折情况相关，这一点我们在下文将会讨论。

除行粮之外，地方财政还要负担运军的随船什物，也称之为"拨给兑军项下楞木松板折银米"，杭州府在盐粮米中支出，嘉兴府则直接包含在"兑军行粮"之中。该项米以0.5两/石的折率征收白银，按照0.4两/根楞木、0.25两/片松板的标准将白银"随同正粮交给领运官军"。④

从《通漕类编》的记载来看，该项目直到嘉靖初颁发"席木则例"之时尚征收本色，直到万历八年（1580）才正式"覆准随粮板木令各运军就

---

① （明）王在晋：《通漕类编》卷4《漕运官军粮钞》，《四库全书存目丛书》，史部，第275册，第327页。

② （明）杨宏：《漕运通志》卷8"（正德十六年）区处各军未知月粮。……今日运军月粮久欠数多，有司仓廪空虚，作何设法通融区处，不拘银米，均为补给，拯济困苦"；另"（嘉靖二年）处恤运军行粮之困。……官粮，官吏每年预先会计，扣算明白。即以应运某府、某州、某卫、某所仓分米麦，照数征完，民户运赴水次，听监兑委官查算官军实数，照数兑与该卫所官军作为行粮……如有缺少就将库藏官银每石五钱折算，俱不许拖欠"。《四库全书存目丛书》，史部，第275册，第123页。

③ （明）王在晋：《通漕类编》卷4《漕运官军粮钞》，第327—328页。

④ （万历）《杭州府志》卷29《田赋上》，第2148页。

于水次收买合式松板"①。表1－1所引《杭州府志》田赋数据成于隆庆年间，可见该项目应该在此之前就已经改折，只是到了万历时才颁发正式的规定。至万历十二年（1584），经漕运总督李世达的题请，浙江布政司付给漕军的楞木松板银有所提高，且"仍令运官自买，永为遵守"②。以上分析可见，运军所需随船什物在嘉靖时期还是实物供应，一直到万历前后才开始折银交给运军。

六　地方官仓存留米麦

本项目指存留在地方官仓的米麦，供地方政府和卫所使用的米麦。从表1－1的情况来看，该项一般存放在本府仓、本县仓、府县儒学仓或转解至外府仓。该部分是地方存留粮的主体，其收支情况笔者将在下节详细分析，本部分只关注存留粮的银纳化历程。（万历）《杭州府志》卷二十九：

> 本府广积仓米……本县（仁和县）有征米一万一千四百五十石二斗二升三合五勺……每石加耗并船脚五升。本折中半，本色内扣官俸六百一十九石二斗，每石连耗折银八钱，解府贮库，供送三司首领等官俸粮支用，余银征运该仓上纳。其折色一半每石连耗折银五钱五分，解府贮库，以银五钱抵石本折相兼放给官军孤铎口粮，余银五分作为白粮仓料。
>
> 存留本府广积仓盐米一千八百九十五石二斗一升九合三勺七抄五撮，每石连耗并船脚米五升。本折中半，折色每石连耗折银五钱五分解府贮库，以银五钱抵石给军，余银五分作为白粮仓料。③

以上两条史料表明，存留仓米麦先完成本折中半，其后本色部分也逐渐完成改折，因此我们首先考察"本折中半"发生的时间与原因。《明世宗实录》卷一〇九：

---

① （明）王在晋：《通漕类编》卷3《仓廒板席》，第316页，"嘉靖十二年题准席木则例每席一领折银一分，每兑运米二千石该纳楞木一根松板九片，俱本色"；"万历八年题准随粮松板令各运军就于水次收买合式松板"。

② （明）王在晋：《通漕类编》卷3《仓廒板席》，第317页，"（万历）十二年漕运都御史李世达题称，各处松木贵贱不同……浙直司府粮米者非产木处，其价甚高，要将木价四钱再令有司加银一钱，共银五钱；板价二钱五分加银一钱五分，共银四钱。本部覆准依议加增，仍令运官自买永为遵守"。

③ （万历）《杭州府志》卷29《田赋上》，第2077—2079页。

　　（嘉靖九年）辛丑诏浙江温、台、处三府税粮俱复征本色。三府税粮旧徵本色，近岁以海警缮理海防，乃改令本折兼半征纳供军兴费。其折色粮每斗以银七分为率，当市估二斗价，民甚苦之。至是监生朱玄诰陈其害，谓复旧便，且请罢加造战船之役。部覆从之。①

　　上引材料可见，嘉靖初浙江地区因海警曾将温、台、处三府的税粮本折兼半征收，供军费之用，但不久就恢复本色征收了。这同时也说明"本折兼半"征收是应急措施，正项税粮在此之前应以征收本色为常态。

　　斗级原设有预备、军储、存留、便民等仓不一……今令每年新旧交盘则无亏折之患，且于年终更役之日听守巡道会呈抚按衙门委官查盘交割，此外俱免再查，自无别项浮费，及又改征本折中半，益省收放之繁。②

　　庞尚鹏的奏疏表明，至嘉靖末年浙江各处税粮已经改为"本折中半"征收了，原因同样是折银以供军费。《筹海图编》卷十一：

　　在京衙门会议云各处名山香钱、缺官俸银、川广盐银、广东税银、大造黄册过割地亩银俱可取用。至于税契银率多侵隐，亦可查取徭编银，再可借解天下各司府州县赃罚纸价。自嘉靖三十五年为始一毫不许别用，暂解军门听用。……又各屯田暂纳折银数年，且不为例，其该纳银六钱七钱八钱者即使征收五钱。……又各府州县预备仓谷酌量时价，量籴其半，解赴军门。③

　　可见，各卫所的屯田籽粒折银和地方政府预备仓粮折银全都用作军饷。由前引《杭州府志》材料可知，其折色一半正是用作发放卫所军俸的屯田籽粒粮，可以证明地方存留粮"本折中半"正是因提供饷银所致。

　　据（万历）《杭州府志》的记载，存留中本色一半税粮的银纳化发生在万历三年（1575）。（万历）《杭州府志》卷三十六：

---

① 《明世宗实录》卷109"嘉靖九年正月辛丑"条，台北"中研院"历史语言研究所1962年校勘本，第2560页。
② （明）庞尚鹏：《百可亭摘稿》卷1《巡按浙江监察御史臣庞尚鹏题为均徭役以杜偏累以纾民困事》，《四库全书存目丛书》，集部，第129册，第124页。
③ （明）郑若曾：《筹海图编》卷11《经略一·足兵饷》，《四库全书存目丛书》，史部，第227册，第166—167页。

（屯田子粒）以上本折二色除额征本色并积荒粮折银两解贮杭州府库外，其本色米先年俱坐派丰积二仓征贮……后于万历三年新议折银，俱纳于管屯指挥类解府库，抵支官军月粮。[①]

由此可见，另一半本色部分折征是在万历三年（1575），但改折程度不同，表 1-1 中杭州府尚有 2 万余石税粮征收本色，嘉兴府和衢州府则大部分实现了折银征收。可见，浙江布政司的存留税粮自嘉靖末年开始本折中半征收，至万历初年基本实现折银征收。

以上本书对浙江布政司各项田赋的构成情况与银纳化进程进行了梳理，笔者首先将各部分税粮的银纳化时间制作成下图，再对正项田赋银纳化进程体现出来的特点做出说明。

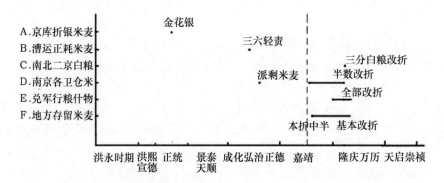

图 1-1 浙江布政司正项田赋银纳化进程示意图[a]

a. 由于笔者没有找到白粮运费的折银时间，因此没有标注出。

根据图 1-1 所示，可把嘉靖中期作为分界点，将浙江布政司正项田赋的银纳化进程分为前后两个阶段。

前一个阶段，除金花银是正项田赋改折产生之外，只有漕运运费和派剩米麦改折，而没有另外的税粮改折。正项田赋在整个财政结构中，基本以实物收支为主，就存留地方的田赋而言，情况更是如此。我们固然可以认为漕粮改折增大了田赋的折征比例，但这并非制度性折纳，而且漕折也没有带动更多的田赋项目折银。

嘉靖中期以后的起运项目中，漕粮的结构没有发生制度性的变化，白粮也只有很少一部分改折，但其余部分的改折幅度则大幅度提升。缘由之

---

① （万历）《杭州府志》卷 36《兵防下》，第 2611—2612 页。

一是南京卫所军俸制度的变化，由完全的实物放支变为本折兼支，促成了起运南京卫仓米麦的部分改折。而抗倭军饷的筹集则对地方存留粮改折的完成起到了决定性的作用，折色银两全部用于军费开支，另一半本色部分也在万历初年基本完成改折。

在笔者对浙江杭、嘉、衢三府田赋各项目的构成和银纳化历程的梳理过程中发现，虽然金花银改折虽然是明代田赋银纳化的开端，但在随后很长一段时间内，正项田赋都没有发生制度性的改折，只有漕运耗粮和派剩米麦发生了改折。田赋大幅度改折的情况发生在嘉靖中期之后，而改折的动因都和军饷问题有直接关系，是卫所军俸支放形式的改变与抗倭战争对白银的大量需求导致了正项田赋的不断改折。

募兵制对白银的大量需求可以从一个侧面反映出市场交易用银的频繁，但市场经济的繁荣只是田赋改折的必要前提，而非充分条件。地方财政对白银需求的不断增长，同样没有推动存留粮的改折，而军事行动对白银的大量需求最终推动了正项税粮，尤其是存留税粮的改折。这样的改折过程引发了笔者另一个兴趣点，即军事活动为何快速推动了存留税粮的改折，明代浙直地区的地方财政究竟和卫所之间有怎样的互动关系。

第二节　明代江南地方政府与卫所的财政互动关系

本节以对明代江南地区各卫所的屯田结构及地方财政结构的分析为切入点，探讨明代江南各府与驻扎卫所之间的财政互动关系。所谓财政互动，是指明代赋役财政体系框架下错综复杂的财政补给关系，涉及中央与地方、腹里与边疆、军政与民政等各方的互动。

在明代的财政互动关系中，九边供饷体系牵涉方面最广，调动资源最多，开中、民运、京运等制度无不为九边供饷而设计，学界研究成果也相对集中。如松本隆晴、寺田隆信、赖建诚和王尊旺等学者专注于九边军饷数量与供应体制的研究，张松梅在前人研究的基础上，对明代军饷的收支和管理体制进行了总括性的研究。① 对内地卫所财政的研究，学界多关注

---

① 〔日〕松本隆晴：《明代北边防衞体制の研究》，京都汲古书院 2001 年版；〔日〕寺田隆信：《山西商人研究》，张正明译，山西人民出版社 1986 年版；赖建诚：《边镇粮饷——明代中后期的边防经费与国家财政危机（1531—1602）》，浙江大学出版社 2010 年版；王尊旺：《明代九边军费考论》，天津古籍出版社 2015 年版；张松梅：《明代军饷研究》，博士学位论文，南开大学，2008 年。

卫所系统自身的变迁情况，如于志嘉《卫所、军户与军役——以明清江西地区为中心的研究》对明代江西卫所的屯田和军役问题进行了深入的探讨，用力颇深。王毓铨《明代的军屯》一书对明代军屯的整体情况进行了全面的研究，自然也涉及江南地区的屯田问题。但正如于志嘉所言，关于内地军饷收支体系的研究十分薄弱，卫所和州县之间的接触程度如何也有深入探讨的空间。①

明代地方财政史的研究论著一般只关注赋役制度的变迁，甚少关注地方财政的军费支出情况②，仅黄仁宇在《十六世纪明代中国之财政与税收》中略有涉及，郑振满在《明后期福建地方行政的演变——兼论明中叶的财政改革》一文中关注了东南抗倭和三饷加派对福建地方财政的影响。③ 但黄著论述过于简略，郑文则侧重军饷支出造成的地方财政职能萎缩。

总体来看，学界对九边以外地区地方政府与卫所之间的财政互动关系尚缺乏深入细致的探讨。上节的分析已经指出，军事活动对地方财政的推动作用比较明显，两者之间的互动关系需深入讨论。本节即以明代江南府县与驻扎卫所之间的财政互动为着眼点，分析卫所军粮缺额原因及其地方财政对其供给的程度与方式，尝试探讨这种财政互动背后体现出来的明代财政体制运行特点。

一　地方财政的漕军行月粮支出

地方政府对卫所的财政供给主要包括军粮和物料两大部分，其中军粮供应是本书的主要分析对象。由军屯籽粒供应卫所的军饷用度，实现军队体系的自给自足，是明太祖设计军屯的初衷，但这个目的并没有实现。其中九边军粮除军屯籽粒以外，由民运、开中和京运作为补充，江南地区④沿海及腹里的卫所一般由地方府县的存留粮供应。（万历）《明会典》卷二十九载：

---

① 于志嘉：《卫所、军户与军役——以明清江西地区为中心的研究》，北京大学出版社 2010 年版；王毓铨：《明代的军屯》，中华书局 2009 年版。

② 唐文基：《明代赋役制度史》，中国社会科学出版社 1991 年版；刘志伟：《在国家与社会之间——明清广东里甲赋役制度与地方社会》，中国人民大学出版社 2010 年版。

③ 〔美〕黄仁宇：《十六世纪明代中国之财政与税收》，生活·读书·新知三联书店 2001 年版；郑振满：《明后期福建地方行政的演变——兼论明中叶的财政改革》，《中国史研究》1998 年第 1 期。

④ 限于材料，本节对浙直地区地方政府与卫所财政互动关系的分析主要使用江南各府县的材料，即南直隶苏州、松江、常州、镇江四府以及浙江布政司的杭州、嘉兴、湖州三府。

　　（洪武）二十六年定，凡各处秋粮夏税已有定额，每岁征收，必先预为会计。除对拨官、军俸粮并存留学粮廪给、孤老口粮及常存军卫二年粮斛以备支用外，余粮通行定夺立案具奏。其奏本内该云为征收某年秋粮事，该照在京并在外卫所官军等项合用俸粮，拟合预为会计征收。议得各司府州今岁该征秋粮，……其余秋粮存留学粮廪给、孤老口粮及拨辏各处军卫仓收贮，常存二年粮储以备支用，如有粮多足用去处，临期定夺收支。①

　　这条史料说明地方存留粮补给卫所的财政用度是有法理依据的，而宣德、正统以后军仓管理权逐渐转移到地方政府手中，这种财政关系便愈加紧密。②（成化）《杭州府志》载：

　　（屯田）宣德、正统来益重其政……自是荒闲尽开，添拨官军倍多，子粮之入有加。余粮出纳始则管屯官自行主掌，今皆定送所在府县官仓收支。若地力肥饶，丰收仅足输官，若硗瘠之处，凶荒则亦艰矣。③

　　地方政府接手军仓的管理权以后，就要负责地方卫所军费的收支。从存留粮支出项目来看，地方政府主要负责发放漕军的行月粮以及补足卫所军粮的缺额，本节首先分析漕军的行月粮问题。

　　由地方政府的存留粮支放漕军行粮的制度大约在天顺年间才形成，据《通漕类编》卷四载：

　　永乐十三年题准官军行粮，浙江、江西、湖广、江南直隶各总卫所俱于本处仓关支，南京各卫于兑粮水次州县应解南京仓粮内扣算关支，俱米三石。④

　　文中提到的"本处仓"较为笼统，参考《万历会计录》的记载，永乐十三年只有"运粮官军行粮不分远近，俱支三石"的规定，并没有提及关

---

① （万历）《明会典》卷 29《户部十六·征收》，第 216 页。
② 军仓管理权的转移参见张金奎《明代卫所军户研究》，线装书局 2007 年版，第 117 页。
③ （成化）《杭州府志》卷 22《屯田》，《四库全书存目丛书》，史部，第 175 册，第 326 页。
④ （明）王在晋：《通漕类编》卷 4《漕运官军粮钞》，《四库全书存目丛书》，史部，第 275 册，第 327 页。

支地点，况且此时军仓的管理权并不属于地方政府，应与地方政府无关。该书又载：

> 正统元年，令各运官军行粮俱于本处官仓支给，如仓无见粮于存留粮内两平斛兑支……天顺七年，始定江浙、湖广卫所本布政司关支……。①

这说明地方政府大约在正统前后接管了军仓，直到天顺七年（1463）才正式确定了江浙、湖广等卫所漕军的行粮由地方政府关支的制度。以下，笔者试分析漕军行粮与地方财政的具体关系。

据表 1-3，可对漕军行粮用度与地方财政的关系描述如下。

首先，衢州府无漕粮支出，驻扎本地的衢州所虽有转漕任务，但地方财政无漕军行粮支出。嘉兴府和乌程县（包括其所在的湖州府）漕粮支出额度巨大，显然不仅是供给嘉兴、湖州二所漕军的。这个比例关系说明，漕军行粮于"本布政司"的"本处官仓支给"的具体含义为漕军行粮由本布政司的有漕府分支给，额度与起运漕粮数量成正比。由于表中月粮均已经按照 0.6 两/石折算成了白银，若换算成粮食"石"计算，则漕军行粮与京仓兑运粮的比例大约为 1∶10 左右。这是由于每只浅船装载漕粮在 330石左右，每船漕军 11 人，月粮刚好 33 石（3 石/军），因此构成了这个比例。

其次，苏、常、镇三府存留粮的统计方式与浙江布政司不同，并未单独开列漕军行粮一项，所以我们无法计算其在地方存留粮中的具体比例，但各府漕军行粮支出大约也能遵循和兑运粮 1∶10 左右的比例。苏州府兑运粮达 65 万石之巨，那么地方财政支出的漕军行粮亦不会少于 6 万石，常州府也会达到 1.5 万石。

第三，漕粮额度比较高的府分，漕军行粮开支占地方存留粮的比例也非常高。由于各府存留粮改折程度不一，所以很难计算出准确的比例关系。表 1 中嘉兴府存留粮改折程度较高，未改折本色量只有 1397.4 石，按 0.5 两/石折算成白银后计算，漕军行粮支出几乎占到地方存留粮的一半了。湖州府是另个一漕运额度较高的府分，仅乌程一县就负担将近 7 万石正兑米，支付的漕军行粮占县存留粮的 75%，可以说地方存留粮的大部分都用于军费开支了。杭州府地方存留粮已经大部分改折，且各项开支改

---

① （明）张学颜：《万历会计录》卷35《官军粮钞》，第1105页。

表 1 - 3　　　　　　　　漕军行粮与地方财政关系①

府县	漕军行粮（两）	占地方存留粮比例^c（％）	京仓兑运粮（万石）	各府驻扎卫所转漕能力（万石）	
杭州府	5131.4797	16.54	10	杭州前卫	7.1583
				杭州右卫	7.8499
嘉兴府	17400.0012	49.96	23.8903	嘉兴所	1.353
乌程县	3998.8181	75.05	6.8917	湖州所	2.0749
安吉州^a	570（石）	21.12	0.557		
衢州府	0	0	0	衢州所	1.9966
松江府	2652^b	8.26	20.3	松江所	1.32
苏州府	—		65.5	苏州卫	6.7220
常州府	—		17.5		
镇江府	—		8	镇江卫	7.7526

a. 安吉州田赋存留数据基本以"石"为单位，所以安吉州的行粮及比例计算均以"石"为单位，其余府县均为银两。

b. 松江府漕军行粮数据包括松江所运军行粮、月粮改折银总和，与其他府县数据不同。

c. 各地存留粮改折程度不同，为计算方便除安吉州使用本色粮计算外，其余府县均将本色以0.5两/石计算成银两后计算得出。

折后支出细目比较复杂，所以笔者依据其该折后的实际支出项目计算出漕军行粮支出占用地方存留粮的比例。②

第四，松江府的存留粮支出结构是江南各府中的特例。松江府正兑米有 20.3 万石，按比例推算，其地方存留粮需支付 2 万石左右的漕军行粮。但松江府折色存留支出中只有 1524 两白银是用于运军行粮的，如按照 0.6两/石计算也只有 2540 石军粮，另外 1128 两白银是支付给松江所运军的月粮。通常情况，地方政府需支付来本府转漕运军的行粮，却并不用支付

① 表中数据杭州府、嘉兴府、衢州府及乌程县、安吉州数据依据：（万历）《杭州府志》卷29、30，第2037—2240页；（万历）《嘉兴府志》卷5、6、7，第287—464页；（天启）《衢州府志》卷8，第754—769页；（崇祯）《乌程县志》卷3《赋役》，《日本藏中国罕见地方志丛刊》，书目文献出版社1991年版，第268—272页；（嘉靖）《安吉州志》卷5《田赋》，《天一阁藏明代方志选刊续编》第28册，上海书店1990年版，第805—807页；松江府数据依据（崇祯）《松江府志》卷9《日本藏中国罕见地方志丛刊》，第214—224页；苏州等四府京仓兑运粮数据依据《万历会计录》卷35《漕粮数额》，第1074页；各卫所转漕能力依据（明）王在晋《通漕类编》卷2，第297—299页。
② 杭州府地方存留粮的支出结构可参考表 1 - 14 的数据。

府城驻扎卫所军的月粮，但松江府则要负责本所运军的全部行月粮开支而不及其他。当然从数量上看，这笔支出仅占地方存留粮的8.26%，折算成本色量也不过4420石，相比其他府分，松江府负担的漕军军费是比较低的。若通观松江府的地方财政支出，其存留粮有很大一部分要转移支付给本地卫所作为军粮，那么该府的漕运费用当由其他各府分摊。松江府地方财政支出的这种特点笔者下文会详细分析。

江南各府是明代漕粮供应最主要的地区，分摊330万正兑米几近半额，漕运的消耗也非常大。其中漕粮的耗米以及漕军沿途使用的轻赍银计算在起运粮中，不由地方存留粮负担，但漕军的行粮及转漕所用的楞木松板均由地方政府支出，本书计算的漕军行粮包含了这两项。地方政府支出的漕军行粮与漕粮成正比，比例高的府县要达到50%以上，少者也要15%左右，所以漕军费用支出额度高是江南各府财政支出的一大特点，也是其军费支出的重要组成部分。

二 地方财政对卫所屯粮缺额的补给

由屯田供应卫所军人的全部开支仅是一种理想状态，屯粮不足的情况早已有之。如（成化）《杭州府志》所言："（屯所）若地力肥饶，丰收仅足输官，若硗瘠之处，凶荒则亦艰矣。"[1] 可见，杭州府在成化年间屯粮的供应就已经很艰难了。屯粮缺额的一般原因，学界已多有讨论，此处笔者拟以江南四个地区的卫所为个案，力图使该问题的研究更为细化。继而分析屯粮失额各种因素如何引发地方政府与卫所之间的财政联动，以及地方财政对各卫的补给程度及对存留粮的使用情况。

（一）金山卫与松江所

据（嘉庆）《松江府志》记载，金山卫是明代东南的海防重镇，驻扎于松江府境内，共领千户所七：

> 左右前后四所在卫城……中所以守御松江分署府城，中前所以守御青村分署青村镇，中后所以守御南汇分署上海十九保。[2]

虽然金山卫的建置为7所，但笔者依据地方志所载数据计算，实在军人大约在6520人左右，勉强足6所之数。其中金山卫城4所军官舍余共2200

---

① （成化）《杭州府志》卷22《屯田》，第326页。
② （嘉庆）《松江府志》卷33《武备志》，《中国方志丛书》第10号，第718页。

余人，将守堡军人计算在内也不超过 2500 人。据府志记载，该卫屯田旗军余 1720 名，实征屯田籽粒 8910 石，以此计算平均屯成比约为 3∶7，平均每人缴纳屯田籽粒约为 5.2 石。由于金山卫处在海防前线，戍守比例非常高，屯田籽粒肯定不足军用，所以松江府三县供应军储量 43830 石。由于各所驻扎位置不同，具体的屯成比和补充额度也不尽相同，府志记载的总数与实际数字稍有出入，现将具体情况制成表 1－4，以进一步分析。

表 1－4　　　　　　　　　　　金山卫各所屯田情况

卫所名称	驻扎位置	额兵	屯军	屯成比例	屯田（顷）	实纳籽粒（石）	地方财政补给（石）
金山卫四所	金山卫城	2200	624	3∶7	127.88	3444	17620.8
松江所	松江府城	1120	784	7∶3	161.04	3462	
中前所	青村镇	1300	156	1∶9	31.96	786	12469.2
中后所	南汇镇	1400	156	1∶9	31.96	786	11260.8
分拨驻守	柘林、川沙等堡	500＋	—	—	（营田）5.92	414.4	2451.599
		6520＋	1720		358.76	8892.4	43802.399

根据表 1－4 的数据关系，笔者对松江府的屯田情况及其与松江府的财政关系分析如下：

从屯田的数量来看，金山卫屯田分地为总旗 30 亩、小旗 24 亩、军人 20 亩。根据王毓铨先生统计的明代各地军屯分地亩数情况，东南地区各卫所基本按照这个比例授田（浙江都司除外）。① 以此计算各所的屯田数，则每旗军授田都是足额的。柘林与川沙二处原无驻军，嘉靖三十六年（1557）才有巡按御史尚维持"建议兴筑以备倭"，并分拨军余守卫。此二处各设营田几百亩由各军租种，每亩收租七斗，租米"本堡官收输粮之外，听该堡支用"。② 从营田的设立时间和租率来看，这两处田应不是屯田，但也由金山卫经营，租粮亦计算入屯田籽粒中。

屯粮总额因屯田、屯军的变动与府志记载的原额稍有出入。按规定，各军分地无论总、小旗、军人，"俱每名岁纳夏秋籽粒六石"③，屯军额征籽粒应为 10320 石。其中松江所有漕军 414 人，金山卫及青南二所原无漕

① 王毓铨：《明代的军屯》，第 57—68 页。
② （嘉庆）《松江府志》卷 33《武备志》，第 719 页。
③ 同上。

军，但松江所曾以"运船二十艘改派金山卫及青南二所代运"，所以也有漕军 200 名，这 614 名漕军共减免屯粮 1842 石，再计入柘林等堡营田租粮，共该籽粒 8892.4 石。

漕运负担虽可以看作金山卫屯田籽粒减少的一个原因，但绝不是主要的原因。金山卫漕军数量很少，只占本卫官军的不到 10% 的比重，比起苏州、杭州、镇江等府实在不值一提，漕军的减免所以能够让本卫屯粮减少 18% 左右，主要是由于该卫屯粮总额过少。总体而言，屯军效率低以及屯军数量少才是该卫屯粮不足的主要原因。

每分屯地纳粮 6 石，则总、小旗及军人的屯租分别为 0.2 石/亩、0.25 石/亩、0.3 石/亩。屯田属国家所有的军产，其性质与江南官田类似，由国家直接收取田租，其租率当与官田租类似，而每亩二三斗的田租相当于苏松一般民田的税率，江南屯田的租率可以说是极低的了。王毓铨的研究已经指出，旗军每分屯地只上纳屯粮 6 石的制度直到正统初年才确定下来。[1]（万历）《明会典》载：

> 洪武三十五年始定科则，每军田一分正粮十二石，收贮屯仓，听本军支用。余粮十二石，给本卫官军俸粮。[2]

这条史料规定了每分屯地的产量为 24 石，以军人授田 20 亩计算，相当于 1.2 石/亩，对于江南地区的田土而言亦属正常产量。但永乐二十年（1422）以后，上缴正粮 12 石外，余粮已减为 6 石。正统间最终定下"每军正粮免上仓，只征余粮六石"[3]。这条法令虽然免去了对屯军 12 石正粮的核查，但并非免除，理论上每分屯地的产出还是 18 石，以每卫七分屯种比例计算，可得屯粮 7 万余石，也可供一卫军粮。[4] 金山卫各所中只有松江所能够达到七分军人屯种，只上纳 3462 石屯粮"抵作军人月粮，如有不敷于华、上、青三县民粮派支"[5]。可见，松江所的情况一如王毓铨先生的分析，每军只有 6 石屯粮上纳，早已没有正余粮之分了，所缺之额均由地方财政补足。

---

① 王毓铨：《明代的军屯》，第 134 页。
② （万历）《明会典》卷 18《屯田》，第 121 页。
③ 同上。
④ 张松梅曾估算明代一卫官军年需军粮约为 74208 石，参见氏著《明代军饷研究》，第 76 页。
⑤ （嘉庆）《松江府志》卷 33《武备志》，第 716 页。

屯军效率低下是一种普遍情况，国家对屯粮的管理也不得不面对这一事实。在既定规则下，金山卫的屯田与籽粒均未失额，尚不属败坏之屯政，但地方财政依然要挪用大量存留粮供应军粮，还在于金山卫的屯军比例过低。

金山卫地处海防前线，其卫城地当要冲，青村与南汇更为战略要地，分驻两个所的兵力。东南抗倭战争爆发以后，更于沿海增筑柘林、川沙等堡，城堡各处均增派民兵一二千人，可见金山卫防倭压力之重。卫下各所中，松江所防守松江府城，属于腹里地区，屯戍比为7∶3；金山卫四所地处前线，屯戍比已为3∶7；中前、中后二所的屯戍比更是达到1∶9。驻扎在青村、南汇两所的兵力本就多于标准卫所，屯军所能供应的粮食均不足800石，所以松江府每年要拿出24000余石粮食供应这两个卫所。海防任务繁重是沿海卫所的一个特点，同样，供应沿海卫所的军粮也是江南各府地方财政的重要责任。

对于松江府地方财政而言，供应金山卫军粮占去了其地方存留粮的绝大部分。本书之前的分析已经表明，地方财政尚需拿出折色存留银2652两，这两笔开支对松江府的压力还是很大的。笔者综合此前分析，依据（崇祯）《松江府志》记载的地方存留粮数及其供军比例制成表1-5来说明这一情况。

表1-5　　　　　　　　　松江府存留粮军饷支出比例

各县本色存留（石）		军储南仓	青村仓	南汇仓	柘林川沙等堡	支出比例%
华亭县	26251.6	17620.8	3058.8		1520.399	83.71
上海县	13878.987			11260.8	931.2	87.85
青浦县	10442.613		9410.4			90.12
本色存留总数	50573.2	17620.8	12627.787	11260.8	2451.599	86.93
折色存留总数（两）	6800.64	2652（松江所运军行月粮改折银）				39

通过表1-5可以发现，松江府各县都要拿出八成以上的存留粮去补充卫所存留粮的不足，整个松江府支出的存留粮达到86.93%。除此之外，松江府的折色存留中也要支出近四成的白银给松江所的漕军。由于折色存留比例不高，所以笔者认为松江府存留粮总体支付给卫所的比例不会低于80%。根据本书之前的分析，有漕府分大约需要拿出相当于漕运正兑米十分之一的存留粮作为兑军的行粮，松江府正兑漕粮20.3万石，照此推算，松江府应支付近2万石（约合6000两折色银）存留粮给漕军。但通观松

江府地方财政结构可以发现，存留粮补给卫所的额度十分巨大，仅剩之粮银还需支付官俸、抚恤孤老的救济粮和府县儒学师生的俸廪，根本无法支付数量巨大的漕军行粮，因此笔者认为松江府需支付的漕军行粮可能有其他府分协济。

以上笔者对金山卫和松江府之间的财政关系进行了探讨，可以认为海防任务重，屯军比例过低是金山卫屯粮不足的最主要原因，加之屯田效率低下，一部分屯军还有转漕任务，更使屯粮支绌。在这种情况下，地方政府不得不拿出地方存留粮的80%左右转移支付给卫所。

（二）海宁卫与嘉兴所

海宁卫位于海盐县，依托嘉兴府防守杭州湾海域，与金山卫处于同一防御体系中，（万历）《嘉兴府志》卷八载：

> （嘉兴府）正军有二日嘉兴守御千户所，日海宁卫。嘉兴所设于郡城内，隶苏州卫……海宁卫设于海盐以备倭，隶浙江都指挥使司，而统左右中前后五千户所，遥统澉浦、乍浦二千户所，倭夷内犯，海盐尤为冲要故也。[1]

可见，海宁卫同样属于防倭重地，配备七个所的重兵，而嘉兴所虽隶属于苏州卫，但守御千户所的独立性较强，且其军饷亦仰给于当地政府，所以笔者将海宁卫与嘉兴所作为一个单元考察。现将海宁卫及澉浦、乍浦、嘉兴三所的屯田情况及其与地方财政关系制成表1-6：

表1-6　　　　　　　　　海宁卫、嘉兴所屯田情况[2]

卫所	位置	额兵	屯军	屯戍比	屯田（顷）	租率（石/亩）额定	租率（石/亩）实际	实纳籽粒（石）
海宁卫	海盐县	5600	906	2:8	107.255	总旗0.33 小旗0.375 军人0.5	正屯军均0.5 军余顶种田0.2 地0.16	4098.5286
澉浦所	海盐县	1120	112	1:9	13.26			247.2522
乍浦所	平湖县	1120	224	2:8	26.52			494.5044
嘉兴所	嘉兴府城	1120	890	8:2	110.04			1695.2

────────────

① （万历）《嘉兴府志》卷8《兵政》，第517—520页。

② 数据来源：（万历）《嘉兴府志》卷8《兵政》，第536—539页；（天启）《平湖县志》卷6《兵防》，《天一阁藏明代方志选刊续编》第27册，第364—367页；《万历会计录》卷38《屯田》，第1218页；（明）范涞：《两浙海防类考续编》卷4《卫所军粮》，《中国方志丛书》第428号，第463—465页。

笔者对表1-6数据选择情况作出说明。首先，浙江都司每分屯地数额较少，分别为总旗18亩、小旗16亩、军人12亩，缴纳屯田籽粒则依据6石/分的统一标准，所以浙江都司的屯田租率较其他地区偏高。其次，（万历）《嘉兴府志》记载海宁卫等七所的屯粮总数为4840.2852石，《万历会计录》与《两浙海防类考续编》两部书的记载均为6150.54，应为同一来源。但《嘉兴府志》记载该卫原额屯军缴纳的籽粒只有5057.6石多，且存在严重的屯军逃亡现象，所以笔者认为嘉兴府的记载更能反映实际情况，六千余石的记载大概反映更早的情况。第三，由于《嘉兴府志》没有更具体的数据，而（天启）《平湖县志》记载乍浦千户所的实际屯粮额度为494.5044石，且澉浦、乍浦两千户所的屯戍结构类似，笔者据此估算澉浦千户所屯田籽粒247.2522石，海宁卫的屯田籽粒为4098.5286石。第四，据《两浙海防类考续编》记载嘉兴守御千户所屯田籽粒为2295.2石，《万历会计录》记载为1695.2石，二者相差600石，正好是一个百户所屯军的额定屯田籽粒数量（100军×6石/军），但无论按照那一个数据计算，嘉兴所的屯田每分缴纳的籽粒均不足3石，所以这600石的数字似乎是人为补充上去的。这种情况说明嘉兴所可能存在屯地失额的情况，但在缺乏更多史料佐证的情况下，尚不能做出肯定的判断，所以表1-6暂选择《万历会计录》的数字作为嘉兴府的实际屯田籽粒数。第五，卫所、屯军、屯田数字依据（万历）《嘉兴府志》和（天启）《平湖县志》的记载。

根据笔者对海宁卫和嘉兴所的屯田结构分析可以看出，海宁卫和金山卫处于同一防御体系中，因此有很多共通的情况。屯戍比过低是造成卫所屯粮不足的最重要原因，海宁卫、乍浦所均是2分屯种，澉浦所只有1分屯军；额定租率虽然比金山卫高，但也是按照每分屯地6石的标准缴纳籽粒的，这说明和全国其他卫所一样，屯政的松弛是其籽粒不足的另一原因；该卫漕军只有132名，对屯政影响不大。可见，屯戍比低和屯政松弛是沿海卫所屯粮不足的共同原因，缺额军粮均有地方政府补充，可视为江南卫所和地方财政关系的一种类型。

但海宁卫和嘉兴所的数据还体现出屯粮不足的另一个很重要的原因，即屯军和屯地的失额。海宁卫并澉浦、乍浦二千户所原有屯军1243名，按6石/名计算应有屯田籽粒7458石，府志记载的原额却只有5057.6石，平均每军只缴纳4.07石屯粮，但实际情况更糟糕一些。海宁卫实际只有正屯军495名，屯田61.18顷，缴纳籽粒3166.8石，尚能按照0.5石/亩的租率缴纳籽粒。刨除不堪耕种之地外，剩余屯田89.18顷，只能拨729

名军余顶种，奉"都察院子字一百三十三号堪和"，每亩田纳粮 0.2 石，地纳粮 0.16 石。① 其中驻守平湖县的乍浦所共有屯田 26.52 顷，全部按照田 0.2 石/亩、地 0.16 石/亩的租率征收，说明该所并无屯田正军，全部由军余顶种。② 这种情况说明，海宁卫并两所屯军逃亡的现象比较严重，而拨给军余所种之地，平均每亩征收籽粒尚不足 2 斗，不到额定租率的一半，屯田效率更加低下。据数据所示，我们只能看到正军逃亡和军余顶种效率低下两个原因，但（万历）《嘉兴府志》载：

> 势豪侵并，屯额寖亏，合载其见征本折之数以备参查。至于清理侵隐，务足储额，是在屯田道督有司军卫掌印官加之意耳。③

这说明"储额"不足还由于势家侵并屯田之原因，那么军余所种之田，每亩仅征 0.2 石屯粮，恐怕不仅是屯军效率低下造成的，还由于屯地的严重失额。比较前文对金山卫的分析可知，二卫虽屯成比均很低，但从数据上看，金山卫屯军至少能够按照 6 石/军足额缴纳籽粒，但海宁卫大部分屯田只能按照 2.4 石/军的数额上缴籽粒。如果说金山卫表现出明代卫所屯政松弛的话，那么海宁卫则可以定义为屯政败坏了，其使得本就不足的屯粮又损失了 35% 左右。

嘉兴所为"腹里城池，因俾军士内八分之数皆屯种"，所以其屯成比为 8:2，据府志记载该所现存屯所 10 处，有屯军 890 人，基本符合这个比例，但考虑其有漕军 410 人，理论上应交籽粒 4110 石（890×6－410×3），实存屯粮 1695.2 石，尚不足半数，平均每军缴纳籽粒 1.34 石，平均租率 1.54 石/亩。即便按照《两浙海防类考续编》所载 2295.2 石计算，也仅够额征屯粮之半数，平均租率 0.2 石/亩而已，联系海宁卫的情况，不排除嘉兴所也大量使用军余顶种屯田。嘉兴所的屯成构成属腹里类型，其屯政败坏之甚具有一定的代表性，《嘉兴府志》所云"势家侵并，屯额寖亏"的情况也包括嘉兴所在内，笔者此前曾推测《两浙海防类考续编》在账面上多加 600 石屯粮的行为可能表明嘉兴所存在屯地丢失的情况亦从此处得到部分证实。

总之，海宁卫与嘉兴所的情况均表明，屯军逃亡和屯地丢失是导致屯

---

① （万历）《嘉兴府志》卷 8《兵政》，第 537—538 页。
② （天启）《平湖县志》卷 6《兵防》，第 364—365 页。
③ （万历）《嘉兴府志》卷 8《兵防》，第 539 页。

粮不足的又一大重要原因。海宁卫地处海防前线，屯军不足、屯政松弛本就使屯田籽粒严重缺额，那么屯地的缺失和军士的逃亡更令其雪上加霜。嘉兴所是腹里卫所的代表，屯戍比较高，本不需地方财政补给过多，但屯政败坏使其存粮仅有原额 40% 左右，仍需地方财政为其补给大部分粮食。所以，海宁卫及嘉兴所屯粮不足给嘉兴府乃至浙江布政司的地方财政都带来一定压力。前文已述，由于嘉兴府起运漕粮数量巨大，支付漕军的行粮数量极多，因此其不可能独立承担供给海宁卫的责任，还需要其他府分的协济。海宁卫的军粮由海盐县负责，其中海宁卫由广储仓支给，澉浦所由常积一仓支给，乍浦所由常积二仓支给，而嘉兴所的军粮由嘉兴县的嘉兴仓支给。现将各仓军粮构成及比例情况制成表 1 - 7。

表 1 - 7　　　　　　　　　　　海宁卫及嘉兴所军粮构成比例[①]

县分	仓厫	支放卫所及总量（石）	来源	数额（石）	比例（%）	卫所总计（石）		
海盐县	广储仓	海宁卫 19910.3331	本府	13649.9596	79.42	总量　55373.6552		
			协济	2161.8449				
			屯粮	4098.5286	20.58	本府 31895.5965 协济 16942.5735 屯田 6535.4852	88.2% 11.8%	
	常积一仓	澉浦所 13589.1704	本府	6865.2254	98.18			
			协济	6476.6928				
			屯粮	247.2522	1.82			
	常积二仓	乍浦所 12090.3519	本府	4253.7291	95.9			
			协济	7342.1184				
			屯粮	494.5044	4.1			
嘉兴县	嘉兴仓	嘉兴所 9782.7998	本府	7125.6824	82.67			
			协济	961.9174				
			屯粮	1695.2	17.33			

根据表 1 - 7 数据以及笔者的统计可知，嘉兴所军粮有 82.67% 需地方财政补给，主要由嘉兴县和秀水县负担，另有 10% 左右为绍兴府萧山县协

---

① 数据来源：（明）范涞：《两浙海防类考续编》卷 4《卫所军粮》，第 463—466 页，其中卫所屯粮数字依据表 1 - 6 修正，并非该书原数，由于此时各卫所军饷已经本折兼支，但改折程度与折率均不同，为方便统计，本表一律使用本色计算。

济。海宁卫并澉、乍二所的军粮有89.38%需地方政府补给，其中海宁卫的屯粮占20%左右，本府供给达68.56%，由嘉善、海盐、平湖和崇德四县负责，嘉善县额度最高，达8500石之多，协济府分的中金华府负担最多，湖州、杭州二府其次。澉浦和乍浦二所情况类似，卫所军粮几乎全部由地方财政供给，且协济比例明显提高，其中澉浦所有47.66%的军粮由杭州府协济，而乍浦所60%多的军粮需要绍兴、杭州二府协济，本府供给中以嘉善、秀水和桐乡等县的比例最高。总体而言，海宁卫及嘉兴所的屯粮仅占本卫军俸的11.8%，大部分需要地方财政补给，其中嘉兴府独自承担57.6%，加之漕军行粮的负担，该府负担已经非常繁重，其余30.6%的军粮约合1.7万石则主要由杭州、绍兴、金华、湖州等府协济补充。

以上本书从卫所军粮构成的角度分析了地方政府和卫所之间的财政关系，可以看出，由于海宁卫和嘉兴所驻扎在嘉兴府境内，给府财政带来了不小的压力。那么，这笔开支占用嘉兴府地方存留粮多大的份额，嘉兴府为支付漕军行粮和卫所军粮到底动用了多大比例的存留粮呢？笔者试以嘉兴府地方存留粮的数据分析之。

表1-8　　　　　　　　嘉兴府地方存留粮支出结构①

支出项目	支出数额（石）	支出对象及用途	占用比例（%）	合计
兑军行粮米	29000.0006	漕军行粮	43.79	存留粮总计66228.8942石军粮开支91.94%行政开支8.06%
嘉兴仓	7135.2195	嘉兴所军月粮	48.15	
海盐县广储仓	13649.9596	海宁卫军月粮		
海盐县常积一仓	6856.2254	澉浦所军月粮		
海盐县常积二仓	4253.7291	乍浦所军月粮		
儒学、俸给仓	5333.76	儒学师生廪粮、官俸银米、囚米等行政开支	8.06	

笔者首先对表1-8数据作出相关说明。本表依据嘉兴府各县存留粮计算，包括夏秋米麦、草折米、盐米等部分组成，织染局丝、军资库钞和户口食盐钞等项均未计算在内。另外，（万历）《嘉兴府志》记载各项开支基本已经折银，未改折存粮仅千余石，与《两浙海防类考续编》记载的改折情况不一致，为方便计算比较，表1-7、1-8统一使用粮食"石"

① 数据来源：（万历）《嘉兴府志》卷5、6、7《赋役》，第287—464页。

作为计算单位。表1－7、1－8数据中只有嘉兴仓数据有10石左右的出入，其余数据一致，基本不影响比例计算。表1－3计算漕军行粮占地方存留粮比例为49.96%，这是由于统计口径和计算单位不一致造成的，两数据并不矛盾。

总体上看，嘉兴府存留的6.6万余石粮食中，只有8.06%用于地方官员的俸禄及府州县学师生廪粮等行政开支，剩余91.94%的存留粮全部用于军粮开支。嘉兴府起运漕粮数额巨大，所以该府将剩余存留粮的一半左右用于漕军的行粮开支。本府与松江府处于同一海防体系之中，海宁卫并各所军士的戍守比例很高，屯粮本就不敷支应，加之屯政败坏，屯军逃往和屯田侵没现象严重，更加剧了卫所乏粮的情况，并相应加重了地方财政的压力。嘉兴府除支付地方财政（8.06%）和漕军行粮（43.79%）所需之外，全部存留粮都用于补充卫所军粮缺额，却仍不足用，还需临近府分的协济。

（三）镇江卫并杭州前、右卫

镇江卫驻扎于镇江府，和驻扎在杭州府的杭州前、右二卫情况相类，均属于腹里卫所，以二分军人戍守，八分军人屯田，且两地卫所面临的问题也基本相同，笔者将其合为一个类型分析。据（乾隆）《镇江府志》记载，镇江卫屯田结构如下表1－9：

表1－9　　　　　　　　　　镇江府屯田结构①

额军	屯军	屯戍比	屯军构成及每军分地	租率（石/亩）	该纳籽粒（石）	籽粒构成
6720名	额定5376名实存3903名	8:2	比较军舍余丁800名	50亩/军	0.12	4800	米麦2685.021石黄豆2114.979石
			公差运粮军余2858名	25亩/军	0.05	3555.9908	米麦495.6976石黄豆3060.2932石
			清出起科军余245名	25亩/军	0.1	610.176	米麦138.947石黄豆471.229石

表1－9可见，镇江卫额定屯戍比为8:2，是典型的腹里卫所，按6石/军征收籽粒，至少可得屯粮32256石，但该卫屯军实际只有3903名，缴纳籽粒8966.1668石。屯军缺额显然是屯粮不足的重要原因之一，镇江卫屯军缺额近三成，实存军士中还包括清查出来的245名军余，说明屯军

① 数据来源：（乾隆）《镇江府志》卷9《屯田籽粒》，《中国地方志集成·江苏府县志辑》，江苏古籍出版社1991年版，第191—193页。

和屯田的清查工作效果不明显。顶种军余授田亩数比正军少一半，租率也略低，平均每军征粮 2.5 石，不足正军一半，和海宁卫反映出来的情况类似。表 1-9 中反映出镇江卫屯田籽粒减少的另一个重要原因是公差运量军士比例很高。于志嘉的研究曾指出江西卫所主要军役为操练、屯种与漕运三种，江南地区表现出来的和江西基本相同。① 从屯田的角度看，操练和漕运均会对籽粒粮的征收产生影响，但各卫所由于所处位置不同，两种因素的影响程度也不尽相同。上文分析之金山卫和海宁卫都属于海防前线卫所，操练军士过多是影响卫所屯田收入很主要的原因。镇江卫作为腹里卫所，操练军士比例很低，但屯种军士中公差和运粮军士的比例很高，占实存军士的 73% 多。如果按照额定漕军额计算，镇江卫应出漕军 2418 人，则公差军士应有 440 余人，公差和运粮军人授田也是 25 亩/军，且亩征粮只有 0.05 石，每军征粮 1.25 石，只有正军的 1/3，可见漕运等军役对镇江卫屯粮的影响是非常大的。

杭州府驻扎二卫并一所，其中海宁守御千户所没有屯田，杭州前、右二卫的屯戍情况和镇江卫情况类似，（万历）《杭州府志》卷三十五保留了两卫三组屯田数据：

表 1-10　　　　　　　　杭州前、右二卫屯田结构②

	卫 所	屯 军	屯田（顷）	屯田籽粒（石）	租率（石/军）
宣德十年	杭州前卫	2263	330.34654	6374.3645	2.82
	杭州右卫	2016	371.12501	9943.6825	4.9
成化十一年	杭州前卫	6456	331.67249	6486.0914	—
	杭州右卫	6456	371.70074	6641.4567	—
万历九年	杭州前卫	3254	323.8495	9283.6314	2.85
	杭州右卫	3949	357.80413	10774.8256	2.73

按照（万历）《杭州府志》的记载，杭州两卫的漕军并不参与屯田，卫军由额屯、额运和额操城守三部分构成。其中宣德十年（1435）的数据表明，杭州前卫和杭州右卫的屯军分别有 20 百户和 18 百户③，但从两卫

① 于志嘉：《卫所、军户和军役——以明清江西地区为中心的研究》，第 153 页。
② 数据来源：（万历）《杭州府志》卷 29《兵防下》，第 2602—2606 页。
③ 该数据与府志记载额运、额屯和额操城守数字基本相同，尤其与杭州右卫的屯军数字完全一致。

屯田数量上看，杭州前卫平均 14.5 亩/军，右卫平均 18.4 亩/军，高于标准额度。因为杭州、嘉兴等处卫所屯军的授田标准为总旗 18 亩/军、小旗 14 亩/军、军人 12 亩/军，每分屯地的额度低于其他地区卫所，所以两卫屯田所受之军应高于表中数字。杭嘉等处卫所本就因土地紧缺而每分屯地均低于其他各处，那么每卫屯田均高出标准值万亩左右的情况非常值得怀疑。如果按照镇江府漕军授田减半之例计算，则杭州两卫屯田可达 412.8 顷和 399.04 顷之数，再考虑到土地紧张和屯地失额等因素，笔者认为杭州二卫漕军也被计算在屯军授田范围之内，但可能存在只存其田，不征其粮或不令其屯种的可能。由于杭州二卫缺乏更详细的数据，此结论有待进一步证实。

表 1–10 中成化十一年（1475）屯军数据均为 6456 人，考之（成化）《杭州府志》可知，此时两卫屯军分别为 18 百户和 19 百户，与宣德时期基本相同，只是该统计数字将"旗军舍余民人"全部计算在内，才导致人数骤增。[1] 万历九年（1581）的屯军人数较之成化十一年缺额近半，但此时二卫正军缺额严重，军余顶种现象普遍[2]，所以该组数据应以成化数据为基础计算得出，包含正军舍余在内，漕运仍没有计算在内。

据此可见，漕运对杭州前、右二卫屯田效果的影响更为严重，八分屯田军士中有半数因漕运任务不能缴纳屯田籽粒，根本达不到腹里卫所 8∶2 的屯成比例。虽然二卫万历九年的屯田情况较之前有所好转，但每军缴纳屯粮仍不足 3 石，总额尚不够全卫用度的 1/3。

当然，漕运负担对杭州、镇江等腹里卫所的影响是多方面的，大量屯军被抽调转漕只是造成屯田籽粒缺失的一个方面，从笔者掌握的地方志材料来看，漕运之役给卫军带来的隐性财政负担以及卫所内部加派的均徭杂役、物料工费用度和军官对军人的盘剥等等，无不加速卫军经济负担，导致其逃亡。据（万历）《杭州府志》卷三十五记载：

> 故卫军之额五千有六百，此定数也。乃今踰二百年，生息绵延宜倍往时矣，而所存仅五之一，何哉？议者谓清、勾未至，逃亡日多，此固一说矣，今深求之，其实不然。……故军所繇耗者，役重而剥之

---

① （成化）《杭州府志》卷 22《屯田》，第 328—329 页。

② 据（万历）《杭州府志》卷 35《兵防上》记载："（杭州前卫）共统旗军五千六百名……迨今事故四千三百四十七名，仅存一千五十三名……（右卫）共统旗军五千六百名……迨今事故四千二百五十八名，仅存一千三百四十二名"，可见二卫正军缺额十分严重。

者众也，请言其略。

夫军役靡一而婴金铁死疆场不与焉，然最莫踰管船甚矣。管船之役修造有费，输纳不足有陪。所历诸道途有支用，舵橹桅锚蓬缆之属各有所供给，凡家所用醯酱盐豉……诸琐屑一不备不可以行，非至殷厚家莫堪任。而监司金审时，所伍多以赂多寡为爱憎，往往纵豪有力者而操中产以下者。……轻则荡产，重则破家，又甚则生且不保矣，门衰户绝多出于此。

其次运粮，春初启行，岁晏甫归，归未旬时，辄赴往丁年执役，白首未息肩者比比是也。①

府志将杭州二卫军士逃亡的原因归纳为四点，分别为管船、运粮、操练和重征叠役，上引管船和运粮两项实为漕运一役。虽然漕运官军有漕运轻赍银可用作沿途盘剥费用，但修造船只的料银则由漕军自己支出三成，称之为"浅船料银"，此一规定形成于正德十四年（1519）。②虽然这笔开支地方民众需支付多数，但对漕运而言负担依然不小，如输纳逾期还要罚俸半年甚至一年。③除此之外，管船军士还需负担船上所用的全部用度，徭役的隐性支出非常大。有司在金点正役之时放富差贫，往往使中下户漕军破家，以致逃亡。

运军常年转漕在外，还要回到卫所"丁年执役"，此处所言当指卫军的均徭役，于志嘉曾以江西为例做过卫所均徭役研究，发现内容与地方政府基本相同。笔者目前没有看到江南各卫所均徭役金派的相关记载，暂无法分析均徭役对卫所财政的影响，但可以肯定的是，漕运任务与均徭役的叠加无疑是造成卫所军逃亡的重要原因之一。④

军士在卫所中除应操练、漕运等正役及均徭杂役外，还要缴纳包括"浅船料银"在内的物料公费银。限于史料，既往学者对卫所内物料公费开支研究不多，仅于志嘉有所提及，笔者所见江南各卫所史料，镇江府记载比较详细，今就而论之。

---

① （万历）《杭州府志》卷35《兵防上》，第2584—2586页。

② （明）王在晋：《通漕类编》卷3《漕运船只》："正德十四年题准运船料价以十分为率，军办三分，民办七分"，第322页。

③ （明）王在晋：《通漕类编》卷3《漕运船只》："（嘉靖）二十四年题准军三民七料价，军卫有司依期征扣……若延至九月终不完者罚俸半年，十月终不完者罚俸一年"，第323页。

④ 于志嘉：《卫所、军户与军役——以明清江西地区为中心的研究》，第190页。

表 1 - 11　　　　　　　　　　　　镇江卫物料公费银收支

	收入项目	支出项目
修城之数 岁征之数 地租银 浅船料银 （均作十年带征）	30 两以下军办银内径支，以上照军三民七出办料银（20 两） 食粮军余 3329 名，每名征银 0.1108 两，共 369.052 两 155.238 两 按 0.0062 两/亩，均摊本卫屯田，共 729.12 两	文册纸扎工食银 公差路费盘缠银 颜料香烛等银 军器料银 浅船料银
	共征银 1273.41 两	共计支出 1273.41 两

表 1 - 11 给出数据来看，卫所内部的物料公费开支并不算多，其中修城、军器和浅船料银都是军民分摊，卫所出办只有 30%，而公费支出也很简单，只有文册纸扎或工食盘缠等银两。但地方政府里甲、均徭役收支结构告诉我们，官府以及官员的很多隐性开支项目都转嫁给普通民户来负担，这笔开支在均平法改革之前尚不合法，不能载诸账册。从（万历）《杭州府志》的记载来看，卫所武官通过盘剥军士获取经费的现象同样存在：

> 其次，重整叠役。凡管船驾运之人，有减存更番之例，所以节劳逸均事体，□□□□。乃所伍官，并缘为奸，壮丁则索出运常例，老弱则征免运纸钱，或有事故欲以所当得粮抵役雇人者，又索柴火银，不啻足矣。然且贪谋未遂，又取办料月钱，或送随都司、把总、游击。该卫一官所常数十人，岁所纳钱总之盈数十百，视民间十岁一均徭者费十倍不止矣。[①]

地方志的作者将卫所武官对卫军的盘剥比喻成民户的均徭役是十分有道理的，地方政府一般会将地方行政所需的公费银、交际银和官员的生活补贴等费用转嫁给应当里甲役或均徭役的民户，形成徭役的附带财政责任。卫所军人的正役就是漕运等内容，那么向漕军索要常例、免运和柴火银等费用就成为其隐性收入的重要组成部分，不仅如此，赠送给上司官员的银两也向卫所军人索取。

总之，镇江卫和杭州前、右二卫表现出江南腹里卫所的一些共通特征。漕运任务的繁重和屯军的缺额直接影响了屯田籽粒的收入，而卫军的

---

① （万历）《杭州府志》卷 35《兵防上》，第 2588—2589 页。

逃亡则往往由于军士正、杂诸役的繁重。漕运之役及漕军的隐性支出给普通军户带来沉重的负担，使其生活变得十分窘迫。卫所军在繁重的正役负担之外，还要承担卫所内部的均徭役以及物料公费负担。和地方政府类似，各级军官还要把衙门日常开支的缺额转嫁给卫军负担。因此，卫军的财政负担远比其上缴的屯田籽粒数量多，漕运等役又抽调大量屯军，所以地方政府要拿出其存留粮的绝大部分补给军队的缺额。

　　限于资料，笔者无法清晰勾勒出镇江卫的军粮构成情况，从目前掌握的地方志资料来看，如常州府以及苏州府的嘉定、吴县、常熟、吴江等县都有起运镇江府仓的银米项目，但具体的支用途径不明，从各府县起运协济的结构来看，其供应给镇江卫的可能性很大。所以，镇江卫的军粮构成也是由镇江府和邻近府分共同补给完成。镇江府存留粮及供给本地卫所的比例情况如下表 1 – 12：

表 1 – 12　　　　　　　　镇江府地方存留粮支出结构①

存留项目	本色数量（石）	折色数量（两）	支出比例构成[a]（两）
本府大军仓麦折银		4869.6036	
本府地方岁用本色米	4900.1518		
丹阳金坛二县备用官吏俸给并恤孤正米	1275.96		
本府大军仓米	3624.1921		
本府儒学仓折银正米		750	
各县儒学仓折银正米		770	军粮开支 10652.0303 69.42%
抚院俸薪		33.9772	政府开支 2500.3259 16.29%
本府库盐钞银		50.25	官俸廪粮 2191.9572 14.29%
本府大军仓折银米		2557.8345	
本府大军仓加派镇江卫军粮银（漕军月粮）		1152	
本府大军仓折银马草		260.4961	
总计	9800.3039	10444.1614	

a. 为方便计算比例，本色粮一律按照0.5 两/石改折计算。

---

①　数据来源：(乾隆)《镇江府志》卷6《赋役一》，第145—154 页。

表 1-12 的数据反映出，镇江府地方存留粮中有近七成的比例作为军粮使用，和松江府的情况类似，镇江府于万历九年（1581）以后加派了1152 两白银作为镇江卫漕军的月粮。按照明代的规定，下江总漕军行粮均于本处仓关支，所以镇江府理应负责转漕军人的行粮，但由于存留粮没有具体的支出结构，所以其所占比例不清楚，除这两笔支出外，剩余部分都应供给镇江卫军月粮。

杭州府两卫一所中，海宁所是比较特殊的例子，该所无屯田，"军饷于该县民粮内支给"[①]。据《两浙海防类考续编》记载，杭州府驻扎前、右二卫及海宁所的屯粮缺额也是由杭州府和临近府分共同补给：

表 1-13　　　　　　　杭州前、右二卫并海宁所军粮构成比例

卫所	军粮构成（石）			总计及供给比例
杭州前卫	本府	20530.1448	50.79%	军粮总额 40418.9925 石 地方补给 30375.7419 石 75.15% 屯粮供给 10043.2506 石 24.85%
	协济	9845.5971	24.36%	
	屯粮	10043.2506	24.85%	
杭州右卫	本府	7390.3103	17.39%	军粮总额 42497.5845 石 地方补给 31287.7114 石 73.62% 屯粮供给 11209.8731 石 26.38%
	协济	23897.4011	56.23%	
	屯粮	11209.8731	26.38%	
海宁所	本府	7108.7649	64.8%	军粮总额 10970.0501 石 全部由地方财政供给
	协济	3861.2852	35.2%	

表 1-13 可见，杭州前、右二卫所需军粮均达到四万余石，各自屯粮的供给在25% 左右，比处于沿海地区的海宁卫情况稍好，但地方政府的补给还是要达到75% 左右。在地方补给的构成中，杭州府对前卫的补给比例较高，可达到 50.79%，其余的 24.36% 由绍兴、金华和严州三府协济，其中金华府的协济比例最高。但杭州府对杭州右卫的供给比例较低，只有17.39%，主要的军粮来自绍兴、金华、严州三府的协济，其中绍兴府的协济额度达 18300 多石，其实是供给杭州右卫军粮最多的府分。海宁所没有屯田，军粮全部由地方政府供给，其中杭州府供给比例为 64.8%，其余部分由绍兴府协济。

笔者另依据（万历）《杭州府志》的数据分析杭州府地方存留粮的支

---

① （万历）《杭州府志》卷 36《兵防下》，第 2613 页。

出结构及其用于军费开支的比例，见表1-14。

表1-14　　　　　　　　　　杭州府存留粮收支结构①

收入项目	数量（两）	支出项目	数量（两）	类别	支出结构及比例
兑军行粮	5975.00145	兑军行粮	5000.0088	E. 漕军行粮	
		司道支销	843.5218	D. 行政开支	
		兑军楞木松板	131.47085	E. 漕军行粮	
府广丰仓	3703.65494	存留米麦	959.5495	A. 存留米麦	
		给军	1646.5494	B. 军粮	
		司吏俸粮	932.9011	C. 官俸廪粮	
		白粮仓料	164.65494	D. 行政开支	A. 存留米麦 2237.4941 两 7.21%
府广积仓	13045.8949	存留米麦	1063.04665	A. 存留米麦	B. 军粮 14735.8322 两 47.52%
		三司首领官俸	869.2697	C. 官俸廪粮	C. 官俸廪粮 4754.8428 两 15.33%
		官军孤铎口粮	10489.25205	B/D	D. 行政开支 4152.5032 两 13.39%
		白粮仓料	624.3265	D. 行政开支	E. 漕军行粮 5131.4797 两 16.55%
县存留仓	4434.03415	存留米麦	214.8979	A. 存留米麦	
		海宁所官军月粮	3862.38425	B. 军粮	
		本县官员俸粮	356.752	C. 官俸廪粮	
府儒学仓	288.4	师生廪给	288.4	C. 官俸廪粮	
县儒学仓	2307.52	师生廪给	2307.52	C. 官俸廪粮	
海盐县仓	1257.64645	转解嘉兴府	1257.64645	B. 军粮	
总计	31012.15189		31012.15189		

　　由于抚按与布政司衙门均坐落于杭州府，所以存留粮中行政开支和官俸廪粮的支出比例较大，可达到28.72%，另有7.21%的存留粮贮于府库存留备用，其余64.07%的存留粮用作军粮支出，其中漕军行粮占用16.55%，补给杭州前、右二卫官军及海宁所并协济嘉兴府的军粮占用47.52%。杭州府境驻扎二卫一所，军队数额很高，而本府的行政开支及漕军月粮已经耗用了很大一部分存留粮，其剩余存留粮主要供给杭州前卫

①　数据来源：（万历）《杭州府志》卷29、30制成，其中A项均为本色，表中按0.5两/石改折计算。

及海宁所，而邻近府分的协济粮对补充杭州二卫军粮缺额发挥的作用更大。因此，杭州府及驻扎卫所之间的财政关系更为明显的体现出交错补给现象。

镇江卫与杭州二卫作为江南地区的内地卫所，许多共同的因素促成了卫所与地方政府的财政互动。首先各卫军士的操守任务并不繁重，都能达到八分屯种的程度，但漕运任务都很重，大量屯军被抽调转漕严重影响了屯田籽粒的上缴。漕军役重还由于其附带的隐性财政负担，回来还要和其他军士一样承担均徭杂役，加重中下层军户的经济恶化，甚至逃亡。除正常的正、杂役之外，卫军还要负担一部分物料公费负担以及受到上级军官的盘剥。种种赋役之叠加，使得卫军的实际负担远高于其上缴的屯粮之数，况且重役盘剥造成的军户逃亡也加速了屯政的败坏，卫所军粮的缺额不得不倚仗于地方财政的补给。镇江和杭州二府需拿百分之六七十的存留粮供给卫所，但由于本府开支钱粮也很大，所以其对卫所的补给程度有限，另外的缺额还需临近府分协济。其中，镇江卫的军粮构成不甚清晰，但从各地方志的记载来看，临近之常州与苏州二府对镇江卫均有一定程度的协济。杭州前、右二卫及海宁所则有几乎一半的军粮由临近府分协济，而杭州府还需拿出一部分存留粮协济嘉兴府的海宁卫，更为明显的体现出地方政府与卫所之间错综复杂的联动补给关系。

三　结论

本节首先分析了漕粮负担与漕军行月粮之间的关系，继而以四个地区的卫所和所在地方政府之间的财政互动关系为个案，分析了屯田结构和各卫屯粮缺额的原因，以及地方财政对卫所的补给程度与存留粮的消耗比例。限于资料，笔者无法动态勾勒出有明一代江南卫所的屯田情况，也未能全面展现出地方政府和卫所之间的财政互动。通过对现有数据的分析可以认为，操守、漕运和屯政本身等三个方面的因素均在不同程度上推动着双方的互动。概言之，因卫所乏粮而导致地方存留粮的不断消耗是这种动态过程最直接也是最简洁明了的表述，但该结论背后错综复杂的财政结构关系及这种结构对明代财政的整体影响才是值得深入探讨之处。

从金山卫和海宁卫的屯田情况可知，沿海倭乱导致两卫海防任务繁重，卫军的八成左右均用于防守，仅有两成屯军。在这种结构下，屯田籽粒无论如何不能满足军粮之需，只得依赖地方政府补给。镇江、杭州等腹里卫所虽然有八成卫军屯田，但半数以上均抽调用于转漕。从数据上看，漕运之役对屯田和地方财政均造成影响，转漕屯军上缴的屯田籽粒不及正军的一般甚至三分之一，地方政府还需要负担漕军的行粮。不但卫所屯粮大幅度缩减，地方政府的存留粮也大量被使用，起运漕粮多的府县如嘉兴府、湖州府乌程县，要拿出一般甚至3/4的存留粮支付漕军行粮，少者如松江府、杭州府，也要使用8%—16%左右的存留粮。北京作为迁都以后的行政中心，军政开支必须倚仗漕运，而江南作为财富重地，安全保障全赖卫所。从明代政治格局来看，江南卫所防守和漕运任务的繁重是国家行政中心和经济中心分离带来的财政负担。如果考虑明代国际局势的话，也可以说"南倭北虏"的军事压力迫使其不得不做出如此之兵力配备。东南地区作为财富重地与海防前线的重合地带，军役造成的屯粮不足是明代整体财政运行给卫所带来的结构性难题。

如果说这种结构性难题卫所无力解决的话，那么军役持续繁重，屯政日益败坏则使屯粮缺额现象不断恶化，地方财政压力增大。军役加重首先表现在漕运附带的隐性开支上，而漕运之役与均徭役的重叠加重了漕军的经济窘迫程度。卫军除徭役外还需负担一部分物料与公费支出，各级军官为满足其日益增长的财政需求也要盘剥卫所军士。正如明人所言，漕运负担的繁重与徭役叠加是造成卫军逃亡的重要原因，既严重影响了卫所战斗力，也是屯政败坏的原因之一。海宁卫、嘉兴所及镇江卫的数据都表明，顶替逃亡正军耕种的军余无论在耕种田亩数量上还是屯田租率上都不及正军之半，原本缺额的屯粮更加不敷使用。而军官凭借手中权力侵吞屯田或将屯田转佃农民导致屯田缺额，也是导致屯政败坏的一大原因。总之，漕运、操守和屯政自身等三种因素的共同作用导致卫所军粮日渐亏损，地方财政不得不为之埋单。

从地方财政的视角出发，其负责补给卫所军粮缺额本就有法理依据，随着屯粮缺额增多，地方财政的压力也逐渐增大。卫所驻地的地方政府，多者如松江府和嘉兴府都要拿出存留粮的90%用作军粮开支，少者如镇江府和杭州府也要拿出60%—70%的存留粮移做军用。但这样依然不能填补军粮亏空，邻近府分协济之军粮亦不在少数，让江南地方政府与卫所之间呈现出交错的联动补给状态。地方财政余剩之存留粮仅足地方官员俸禄和儒学廪粮发放之用，日益增长的财政经费无论从制度上还是现实中都无法利用存留粮来解决，不得不转嫁给里甲、均徭等役负担，造成地方财政的徭役化，产生了里甲公费银和均徭役的财政负担等财政问题，这是笔者下文着重讨论的地方。

第三节　地方存留粮的财政功能与公费银的出现

以上我们讨论了地方存留粮和卫所军粮支出之间的关系，在此基础上，本节继续讨论地方财政的徭役化问题。所谓地方财政的徭役化，是指地方政府把很大一部分行政经费转嫁给地方里甲承担，主要表现就是里甲役的公费负担和均徭役的附带财政责任两部分。其中均徭役部分留待下章解决，本节主要讨论的是公费银的产生问题。由于浙江地区的公费银也被称为里甲杂办银，所以本节使用公费银和杂办银是同一含义。

在明史研究领域中，地方公费银何时、何因转嫁给里甲人户负担一直是明史学者关注的焦点问题。山根幸夫和小山正明认为现役里甲本就有负担地方政府行政费用的责任，所谓"勾摄公事"，就是负责应役年份的上供物料、地方公费、里甲夫马等项目的支出。① 但岩井茂树和伍跃的研究指出"勾摄公事"在元明时代的语境中专指与刑事案件有关的内容，勾摄公事是指里甲职役人员配合地方政府处理刑事案件的行为，并不泛指与地方行政有关的一切事务。因而，没有制度上的规定可以表明，里甲职役原本就应该负责地方公费的支出。② 岩见宏则认为地方公费本由存留的正项钱粮支付，在明代中期以后都开始由应役里甲负担，成为里甲役的一部分。岩见氏的文章没有给出转变的具体原因，但其指出正是因为其过程不明，所以弊害更大。③

岩井茂树将地方公费支出转化为里甲负担的原因总结为以下三点：其一，永乐年间因迁都造成的频繁大规模工程、五次北征和下西洋活动都使得上供物料负担增大。中央政府削减存留部分以供上用，受到挤压的地方官府财政自然把被剥夺的部分转嫁给里甲负担。其二，宝钞制度的失败造成实际税收大幅度减少，地方政府原来使用宝钞支付的部分自然全部流失。其三，存留税粮可用作行政经费开支的部分越来越少，在此岩井茂树

① 〔日〕小山正明：《明清社会经济史研究》，第65—66页；〔日〕山根幸夫：《明代徭役制度の展开》，东京女子大学学会1966年版，第48—49页。

② 〔日〕岩井茂树：《中国近代财政史研究》，第230—249页；〔日〕伍跃：《明清时代の徭役制度と地方行政》，大阪经济法科大学出版部2000年版，第65—67、82—90页。

③ 〔日〕岩见宏：《明代徭役制度の研究》，京都同朋舍1986年版，第53—66页；《明代地方财政之一考察》，《日本学者研究中国史论著选译》第6卷，中华书局1993年版，第141—158页。

列举了几个方面的例证作为地方政府开支减少的原因，分别是：存留粮用于地方王府的开支、补充军屯粮的不足、传奉官的开支等方面。[1]

问题是既有的学术成果并不完全支持岩井氏的论证过程。对此详加辨析，或可使我们对地方存留钱粮的财政功能以及杂办银的产生问题有更清晰的认识。岩井氏的立论成立的重要前提是存留粮用作地方行政开支。何朝晖的研究也认为明代的存留粮主要用于宗室俸禄、地方军饷、官吏俸禄、生员廪粮和孤老月粮，及少量行政经费开支。[2] 但唐文基和肖立军的研究都指出，明代存留粮主要用于地方官俸、儒学廪粮、社会救济和宗室廪禄几个方面，并没有用于行政开支。[3] 如果存留粮并不用于地方公费，那么即便军饷等别项开支增大也不会侵夺公费用度，公费银两的转嫁原因也需重新审视。因此，何种原因导致了地方公费银转嫁给里甲负担是本节讨论的重点问题。

以下本节从存留粮的财政功能、杂办银的财政功能、杂办银的成因三个方面考察地方存留钱、粮与公费银之间的关系，从而重新审视公费银转嫁给里甲人户的原因。

一　存留粮的收支结构与财政功能

（一）地方存留粮的收支结构

为方便说明该问题，本节使用前文所据之（万历）《杭州府志》和（天启）《衢州府志》中的地方存留粮数据制成以下两表，分析浙江布政司存留粮的收支结构。二志所载均是一条鞭法施行以后的存留粮收支数据，但由于明代正项田赋的收支结构始终没有发生太大的变化，且各类地方志中一般不记载《赋役全书》编定之前的收支细则，所以上述二志材料大致可以反映出明代浙江地方存留粮的收支结构。

由表1–15可知，杭州府的存留粮用途主要有以下几个方面：

A. 存留米麦。杭州府此项没有标明具体用途，也没有改折，本表为计算方便，按照存留粮的一般折率0.5两/石统一将其换算成白银。

B. 军饷。该项中包含卫所军饷和支付给兑运漕军的行粮及各项什物。浙江漕军的行粮由本省支付，故有此项开支。浙江地区卫所军俸粮在嘉靖中期以后按照本折相兼的方式支放，但杭州府如仁和、钱塘等县军饷已经

---

① 〔日〕岩井茂树：《中国近代财政史研究》，第262—278页。

② 何朝晖：《明代县政研究》，北京大学出版社2006年版，第144页。

③ 肖立军：《明代财政制度中的起运与存留》，《南开学报》1997年第2期；唐文基：《明代赋役制度史》，第84—85页。

表 1-15 杭州府存留粮收支结构①

收入项目[a]	数量（两）	支出项目	数量（两）	类别	备注
兑军行粮	5975.00145	兑军行粮	5000.0088	B. 军饷	该项按 0.55 两/石改折，按照 0.5 两/石支付 B 项，其余为 D 项
		司道支销	843.5218	D. 行政开支	
		兑军项下楞木松板	131.47085	B. 军饷	盐粮米支出
府广丰仓	3703.65494	存留米麦	959.5495	A. 存留米麦	A 项均为本色，按 0.5 两/石改折计算
		给军	1646.5494	B. 军饷	
		司吏俸粮	932.9011	C. 官俸	
		白粮仓料	164.65494	D. 行政开支	
府广积仓	13045.8949	存留米麦	1063.04665	A. 存留米麦	
		三司首领官俸	869.2697	C. 官俸	
		官军孤铎口粮	10489.25205	B/D	B、D 两项构成比例详见下文分析
		白粮仓料	624.3265	D. 行政开支	
县存留仓	4434.03415	存留米麦	214.8979	A. 存留米麦	
		海宁所官军月粮	3862.38425	B. 军饷	海宁所军饷为本色，按 0.5 两/石改折
		本县官员俸粮	356.752	C. 官俸	本色县分均按 0.8 两/石改折计算
府儒学仓	288.4	师生廪给	288.4	C. 官俸	
县儒学仓	2307.52	师生廪给	2307.52	C. 官俸	
海盐县仓	1257.64645	转解嘉兴府	1257.64645	E. 转解	
总计	31012.15189		31012.15189		

a. 地方志中原有秋余米和盐余米等项，但此二项一般用来补足以上各项不足之数，或者协济别府使用，故不将其加入。

全部改折，本色部分也按照 0.5 两/石的标准支放给官军。另如海宁县负责的"海宁所官军月粮"尚维持本色，本书为计算方便，也按照 0.5 两/石的标准将其折算成白银。

---

① 数据来源：（万历）《杭州府志》卷 29，第 2037—2241 页；本书只关注地方存留粮的收支问题，其余项目不在考虑范围之内。

在此笔者对"官军孤铎口粮"的分配比例问题做出说明。《杭州府志》中没有给出该项中官军俸禄和孤铎口粮各自所占的明确数量，且两部分为不同类型的支出，所以必须对孤铎口粮用量进行估算。（嘉靖）《仁和县志》卷七：

> 皇明洪武五年五月诏天下郡县立孤老院，以孤老残疾不能生理者，许入院，官为依例赡养。……定例每口月支米三斗，柴三十斤，冬夏布各一匹，小口给三分之二。后又改定曰养济院。[1]

抚恤孤贫的月米由预备仓支给，柴薪布匹由里甲丁田银负责，包含在杂办项目内。从《仁和县志》的记载来看，该县在正德五年（1510）、嘉靖二十七年（1548）的孤老数分别为 345 名和 387 名，（万历）《秀水县志》记载该县万历七年（1579）的孤老数是 350 名。[2] 因此本书暂把附郭县分的孤老数量定为 350 名。另据（嘉靖）《太平县志》和（嘉靖）《定海县志》的记载，二县的孤老数量分别为 57 名和 100 名，笔者在此取高值估算，一般县分按照 100 名计算。[3] 据此估算，杭州府九县的孤老数为 1400 名，每人每月 0.3 石口粮，按 0.5 两/石白银计算，共用银 2520 两。如此则"官军孤铎口粮"一项中，官军俸粮为 7969.25205 两，孤老口粮为 2520 两。

C. 官俸。该部分包括了支付给司府县官员的俸禄银和儒学官员师生的廪给，折率较高，一般按照 0.8 两/石的标准征收白银。

D. 行政开支。该项包含的内容比较复杂，包括抚恤孤贫的孤铎口粮，司道支销和白粮仓料三个项目。实际上，只有孤铎口粮一项是明初旧制规定的常项开支，而且在 D 项中所占比例也最大。"司道支销"和"白粮仓料"两个项目都是在改折时提高折率而产生的差额。"兑军行粮"一项按照 0.6 两/石的标准征收，按照 0.5 两/石的标准发放给运军，0.1 两/石的部分留用"司道支销"。同理，军士俸粮也是按照 0.55 两/石的标准征收，

---

① （嘉靖）《仁和县志》卷 7《恤政》，《中国方志丛书》第 179 号，第 411—412 页。

② （嘉靖）《仁和县志》卷 7《恤政》，第 418 页；（万历）《秀水县志》卷 3《食货志·恤政》，《中国方志丛书》第 57 号，第 187 页，该志原文为 305 名，但根据前数相加应为 350 名，疑误，在此改正。

③ 此数据为笔者推算，二县杂办银中"孤老布花木柴"银分别为 34.2 两和 60 两，以 0.6 两/名计算，则二县孤老人数分别为 57 名和 100 名。参见（嘉靖）《太平县志》卷 19《食货志》，《天一阁藏明代方志选刊》第 17 册，第 15b 页与（嘉靖）《定海县志》卷 8《贡赋》，《天一阁藏明代方志选刊续编》第 29 册，第 778 页。

再按照 0.5 两/石的标准发放，0.05 两/石的部分留作"白粮仓料"。可见，该二项都不是地方政府本来就有的收支项目，是在税粮改折过程中才形成的。根据本书之前对存留粮改折时间的分析，此二项应该产生于嘉靖末年以后，并非明初即有的项目。从《杭州府志》的记载来看，地方政府动用存留粮支出的项目中只有"孤铎口粮"一项是有制度依据的。

E. 转解。该项为杭州府转解海盐县仓收纳的税粮。这部分税粮虽然也用作军饷开支和修盖白粮仓的料银，但由于其并非杭州府的地方财政开支，所以本书将其另立一类。

以上本书对杭州府地方存留粮的支出结构进行了梳理，衢州府存留粮的支出结构与之类似。因此，本书按照上表的分类方法将衢州府存留粮的收支结构制成表 1-16，再就二府的情况对浙江地方存留粮的财政功能进行分析。

表 1-16 衢州府存留粮收支结构①

收入项目	数量（两）	支出项目	数量（两）	支出类别	备注
预备秋米	4972.4308	军饷	4972.4308	B. 军饷	此为募兵饷银，与卫所军俸粮不同
严州府仓	1776.2807	转解	1743.9847	E. 转解	
		贡具银	32.296	D. 行政开支	具体含义详见下文
（盐米）	31.515	转解	30.942	E. 转解	
		贡具银	0.573	D. 行政开支	
协济温州府仓	559.2015	截留用作军饷	559.2015	B. 军饷	
本府广盈仓屯米折银	3354.0282 1387.1019	抚院三司府县官俸 贡具银 充饷银 孤铎重囚口粮 官军吏俸粮	397.8218 60.5705 58.3825 150 4074.3553	C. 官俸 D. 行政开支 B. 军饷 D. 行政开支 B. 军饷	孤铎 64 名，按照 0.3 石/月×0.5 两/石的标准计算，共 115.2 两，量加重囚口粮，共 150 两。
府儒学仓	560	师生俸廪	560	C. 官俸	
县儒学仓	1400	师生俸廪	1400	C. 官俸	
存留仓盐米	885.7721	县官吏俸粮	326.4	C. 官俸	

---

① 数据来源：（天启）《衢州府志》卷 8《国计志》，《中国方志丛书》第 602 号，第 759—765 页。

收入项目	数量（两）	支出项目	数量（两）	支出类别	备注
		司吏俸粮	339.3721	C. 官俸	
		孤老重囚	220	D. 行政开支	111 名孤老量加重囚口粮，共 220 两
总计	14926.3302		14926.3302		

　　表 1–16 与表 1–15 的分类标准虽一致，但仍有几点需要说明。其中衢州府没有地方仓库存留的 A 部分。B 项军饷计算时加入了军卫屯田米折银。D 项中的"贡具银"为贡物运输时的耗费，《明穆宗实录》卷二十三：

　　　　一增贡具，谓随船什物诸费皆责办贫军，坐亏正粮，宜将存留米麦折银给买，以示宽恤。①

　　这条史料记载的时间与该志的时间相同，据此可以断定"贡具银"一项产生于隆庆年间。

　　以上笔者对杭州、衢州二府地方存留粮的收支结构进行了梳理，并按支出功能对各项进行了分类，现总结为表 1–17：

表 1–17　　　　　　　　　杭、衢二府地方存留粮支出类别

	A. 存留米麦		B. 军饷		C. 官俸		D. 行政开支		E. 转解		总计	
	数量	%	数量	%	数量	%	数量	%	数量	%	数量	%
杭州府	2237.4941	7.21	18609.6654	60.01	4754.8428	15.33	4152.5032	13.39	1257.6465	4.06	31012.1519	100
衢州府	0	0	9664.3701	64.75	3023.5939	20.26	463.4395	3.10	1774.9267	11.89	14926.3302	100

　　（二）地方存留粮的财政功能

　　从表 1–17 可知，杭、衢二府的地方存留粮的支出方向有军饷、官俸、师生廪给、孤铎口粮和一部分行政开支。何朝晖指出，明代的存留粮主要用于宗室俸禄、地方军饷、官吏俸禄、生员廪粮和孤老月粮，及少量行政经费开支。② 相较之下，除宗室俸禄一项之外，浙江地区的存留粮开

---

① 《明穆宗实录》卷 23 "隆庆二年八月戊子"，第 614 页。
② 何朝晖：《明代县政研究》，第 144 页。

支似乎与何文的归纳相同。但从上文的分析可知，D 项中只有孤锋口粮是明初即有的开支项目，其余各项则是在税粮银纳化过程中形成的，产生于嘉靖末年以后，而非明初即有的财政开支。况且，何朝晖在书中援引浙江新昌县和广东潮阳县的情况作为例证来说明地方存留粮的支出方向，可是二县存留粮只有官吏俸禄、儒学廪粮、孤老月粮和军饷四个方面的开支，并无地方政府的行政开支项目。由此推断，即便杭、衢二府的地方存留粮包含一部分行政开支的话，也只可能包含在 A 项中。问题是衢州府不存在 A 项，杭州府的 A 项也没有明确的标明支出方向，如何断定该项目的用途是本部分需要解决的第一个问题。

表 1-17 中另一个存在问题的部分是 B 项。该项主要用来支付给地方卫所军的军饷，其实这并非明初即有的制度。（成化）《杭州府志》卷二十二：

> （屯田）宣德、正统来益重其政，都司有委官都指挥，按察司有添设管屯佥事，总领监督之。自是荒闲尽开，添拨官军倍多，子粮之入有加。余粮出纳始则管屯官自行主掌，今皆定送所在府县官仓收支。若地力肥饶，丰收仅足输官，若硗瘠之处，凶荒则亦艰矣。[1]

该条史料可知，明初各卫所基本用屯田来支放官军俸粮，与地方财政无涉。通过表 1-16 可知，衢州府卫所屯田籽粒折银只有 1387 两多，而实际的卫所军俸粮则有 4000 余两，显然此时地方财政已经承担了大部分卫所军的开支。这个问题笔者已经在第二节做出说明，那么这种现象是否给地方财政造成了压力，是本节需要解决的第二个问题。

首先看存留粮与卫所军俸之间的关系，前引（万历）《杭州府志》卷三十六：

> 以上本折二色，除额征折色并积荒粮折银两征贮杭州府库外，其本色米先年俱坐派丰积二仓征贮，二项银米俱听本府放给，如有不足亦听该府自行拨派辏给。后于万历三年新议折银，俱纳于管屯指挥类解府库抵支官军月粮。[2]

---

[1] （成化）《杭州府志》卷 22《屯田》，第 326 页。
[2] （万历）《杭州府志》卷 36《兵防下》，第 2611—2612 页。

对比两条史料可知，屯田籽粒的经管方式有一个变化的过程。明初的屯田管理自成体系，与地方政府无干，大致在成化时期屯田余粮始经地方政府管理。从（万历）《明会典》的记载可知，至迟到弘治十六年、屯田籽粒已经开始由地方政府管理了。① 上节的计算可知，如杭州前、右二卫至少有75％的军粮需要地方政府供应，但笔者并不认为对卫所军粮的补给侵夺了地方行政开支。（万历）《明会典》卷二十九：

> （洪武）二十六年定，凡各处秋夏税粮已有定额，每岁征收，必先预为会计。除对拨官、军俸粮并存留学粮廪给、孤老口粮及常存军卫二年粮斛以备支用外，余粮通行定夺立案具奏。其奏本内该云为征收某年秋粮事，该照在京并在外卫所官军等项合用俸粮，拟合预为会计征收。议得各司府州今岁该征秋粮，……其余秋粮存留学粮廪给、孤老口粮及拨辖各处军卫仓收贮，常存二年粮储以备支用，如有粮多足用去处，临期定夺收支。②

显然，早在明初国家就对地方存留粮的财政功能做出了详细规定，即用于师生廪给、孤老口粮，官员俸粮。剩余的存留粮则明言用于地方卫所的备用粮，那么当屯田籽粒粮额不足之时，取存留粮补足缺额当然就是理所当然的了。肖立军引用这条材料说明，明初存留粮用于地方卫所军俸的支出，但从前文的分析来看，浙江布政司并不存在这样的情况。该部分存留粮在明初只是备用的军饷，并非直接用于军项开支。不过这种情况同时也说明，屯田籽粒支用不敷即用存留粮补足在明代是有制度保障的，存留部分本就是备用军俸。

再看表1-17中的A项。从（万历）《杭州府志》的书写方式来看，该志书对每一项存留粮，或用于兑军行粮，或用于师生廪粮，其支出方向和数量都有详细的描述。唯独A项只强调运至该仓上纳，没有给出支出方向，也即A项并没有被使用。结合上文的分析可知，该项并没有被支用，而是备用粮，地方政府并不能擅自动用。据此可知，地方政府除利用折率获取的白银用于行政开支外，存留粮中并没有专门用于公费开支的部分。

以上部分对明代存留粮支出结构和财政功能进行了分析。可以认为，

---

① （万历）《明会典》卷18《户部五·屯田》："（弘治）十六年题准，浙江除昌国卫田亩数多，温州卫田地膏腴外，其余各卫所屯军全纳子粒六石者，每年本折中半，每石征银二钱五分，附近有司官库收贮备支。"第121页。

② 申时行等：《明会典》卷29《户部十六·征收》，第216页。

明初地方存留粮主要用于官员俸禄、儒学师生廪给、孤铎口粮以及备用军饷。随着军屯制度的颓坏，备用粮大多数用于补足军屯籽粒的缺额，成为地方存留粮的最大开支项，呈现出表1-17的支出结构。但存留粮原本就没有支付地方行政费用的财政功能，因此并不能认为军饷的开支侵夺了地方的公费开支，两者之间并没有有此即彼的严密逻辑关联。我们或可以认为，如果卫所军粮不侵夺过多的地方存留粮的话，地方政府有可能会动支存留粮弥补财政赤字，但不能认为军粮不足是地方公费不敷的主要原因，至少不是逻辑上的充分条件。

二　杂办银的支办原则与"官钱粮"的含义

如果本节之前的分析可以成立，即存留粮不用于公费开支，则我们必须对明史学者给出的公费银转嫁给里甲负担的原因做出一些修正。为方便本节以及第二章对公费银财政功能的分析，笔者于此对里甲负担的"杂办银"项目做出分类，再一一探明各项目最初的财源，从而把握二者之间的逻辑关系。在此笔者选取（嘉靖）《浦江志略》的杂办银数据进行说明，该志明确指出其收录的是"正德十五年（1520）"的册定数据，因而能够反映出杂办银制度成立初期的情况：

表1-18　　　　　　（嘉靖）《浦江志略》"杂办银"项目[①]

类别	项目名称（单位：两）	总量（%）
祭祀费	文庙二祭银　50　　社稷山川二祭银　40 邑厉坛三祭银　30	120（30.14%）
科举费	科举银　12.9038 岁贡盘缠银　7.5　　武举（盘缠）银　0.5423 进士牌坊银　16.0883　　举人牌坊银　26.8135	63.8479 （16.04%）
仪典费	乡饮二次银　　20两	20（5.02%）
救恤费	孤老冬夏布花木柴银　12两	12（3.01%）
行政开支	预备各衙门书手工食银　14.4+1.2 支应银　70	85.6（21.5%）
上供物料附加费	军器（路费）银　6.1979　　茶芽路费银　2 段匹解扛银　70.967+4.7578　　段匹柜匣银 10.5554	94.4781 （23.73%）

---

① 数据来源：（嘉靖）《浦江志略》卷5《财赋志》，《天一阁藏明代方志选刊》第19册，第9a—10a页。

续表

类别	项目名称（单位：两）	总量（%）
赔纳课钞	课程钞银　2.16	2.16（0.54%）
总计		398.0862（100%）

在此，本书参考山根幸夫和岩见宏两位学者关于公费的分类标准将两表中的杂办项目分为以下几类：

A. 祭祀费。共120两，占总量30.14%。这部分费用用于地方官员主持祭祀，两表中均为占杂办银比例最大的一部分。据府县地方志记载，祭祀对象包括文庙、启圣公祠、社稷山川郡厉坛和乡贤祠等方面。① （万历）《明会典》卷四十一：

> 其各司府州县遇有祭祀及庆贺等项俱于官钱粮内支用，务要明白花销，开申上司，以凭稽查。

从这条史料中可以看出，地方政府祭祀、庆典等项花销都在"官钱粮"动支。

B. 科举费。共63.8479两，占总量16.04%。这部分包括的项目比较多，其既包括赏赐给获取科举功名士子的礼币，也包括贡士、武举参加更高级别考试的路费，还有旌表进士、举人的牌坊银，可以看作广义上的与科举有关的费用。岩见氏的研究也表明地方乡试的费用自明初即由"官钱支给"。② 海瑞在《兴革条例》中也有同样的记载：

> 是又当慎选其人，不当滥及。本职广东人，广东举人七十五名，闻正德末年科举生止取七百五十名。（场屋中每十人而取其一，科举数不为不宽。）是年省费，民甚便之。……盖省一名则省一名路费，省一名场屋中诸般费用，民之利也。③

---

① 据岩见宏的研究，明初地方政府的祭祀费用均由"官钱粮"支用。以下公费支出的史料依据或有参考岩见氏著作之处，恕不一一注明，均参见〔日〕岩见宏《明代徭役制度の研究》，第53—58页。

② （万历）《明会典》卷77《礼部三十五·科举·乡试》："凡科场应用物料，洪武十七年定，在京及各布政司搭盖试院房舍并供用笔墨心红纸札饮食之类皆于官钱支给，咨报户部"，第450页。

③ （明）海瑞：《海瑞集》上编《兴革条例》，中华书局1962年版，第93页。

以上两条史料均表明，科举考试的费用和应试考生的路费均由地方政府的"官钱"支办。

C. 物料运输附加费，共 94.4781 两，占总量 23.73%。包括军器路费银和织造扛解银和茶芽路费银三项。（万历）《杭州府志》卷三十六：

> 国初各卫所成造军器，咸有定制，其料银征七于民（于九县丁田内派征），征三于军（于旗军月粮银内派扣）。各军卫有司征解布政司贮库，其管局官、布政司咨行都司，遴选前右二卫指挥各一员，呈请抚按衙门，……发局团造。其奉文成造，候抚按衙门详示，将料银发管局指挥，会同杭州府清军同知给散。至督造完日，布政司咨都司，中半分解工部交纳，至今遵为定例。①

如材料所示，地方政府要负责十分之七的军器制造费用。由于工部需求的是实物军器，因此"军器料银"，虽然以白银的形式在坐办中征收，但是还要在地方上完成军器的打造并将其运输至工部。地方政府和卫所各负责一般的运量，军器路费银便因此产生。织造扛解银是地方向工部运输岁织段匹的运输费用。（万历）《明会典》卷二〇一：

> 凡岁造，宣德十年令各处解到段匹，原解人员连原封同该司官吏、辨验御史送至午门内会司礼监委官及库官拣验堪中收库，不许在部开封。②

在外织染局每岁织造的段匹都要运送至工部，再交递给内府验收。同理，这部分物资也是现有地方政府办纳完成，在以实物的方式运送至工部，织造扛解银则是实物的运输费用。

以上三项都是地方政府缴纳上供物料时产生的运输费用，所以本书将其归为一类，统称为"物料运输附加费"。

D. 行政开支，共 85.6 两，占总量 21.5%，包含书手工食银和支应银两个项目。此项与其他项目的支办方式并不相同，《兴革条例》载：

> 书写，胥吏职也。彼或不能，自募书手代之，亦其本分。旧例清

---

① （万历）《杭州府志》卷 36《兵防下》，第 2595—2596 页。
② （万历）《明会典》卷 201《工部二十一·织造》，第 1010 页。

理军匠、丁田、均徭、派征钱粮等项，皆令直日里长出办工食。

另据张选《忠谏静思张公遗集》卷三：

> 查得本县先年支应，止照改议文册于丁田银内扣追银二百两，不追入官，令见年里甲分日自行支应……①

以上两条史料表明，书手由直日里长出办工食自行雇募。支应银也并不直接征收白银，而是由现役里长"买办供送"。该二项均是强加给里甲役的财政负担，是"役法"的衍生品，并非明初就有的项目。因此，D项的情况与A、B等项的情况并不相同，无需讨论其如何由"官钱粮"的开支转变为里甲负担的问题。

E. 救恤支出，共20两，占总量3.01%。该项主要指地方政府支付给孤贫、残疾人士的救助费用，地方志中一般写作"孤老冬夏布花木柴银"。上文分析可知，地方政府抚恤孤老的"孤铎口粮"在存留粮内支出。除此之外，地方财政尚需支付孤老的其他用度。（万历）《明会典》卷二一〇：

> （洪武二十六年）一鳏寡孤独，仰本府将所属养济院合支衣粮，依期按月关给，存恤养赡，毋致失所。仍具孤贫名数，同依准状呈。②

F. 仪典费，共20两，占总量5.02%。该项目中包括进贺表笺、迎春、乡饮酒礼等项目。（万历）《明会典》卷七十九：

> 各处府州县，每岁正月十五日、十月初一日于儒学行乡饮酒礼。酒肴于官钱约量支办。③

结合前文所引（万历）《明会典》中关于庆贺费用支出规定的记载可知，凡地方乡饮酒礼、庆贺等事的费用均由地方政府"官钱粮"支办。

G. 赔纳课钞。由于宝钞贬值，商税流失，所以地方政府将原有商税课钞的额度折算成白银摊入杂办银或均徭役的巡拦银内征收。这部分银两主

---

① （明）张选：《忠谏静思张公遗集》卷3，《四库丛书存目丛书》，集部，第93册，第424页。
② （万历）《明会典》卷210《都察院二·出巡事宜》，第1049页。
③ （万历）《明会典》卷79《礼部三十七·乡饮酒礼》，第456页。

要作为维持商税原额的象征意义存在，基本不影响地方财政的运行，故本书不再详述。

综上，C 项虽占该县杂办银总量的 23.73%，但该项支出取决于地方政府负担上供物料的数量，与地方行政无关；D 项也占有不小的份额，但其支办方式和产生原因与其他项目不同，并不在本书的考查范围之内；本书关注的重点在 A、B、E、F 四项。

从（万历）《明会典》中关于此四项支出规定的书写方式可见，科举和乡饮酒礼的费用可以确定是直接由"官钱"支办，而祭祀、庆贺的费用则由"官钱粮"支办。由于本书之前的分析认为，存留"官粮"除支办"孤铎口粮"一项以外，并不负担地方政府其他的公费开支。因此笔者认为，此类文献中的"官钱粮"是泛指存留地方用于行政开支的粮食与钱钞，而没有细致的区分。但在实际的运作过程中，"官粮"与"官钱"各自的用途是比较明晰的，其中存留粮只用于地方官俸、儒学廪给和孤铎口粮的支放，真正用于地方行政公费的是"官钱"，即存留钱钞。

三　宝钞贬值与里甲"杂办银"的出现

以上本书考察了地方存留粮的财政功能与杂办银的支办原则两个问题，借以重新审视了岩井茂树提出的地方公费转嫁给里甲负担的三点原因。首先，笔者认为上供物料与地方公费之间并没有逻辑上的必然联系，上供物料成为里甲正役的任务是指征解方式的变化，而非负担的转嫁；其次，地方存留粮被王府开支和军饷占用并不能造成地方政府开支的减少，因为存留粮并不用于地方政府一般行政事务的支出。第三，由于存留钱钞实际用于地方公费开支，因此宝钞制度的失败是导致明初地方财政结构失衡的直接原因。

可以认为明初宝钞贬值以及由此引发的一连串连锁反应给明初地方财政造成强烈的冲击。从（成化）《杭州府志》记载的洪武初年的财政数据可知，洪武十年（1377）时，杭州府每年的田赋收入中夏税小麦 6189 石，秋粮米 166675.9 石，两者总和为 172864.9 石，而洪武九年（1376）的商税收入则为 439836.9 贯。[①] 按照粮钞比 1:1 的比率换算，杭州府的财政收入中粮钞比大概在 2:5 左右，货币收入占主要地位。即便我们认为明代宝钞在发行伊始即出现贬值的现象，如洪武二十三年（1390）明太祖就曾说两

---

① （成化）《杭州府志》卷 19《税粮》，第 279 页；卷 21《课程》，第 311—312 页。

浙市民有用钞一贯折钱二百五十文的做法，说明此时宝钞贬值达到 4 倍左右。^① 以此计算的话，洪武十年的粮钞比为 1.57：1，我们依然可以说商税收入在财政结构中具有不可或缺的地位。但是宝钞在此之后持续贬值，从《杭州府志》所载正统十二年（1447）的夏税征收则例中即可看到当时的实际情况：

> 折钞麦二千四百石，每石折征钞五十贯，共折钞一十二万贯。仁和、钱塘、海宁、富阳、临安、新城六县该麦二千三百八十石五斗八升三抄八撮，共折钞一十一万九千二十九贯一文九分，每钞一贯连加耗车脚共支米二升，通共支米二千三百八十石五斗八升三抄八撮。就仰解钞粮长领米买钞解纳。^②

这条材料说明至正统年间，粮钞比达到 1：50，贬值程度已经非常高了。情况尚不止如此，还应该注意到这条史料把"以米换钞"表述为"领米买钞"，而该则例在征收"折银麦"一项下把"以米换银"表述为"糶卖荒银"。一般而言，以商品换取货币被称之为"卖"，以货币换取商品被称之为"买"。由此可见，"领米买钞"绝不是将米在市场上出售以换取钞，而是出售以后还要买钞，而米可以直接出售换取白银。这表明，随着持续的恶性贬值，宝钞的支付功能已经丧失，变成了一种专门为缴纳赋税而被保留的"商品"。地方政府需要在市场上买钞，然后再上缴给中央政府。因此，至正统年间，明代的宝钞已经不再履行货币的职能，相应的地方财政支出中使用宝钞的部分则完全没有了财政来源。

（万历）《明会典》卷三十五：

> （正统）七年奏准，各处州县额办商税、酒、纸等课于各州县收贮，以备岁造段匹、祭祀及官吏俸给等项支用。^③

这条材料的字面意思是地方政府可以使用存留课钞办纳段匹，或用于祭祀与官俸支出。但结合我们前文的分析可知，宝钞在正统年间已经贬值严重，甚至丧失货币职能，成为一种用于缴纳税收的特殊商品。那么这条

---

① 《明太祖实录》卷 205"洪武二十三年十月戊辰"载"近闻两浙市民有以钞一贯折钱二百五十文者……"
② （成化）《杭州府志》卷 20《税粮》，第 309 页。
③ （万历）《明会典》卷 35《户部二十二·课程四·商税》，第 255 页。

史料的实际含义就变成了中央政府不再需要地方上缴商税课钞，但同时地方政府要在商税流失的情况下继续完成织造任务以及应付地方事务的开支，这无疑为地方政府另辟财源开通了制度通路。

从（万历）《嘉兴府志》的记载来看，因宝钞贬值造成流失的商税并没有在这之后被重新恢复起来，而是继续维持了原有的钞额，并将其按照银钞比 0.002：1 的比率折成白银。嘉兴府并所属七县税课司原有商税钞额556974 贯，折成白银 1113.948 两，从牙行、商户、渔户征收，或用巡拦役银抵补。这部分白银用于支付海宁卫并澉、乍后四所官军的俸钞银。[1]

可见，商税的收入和支出始终按照原定钞额进行的，一千余两的商税银对于嘉兴府的财政而言无足轻重，作为卫所官军的俸禄也是杯水车薪。显然，商税的收支已经成为无关正常财政收支、仅具象征意义的行为了。

宝钞制度的失败给明初地方财政结构造成的冲击无疑是巨大的。地方财政除存留宝钞用于行政开支以外，并不能另辟财源，也没有增加税赋弥补财政缺口的制度许可。那么，将商税流失的部分通过"杂办银"的方式转嫁给里甲民户负担恐怕是地方政府最现实、最合理的选择。

基于此种原因，当宝钞渐趋无效之后，地方政府逐渐将公费转嫁给里甲人户负担。顾炎武《天下郡国利病书》：

> 故事，里甲应各办之次年，即金均徭，民颇病其数。天顺中，改为上下五年，名曰两役。其役之在各办者，则里长敛钱从事，称甲首钱。提牌承应，计日而轮。[2]

可见，天顺之时"甲首钱"的名称就已经存在，当时地方财政尚无大量使用白银的情况，所以只是敛钱补足亏空经费。且浙江地区嘉靖以前的地方志中，均不见杂办银的记载，因此笔者认为，此时的"杂办"项目尚未形成制度。（嘉靖）《浦江志略》正德十五年（1520）"册定里甲之征"中出现的杂办项目，是笔者所见材料中最早关于"杂办银"的记载。另据唐文基的研究可知，福建地区的"纲银"出现的时间大致为成弘之际，规范为"正杂二纲"则是在正德十五年（1520）。笔者所见（同治）《宁化县志》中也有同样的记载：

---

① （万历）《嘉兴府志》卷 8《课程》，第 465—466 页。
② （清）顾炎武：《天下郡国利病书》，《浙江备录下》，第 2446 页。

故御史沈灼议将通县费用分正杂二纲，以丁四粮六均派见年里甲……如文庙、社稷之祭及乡饮之类则曰正办，如迎春、桃符、新官到任、生儒考试一切供办之类则曰杂办。

该条史料中所列项目与《浦江志略》中的杂办项目基本相同。综合以上分析可知，地方公费在宝钞贬值以后虽然逐渐转嫁给里甲人户负担，但并未形成规范性的制度。至正德十五年大造黄册之时，各地逐渐将公费银项目以各种方式确定下来，即浙江之"杂办银"，福建称之"纲银"。

四　结论

以上本节从浙江布政司存留粮的财政功能、杂办银的支办原则与杂办银的成因三个方面分析了公费银转嫁给里甲人户负担的原因。可以得出如下结论：

浙江布政司地方存留粮除支付官俸、儒学师生廪粮和孤铎口粮之外，主要用于卫所的备用军饷，并不用于地方行政费用的开支。即便大量的存留粮用于填补屯田籽粒的不足，也不会侵夺地方政府的行政费用。地方政府用于祭祀、庆典、科举和乡饮酒礼等方面的公费开支实际由存留钱钞支办，宝钞贬值才是造成地方公费转嫁给里甲人户的直接原因。地方公费最初以"甲首钱"的方式由里甲人户负担，随着地方财政用银量的不断增大，最终在正德末年形成了规范的"杂办银"制度。

本章小结

本章用了三节的篇幅讨论了明代浙直地区的田赋问题，主要考察了田赋的银纳化问题、地方政府与卫所之间的财政互动问题以及地方财政的徭役化问题。总之，本章讨论的核心问题是明代财政体系中"赋"的概念。田赋是以农立国的王朝最主要的财税来源，对田赋的分配和使用体现了国家各级政府的财政权力，也反映出明代中央与地方、民政与军政之间的权力关系。

明代立国之初以征发实物和活劳役为主的"实物主义"财政思路非常明显，且各级财政分配处于中央的统一计划之中，所以对于地方财政而言，存留钱粮的使用灵活度相对很小。就田赋的改折而言，既有的学术成果多有强调社会经济的发展对田赋银纳化的推动作用，但笔者认为这只能视为田赋银纳化的必要前提，并非直接促因。嘉靖中后期出现的田赋开始大量改折白银现象，是抗倭战争对白银的大量需求和卫所军俸支出结构改变造成的。从这个角度讲，国家需求是田赋银纳化的直接动因，没有中央政府的统一指令，地方政府不会单独完成田赋的银纳化改革。

地方存留粮的支出结构也反映出同样的情况。明初中央政府对地方存留粮的各项用途就已经作出了明确的规定。存留粮除用于官俸、师生廪粮和孤铎口粮支出外，其余存留部分只作补给军粮之备用，地方政府不能擅自改折或动支。随着屯田制度的败坏，存留粮事实上已经用作卫所军粮的支出了。存留宝钞是为数不多的供地方政府灵活动支的经费，但随着宝钞的贬值，这笔经费也流失了。周忱改革之后，江南等地区的地方政府可使用"正额外"的秋余米补充地方财政的缺额部分，这种制度在南直隶一直保留下来，但用度显然不敷，而浙江布政司并没有坚持多久。

诚如岩井茂树所言，"正额"财政额度不足用之时，地方政府不得不转而寻求"正额外"的财政来源，本章所言"公费银"的出现正是表现之一。那么，地方政府的公费开支如何以金派徭役的方式获得是本书以下各章详细讨论的问题。

第二章　上供物料与地方公费的
收支结构与变迁

　　在本章笔者将在田赋研究的基础上考察上供物料、地方公费的收支结构。上供物料是指供皇帝和中央政府各机构使用的生产、生活等方面的物资。在赋役财政体制之下，国家财政的各项用度都以实物的方式在各地征收，单纯的税粮不能满足财政的多样化需求，因此上供物料成为国家财政不可或缺的组成部分。地方公费则是地方政府一般行政所需的财政开支。理论上讲，这两部分财政收入的用途不一，明代各布政司对这两部分收支的征收方式也不尽相同。本章主要以浙江布政司为讨论中心，而浙江地方财政统将两部分称之为"三办银"。（万历）《杭州府志》卷三十载：

　　　　其计丁田输银以给公费者谓之丁田，近亦谓之均平，十年之间，见递里甲各以次一编。凡解京料价、祭祀、乡饮、雇觅夫马船匠、公私诸宴会胥自此出，此三办之议所自来也。①

　　名称上看，"丁田""均平"和"三办"的含义是相同的，就是解京的上供物料和祭祀、乡饮一类地方公费的统称。因而，浙江地区的三办（额办、坐办、杂办）包括了上供物料和地方公费两部分内容。其中，额办、坐办主要指供应给中央政府的上供物料以及修造战船、漕船之类的支出，杂办是用于地方政府公费支出的主要部分。明代各布政司对上供物料和地方公费的称呼虽然名称类似，但含义不尽相同，如广东地区的"三办银"专指地方公费部分，而福建的地方公费则称为"纲银"。本章遵从浙江地方财政的习惯叫法，额办、坐办指上供物料部分，而杂办与地方公费

　　① （万历）《杭州府志》卷31《征役》，第2305页；类似记载亦见于（万历）《秀水县志》卷3《食货志》，"凡役，皆按籍而金之，计丁与田，输银贮官，以给供费，谓之丁田，今名均平。其十年内，里长轮该见年，则各以次受役。凡解京料价，祭祀乡饮，备用夫马轿匠，公私诸宴，皆籍此。"《中国方志丛书》第57号，第162页。

的含义是相同的。

在本章，笔者主要解决两个问题：首先分析上供物料的分类、增长趋势和解送方式的变迁，该领域的研究成果相对很少；其次在第一章分析的基础上，进一步厘清地方公费银的收支结构并深入分析庞尚鹏的均平法改革。

第一节　上供物料的增长趋势与办纳方式的变迁

上供物料研究是明代财政史领域中一个较为薄弱的环节。既有研究的关注点主要集中在以下三个问题上：

第一，物料征收与里甲正役之间的关系。唐文基认为明代里甲正役包括催征钱粮和勾摄公事两大任务，而办纳上供物料的任务即包含在勾摄公事之中。[①] 小山正明则认为明代里甲正役的任务包括行政管理和直接负担两部分，上供物料是直接负担的一部分。[②]

岩见宏和岩井茂树则对上述观点提出了质疑。岩见宏认为上供物料原本并非里甲负担，对于地方而言，其或由专业人户办纳，或由税粮折征，或由官钱采办，只是到了永乐年间才转嫁给里甲。[③] 岩井茂树的研究表明勾摄公事中并不含有负责办纳上供物料的任务，从而也排除了里甲正役任务中的这个项目。[④] 岩井氏的研究进一步指出，或向从事农耕以外的特殊职业人户征收，或由地方政府的财政经费购入。把这种公费转嫁给里甲负担是不合法的。而永乐时期上供物料用量的迅速膨胀则促使了此种转嫁的加速。这种观点也得到了日本学者谷口规矩雄的认同。[⑤]

刘志伟的研究则认为，虽然现年里甲办纳上供物料并非明初即有的任务，但也不能认为里甲正役与上供物料之间毫无关系。里甲正役依然要负责催征和买办，只是到了成弘以后，这种催征买办直接变成出办了。[⑥]

---

① 唐文基：《明代赋役制度史》，第 40 页。
② 〔日〕小山正明：《明清社会经济史研究》，第 65—66 页。
③ 〔日〕岩见宏：《明代徭役制度の研究》，第 34 页。
④ 〔日〕岩井茂树：《中国近代财政史研究》，第 242 页、第 264 页。
⑤ 〔日〕岩井茂树：《中国近代财政史研究》，第 259 页、第 264 页；〔日〕谷口规矩雄：《明代徭役制度史研究》，第 15—25 页；关于"勾摄公事"的研究也可参考〔日〕伍跃《明清时代の徭役制度と地方行政》，第 82—90 页。
⑥ 刘志伟：《关于明初徭役制度的两点商榷》，《首都师范大学学报》1982 年第 4 期。

综上，对于物料征收和里甲正役的关系的争论主要体现在两个方面，即里甲人户是否有物料负担和里甲正役是否负责催征物料。这里需要指出的是岩井氏在理解这个问题时存在一定的偏颇，即特殊职业人户只负责办纳上供物料，而不从事农耕。关于这一点可参见本书的附录部分，笔者在附录学术史整理中已经就配户当差和里甲制的关系做出了说明，在明代，所有人户要被统一编入里甲之中，并不区分职业或户籍的不同，而且也不存在专门从事特殊职业而不务农耕，不交税粮的人户。编入里甲的人户只要有田产就必须缴纳税粮，从事特殊职业的人户只能按照一定的丁田额度优免杂役，却并不优免正赋。从这个角度来讲，上供物料任何时候都应该是里甲人户的负担，这一点刘志伟显然是有清晰认识的。而我们强调上供物料称为里甲正役的负担，其实是在强调该部分如何由里甲中专业人户的负担变成了里甲内所有人户的负担，即按照应役里甲人户的丁田统一分摊上供物料用度。笔者认为解决这个问题的关键在上供物料的征收形态和征解方式的变化上，而非单纯考虑它的增量给民户带来的负担。在本节，我将通过对物料的分类方法与征解方式变化的梳理证明该问题。

第二，物料折银与市场化财政的逻辑关联。明代中叶以后尤其到了嘉靖时期，县级财政中物料折银征收的确成为一种较为普遍的形式。那么，物料折征白银是否可以认为明代中央财政对物资的获取实现了市场化呢？关于这一点，赵中男指出，虽然物料折银可以视为商品货币和市场经济充分发展的产物，但明朝中央政府并未完全将物料折成白银征收，而是本折兼收。[①] 高寿仙的研究指出，为保障京师的粮草和物资供应，解京钱粮并没有实现全部的折纳。解纳者要根据朝廷的要求，或直接缴纳白银，或办料上纳。[②] 高氏进一步认为，赋役折银不意味着实物财政向货币财政的转换。实物主义原则会通过"召商买办"的方式变相延续下来。本节的研究将证明，同样的问题也存在于地方政府对物料的办纳过程中。虽然明中期以后，地方政府统一使用白银来计算物料的派征量，而且民户也的确缴纳白银，但这只是物料征解的第一个环节。布政司与府还要根据中央政府的指令或直接解纳白银，或买办物料供送，整个过程十分明显的体现了实物财政的运行特征。

第三，物料增长的量化分析。对明代物料增长进行量化分析是比较困

①　赵中男：《明代物料征收研究》，博士学位论文，北京大学，2005 年。

②　高寿仙：《明代揽纳考论——以解京钱粮物料为中心》，《中国史研究》2007 年第 3 期。

难的，也是明史学者着力不多之处。现有研究多为对物料增长趋势的描述，一般认为上供物料有三个比较明显的增长点，分别是永乐、成弘和嘉靖三个时期。其中日本学者多强调永乐与成弘两个时间段，岩见宏认为物料负担显著增大的时期是永乐年间以及成弘年间。岩井茂树也认为永乐年间举行的迁都、北征和下西洋等几项重大活动，使得上供物料负担增大，被转嫁给里甲。侯鹏认为，明中叶之前物料经历了一个增长过程，如胖袄、军器料银和浅船料银都是在这时期出现的。赵中男则认为物料用量在嘉靖中期迅速增加，至嘉靖三十五年（1556）之后陆续增加了四司料银、均一料银、京估料银等项目。①

由于对各时段的增长缺少量化分析，因此我们并不清楚各时期的增量有多大，其对地方政府的影响有多大。在此笔者以浙江布政司为例，尝试对明代物料增长进行量化分析，并以此考察其对地方财政的影响。由于此类研究颇少，这种方式是否有效，论证过程是否可行，尚有待各方家批评指正。

笔者通过梳理明代物料研究的学术史，提出了本节关注的三个问题。以下我将通过浙江地区上供物料的分类方式、用量增长的量化分析以及征解办法的变迁三个方面解答本书提出的问题。

一　上供物料的分类与额坐二办的形成时间

额、坐二办与杂办的情况不同，杂办并不是自明初就有的项目，额、坐二办中的大多数项目自明初就存在，前后方志记载的不同主要是采用了不同的分类方法造成的。

本书首先选取了洪武至正德期间二府四县的上供物料数据制成表2－1。这一时期基本上将上供物料分为"岁进"与"岁办"两大类。只有杭州府是按照征收机构的不同分为"岁办"和"带办"两类，翎毛和鱼鳔等带办项目由附属河泊所和税课局征收，上供与物料被统一归为"岁办"一类中，没有细加区分，其余各府县分类方法基本相同。②

"岁进"也称为"岁贡"或"岁供"，其中各府县共有的项目是"茶芽"，（正德）《永康县志》称"此系正贡"③，即各地每岁固定向朝廷进献

---

①　参见〔日〕岩見宏《明代徭役制度の研究》，第42页；〔日〕岩井茂树：《中国近代财政史研究》，第264页；赵中男：《明代物料征收研究》，第90页；侯鹏：《明清浙江里甲赋役制度研究》，博士学位论文，华东师范大学，2011年。

②　（成化）《杭州府志》卷18《风土》，第273—274页。

③　（正德）《永康县志》卷3《贡赋》，《天一阁藏明代方志选刊续编》第30册，第551页。

的"惟正之贡"。有明一代，浙江地区的"茶芽"始终作为"岁贡"项目单独开列，（万历）《黄岩县志》卷三：

> 岁供旧亦曰岁贡。海物石首鱼、鲵鱼、鳎鱼、鲈鱼、蝦乾、白蟹、泥螺，后悉罢，惟贡茶芽六斤。①

（万历）《会稽县志》卷五"一曰贡，每岁贡茶三十斤。路费银二十两，征入条鞭。附嵊县贡茶十八斤，贴路费银六两。每岁四月轮礼房吏一人解京"②。

可见，即使到了一条鞭法以后，茶芽在各县一直以实物的方式解送，不与其他额、坐办项目统一核算，一条鞭银只是负担运送茶芽的路费，这种情况到了康熙年间还是如此。③

与正贡相对应的是锡贡，（成化）《宁波郡志》载"四明濒海控山，故正贡之外而果品、海错，间尝纳锡"④。所谓锡贡就是指待天子有令后而贡，有别于正贡。从表2-1所列项目来看，锡贡除果品和海产品以外，还包括野味、牲口等食品。锡贡各项随征随停，变化不一。如杭州府"野味之类间有停罢。果品、茶芽之类，宣德间差内官设局采办，宣德十年停罢。自后镇守太监等官依时采办，随多寡进贡不拘"⑤。

（嘉靖）《萧山县志》卷三"有鹦鹉二只，有雁六只，有麂二只，有蜜、有橘，无定数。五者皆始于洪武初，迨成化改元诏悉蠲免"⑥。

（嘉靖）《温州府志》卷三"岁进茶芽二十斤（永嘉、乐清各十斤），石首鱼、龙头鱼、鳖鱼、鲈鱼、黄鲫鱼、鳎鱼……毂菜、石发菜、水母线、金桔、金豆、生葛（石首鱼以下永嘉、瑞安、乐清、平阳旧各贡所有，今上即位悉罢）"⑦。

从各地方志的记载可知，锡贡项目在各朝都有蠲免的记载，大体上

---

① （万历）《黄岩县志》卷3《食货志》，《天一阁藏明代方志选刊》第18册，第6页。
② （万历）《会稽县志》卷5《徭赋上》，《天一阁藏明代方志选刊续编》第28册，第185页。
③ 从（康熙）《会稽县志》卷9《田赋志上》记载可知，贡送茶芽的方式至康熙年间还依然如此，《中国方志丛书》第553号，第182页。
④ （成化）《宁波郡志》卷4《贡赋考》，《北京图书馆古籍珍本丛刊》第28册，第65页。
⑤ （成化）《杭州府志》卷18《风土》，第273页。
⑥ （嘉靖）《萧山县志》卷三《食货志》，《天一阁藏明代方志选刊续编》第29册，第261页。
⑦ （嘉靖）《温州府志》卷3《贡赋》，《天一阁藏明代方志选刊》第17册，第1页。

新皇帝即位改元的时候都会下诏蠲免各项上供物料，历代皇帝的即位诏书中也可见同样的记载，这种情况到了嘉靖年间发生了改变，下文将会论及。

"岁贡"仅是上供御用的项目，种类和用量在整个实物税收中不是重要部分，地方政府主要的责任是负责"岁办"物料的征收和解运。物料是国家机构生产生活所需的各项物资，地方政府均以实物的形式征收并解送至中央各机构。据表2-1所列项目和赵中男的研究可以把明前期浙江地区的物料分为军需（弓、箭、弦、翎毛），颜料（蓝靛、槐花、栀子、乌梅），皮革（杂皮、软皮），建材（鱼鳔、竹材、木材、桐油、生漆、铁、铜、黄麻），段匹（绢、纻丝、荒丝），纸张（历日纸、书籍纸、松香、光叶、桑穰）等6个类别。[1]

需要指出，温州府将段匹一项另立"岁造"类，突出这两项物料需要经过加工打造，有别于其他木材、药材等项直接办纳的原料。总体上，早期的物料项目均记载在岁办项下。

表2-1中的杭州府和永康县在成化和正德时期都开始使用"额办"一词，与此同时的温州府尚保留"岁进、岁办"的分类方法。从包含项目来看，"岁办"和"额办"几乎没有区别，只是换了一个名称而已，（成化）《杭州府志》卷十八：

> 凡属县地土产有之物，每年供贡以为供御祭祀、宴赏、兵戎之需。如野味、果品、茶芽、冬笋、药材、段匹、弓箭弦、杂皮、翎毛，桑穰之类，谓之额办。又有仁和等县附属河泊税局岁办课程外，各有翎毛、鱼鳔谓之带办。[2]

这段史料描述了杭州府在成化十年（1474）上供物料的分类情况，依然不区分上供与物料之间的区别，只是"岁办"的名称已经改成了"额办"。

另（正德）《永康县志》卷三"按额办、派办名色非一，然额办供于常岁，派办取于一时"[3]。

（嘉靖）《太平县志》，卷三"凡民出其土之所有以供上用，谓之岁

---

① 赵中男：《明代物料征收研究》，第17—18页。
② （成化）《杭州府志》卷18《风土》，第273页。
③ （正德）《永康县志》卷3《贡赋》，第553页。

表 2－1　　明前期上供物料数量①

府县	黄岩县	乐清县	浦江县	杭州府	温州府	永康县
数据年代	洪武初	永乐十年	永乐中	成化十年	弘治十七年	正德七年
数据来源	《黄岩县志》	《乐清县志》	《浦江志略》	《杭州府志》	《温州府志》	《永康县志》
岁贡	石首鱼、鮸鱼、鲥鱼、鲈鱼、蟟乾、白蟹、泥螺、茶芽	水母线、鳗鱼、石首鱼、鳖鱼、黄鲫鱼、鲈鱼、鲥鱼、米石、龟、脚虾、蛏蜊、蒸菜、生葛、茶芽	活王面狸2尾、活鹧鸪2只、茶芽2斤	茶芽40斤、香白芷100斤、野味175只	水母线、石首鱼、鳗鱼、鲈鱼、鳖鱼、黄鲫鱼、龟、鲥鱼、米石、蒸菜、发头、脚虾、蛏蜊、龙头、鱼、金豆、金桔、茶芽	茶芽2斤8两（系正贡）
岁办（额办）药材	白术62斤		半夏18斤、薏苡仁4斤8两、山栀子27斤、前胡38斤、穿山甲6两、牛膝南星15两、半夏曲2斤、天门冬3斤、蔓荆子1斤6两	白术、栗壳、白芍、干生姜、香白、正芪、莪黄、牡丹、桔皮、紫苑、车前子、续随子、密陀僧、干木瓜、萝卜籽、茯苓、冬、草、决明、干金、甜葶苈、干栀子、麦门冬、山栀子、银箔、金箔、干漆、白术	石斛	薏苡仁5斤8两、栀子33斤、前胡45斤、穿山甲7.2两、牛胆南星1斤3两、半夏曲3斤、天门冬3斤、蔓荆子

① 数据来源：(万历)《黄岩县志》卷3；(永乐)《乐清县志》卷3，《天一阁藏明代方志选刊》第20册；(嘉靖)《浦江志略》卷5，《天一阁藏明代方志选刊》第20册；(成化)《杭州府志》卷7；(弘治)《温州府志》卷18；(正德)《永康县志》卷3，《天一阁藏明代方志选刊续编》第10册。

续表

府县	黄岩县	乐清县	浦江县	杭州府	温州府	永康县
数据年代	洪武初	永乐十年	永乐中	成化十年	弘治十七年	正德七年
数据来源	《黄岩县志》	《乐清县志》	《浦江志略》	《杭州府志》	《温州府志》	《永康县志》
颜料	靛青 19 斤 12 两 明矾 7 斤 9.6 两 槐花 9 斤 8.6 两 黄栀 2 斤 1 两 五倍子 8 斤 6.32 两		槐花 110 斤 栀子 70 斤 乌梅 300 斤			槐花 150 斤 栀子 70 斤 乌梅 250 斤
毛皮	杂色毛皮 170 张 软皮 500 张		杂色毛皮 1146 张	杂色毛皮 4560 张	杂色毛皮 341 张 软皮 1500 张	
常课军器	弓 550 张 箭 4590 枝 弦 2750 条 翎毛 79310 根	弓 360 张 箭 3272 枝 弦 1800 条 鹅翎 25000 根	弓 180 张 箭 1800 枝 弦 1800 条 翎翎 27000 根	弓 2000 张 箭 18100 枝 弦 10000 条 翎毛 500000 根	弓 2031 张 箭 18180 枝 弦 10125 条 鹅翎 90000 根	弓 160 张 箭 2600 枝 弦 1300 条
纸张	历日纸 95962 张	历日黄纸 3500 张 历日白纸 103000 张	历日黄纸 2430 张 历日白纸 62583 张 桑穰 8900 斤			历日黄纸 2555 张 历日白纸 75661 张
段匹		段匹荒丝 184 斤 撚线 100 尺 湿金线 200 枚	荒丝 602 斤 12 两	岁造段匹 3694 匹	常课段匹 265 匹	荒丝 742 斤 14 两
其他物料	木柴 200 斤 农桑丝折绢 34 匹			翎毛 14118 根 鱼鳔 372 斤		黄红熟铜、黄白蜡、肥鹅、猪、鸡、火肉、银珠、生漆、毛猫、烟煤、桐油、黄棕、竹箓、软、竹篾、水牛底皮、白硝、鹰皮、菱纱、金箔、铁线、竹扫帚

办，今谓之额办，皆有常数。其或非土所有，则官给价钞，或准折税粮，令民收买送官，谓之买办。后因钞价多为吏胥所侵，惠不及民，由是不复支给，故直谓之派办"①。

对比可知，"岁办"与"额办"名称不同，内容则基本相同，都是指地方"常数"办纳的各项物料，与之相对的是"取于一时"的"派办"项目。此处的"额办""派办"是按照物料的办纳频率分类的，与嘉靖时期的额坐二办的分类方式并不相同。嘉靖时期的"坐办"项目显然有明确的规范，如后文表2-2中记载的"浅船料银""军器料银"两项虽然都是后来加派的项目，但都已经是定额支出，并非临时取用的项目。

那么，额坐二办的分类方式是何时形成的呢？（万历）《钱塘县志》，《纪疆·物产》：

> 成化十年间定土贡额：密陀僧一十斤、甜葶苈二十二斤、金箔三十三贴山栀子一百一十五斤……野味改牲口同果品于坐办征，药材于额办征，杂色毛皮改胖袄裤鞋、弓箭弦条、改办物料俱于额办征，纡丝纱罗䌷改织染局督造于坐办征，鱼鳔翎毛于各税课河泊所征。②

该史料所描述的改征和分类办法就是表2-2（见后）所示嘉靖以后浙江地区的额坐二办的分类方式，但笔者认为这种分类方式的形成时间不在成化十年（1474），而是在正德十五年（1520）。理由如下：

其一，表2-1中杭州府的上供物料数据就形成于成化十年（1474），且钱塘县隶属于杭州府。但表中可知，杂色毛皮没有改折胖袄裤鞋。不仅如此，表中其他府分弘治和正德前期的数据同样也说明杂色毛皮在这个时期没有改折。

其二，额办在这个时期是相对于派办而言的，如段匹等项依然放在额办分类之下，并不见纡丝纱罗䌷"于坐办征"的记载。且《永康县志》的贡赋数据形成于正德七年（1512），尚不见"坐办"的名称，可知此时并无额、坐二办的分类标准。

以上两点理由表明，（万历）《钱塘县志》是将后来的分类方式与成化十年的土贡额放在了一起记载，忽视了两者间的时间差别。

其三，（嘉靖）《象山县志》卷五"岁办盖自永乐以来载诸旧志抄本，

---

① （嘉靖）《太平县志》卷3《贡赋》，《天一阁藏明代方志选刊》第17册，第25页。
② （万历）《钱塘县志》，《纪疆·物产》，《中国方志丛书》第192号，第97—98页。

而他年不载，科无定数。至正德、嘉靖年间，上司刊定议处文册，分发郡县坐在里甲科征，永为遵守"①。

可见，颁发"议处文册"，规范岁办项目的时间是在正德、嘉靖之际，而表 2 - 2 所载的分类方式自嘉靖初年也已经存在，且（嘉靖）《浦江志略》明确记载其上供物料征收项目为"正德十五年册定"②。综合以上理由，笔者认为规范上供物料各项目，明确额坐二办的分类方式是由正德十五年（1520）颁发的"议处文册"完成的。

以上笔者梳理浙江地区上供物料的分类方式的变化情况，可以认为，额、坐二办涵盖的上供物料项目基本源自明初的岁进、岁办之征。至正德十五年（1520）颁发"议处文册"之际，才将各项目合并、规范、改征，形成了嘉靖以后地方志中所见的额办、坐办项目。正德十五年这个时间点对于浙江地区上供物料的征收具有十分重要的意义，它不仅是规范的物料分类办法形成的时间点，也是物料征解方式发生改变的时刻。自此之后，由现年里甲承受上供物料负担的"里甲役"才正式形成，这一点笔者在后文详细论述。③

二　上供物料增量的量化分析

前文已述，明史学者一般认为上供物料有三个比较明显的增长点，分别是永乐、成弘和嘉靖三个时期。其中日本学者多强调永乐与成弘正两个时间点，赵中男则认为物料用量在嘉靖中期迅速增加。本部分即详细分析浙江地区上供物料在各时段中的增长幅度及其对地方财政的影响。

由于缺乏可以形成对比的洪武、永乐两朝的上供物料数据，所以本书暂时无法对永乐朝这一增长点做出精确分析。对比表 2 - 1 洪武时期黄岩县和永乐时期浦江县、乐清县的上供物料数据可以发现，永乐时期的物料增长趋势并不明显。比如弓箭弦条，各府大致以弓 200 张、箭 1800 只、弦 1000 条为基数，根据下辖县的数量多少将此基数 ×2 或 ×3 进行分配，三个县的分配情况均体现这个规律，看不出永乐时期有明显增长的情况。历日纸一项也大致如此。

此外，岩井茂树在论述此问题时使用了（嘉靖）《徽州府志》作为论

---

① （嘉靖）《象山县志》卷 5《贡办》，《天一阁藏明代方志选刊续编》第 30 册，第 138—139 页。

② （嘉靖）《浦江志略》卷 5《财赋志》，第 9b 页。

③ 福建布政司的类似改革可参见〔日〕山根幸夫《明代福建的丁料和纲银》，《中国社会经济史研究》1991 年第 1 期。

据，该志认为"大抵起于永乐迁都营造之时。有额办，有额外派办……"这也只是志书作者的推断之词，而且从徽州府的财政数据中，只能看出嘉靖后期物料的明显增长，并未体现洪永间的情况。笔者并非否认永乐年间大量的土木工程会造成上供物料用度的增长，只是该说法没有数据佐证，不能进行量化操作。

在分析永乐以后至万历时期的上供物料增长情况时，本书首先将衢州府弘治、嘉靖、天启各时期上供物料用量数据制成表2-2，再结合其他府县方志的记载情况逐一分析各项目的变化点和增长趋势。

表2-2　　　　　　　　　　　衢州府上供物料用量变化①

数据时间	弘治十五年	正嘉之际	嘉靖后期		天启初期	
额办	用量	用量	用量×折率	折银量	用量×折率	折银量
白硝麂皮	1973 张	1973 张	1973 张 * 0.6 两/张	1183.8	1973 张 * 0.6 两/张	1183.8
猫竹	3000 根	3000 根	3000 根 * 0.15 两/根	450	3000 根 * 0.12 两/根	360
御用黄榜纸 白榜纸 书籍纸		205 张 499 张 3225 张（无闰）	205 张 * 0.02 两/张 499 张 * 0.01 两/张 3225 张 * 0.011 两/张	共用银 44.565	205 张 * 0.02 两/张 499 张 * 0.01 两/张 3225 张 * 0.011 两/张	共用银 44.565
工部松香 光叶 书籍纸	50 斤 3500 张	550 斤 50 斤 3500 张	550 斤 50 斤 3500 张	共用银 43.79	550 斤 50 斤 3500 张	共用银 43.79
桐木	50 段	50 段	50 段 * 4 两/段	200	50 段 * 4 两/段	200
颜料槐花 栀子 乌梅	600 斤 500 斤 1500 斤	600 斤 500 斤 1500 斤	600 斤 500 斤 1500 斤	118.12	600 斤 500 斤 1500 斤	118.12
常课军器弓 箭 弦 翎毛	2000 张 18180 枝 10000 条 200000 根	2000 张 18180 枝 10000 条	2000 张 18180 枝 10000 条	共用银 1026.05	2000 张 * 0.29 18180 枝 * 0.018 10000 条 * 0.054	共用银 1447.24
胖袄裤鞋		75 副	75 副 * 1.3 两/副	97.5	75 副 * 1.4 两/副	105

① 数据来源：（弘治）《衢州府志》卷3，《天一阁明代方志选刊续编》第31册；（嘉靖）《浙江通志》卷17，《中国方志丛刊》第532号；（天启）《衢州府志》卷8，《中国方志丛刊》第602号。

数据时间	弘治十五年	正嘉之际	嘉靖后期		天启初期	
额办	用量	用量	用量×折率	折银量	用量×折率	折银量
药材（北京＋南京）苔芎 松香 辛夷 天花粉 香白芷 熟地黄 枳实 枳壳 陈皮 沥青	300 斤 45 斤 180 斤 1350 斤 180 斤 300 斤 10000 斤 800 斤 300 斤	50 斤 300 斤 45 斤＋5 斤 180 斤＋20 斤 1350 斤＋150 斤 180 斤＋20 斤 300 斤 1000 斤 800 斤 300 斤		共用银 61.4＋3.8	50 斤＊0.045 两/斤 300 斤＊0.006 两/斤 50 斤＊0.03 两/斤 200 斤＊0.015 两/斤 1500 斤＊0.018 两/斤 200 斤＊0.02 两/斤 300 斤＊0.03 两/斤 1000 斤＊0.025 两/斤 800 斤＊0.02 两/斤 300 斤＊0.007 两/斤	共用银 136.41 （含路费）
鱼油翎鳔鱼线胶	9 斤 7 两	9 斤 7 两	9 斤 7 两			
坐办						
南京历日纸 布政司历日纸 梨板			30 片	42.4726 177.17		42.4736 73.4248
水牛底皮等料银				1238. 5088		
桐木					38 根＊7 两	266
浅船料银		2235.45		2235.45		2235.45
岁造段匹 荒丝价银 颜料丝价银		1308 匹	1308 匹	4723.9332 2913.563 1548.7711	1308 匹	4747.8912
军器民七料银 衢州所军三民七料		330.88		333.8856 40.32		331.8856
茶芽路费银						22.6

续表

数据时间	弘治十五年	正嘉之际	嘉靖后期		天启初期	
额办	用量	用量	用量×折率	折银量	用量×折率	折银量
牲口银						236
果品银						111
腊茶银						1106.7922
芦笋银						47.688
四司工料银						2494.2

本书将表2-2各项分为以下十个类别。

（一）皮张胖袄

明初令各地缴纳各色皮张制造军装，除麂皮、狐狸皮以外，各项杂色毛皮陆续改折胖袄征收，"各处岁办虎皮豹皮每一张，麂皮鹿皮每三张，獐皮羊皮每五张，杂皮每七张各折造胖袄裤鞋一副"[1]。从总量上看，明初浙江布政司征收各色皮张20000张，至弘治间达到33000张，增长了13000张，平均增长率为39.39%。我们假定这些增长的皮张都被改折成为胖袄，平均折率定为8:1，则用银量大致增长2112.5两。

表2-3　　　　　　　　　浙江各府皮张改折胖袄折率估算表

	杭州府	嘉兴府	湖州府	宁波府	温州府
杂色毛皮	4560	1500	3458	4255	341
胖袄裤鞋	653	292	362	425.5	117
折率（8:1）[a]	7:1	5:1	10:1	10:1	3:1

a. 根据各府皮张数量多少，本表将平均折率估算为8:1，为下文估算使用。

弘治以后各府胖袄数量基本固定，本色折银率为1.3两/副。均平法改革以后，各府胖袄折银率虽然有所变动，但数量没有发生变化。表2-2可见，弘治以后白硝麂皮的用量也基本定额，折银率为0.6两/张，这一点从（万历）《金华府志》的数据中也可以看出。[2]

---

① （万历）《明会典》卷191《工部十一·皮张》，第968页。
② （万历）《金华府志》卷7《贡赋》，记载该府白硝麂皮10张，每张折银0.6两，共银6两，《中国方志丛书》第498号，第415页。

（二）竹木料猪鬃

这一类指供工部工程使用的各类竹木料和猪鬃等项。《诸司职掌》和《明会典》等各类官方政书记载表明，明初各类竹木料主要来自各地"竹木抽分"，《明实录》中关于地方征收竹木料的记载最早也开始于天顺、成化年间。从表2-1、2的记载也可以看出，各类竹木料征派大致见于弘治间的地方志之中，可见各项竹木料是在明中叶开始派加给各地方政府的。

衢州府猫竹用量自弘治以后始终定额在3000根，嘉靖时期折银率为0.15两/根，均平法改革以后折率降为0.12两/根。桐木的用量和折率自弘治至嘉靖年间都没有发生变化。表2-2显示，在万历、天启年间用量增加38根，用银量增加266两。宁波府的斑竹和猪鬃用量则始终没有发生变化，用银总量也定额在45两。同时期嘉兴府的猫竹和金华府的筀竹用量也都没有发生变化。总体上看，弘治以后征派各府竹木料数量都有定额，增长幅度不大。[①]

（三）各类纸张

表2-1可见，洪永时期黄岩县、乐清县和宁波府都有历日纸和桑穰用量的记载，但温州府（乐清县所在府分）弘治年间的物料数据中却不见此项，究其原因确如（成化）《杭州府志》载：

桑穰以不造钞停止，历日纸各县买送南京礼部及本布政司交纳。[②]

明中期各地已经停止供送桑穰，历日纸则由各县级政府动支"系官钱粮"买办，不由民户缴纳。到了嘉靖年间，部司历日纸用银重新派入坐办项目之中，大概因为地方钱粮支用不足。衢州府的数据表明，南京历日纸用银基本保持不变，布政司历日纸用银在均平法之后用量减小。

除此之外，衢州府还要负责供送内府和工部使用的书籍纸，其中御用纸张一项嘉靖初年见于记载，此后用量一直没有发生变化，用银量为44.565两。工部使用纸张等项弘治年间出现，嘉靖初增加550斤松香，其后也一直保持定额43.79两的开支。

（四）药材颜料

颜料为织造段匹的染料，明初就有明确的用量规定：

[①] （嘉靖）《宁波府志》卷12《贡赋》，《中国方志丛书》第495号和（嘉靖）《嘉兴府图记》卷9《户赋》，《中国方志丛书》第506号。

[②] （成化）《杭州府志》卷18《风土》，第273页。

所用物料除苏木、明矾官库足用，蚕丝、红花、蓝靛于所产去处税粮内折收，槐花、栀子、乌梅于所产令民采取……①

浙江布政司的金、衢、严三府负责一部分槐花、栀子和乌梅的供送，衢州府为槐花 600 斤、乌梅 1500 斤、栀子 500 斤，与表 2－2 所示用量完全一致，金华府情况也完全相同。②

表 2－1 中的浦江县和永康县同属于金华府，从项目和数量的对比可以看出，该府自永乐至正德年间药材的用量都没有发生大的变化。表 2－2 可见，衢州府的药材用量在嘉靖初年有少量增加，供送南京使用，此后用量保持不变，但折率发生变化，用银量有一定的增加。（嘉靖）《浙江通志》数据表明，各府情况大致如此，由于药材银在各地上供物料数据中所占比例不大，因此用银量的增长都非常小。③

（五）常课军器

此处的常课军器并非指由卫所军匠打造的军器，而是"各有司岁额民弓"，浙江"弓二万二千张，箭二十万枝，弦一十一万条"④。各府平均值大致为弓 2000 张、箭 18180 枝、弦 10000 条，与表 2－2 所示衢州府数据完全相同，自明初以来就是定额支出。

翎毛由各处提供为造箭使用，浙江地区明初的额度为 3000000 根，弘治间增长为 3931144 根，嘉靖以后的地方志中此项转入坐办杂项料银中记载，万历后该项不再派给浙江布政司。

（六）岁造段匹

自明初开始，各处织造段匹数目就有明确的规定，（正德）《明会典》卷一六一"浙江布政司纻丝纱罗紬共一万二千八百十匹"⑤，这个数字与（万历）《明会典》的记载基本相同。同时表 2－1、表 2－2 所示杭州府与衢州府数据也与通志数据完全相同。因此，笔者认为岁造段匹自明初至明中期没有过多的增长。

表 2－2 表明，嘉靖后期各地织造段匹用银增长很大，衢州府增长了4462.3341 两。同时期的宁波府也增长了 870 两。海瑞的论述表明，嘉靖

---

① （万历）《明会典》卷 201《工部二十一·段匹》，第 1009 页。
② （万历）《金华府志》卷 7《贡赋》，第 406 页。
③ 药材用量可参见（嘉靖）《浙江通志》卷 17《贡赋》，第 903—958 页。
④ （万历）《明会典》卷 192《工部十二·军器军装一》，第 975 页。
⑤ （正德）《明会典》卷 161《工部十五·段匹》，《四库全书》，台湾商务印书馆 1986 年版，史部，第 378 册，第 584 页。

中后期经常有临时增派的段匹银两：

> 一件织造事，嘉靖二十七年八月初二日，奉府帖取补库袍服银四百两八分四厘四毫七丝九忽……一件织造事，嘉靖三十八年七月十四日，奉府帖取补库袍服银四百八十五两二钱四分四厘一毫……一件织造事，嘉靖三十九年正月初一日，奉府帖取织造料银一百五十四两二钱二分二厘……①

可见，淳安县在"岁造段匹银"一项外，还被额外加派大量的织造银两，这与衢州府、宁波府在嘉靖中后期的情况基本相同。但衢州府的数据表明，至均平法改革之后，额外加增的织造银便不见记载。（万历）《金华府志》载该府岁造段匹为 2448 匹，与（嘉靖）《浙江通志》所载数量相同，可见织造段匹额在嘉靖后期出现了高额增长，均平法改革以后又恢复了初始定额。

（七）浅船料银

该项目是地方政府供给漕军修造漕船的费用，明初并不由地方政府负担，（万历）《明会典》卷二〇〇：

> 清江提举司每年该造浅船五百三十三只，卫河提举司九十五只。每只该用银一百两，俱以三分为率，原船旧料一分，旗军自备一分，官给一分，该银三十三两三钱。②

所谓"官给一分"是指地方抽分厂提供的竹木料银，《龙江船厂志》也载"我圣祖建都江南，倚舟楫为重务。然船政所需，率资于榷，又随宜收买，以济不给，具载《职掌》可睹也。惟油、麻所入，额有土田科征储用，故庶土之赋一不及民……逮弘治中，始有畿郡协济船料之派"③。

以上两条史料可见，明初的漕船修造费用由漕军和抽分厂共同负担，与地方政府无关，直到弘治年间才开始由地方政府提供一部分修船费用，到正德十四年（1519）才正式确定"运船料价以十分为率，军办三分，民

---

① （嘉靖）《宁波府志》卷 12《赋役》，第 1118—1134 页；（明）海瑞：《海瑞集》上编《兴革条例》，第 125—126 页。
② （万历）《明会典》卷 200《工部二十·船只》，第 1004 页。
③ （明）李昭祥：《龙江船厂志》卷 5《敛财志》，江苏古籍出版社 1999 年版，第 108 页。

办七分"的分派原则。① （嘉靖）《浙江通志》记载"浅船料银"总额为31387.94两。后文表2-5所示各府浅船料银数量与通志数据相同，可知此项为定额支出。

（八）军器料银

此项指由地方政府承担的岁造军器的费用。（万历）《杭州府志》卷三十六：

> 国初各卫所成造军器咸有定制，其料银征七于民（于九县丁田内派征），征三于军（于旗军月粮银内扣）。②

这条材料所说"国初"定例显然并不指明初，因为由丁田出办料银的做法是在正德以后才开始实行的，况且征收料银的做法绝不会存在于明初。笔者没有找到地方政府负担军器料银的确切史料，只能根据相关材料推测其形成时间。首先（万历）《明会典》的记载表明各都司岁造军器的定额是在弘治年间出现的。另外，从（嘉靖）《浙江通志》的书写方式来看，只有"军器料银"和"浅船料银"是直接记载银两数目的，其他项目都有具体的物料数量，可以推之，此项从一开始就是直接征银的。考虑到浅船料银的征收自弘治时期开始，到正德年间确定，因此笔者推测军器料银的情况也大致如此。浙江布政司共负担军器料银4574.87两，为定额支出，此后也没有发生变化。③

（九）四司工料银

该项银两是供工部四司办纳各项物料的费用。据《海瑞集》的记载该项自嘉靖二十六年方有，是加派项目，"一件急缺应用料银，乞预议裁额数，以便民情、以济工用事，奉府帖取工料银三百八两一钱二分九厘二毫二丝"④。

据此可知，此项是嘉靖中期以后工部因急缺料银而临时加征的部分，淳安县此时尚未将此项列入坐办之中。表2-2所示衢州府在嘉靖中后期也没有此项，至均平法改革以后才正式列入坐办之中。（万历）《明会典》的记载表明，四司工料银在嘉靖三十五年（1556）才确立定额50万两，

---

① （万历）《明会典》卷27《户部十四·漕船》，第203页。
② （万历）《杭州府志》卷36《兵防下》，第2595页。
③ （万历）《明会典》卷192《工部十二·军器军装一》，第972页；（嘉靖）《浙江通志》卷17《贡赋》。
④ （明）海瑞：《海瑞集》上编《兴革条例》，第122—123页。

浙江共负担 32425.4233 两。

（十）水牛底皮与牲口果品蜡茶芦笋银

本书所以将水牛底皮与牲口价银等项放在一起说明，是由于浙江地区坐办项目的特殊书写方式。（嘉靖）《宁波府志》记载，该府年例水牛底皮等料银共 2558.11 两，

> 具物共四十七项，黄白蜡、肥猪鸡鹅、木柴木炭、荒丝板、……连肉、银杏、红枣、菱米、柿饼……茶芽、茶叶、猫竹、水竹、软箃……白榜纸、栾榜纸……历日纸、梨木板、翎毛、野味。①

海瑞的记载也表明，水牛底皮料银的征收是为了"以一征解，以甦后虑"，将所有杂项统一收入该项之中，统一征收。② 综合万历年间的方志记载可知，"水牛底皮等项料银"中主要包括了牲口银、果品银、蜡茶银和芦笋银等四项内容，（万历）《括苍汇记》卷八载：

> 旧额水牛底皮近年免征加入果品、牲口、蜡茶三办。③

由此可知，均平法改革以前，所有的杂项都被包括在水牛底皮料银中，而此后则分为牲口、果品和蜡茶银三项，囊括了这些项目，二者只是记载方式不同，实际含义则一。成化四年（1468）规定"浙江、江西、湖广、福建、应天庐、凤等府州俱解折色，定与价例，每猪一口银一两七钱，羊一只银一两，鹅一只银三钱，鸡一只银七分"。可见，年例牲口银等项大致在成化时期出现，嘉靖中后期出现了以此大幅度的增长，主要是蜡茶银一项。

海瑞的《兴革条例》："一件年例会计钱粮事，奉府帖取白蜡价银，……四十年，每年减止征八十九两八钱五分二厘一毫。嘉靖四十一年奉府帖为利国便商事，派取前银并茶价共一百八十五两八钱五分八厘一毫……一件预备供应事，奉府帖取厨料果品银七两三钱五分九厘六毫……一件供应牲口事，奉府帖取上下半年牲口银一十四两一钱八分六厘六毫。"④

---

① （嘉靖）《宁波府志》卷 12《贡赋》，第 1122—1123 页。

② （明）海瑞：《海瑞集》上编《兴革条例》，第 121 页。

③ （万历）《括苍汇记》卷 8《食货纪》，《四库全书存目丛书》，史部，第 193 册，第 585 页。

④ （明）海瑞：《海瑞集》上编《兴革条例》，第 123 页。

据海瑞记载，以上三项并非年例，而是嘉靖二十六年（1547）以后加派的项目，（万历）《明会典》卷一一六：

> （嘉靖）三十二年题准，每年加派牲口银二万四千九百七十八两一分二厘九毫，分派各省并直隶府州。[1]

两项记载正好印证几项料银在嘉靖中后期均有所增加，万历以后的地方志对此四项的记录均分为年例与加派两部分，杭州等几府四项料银的年例与加派情况如表 2-4 所示。

表 2-4　　　　　　　万历天启间杭州等五府上供物料数量[2]

府分		杭州府[a]	嘉兴府	金华府	处州府	衢州府
数据年代		隆庆六年	万历二十八年	万历六年	万历七年	天启二年
数据来源		《杭州府志》	《嘉兴府志》	《金华府志》	《括苍汇记》	《衢州府志》
额办	竹料价银	423.6255	360.7199	29.8		360
	白硝麖皮	192.445	30.6835	6	249	1183.8
	弓箭弦条	1037.8931	1462.593	1447.24	1549.2935	1472.51
	胖袄价银	767.2378	367.6174	885.3	200.148	105
	药材价银	346.4812	71.4517	96.3	90.3772	136.41
	颜料价银			116.7499		118.12
	农桑丝绢			170.7382		
	笔管料银	78.6037				
	铜丝线料银	167.4546				
	甘蔗价银	5.4255				
	御用历日纸					49.565
	松香光叶书籍纸					43.79
	桐木价银					200
	额办总计	3019.1634	2293.0655	2752.1281	2088.8187	3669.195

---

[1] （万历）《明会典》卷116《礼部七十四·牲口》，第609页。

[2] 数据来源：（万历）《杭州府志》卷30；（万历）《嘉兴府志》卷5、6、7；（万历）《金华府志》卷7；（万历）《括苍汇记》卷8；（天启）《衢州府志》卷8。

续表

府分		杭州府[a]	嘉兴府	金华府	处州府	衢州府
坐办	年例牲口银	89.75	975.9516	1.08	813.12	236
	果品银	39.6	436.1706	0.47	390.3	111
	腊茶银	100.044	2618.363	1.3021	1077.6	310.7788
	芦笋银	21.975	153.8249	0.22	110.2	15.87
	加派牲口银			221.4446		
	果品银			114.8823		
	腊茶银	859.5665	1396.583	1797.23		796.0135
	芦笋银	29.1226	31.8815	31.818	31.818	31.878
	桐木料银				370	266
	部司历日纸	303.9395	259.9525	73.9594	314.5509	115.901
	浅船料银	1412.5301	4950.373	2509.849	3197.4231	2235.457
	岁造段匹银	4541.7131	1236.948	7623.573		3034.9393
	军器料银		1237.3		475.5638	333.8856
	四司工料银	3424.2107	3748.783	3741.3	2494.2	2494.2
	坐办总计	10822.4515	15617.6666	16117.1284	9274.8558	9981.9232
	总计	13841.6149	17910.7321	18869.2565	11363.6745	13651.1182

a. 杭州府缺少余杭县数据，原志稿不清。

以上笔者将浙江地区的物料大致分为十个项目，并分别描述了每个项目的出现时期和增长趋势，可以发现成弘正时期与嘉靖中后期是两个增长的高峰时段。那么这两个时段各自的增长幅度有多大？各自对地方政府造成怎样的影响？笔者尝试做出分析。原则上讲，给各种物料统一标定折银率的做法是在明中期才开始的，因此对每个时段的增长率做出数字化的分析是不可行的。在此笔者使用均平法改革以后五种府志中的额、坐二办数据（见表2-4），并结合前文对各项增长趋势的分析，将各府数据拆分成"明初""成化至嘉靖初期"和"嘉靖中后期"三个时段，量化估算每个时段的增长程度（见表2-5）。

表 2 - 5　　　　　　　　　　杭州等五府各时期物料增长估算

时期	杭州府		嘉兴府		金华府		处州府		衢州府		总计	
	数量	%	数量	%	数量	%	数量	%	数量	%	数量	%
明初额定	6920.44	50.00	3065.41	17.11	10095.53	53.50	2032.26	17.88	6019.10	44.10	28132.74	37.18
成化至嘉靖初	2608.28	18.84	9668.07	53.98	2866.86	15.19	6435.32	56.63	4041.92	29.61	25620.44	33.89
嘉靖中后期	4312.90	31.16	5177.25	28.91	5906.68	31.30	2896.02	25.49	3588.09	26.29	21880.93	28.93

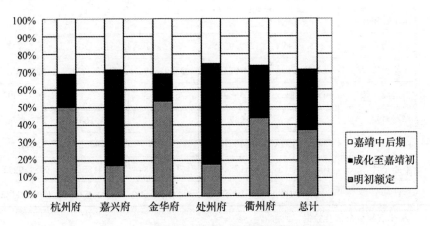

图 2 - 1　杭州等五府各时期物料增长示意图

以上分析可以对浙江地区的上供物料变化作如下描述：

第一，总量上看，各府随经济水平不同而负担量不等。多者如嘉兴、金华等府，在 18000 两左右，少者如处州府也在万两以上，平均各府的负担量在 15000 两左右，这对于各府而言都是一笔不少的支出。

第二，物料增长有两个明显的高峰期，即成弘正时期和嘉靖中后期。各府各时期的物料涨幅因基数不同而多寡不一，应该是浙江布政司按照各府原有负担量不同而酌情分派，以达到各府负担量大致相同。从图 2 - 1 所示的总量涨幅变化来看，两个增长期的增量分别占总量的 33.89% 和 37.18%。结合表 2 - 5 可知，增幅与增量大致相同。当然这是使用白银计算的结果，其实成弘以前的物料征收基本是以实物为主的，此后才逐渐折算成白银征收，本书为了对浙江地区的物料增长情况有一个宏观的把握，所以将其统一折算成了白银，而且此处统计没有考虑货币的通货膨胀问题。

第三，从物料对地方财政的影响来看，显然嘉靖中后期物料用量的增加幅度对地方财政影响更大。从嘉靖中期至嘉靖四十四年（1565）均平法改革大约 20 年的时间内，物料用量激增，几乎与此前 60 年间的增长量相同。表 2-5 是均平法改革以后的规范数据，表 2-2 中衢州府加派的段匹银两都已被裁减掉，因此嘉靖中后期的增长量较此应该更高。物料用量只增不减，势必加重应役民户的负担，规范物料用量额度也是均平法改革所解决的重要问题之一。

三　上供物料办纳方式的变迁

本节开头曾经指出，上供物料负担与里甲人户之间的关系始终是明史学者关注的焦点。笔者将争论点归纳为两个问题，即上供物料何时成为里甲内所有人户的负担以及里甲正役是否始终负责上供物料的催征？笔者认为解决这两个问题的关键在于厘清地方政府征解上供物料方式的变化。明初物料采用"分收分解"方式，此时物料并不由全里甲人户负担，里甲正役也并不负责上供物料的催征。到了正嘉之际，上供物料的办纳方式从"分收分解"演化为"总征类解"，物料负担也开始按照"丁田"科派给全里甲，并最终形成了四差之中的"里甲役"。

（一）分收分解制度的运作方式

明初物料办纳实行"分收分解"制度。分收就是指每一项物料都设立一个收头，逐一从里甲中征收，（嘉靖）《浦江志略》卷五："按里甲钱粮有额办有坐办有杂办，旧时逐件散征里甲，不胜其烦扰……"①

又如《忠谏静思张公遗集》卷三"派征丁田必立收头，往年将额办银内分出桐油、胖袄、麂皮、药材、弓箭弦条、农桑折绢……每件立一收头，每年不下数人，纳户齎银到官，数人分投收之，各索赠'头火耗'……"②

张选文中说的"往年"，民户已经开始缴纳白银而非实物，但是分收分解制度还没有改变，和《浦江志略》中的"逐年散征里甲"的情况是一样的。

在表 2-1 所列明初各项物料中，药材、颜料两项或于税粮内折征，

---

① （嘉靖）《浦江志略》卷 5《财赋志》，第 10a 页。
② （明）张选：《忠谏静思张公遗集》卷 3，第 419 页。

或让地方民户采取，统一交付解户解运。周忱实行耗米改革以后，"凡民间杂泛差徭，俱不科民，并于余米内拨出备价，雇买应办"①。（嘉靖）《太平县志》中颜料项后标有米138.8883石，可知此项就是由解户领米买办的。②

杂色毛皮一项，也是由各地捕兽户采办，然后"照例关给长单勘合，付解人进纳"③。在木料采办之年，各地采办木料之后则交与"解木大户"解运。④

军器和段匹则需要先经过地方加工然后再解运至京。《况太守集》卷十三：

> 窃照洪武年间开设本府杂造局，专一造办朝廷军器，岁造弓、箭、弦条，计四万一千九百二十张、枝，该用匠料验里拘派七县办解，造完差人进送内府交用，已是定例。⑤

此处所言虽然是苏州府的做法，应该同样适用于浙江地区。首先由收头收取各种物料至杂办局，制造完成以后再由解户运送至京缴纳。

岁造段匹用丝一部分来源于夏税丝，一部分直接从民户手中征收，交于绢头带领工匠织造，再交付解绢粮长解送。（成化）《杭州府志》收录的正统年间夏税征收则例明确记载了岁造段匹的办纳方式：

> 每绢一匹征丝二十八两五钱，内除二十五两照依上年，着令绢头领织，另丝三两五钱作解绢钱用……如织绢完者，送赴府县管粮官处眼同解绢粮长看验堪中，发县用印，连解绢钱交与粮长领解。⑥

以上我们大致描述了物料基本的解运办法。各项物料首先由收头征收，原料部分由各县自有解户直接运送至京，需要加工的部分则送至杂办局或织染局等处加工，再由解户（或粮长）运送至京。前文所引张选文集可以发现，分收分解制度不仅在征收实物时期存在，即便各项物料已经折

---

① （成化）《杭州府志》卷22《风土·徭役》，第326页。
② （嘉靖）《太平县志》卷3《食货志》，第25页。
③ （万历）《明会典》卷191《工部十一·皮张》，第967页。
④ （明）海瑞：《海瑞集》上编《兴革条例》，第128页。
⑤ （明）况钟：《况太守集》卷13《造作官局禁示》，江苏人民出版社1983年版，第142页。
⑥ （成化）《杭州府志》卷20《税粮》，第309—310页。

纳成白银缴纳，也仍采用分项征收，各自解运的办法。显然在这种情况下，物料只由办纳人户负担，征解则有收头和解户负责，自然与里甲正役无涉。

（二）总征法与里甲役的成立

"分收分解"的办法在正德末年被"总征类解"法所取代，现役里甲出办料银也始于此。

（嘉靖）《浦江志略》卷五"近者会议总征之法而以银解司，又议起解之法而以官类解，其法可谓善矣。但坐派之法照里不照粮，访之民间颇有不均之叹。盖各县民力之登耗系于田粮之有无，而不系于里分之多寡……丁粮多者派之不觉其重，丁粮少者则不胜其繁重矣……为今之计，各项赋役如均徭、如里甲、如不时坐派物料，一以田粮为准，而不拘于里分，则赋役均而困苦甦矣"[1]。

另（嘉靖）《萧山县志》卷三"今谓之坐办、额办，概取诸里甲丁田，岁输于官，登于司府，领之解户，然后具物以贡"[2]。

（嘉靖）《象山县志》卷五"至正德、嘉靖年间，上司刊定议处文册，分发郡县坐在里甲科征，永为遵守。每岁征解布政司，类解户部，至今因之。贡赋之目改曰里甲，实由丁田出办，不书年号者，自正德嘉靖五十余年，别无更制故也"[3]。

以上三条史料表明，至嘉靖初年物料征解的方式发生了重大变化，"总征类解"法开始出现，由"贡赋"到"里甲"转变，其实就是指征收方式的变化。各项物料统一征收白银，由现年里甲丁田出办，司府衙门再按类别分配给各解户买办物料。这样现年里甲除原有责任，还要负担征收由里甲丁田出办的额、坐二办银两，形成了四差中的"里甲役"。

前引《象山县志》指出，"总征类解"的方法形成于正嘉之际刊定"议处文册"之时，（嘉靖）《浦江志略》载该县里甲三办银是正德十五年（1520）的"册定之数"，因此笔者认为总征类解的办法形成于正嘉之际。另据《忠谏静思张公遗集》卷三：

> 巡按浙江监察御史端痛革此弊，止许立一收头，不许分别各项名色，流弊已绝。但先年拖欠丁银必须经手收头自管，虽欲归并一人，

---

[1] （嘉靖）《浦江志略》卷5《财赋志》，第10b—11a页。
[2] （嘉靖）《萧山县志》卷3《食货志》，第262页。
[3] （嘉靖）《象山县志》卷5《贡办》，第138—139页。

恐旧役侵欺，死不肯认。则今日收头虽少，先年未完丁银收头固在，其弊六也。①

可见，"总征类解"的方法形成于正嘉之际，此后的物料征收都采用这一方式，之前拖欠的物料还保留原有的分收分解方式，直至完全办纳完毕。总征法使得民户的物料负担一律折银，并按照丁田摊牌给全部民户。笔者认为，所谓由现役里甲负担上供物料就是指此一征解方式的变化。

在此还需注意到"总征类解"法的实行与白银流通之间的关系。上引张选的论述可以看出，在物料实行"分收分解"之时，折银情况已经发生了，这说明市场经济的繁荣和白银流通的频繁已经对物料征收形成了影响。如果办纳者直接缴纳实物的话，物料负担是无法均摊给所有里甲人户的。从本书之前的分析来看，成弘以后，各类物料直接征收白银的例子开始逐渐增多，如浅船料银、军器料银等项目，都是此时出现的。嘉靖时期这种情况更是普遍，如水牛底皮一项就是将各类物料用银统一归入一类的做法。因此，白银的广泛使用为"总征类解"法的实行提供了必要的前提，换言之，只有物料银纳化以后，才可能将其均摊给所有的应役人户。那么，是否可以认为此后的物料收支已经按照市场化的方式来运作了呢？笔者认为情况并非如此。如果从物料征解的整个流程上看，丁田出办物料用银只是实现了征收环节的货币化，司府类解物料实际存在多种方式，这个过程中实物财政运行特征依然很浓。以下笔者将分析浙江地区物料解运的各种方式。

（三）物料类解的各种方式

"类解法"就是各地方以布政司为单位，将府县征收的各种物料统一分类，分别解运至相应部门的一种做法。笔者将浙江地区物料的类解方式分为以下三类：

1. 白银解纳，即直接解送白银进京缴纳。此类如坐办银中的四司工料银和牲口、果品、蜡茶、芦笋银，这几项均是各县征完，解府核实，然后由布政司统一类解。

另外一种情况是弓箭弦条、皮张、胖袄等料的折色征解。这一类物料存在着折色与办料两种方式，如果中央指令征收白银，地方就直接将料银运送至京。

如胖袄一项，"嘉靖中，天下各司府岁办胖袄裤鞋，自六年至十五年

① （明）张选：《忠谏静思张公遗集》卷3，第419页。

止，俱折征银一两五钱解部。自十六年至二十年止，各以十分为率，五分折征，五分本色。"① 可见，各布政司要根据中央政府的实际需求，办纳本色或缴纳白银。

2. 办料解纳，即各项料银征收以后，各府造办实物，交付解户解纳。此类典型如军器料银和岁造段匹银。（万历）《杭州府志》卷三十六：

> （军器料银）各军卫有司征解布政司贮库。……其奉文成造，候抚按衙门详示，将料银发管局指挥会同杭州府清军同知给散。至督造完日，布政司咨都司，中半分解工部交纳，至今遵为定例。②

军器一项虽然缴纳的是白银，实际则解送实物至京。"岁造段匹"的情况也基本类似：

> 往闻机户领银一千两，除各色分例外，入手者仅得其半，欲望成造之精美，岂可能哉。③

庞尚鹏的奏疏表明，岁造段匹银征收以后发给机户织造段匹。各类段匹织造完成以后，再给发解户路费银两，解送至京。

另一类是办料年份的弓箭弦条、皮张、胖袄、竹木料等项。此类料银征收之后，或买办竹木、皮张，由解户解送至京（或进京买办上纳），或发给匠户成造弓箭、胖袄，由经办匠役直接运送。④

以上情况表明，物料虽然已经折银征收，但各府要承担办纳实物的责任，原有的实物运输方式依然保留。各承办解户、匠户仍然要负担解运的任务，只是类解法实行以后数量有所减少。

3. 进京买料上纳，即各解户携带料银进京，买办物料上纳。这一项本质上还是实物缴纳，由于其反映了物料银纳化后解办的一种情况，故本书将其列为一类。笔者没有发现物料运输采用该方法的直接例证，但衢州府

---

① （万历）《明会典》卷193《工部十三·军器军装二》，第979页。
② （万历）《杭州府志》卷36《兵防下》，第2595—2596页。
③ （明）庞尚鹏：《百可亭摘稿》卷1《巡按浙江监察御史臣庞尚鹏题为革积弊立会局以便织造事》，第117页。
④ 如猫竹银一项"（衢州府）西安等五县征完解府买办本色，解司转解，议定给解户役银三十两，与桐木同解"；弓箭弦条一项"（宁波府）五县征完解府，给发匠作买料成造本色，工食俱扛在内，就令经造匠作解司，倒文转解"，以上两条参见（天启）《衢州府志》卷8《赋役》，第770页，与（嘉靖）《宁波府志》卷12《贡赋》，第1119页。

在税粮解运方法中有如下记载：

> （南京各卫仓米）如解本色，即令官解齎银前赴近京产米地方，
> 照依时价买纳，有余扣追还官，俱解南京户部交纳。①

另外高寿仙的研究指出，朝廷收纳本色物料的部分，解纳者一般会携银至京买办物料上纳。② 综合以上两条证据，笔者认为，如药材、颜料一类既征收本色还不需要地方造办的项目，应该采用这种解纳方式。综上，本书将"总征类解"的物料运输方式描述为图2-2：

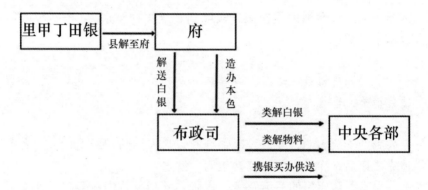

图2-2　"总征类解"物料运输方式示意图

明中叶以降各项物料的征收已经基本实现了银纳化，特别在"总征法"施行以后，各项物料银由现年里甲统一出办。但是在物料的造办与解运环节上，实物主义财政运作的基本形式则被保留下来。各类物料的具体解运方式需要遵循中央各部的指令，如果是办料年份，地方政府首先要造办各类物料，再按照原有方式将实物解运至京，或者携带料银进京买办供送。如果是折色年份，料银也并非统一解运至京，而是由各项解户对口解送至中央各部。

根据（光绪）《太平县志》的记载，该县万历时期被分派的物料解户有"猫竹赁房京解富户匠役解户""蜡茶芦笋解户""四司工料解户""军器解户""弓箭弦条解户""岁造段匹解户"等几个类别。可见，"类解

① （天启）《衢州府志》卷8《赋役》，第758页；
② 高寿仙：《明代揽纳考论——以解京钱粮物料为中心》，《中国史研究》2007年第3期。

法"只是减少了解户的数量，但没有改变各类物料（或料银）对口解纳的实物财政运作方式。

本节通过对浙江地区上供物料的增长趋势和办纳方式的考察，可以得出如下结论：

其一，至均平法改革以前，浙江地区的上供物料经历了两次增长高峰，分别是成弘正时期和嘉靖中后期，按白银估算两次涨幅虽然大致相同，但嘉靖中后期的物料增长对地方政府造成的财政压力更大。均平法改革重新规范了各项支出，此后各府的物料银平均在 15000 两左右。

其二，正嘉之际是上供物料征解制度发生重要变化的时期。不但规范的额办、坐办分类方式正式确立，而且解运制度也从原来的"分收分解"变为"总征类解"，物料用银统一摊派给现役里甲的"丁田"出办，成为"里甲役"负担的一部分。

其三，随着社会经济的发展和白银的广泛使用，明中期以降，各项物料的征收已经基本实现银纳化，但这并不意味着物料收支实现了货币化运行。地方政府要根据中央的指令缴纳实物或者白银，这种方式依然是实物财政主义的延续。而且无论上供物料以何种方式上纳，都没有改变物料对口解纳的旧有方式。

第二节　地方公费银的收支结构与均平法改革

本书第一章曾指出，宝钞的贬值和地方公费支出的膨胀致使地方财政出现徭役化的倾向，但关于公费银的问题尚未全部解决，公费银收支结构的变迁始终是明史学界讨论的热点问题之一。岩井茂树认为，公费银项目是追加性徭役，是在既无准备也无处理框架的情况下采取的权宜之计。而岩见宏则明确强调，正因为公费银不是正规的财政制度，所以其弊害更大。[1] 国内学者唐文基和侯鹏的研究均认为，嘉靖末年以前浙江地区的"杂办银"收支独立于中央财政的控制之外，无一定之规，各地均自行其是。直到庞尚鹏均平法改革以后才逐渐聚合起来，并在明末赋役全书修纂过程中明确下来。[2]邓智华认为，明廷对均平法的实行不同于均徭法，没有统一规定，各地实际

---

① 〔日〕岩见宏：《明代地方财政之一考察》，《日本学者研究中国史论著选译》第 6 卷，第 141—158 页；〔日〕岩井茂树：《中国近代财政史研究》，第 279 页。
② 唐文基：《明代赋役制度史》，第 269—270 页。

实行的时间与办法各不相同。浙江大致始于正统、景泰年间。嘉靖以后各地方才着手改变无定向、无定规的局面。邓文举浦江、定海两县的例子说明，浙江公费银收支朝着定额化和包干制的方向发展。①刘志伟对广东地区赋役制度的研究认为，地方公费成为里甲的负担，经历了从一开始的任意索取到逐渐制度化的过程。而嘉靖年间的各项改革确立了定额赋税，并且统一征收白银，成为各项赋役合并的基础。②在这种情况下，庞尚鹏的均平法改革以及此后的一条鞭法改革被认为是对地方公费银的规范办法。邓智华认为均平法改革主要是对地方政府之前各类改革的总结与规范。包括明确各项预算；官为收支，裁革里甲买办；统一使用白银作为支付手段等方面。③刘志伟也认为，地方公费的赋税化把地方行政开支纳入国家财政赋税体系一核算，改变了州县行政的运作方式。④岩井茂树认为，一条鞭法的改革使得定额外财政再次将地方财政正规化，因此也就形成了新的定额制度。⑤

综上，我们可以把明代地方公费银发展路径的描述总结为下图：

图2-3　明代地方公费银发展路径示意图

笔者认为既有学术成果对明代杂办银的认识存在以下几点问题，需要重新思考：

第一，公费银的支办方式。对于明代公费银（杂办银）问题，几乎没有明史学者注意到其有两种支办方式，其中一种是直接缴纳白银，而杂办银中的支应银则由应役人户"买办供送"。邓智华在其文中所用定海县的材料证明，该县同样存在支应银部分由现役里甲买办供送的情况。虽然萧山、定海等县均有将"买办供送"改为"征银贮官"的改革提议，但这种

---

① 邓智华：《庞尚鹏浙江均平法改革探析》，《江西师范大学学报》2007年第1期。
② 刘志伟：《在国家与社会之间——明清广东地区里甲赋役制度与乡村社会》，第99—107、145页。
③ 邓智华：《庞尚鹏浙江均平法改革探析》，《江西师范大学学报》2007年第1期。
④ 刘志伟：《在国家与社会之间——明清广东地区里甲赋役制度与乡村社会》，第145页。
⑤ 〔日〕岩井茂树：《中国近代财政史研究》，第300—310页；此处岩井氏虽然说的是一条鞭法的作用，但对于地方公费银而言，均平法才是将其确立定额和规范开支的过程，一条鞭法起到合并各项的作用。从这个角度来说，岩井氏关注的一条鞭法和本书强调的均平法在功能上是相同的。

改革究竟在多大程度上实行了，我们必须予以关注。由庞尚鹏为实行均平法所上奏疏可知，各种类似的银纳化改革均因预算不足不得不重拾里甲"买办供送"的方式。从地方政府与民户之间的关系来看，"买办供送"依然是役法体系的一种延续，地方政府在审编时标定的白银用量并不代表实际的银纳化，只是规范了役的负担量而已。如此则我们必须对均平法之前的各类地方改革作重新思考，不能将审编方式的货币化误认为支办方式的改变。

第二，杂办银的收支管理。从笔者所见浙江地区的史料表明，地方政府的杂办银并非无一定之规的经费。如《浦江志略》中存在"正德十五年册定"的说法。明人张选的文集中也可见到地方政府公费银受到"初议文册"和"改议文册"控制的说法。海瑞的《兴革条例》中也有"奉成规册载"的字样。不仅如此，前引庞尚鹏奏疏也可知，地方政府的改革受到的障碍之一就是"原额银太缩"。① 可见，地方政府的杂办银收支均受到"成规文册"的控制，并非毫无规矩。即便我们可以认为其独立于中央财政定额之外，但却在以布政司为中心的地方财政预算控制之内。如此则必须重新审视地方政府公费银收支的管理方式及其与此后均平银改革之间的关系。

第三，如果笔者以上两个观点可以成立的话，则庞尚鹏"均平法"改革的作用也需重新考量。显然其并非只是对之前改革的简单汇总，而是扫清了杂办银改革过程中遇到的制度性障碍。那么，为何改变地方政府公费收支结构的均平法会在此时出现，也是本节需要重新解读的问题之一。

综合以上三点，笔者将明代杂办银的变迁路径假设为图 2-4：

图 2-4　明代杂办银变迁路径示意图

以下将从地方公费银的收支结构、支办原则与规模、地方政府与庞尚鹏改革异同分析和均平法改革的成因等方面证明笔者立论是成立的。

---

① （嘉靖）《浦江志略》卷 5《财赋志》，第 9a 页；张选：《忠谏静思张公遗集》卷 3，第 425 页；（明）海瑞：《海瑞集》上编《兴革条例》；（明）庞尚鹏：《百可亭摘稿》卷 1《巡按浙江监察御史臣庞尚鹏题为节冗费定法守以苏里甲事》，第 112 页。

一　公费银的收支规模与支办原则

首先笔者选取三种地方志和一种文集中的杂办银项目，按照类别制成表 2-6，再对表中各类经费的收支情况进行说明：

表 2-6　　　　　　　　嘉靖时期五县杂办银项目①

县份		太平县	安吉州 a	孝丰县	淳安县	定海县
数据来源		《太平县志》卷三	《安吉州志》卷五	《安吉州志》	《海瑞集》上编	《定海县志》卷八
年代		嘉靖十九年	嘉靖三十一年	嘉靖三十一年	嘉靖四十一年	嘉靖四十二年
类别	杂办项目	数目	数目	数目	数目	数目
A. 祭祀费	祭祀银	136	166	150	154	162
B. 科举费	进士牌坊银 举人牌坊银 科举银 武举银 科举盘费	13.3204 19.9806 3.391	47.3926 0.3273	9.8046 20.5283 6.7413 0.255	19.2127 16.6131 12.3058 1.2228	21.85 43.848 7.7338
C. 物料运输	上供物料路费 部运水手银 军器路费银 段匹扛解银 匠役盘费		2 13.5 5.3 23.467	7 4.135 18.29	3.3333 8.8489 6.3818	2.164 2.9014
D. 行政开支	书手工食银 上司什物家火银 松木板坊料银 （支应银）	（150）	9.1398 4.434 6.0369 （150）	7.581 3.151 4.7051 （150）	19.2592 4.3311 6.4056 （150）	5.3512 （100）
E. 仪典费	乡饮酒礼 写表纸札工食银	20	20 26.9683	20 0.4495	20 2.592	20 1.0385
数据来源		《太平县志》卷三	《安吉州志》卷五	《安吉州志》	《海瑞集》上编	《定海县志》卷八
年代		嘉靖十九年	嘉靖三十一年	嘉靖三十一年	嘉靖四十一年	嘉靖四十二年
类别	杂办项目	数目	数目	数目	数目	数目
F. 救恤支出	孤老布花木柴	34.2	20.712	6	20	60

① 数据来源：（嘉靖）《太平县志》卷 19；（嘉靖）《安吉州志》卷 5；（嘉靖）《定海县志》卷 8；《海瑞集》上编，《兴革条例》。

续表

县份		太平县	安吉州 a	孝丰县	淳安县	定海县
G. 赔纳课钞	赔纳课钞			7.7442		1.134
H. 加征物料	修城民七料银 战船民七料银 漆木料银 织染局农桑蚕丝	44.757	1.13 30.15 3.6458	0.894 23.83 2.8415	72 3.868	36.1671 40.5 4.8252 2.32
I. 其他差役	柴新银 马户银 甲首衣粮银 （布） 甲首衣粮银 （按） 驿传银 马价银 雇募夫船银	108 160 530 294	12 12	6.39		
S. 总计		1363.649	404.2037	300.3405	368.3743	411.8332
S' 总计修正	S' = S − I + 150/100	421.649	530.2037	443.9505	520.3743	511.8332

a.《安吉州志》包括安吉与孝丰两部分数据，此处分别列出。

（一）支应银的支办方式、功能与支出管理

1. 支应银的支办方式

为说明表中S'修正总计数据的计算依据，本书从D行政开支中的支应银一项开始叙述。表2-6数据中并没有记载"支应银"项目，但这并不代表此五县没有支应银开支，只是没有计入杂办银之中而已。

首先，（嘉靖）《浦江志略》载该县支应银开支为70两，可证明确有"支应银"一项。（嘉靖）《嘉兴府图记》和（嘉靖）《宁波府志》都明确记载了各县支应银的支出数量。表2-6中给出的定海县数据除支应银一项外，其余数据与（嘉靖）《宁波府志》所载完全相同，可见两府确实存在支应银，只是《定海县志》没有将其计算其中。①

另外，海瑞的《兴革条例》中可见临时加派项目由支应银支付的事例：

　　　一件存恤孤老事，……嘉靖四十年派银九两，给散间，据孤老方

① （嘉靖）《嘉兴府图记》卷9《户赋》，第451页；（嘉靖）《宁波府志》卷12《贡赋》，第1128—1129页。

旭等告，为急救孤贫寒冷事，申蒙察院批允，于丁田内加派银十一两，本县一时难征，就于见役支应银内取给。……一件军务事，奉府帖取犒赏银二十三两五钱一分四厘五丝五忽，嘉靖四十年分于见役支应银内取解，以后年分派入丁田。……一件军务事，嘉靖三十七年三月二十八日，蒙府牌取猪牛价银一十九两八钱五分五厘，于见役里甲支应内取解。①

据此可知，支应银开支在淳安县也存在，表 2 – 7 同样没有将其计算进去。地方志所以没有将支应银计入其中，是由于支应银和杂办银中的其他项目支办方式不同所致。张选《忠谏静思张公遗集》记载萧山县支应银支办情况为：

　　查得本县先年支应，止照改议文册于丁田银内扣银二百两，不追入官，令见年里甲分日自行支应……②

（嘉靖）《永嘉县志》卷三，"以支应言之，旧规将全里田地内，除隅厢四十图摆酒，每图免田五十亩，再除各项优免外，其余田地每月作六班支应，每班五日，拨田六百亩，每亩官价三分，共计一十八两。以田地居上、家道殷富者为班首，其余远近均贴，自行答应……"③

以上两条史料表明，支应银两虽然按照会议文册收支，但实际并不征收，而是由见役里甲按照规定数额自行办理。（嘉靖）《定海县志》卷八载有该县支应银实际的支办方式和改革设想，同样说明这种情况：

　　里甲支应俱以见年买办供亿，除坊隅四里不派，余则以里计之，七人共应一月。中有狡猾者阴与铺户通，凡物故高其估，倡众多敛，以羡其财。事竣则与铺户计偿其直，而中分其赢……今知县何愈建议欲概一年见役，计其人田若干丁，并寄附之田若干丁，一年十二月分作十二段，通融会算，每段该若干丁，赓直一月，则贫富不至偏累，斯立法之至公者也……然又有说焉，里甲买办虽于官府为便，然间阎小人不习市井，有吏胥门皂需索之费，有铺户勒诈之费……此皆浮于

①　（明）海瑞：《海瑞集》上编《兴革条例》，第123—125 页。
②　（明）张选：《忠谏静思张公遗集》卷3，第424 页。
③　（嘉靖）《永嘉县志》卷3《食货志》，第569 页。

正额者也。要不若以一岁之通计之，照上年之所而出为今年之所入，征银贮库，择廉干殷实者或老人，或坊长，或大户俾尸其事而复其身家之役。其于买办之际，官给硃票，严加稽核……①

定海县的事例说明，无论是"七人共应一月"还是一段丁田"赡直一月"，都只是支应银审编方式的变化，但支出方式都是由"里甲买办"供应，因而会出现"门皂需索"的情况。与"征银入官"，官为买办的方式不同，这笔经费的收支并不经过县财政账目。

杂办银中其他项目收支则采用"征银贮库"，再由地方政府买办的方式。（嘉靖）《永嘉县志》中"祭礼银""乡饮"等项杂办银两均记入"各项每岁随粮带征"项下即为例证之一。

此外，张选在文集中曾记载"本县每岁出纳……杂办银一百三十四两六钱二分二厘二毫八丝四忽八微六尘并闰月荒丝银六两七钱六分，春秋二祭猪羊等料银一百四十四两，二次乡饮酒礼银二十两及存恤孤老冬夏柴布银四十五两……"②

以上几项开支中并不包含200两支应银，张选在计算地方政府杂办银时同样没有把支应银列入其中，也是因为该项目并不追征入官，而是由见役里甲负责办理实物供应地方政府的原因。笔者将地方政府的杂办银收支方式归纳为图2－5：

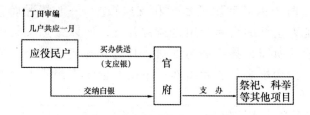

图2－5　杂办银支出结构示意图

2. 支应银的支出方向

支应银主要有四个支出方向：

其一，供应地方政府日常的办公与生活经费支出。（嘉靖）《浦江志略》卷五"本县坐派支应银七十两以充公费，而各官私衙柴炭、米肉、纸

---

① （嘉靖）《定海县志》卷8，第778—781页。
② （明）张选：《忠谏静思张公遗集》卷3，第418页。

张、朱墨及一应修造俱于支应里长名下供取……"①

张选在其文集中也记述到"止用白鹿纸写帖，不用青殼手本。其六房纸札亦遵照分守参政胡会议榜文……查得原议未有申文并造册纸张，本职又每月支银一两买纸，量房科繁简给散。每夜堂用烛二枝，……"②

可见，各衙日常行政所需的一应笔、纸等物均由支应银负责。地方官员的日常生活开支即上引材料提到的"柴炭""米肉"等项也由支应银承担。

其二，往来公务人员的接待费用和交际费用。地方政府接待往来公务人员支出的费用在明代文献中称之为"使客下程"银。往来公务人员的开支一般由本地驿传银负担，地方支应银和均徭役也要承担一部分。以宁波府为例，该府"驿传"开支中，"支应使客公差"和"铺陈银"两项是白银774.2两，而宁波府五县的支应银总和才有白银940两，可见支应银承担的是少部分。③

所谓交际费用是指地方政府馈送给乡宦、举监等地方士绅的礼银。海瑞《兴革条例》载："乡士夫近日上司每发礼帖，来文称动支无碍银若干送某宅上，某宅上取回帖，乡官举人进士岁贡生俱有之。岂有无碍官银！旧规出自里甲，上司不可云，然无碍官银，其借辞耳。本职到县至今绝不为此，非故缺交际也。取之己不足，取之民不可，故不为也。惟上司牌至以其衙门纸赎应之，间于支应银内补足些须，其衙门无纸赎寝革不行。"④

虽然海瑞为节省地方行政开支，不与地方士绅交际，但是上司取用士夫交际银之时，也需动用纸赎银和支应银。⑤ 一般情况而言，动用支应银作为与地方士绅的交际费用是经常开支，所以张选文集中曾言"士夫之往来，府有所馈，县或缺焉，则议县之长短者蜂起。山阴有馈，会稽有缺焉，则论会稽之是非者纷然……山、会士夫虽不及余姚，比之各县为多……"⑥

可见，府县使用支应银与士夫交际是经常开支，其支出规模一般视当地士绅多少而定。从功能上看，不管是接待往来公务人员的花销还是与士

---

① （嘉靖）《浦江志略》卷5《财赋志》，第10b页。
② （明）张选：《忠谏静思张公遗集》卷3，第424—425页。
③ （嘉靖）《宁波府志》卷12《贡赋》，第1128—1129页；卷13《徭役》，第1186—1189页。
④ （明）海瑞：《海瑞集》上编《兴革条例》，第93—94页。
⑤ 据赵红梅、程志兵研究，明清文献中的"纸赎"或"纸赎银"是诉讼费的称呼，参见赵红梅、程志兵《明清文献中的"纸赎"和"纸赎银"》，《贵州文史丛刊》2010年第4期。
⑥ （明）张选：《忠谏静思张公遗集》卷3，第425页。

夫交际的开支，都是地方政府支出的招待经费，所以本书将其归并为一类。

其三，地方生员的考试费用。（嘉靖）《宁波府志》中载有的支应银支出方向为"使客下程及岁考季考等项"。① 从均平法实行以后的地方志中也可以看到，支应银要承担提学道岁考、季考生员所需一切费用。

其四，应付临时支销的备用银。这部分主要指上级政府临时加派一些项目，各县又无法立即筹措，一般会动用支应银支付。如前引《海瑞集》关于"救恤支出"的记载即为此例。本来淳安县"存恤孤老"的支出为每年九两白银，但嘉靖四十年（1561）突然增加到 20 两，"本县一时难征，就于见役支应银内取给"，次年这笔开支才正式"派入丁田出办"。

当地方政府遇见临时增加开支的情况时，一般以支应银应付当年开支，此后或将这笔开支作为正式项目派入"丁田银"内出办，或将其裁革。总之，支应银此时起到"备用银"的功能。

以上本书对支应银的收支方式和主要功能进行了论述，可以认为大多数地方政府的支应银并不征收在官，而是预留一个总额，由现役里甲买办实物，供给地方政府的需求。如图 2－5 所示，应役里甲或采用几户负担一月的办法，或采用丁田折银分段应役的办法，但这只是改变应役里甲的审编方式，支应银的支办方式其实没有发生改变（地方政府关于支应银收支方式改革的问题，笔者将会在下文详细论述）。

从功能上讲，支应银负责地方政府的办公经费、地方官员的生活经费（相当于薪金开支的一部分）、考试费用、往来公务人员的接待费用以及与当地士绅的交际费用等几个主要的项目。该项为地方政府行政开支的主体，是地方政府存在的基础和正常运转所必需的部分。

3. 支应银的支出规模和管理方式

这笔不由地方政府直接经手的支应银的支出规模是多大？是否有明确的管理方式呢？

据张选记载，萧山县先年的 200 两支应银"止照改议文册于丁田银内扣追"，可知支应银总量是由"改议文册"规定的。嘉靖八年，该县"蒙本府孔同知来署县印，访知前弊，行令该年里甲将银三百六十两纳官，逐日令老人领出支应"，这 360 两的数额是应乡里老人"情愿每日纳银一两在官"的要求得出的。

同府下的山阴、会稽两县的支应银则按照"初议文册"支办：

①（嘉靖）《宁波府志》卷 12《贡赋》，第 1128—1129 页。

　　由本县（萧山）支应一事推而求之，山、会二县大抵隶于府城则用兼府县，责任尤多。士夫之往来，府有所馈……皆出自支应银两，无日无岁无之者也。比之外县，殆过数倍，及查会议文册，山会二县各该一百五十两。夫会议之初以为两县共银三百两，比之外县为多。殊不知一县自有一县之费，况兼一府之公用取于二县……①

　　据此可知，山阴、会稽二县的 150 两支应银是按照"初议文册"支办，而且二县都是府城所在的大县，用度较一般县分还要多一些。另据（嘉靖）《浦江志略》卷五，该县正德十五年（1520）"册定"支应银是70 两，此时为规范的杂办银制度成立之初，可知此为一般县分"初议文册"所定的支应银两。

　　（嘉靖）《宁波府志》和（嘉靖）《嘉兴府图记》载二府支应银两数目如表 2-7：

表 2-7　　　　　　　　嘉靖间宁波、嘉兴各县支应银数量②

宁波府	鄞县	慈溪	奉化	定海	象山		
支应银数目	390	200	150	100	100		
嘉兴府 a	嘉兴	秀水	嘉善	海盐	平湖	崇德	桐乡
支应银数目	（300）	（200）	150	150	150	360	360

　　a. 原书载嘉、秀支应银共 500 两，嘉兴县是府城所在，故本表将其定为 300 两，秀水县定为 200 两。

　　根据表 2-7，鄞县和嘉兴县都是府城所在的大县，支应银分别为 390两和 300 两，约为山、会二县"初议文册"所定数目的 2 倍。慈溪县和秀水县正与萧山县"改议文册"所定支应银数目相等。奉化、嘉善、海盐等县的支应银也大致在 100—150 两左右，约为浦江县"初议文册"数目的 2倍，可知这些县分的支应银规模是根据"改议文册"制定的。崇德和桐乡二县所定的 360 两则与萧山县再次改议后的支应银数目相等，可知也是根据 1 两/日的标准制定的。

　　根据以上史料，笔者将地方政府"支应银"的支出规模作如下估算，

---

①　（明）张选：《忠谏静思张公遗集》卷 3，第 425 页。
②　数据来源：（嘉靖）《宁波府志》卷 12《贡赋》，第 1128—1129 页；（嘉靖）《嘉兴府图记》卷 9《户赋》，第 451 页。

大致附郭县分的支应银两是一般县分的 2 倍。第一次预算调整以后，"改议文册"制定的支应银两是初议时期的 2 倍。有些县分根据本地的实际情况，在改议结果之上再次作出调整，大致保证每天 1 两的开销。如表 2 - 8 所示：

表 2 - 8　　　　　　　　　　地方政府支应银规模估算

	初议文册	改议文册	再次改议
附府县分	150—200	300—400	
一般县分	50—100	100—200	360

根据以上分析可知，地方政府对支应银使用"定额控制"的管理办法。支应银的支出总量受到会议文册（成规册）的控制，在没有得到布、按衙门批允的情况下是不能随意加增的。如张选就曾指出山阴、会稽二县开支庞大，与其拘泥于"旧典"，不如"条陈利弊"，增加二县的行政开支额度。但并非所有的县分都会主动向上级题请修改"会议文册"，一般情况下，官员怕招来任意科派的非议，"过于避嫌"，不肯增加支应银预算。[①] 这固然体现了"定额控制"方式僵化的一面，但同时也说明支应银收支是存在管理办法的。另外，支应银也有明确的支出方向，前文已述它大体用作地方政府的行政管理开支，也有备用银的性质。在具体使用上则没有更为明确的细目规定，县级政府有较大的灵活性。

（二）杂办银（公费银）的涵盖范围、总量修正与支出结构

以上，笔者对地方政府的支应银的相关问题进行了探讨，由此可以发现并非所有的地方志在统计杂办银总数时都把"支应银"一项计入其中，而表 2 - 6 选取的四种地方志中都没有支应银一项，因此要将该项补入。

其中定海县支应银可根据（嘉靖）《宁波府志》的记载加入 100 两，其他三个县分则需要根据表 2 - 8 的估算数据补入。这三个县并无附郭县分，且成书年代最早的《太平府志》也在嘉靖十九年（1540），晚于萧山县调整支应银预算的年份，因此本书选取表 2 - 8 中"改议文册"100—200 两的中间值 150 两，将其补入三个县的支应银一项中。

表 2 - 6 除需要补充公务支应银以外，还需要减去 I 项。一些地方志中有把折银项目统一记入三办银中的情况，这或许是地方政府方便统一征收

---

① （明）张选：《忠谏静思张公遗集》卷 3，第 425 页。

的做法，也可能是地方志作者为方便记载而人为的将各项合并。并非所有的项目都是"会议文册"规定的杂办银项目，因此必须对杂办项目加以整理，表2-6中的 I 项即为此例。

（嘉靖）《太平县志》中 I 项数量最多，其中"马价银"和"驿传银"两项显然是供给外省驿站和本县驿站支出的费用，并非杂办银项目。

柴薪银和马户银分别为108两和160两，从柴薪银项下有闰月加9两记载可知，这是9名12两/名的柴薪皂隶银的数量。马户银160两则是4名40两/名的马丁银总量，这两项本应该包含在"均徭银差"之中，也是因为其折银收纳才被统一并入杂办银之中。

安吉州项下布、按二司的"甲首衣粮银"共24两，根据均徭银差的工食标准可知，这是2名"借拨甲首"的工食银两，因此可以断定这两项也是"均徭银差"。同理，孝丰县中的"雇募夫船银"也应是均徭银差项目。

综上，I 项所有内容原都是"均徭银差"和"驿传"中的项目，只是其折银以后才被合并入三办银中统一征收，但这些项目的支出原则显然另有规范，与杂办银不同。本书的分析只关注地方政府普遍存在的杂办银项目，故将表2-6中的 I 项减去。

以上，本书将表2-6杂办银的总计数字进行了若干修正，补入地方政府的支应银两，减去了原本不属于杂办银的 I 项，得出修正总计数据 $S' = S - I + 150/100$ 的计算公式，并计算出地方政府杂办银的支出规模。根据表2-7的修正数据，笔者将五县杂办银的支出结构制成表2-9，并将各项支出比例制成图2-6：

表2-9　　　　　　　　嘉靖时期太平等五县杂办银支出结构

类别	太平县	安吉州	孝丰县	淳安县	定海县
A. 祭祀费	136 (32.25%)	166 (31.31%)	150 (33.79%)	154 (29.59%)	162 (31.65%)
B. 科举费	36.692 (8.7%)	47.7199 (9%)	37.3292 (8.41%)	49.3544 (9.48%)	73.4318 (14.35%)
C. 物料运输	0	44.267 (8.34%)	29.425 (6.63%)	18.564 (3.57%)	5.0654 (0.99%)
D. 行政开支	150 (35.57%)	169.6107 (31.99%)	165.4371 (37.26%)	179.9959 (34.59%)	105.3512 (20.58%)
E. 仪典费	20 (4.74%)	46.9683 (8.86%)	20.4495 (4.61%)	22.592 (4.34%)	21.0358 (4.11%)
F. 救恤支出	34.2 (8.11%)	20.712 (3.91%)	6 (1.35%)	20 (3.84%)	60 (11.72%)
G. 赔纳课钞	0	0	7.7442 (1.74%)	0	1.134 (0.22%)
H. 加征物料	44.757 (10.61%)	34.9258 (6.59%)	27.5655 (6.21%)	75.868 (14.58%)	83.8123 (16.37%)
S'. 总计（修正）	421.649	530.2037	443.9509	520.3743	511.8332

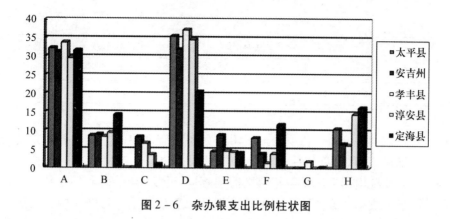

图2-6　杂办银支出比例柱状图

（三）其他杂办项目支出规模与管理方式

以上本书对地方政府杂办银的总量、支出结构及 D 行政开支的若干方面已经做出了说明，本节则主要考察杂办银中其余各项的支出规模与管理方式。

A.祭祀费。图2-6可见，各县祭祀费用开支在杂办银中所占比例大致相同，均为30%左右。祭祀项目包括文庙、启圣公祠、社稷山川、邑厉坛以及各名宦乡贤祠等，笔者选取嘉靖年间的四种地方志和《海瑞集》，将祭祀项目与所用银两制成表2-10：

表2-10　　　　　　　　　各县祭祀银两构成①

	浦江县	武康县	淳安县	定海县	永嘉县
文庙银	50	60	60	60	70
启圣公祠银	12	12	12	12	12
社稷坛银	(16)	16	16	(16)	22
山川坛银	(24)	24	24	(24)	30
邑厉坛银	30	30	30	30	30
乡贤祠		8	4	(4)	(8)
名宦祠		8	8	(4)	(8)
国公祠				12	

---

① 数据来源（嘉靖）《浦江志略》卷5；（嘉靖）《武康县志》卷4；《海瑞集》上编，《兴革条例》；（嘉靖）《永嘉县志》卷3；（嘉靖）《定海县志》卷8。

	浦江县	武康县	淳安县	定海县	永嘉县
响应庙		4			21.36
总计	132	162	154	162	201.36

据表 2 - 10 可知，各项祭祀银两的分布是有规律的。其中一般县分的文庙祭祀在 50—60 两左右，永嘉县是附郭县分，支出稍多。一般县分的启圣公、社稷山川邑厉坛祭祀银则完全相同，附郭县分稍多。各县的名宦乡贤祠祭祀或 4 两或 8 两，可见是依据祭祀次数所定，每祭 4 两。通过对各县共同祭祀项目支出费用的考察可知，各项祭祀支出均是在"成规册"中有明文记载的"定额支出"。海瑞的记载也表明，此项开支是"奉成规册"致祭。①

B. 科举费。科举费用约占各县杂办银支出的 8%—10% 左右，惟定海县稍高，达到 14.35%。从各县科举费用的内部构成来看，数据之间并无规律可言，但从海瑞的记载则可大致推测其支办方式：

> 一件科举事，奉府帖取三项，共四十八两一钱三分一厘七毫三丝七忽。（征完付礼房。）科举银一十二两三钱五厘八毫六丝七忽，举人牌坊银一十六两六钱一分三厘一毫，进士牌坊银一十九两二钱一分二厘七毫七丝。……一件武举事，奉府帖取武举盘缠银一两二钱二分二厘八毫九丝九忽一尘二渺三漠。②

无论科举银还是举人进士牌坊银，各县都不是自行支销，而是"奉府帖"缴纳一定数量的白银。可见，科举费用是由布政司或者府一级的机构统一核算科派，各县则按照财政能力或者举、进数量负担相应的费用。且海瑞曾言"夫进士举人岁贡生正经所得，有牌坊银，有路费银……"，可见科举费用是法定开支，由布政司或者府根据每年生员人数统一核算费用，再分配给各县征收。

C. 物料运输与 H. 加征物料。这两类费用都与上供物料有关，C 类是上供物料运输的附加费用，支出额度与该县负担物料多少相应，并非用于地方财政的支出。H 项本就是上供物料负担，大概由于其加征时间晚，尚

---

① （明）海瑞：《海瑞集》上编《兴革条例》，第 123 页。
② 同上书，第 121—122 页。

未将其统一分类。从"均平法"改革以后的地方志记载来看，该项目的确已经被归入"坐办"之中。此两项的开支规模由中央财政的需要而定，与地方财政无涉，故而本书并不考虑这两项的收支办法。

E. 仪典费。这一类有两项构成，其中"乡饮酒礼"一项是定额支出，各县均为20两。《兴革条例》载："一件乡饮事，奉成规册载，正月十五日、十月初一日各一次，共银二十两。"①

另一项是"庆贺表笺"银，该项在各县分布也比较均匀，大致在0.5—3两之间，都是"奉府帖"征收，由所在府分统一支出。嘉兴府和宁波府的"写表银"支出分别是26.5272两和21.12两，可见府一级的表笺支出大致就在25两上下。②只有安吉州除支出0.5683两写表银之外，还有26.4两的"写表纸札"银，这个数量几乎和一府写表银综合相当。因此笔者推测这是"奉府帖"临时加派的项目，应属特殊情况。除此之外，E项开支在杂办银中所占比例大致相同，约为4%左右。

F. 救恤支出。从地方志的记载来看，各地救恤支出只有一项，即"孤老布花柴薪银"。该项在各县杂办银中所占比例不同，这是由于各县孤老人数不同造成的，其实救济每名孤老的费用是相同的，都是0.6两。（嘉靖）《太平县志》载，该县"孤老五十七名，冬夏布帛柴每名计银六钱"。（嘉靖）《宁波府志》也载"孤老衣薪，每名冬夏布花木柴银六钱，按名给散"。可见，定海县的60两"孤老衣薪"银是派发给100名孤寡老人的救济银。

另据，海瑞《兴革条例》："一件存恤孤老事，奉成规册载，孤老冬夏布花木炭等银，嘉靖三十七年、三十八年、三十九年，每年银九两。嘉靖四十年派银九两。给散间，一据孤老方旭等告，为急救孤贫寒冷事，申蒙察院批允，于丁田内加派银十一两，本县一时难征，就于见役支应银内取给。其四十一年该银二十两，派入丁田出办。"③

淳安县原本支出抚恤经费9两，也即15人的救济银，只是到了嘉靖四十年才加征到20两，每人的抚恤银增加到1.33两。而且从海瑞的记载也可知，拨派给每名孤老的救济银是定额支出，载于"成规册"中。

---

① （明）海瑞：《海瑞集》上编《兴革条例》，第123页。
② （明）海瑞：《海瑞集》上编《兴革条例》，第122页；（嘉靖）《嘉兴府图记》卷9《户赋》，第452页；（嘉靖）《宁波府志》卷12《贡赋》，第1131页。
③ （明）海瑞：《海瑞集》上编《兴革条例》，第123页。

以上本书对地方政府杂办银支出规模和各项收支情况进行了梳理，可将杂办银的收支特点总结为以下三点：

第一，地方政府杂办银开支总量基本固定，没有太大的变化。表2-8所示的一般县分支出量在400—600两之间，支应银经过三次预算调整的县分会更多一些。附郭县分的各项开支较一般县分为多，是一般县分的2倍左右，一般不会超过3倍。

第二，作为地方政府行政管理支出的支应银虽然"不追入官"，由现役里甲买办供送，但其开支总量要受到"赋役文册"限制，不经过申请不能随意改动。

第三，杂办银中的其他支出项目由地方政府从现役里甲手中征收的"丁田银"支办，支出规模也受"赋役文册"控制。其中"祭祀费""仪典费"和"救恤支出"都是定额开支，除申请加增外，历年开支基本没有变化。科举费和"加征物料"等项费用则由司府衙门根据实际用量统一核算，再分配给各县级政府征收。

综上所述，无论从支出总量还是每个细目上看，地方政府的杂办银都有明确的收支管理制度，每一笔开支都明确载于"成规册"中，是预算内开支。即便如岩井茂树所言，可以将杂办银视为补充正项钱粮开支不足的"正额外"支出，但这笔"正额外"支出是收支管理和数量控制的"预算内"开支。

二　"均平法"改革与杂办银收支结构的变化

上文的分析指出，地方政府杂办银中的每一项都是遵循"成规册"的预算内开支，而非"收支无序"，从而证实了笔者"地方公费银变迁路径假设结论"中的第二部分。如此，庞尚鹏改革的意义就需要从新界定。唐文基认为庞尚鹏的均平银改革才使得浙江的均平银有了一定的收支规范。侯鹏认为，至嘉靖四十五年（1566），庞尚鹏在全浙推行均平法的时候，一些县分实际已经按照这个方法实行了近半个世纪了。[①] 可见，侯鹏认为在"均平法"改革之前，规范杂办银的办法已经在各别县分实行，庞尚鹏只是总结这些办法并在全浙推行。但是如果杂办银在此之前就是遵循一定规范收支的，则认为庞氏"均平法"改革确立或者总结了杂办银的收支原则的观点就不能成立。"均平法"改革的核心之处在哪儿？庞氏的做法与之前地方政府的做法之间的相同点与不同点在何

①　侯鹏：《明清浙江赋役里甲制度研究》，第144页。

处？笔者试通过比较庞氏与地方政府杂办银改革办法的异同给出自己的结论。

（一）庞尚鹏与地方政府关于杂办银改革的相同点

在此笔者使用（嘉靖）《定海县志》和《忠谏静思张公遗集》中杂办银改革办法的记载，勾勒出地方政府杂办银改革遵循的基本路径。（嘉靖）《定海县志》卷八：

> 里甲支应俱以见年买办供亿，除坊隅四里不派，余则以里计之，七人共赡一月。中有狡猾者阴与铺户通，凡物故高其估，倡众多敛，以羡其财。事竣则与铺户计偿其直，而中分其赢。公衙吏胥靡不沾焉，民宁不告病乎。且七人之中，其人田之多寡迥不同，而以一体均之，则不平甚矣。矧各县之寄庄、军舍之附籍，其田虽多，率不与役，则又长奸滋弊之门也。今知县何愈建议欲概一年见役，计其人田若干丁，并寄附之田若干丁，一年十二月分作十二段，通融会算，每段该若干丁，赡直一月，则贫富不至偏累，斯立法之至公者也。然究而论之，一岁之中，监司过客有至与不至，大小费用有繁与不繁，概以分日为定，则劳佚不均亦多有之矣。不若总以丁田之银充一年之费，用尽则止，不复分定日期。如甲银既完即及于乙，乙银既完即及于丙，以其有余补所不足，则苦乐适均而公私两便矣。然又有说焉，里甲买办虽于官府为便，然闾阎小人不习市井，有吏胥门皂需索之费，有铺户勒诈之费，有雇赁什器之费，有倩人帮助之费，有自用酒食之费，此皆浮于正额者也。要不若以一岁之通计之，照上年之所出而为今年之所入，征银贮库，择廉干殷实者，或老人、或坊长、或大户俾尸其事，而复其身家之役。其于实办之际，官给朱票，严加稽核，或有侵渔则必重究不贷，庶乎财不至于横费，民不至于独劳，且势不纷而事自集。鄞令曾直盖尝为之，不便于官者十一，而便于民者十九，斯则可仿而行之者也。①

这条史料虽长，但详细描述了支应银收支方式的变迁路径，故不免烦琐征引于上。该段史料实际包含了支应银两个方面的变革，分别是审编方法和支办方式。关于审编方法文中一共提及了三种：定海县最开始采用现役里甲"七人共赡一月"的方式。知县何愈则想要将"按户应役"的办法

---

① （嘉靖）《定海县志》卷8，第778—781页。

改成按"丁田应役",即将见役里甲丁田统一折银计算,分为十二段,每一段丁田应役一月。但是志书的作者认为,每月事物繁简不同,分段应役同样不均,不如按照每月实际支出划拨相应丁田数量的人户应役。但是我们前文已经指出,审编方式不论如何变化,支应银本身都不征收入官,而是采用"现役里甲买办供送"的支办方式。

所以上引志文在叙述完各种审编方式的利弊之后,指出了里甲买办虽然方便官府,但是由于应役人户不熟悉买办过程中的各种潜规则,实际支出都会高于规定的支应银数。因此,志书作者建议改变现役里甲买办供送的方式,直接征银贮库,由地方政府自行委派人员买办。这种办法虽然在定海县尚未实行,但是据该书作者所述,此法曾在鄞县实行过。

我们在明人张选的文集中也可以见到同样的改革思路,《忠谏静思张公遗集》卷三:

> 本县先年支应止照改议文册于丁田银内扣银二百两,不追入官,令见年里甲分日自行支应,以致官吏人等乘机浮费,或过于馈送、或私于自取……使支应里甲日费数两者有之。或值一日费少,官又指说便宜,另使办礼贺某士夫,或使修理某衙门,以故先年里甲最苦支应。……嘉靖八年间,蒙本府孔同知来署县印,访知前弊,行令该年里甲将银三百六十两纳官,逐日令老人领出支应,按月稽考。[1]

可见,嘉靖八年(1529)萧山县对支应银改革办法与鄞县曾实行的办法是相同的,都是将"现役里甲买办供送"的支办方式变成"征银入官自行买办",所谓"杂办银"改革,其实就是"支应银"改革。通过前文的分析可知,杂办银中其他项目一直采用地方政府自行买办的方式,而且各项均是定额开支,细目载于"成规册"中,一般不会产生浮收的弊端。支应银开支只有"总额控制",没有具体的开支规定,而且由现役里甲买办供送,故而浮费迭出,弊端丛生,成为改革的对象。通过以上的分析,我们可以将地方政府杂办银改革的基本路径描述如图2-7。

从这一点上讲,庞尚鹏"均平银"改革的思路与之相同。他认为:

> 查得按属各州县,凡一应公费已经议载成规,积习相沿,率令里

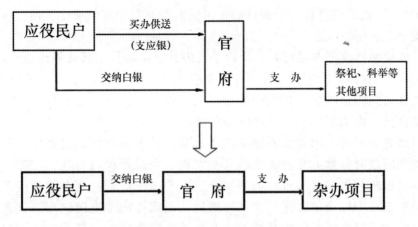

图2-7　地方政府杂办银改革的基本路径示意图

甲轮流支应，究其末流之渐，遂至供亿日繁，民不堪命，而颠覆相踵者，在在有之。……该臣案行粮储、清军二道，关会守巡各道，转行杭州等十一府，通将属县额坐杂三办一应支销钱粮，备细造册，逐一参酌，内除将原额并近年加增应该起解与祭祀乡饮等项成规，开载相同，无容更议者，开列于前；次将本县一应支费逐款各开银数，备列于后。其间多寡损益，俱载本条项下，犹恐别有意外之费，诚所不免，各照县分大小，酌量另派备用银两，以给不虞之用，总名之曰均平银。①

文中所说的"原额并近年加增应该起解"项目是指额、坐二办项目，这部分与杂办中的祭祀、乡饮等项"成规"都是"开载相同，无容更议"的内容，因此将其原封不动开载于前。各县的行政开支"支应银"才是改革的对象，原来由里甲轮流支应，现在将支应银支出详细注明项目和支出银两，开列于成规册中。除此之外，根据各县规模大小量留备用银两，这些项目统称为"均平银"。

以上两种改革方式的核心都在改变"支应银"的支办方式，使之由"里甲应役"的方式变成官府征银买办的"公共财政"模式，并且规范了支应银的支出方式。我们前文已经指出，地方政府的支应银只有总额控制，大体上有一个支出方向上的规范，没有具体细目上的详细规定，而

① （明）庞尚鹏：《百可亭摘稿》卷1《巡按浙江监察御史臣庞尚鹏题为节冗费定法守以苏里甲事》，第112页。

"均平法"改革则将每一个细目的支出银两都开载于成规册中，使支应银的支出方向更加规范。

比较两种改革办法可知，无论是萧山县、定海县、鄞县等地方政府，还是作为巡按御史的庞尚鹏，对于支应银的改革都指向了同一种办法，即支办方式的银纳化。我们固然可以说，庞尚鹏是在参考了地方先行的改革办法，但如果综合本书之前的分析则会发现，产生图2－7所示的改革思路并不困难。因为杂办银支出本就是两种方式并行，当其中一种方式出现问题时，地方官员考虑将其与祭祀、乡饮等项目合并，统一征银支办是比较直接和现实可行的解决办法。那么，可否将庞尚鹏的改革意义简单定义为综合地方先行改革经验后，正式提出了支应银支办方式银纳化的改革思路呢？情况并没有这么简单，庞尚鹏的改革措施中还包含地方政府无法单独完成的部分，这主要体现在两种改革措施的不同点上。

（二）杂办银改革的不同点

庞氏改革和之前地方政府的改革之间有两个显著的不同点：

其一，杂办银数量不同，改革以后杂办银总量涨幅非常高。庞氏在奏疏中言道：

> 即如仁、钱二县，原议征银，官为支应，寻复令里甲承办，此固有司奉行之未至，盖亦原定额银之太缩，以致供用不敷，故不得不取之于里甲，此亦理势之所必然者。①

从庞尚鹏的奏疏可知，"征银贮库，官为支应"的做法不仅在萧山县、鄞县实行过，在仁和、钱塘二县也曾经实行过，但预留给地方的支应银预算额度太小，各县不得不重新取于里甲。可见，核心的问题不在于"官为支应"的银纳化改革，而是合理制定预算额，而庞尚鹏改革的核心之一就是大幅度上调这个额度。

限于比较材料的缺乏，除嘉兴和衢州之外，笔者无法找到更多可供比较的均平法改革前各府杂办银数据，只能将（嘉靖）《浙江通志》中杂办银总量向上微调，作为均平法改革之前的杂办银数据，与万历以后六府志的财政数据进行比较，得出表2－11：

---

① 庞尚鹏：《百可亭摘稿》卷1《巡按浙江监察御史臣庞尚鹏题为节冗费定法守以苏里甲事》，第112页。

表 2 - 11   各府均平银涨幅①

府分	改革前	改革后	涨幅
杭州府 a	11552.92	24455.70	111.68%
嘉兴府	16736.19	27899.00	66.70%
衢州府 b	3165.95	16213.78	412.13%
处州府	4328.05	11301.08	161.11%
绍兴府	6863.78	27670.71	303.14%
金华府	5705.55	18299.095	220.72%

a. 杭州府缺少余杭县数据，原志文不清

b. 衢州府"旧则"中无祭祀、乡饮、支应银等项目，本表利用"新则"和表 2 - 9 将其补入，共补入 1837.887 两。

如表 2 - 11 数据和图 2 - 8 柱状图所示，均平法改革前后杂办银涨幅情况如下：财政贡献较大的府分，如杭、嘉二府，由于原额杂办银支出数量较大，均平法改革以后杂办银涨幅在 60%—110% 左右，一般府分都在150%—300% 左右，最高如衢州府达到 400% 多；一般县分在"均平法"实施之后，杂办银涨幅也达到 300%—400% 左右。

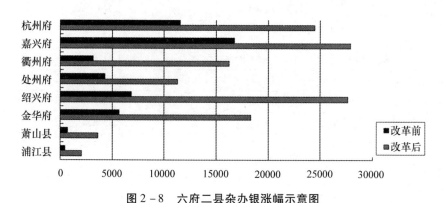

图 2 - 8　六府二县杂办银涨幅示意图

庞尚鹏改革较之此前的另一个不同点在于庞氏改革明晰了支应银各项

---

① 数据来源：(嘉靖)《浙江通志》卷 17，第 903—958 页；(万历)《杭州府志》卷 30，第2306—2442 页；(万历)《嘉兴府志》卷 5、6、7，第 287—464 页；(万历)《绍兴府志》卷 15，第 1162—1163 页；(万历)《金华府志》卷 7，第 456—458 页；(万历)《括苍汇记》卷 8，第 587 页；(天启)《衢州府志》卷 8，第 782—801 页。

的支出细则。前文已经分析，各县支应银虽然有总额控制，但在支出上只有大体的方向控制，而没有对各个项目的具体规定。庞尚鹏改革除规范原有项目的收支规则之外，新增入了若干"不可缺"的项目。地方政府在经过"均平法"改革以后，"支应银"中涵盖的项目明显增多，各项开支额度也被确定下来。以下将衢州府"均平法"改革前后的杂办银项目对比排列如下表，从而考察地方政府"支应银"项目在改革前后的实际变化情况。

表 2－12 按照庞尚鹏"均平法"改革的办法，将"原额并近年加增应该起解与祭祀乡饮等项成规"书写于前，再将"本县一应支费"备列于后。该表反映出来的庞尚鹏改革思路在地方的实际执行情况，可以认为明晰支应银的各项收支细则是改革前后出现的最大不同，杂办银总额的增长主要由于支应银总额的上调。正是这些实际存在而又不能纳入正常预算的项目，才是造成地方政府"支应银"银纳化改革反复的主要原因。庞尚鹏改革主要针对的是这一点，通过提高预算额度，吸收这些"预算外"项目。

表 2－12 衢州府"均平银"改革前后项目对比①

杂办项目	改革前	改革后
科举牌坊、武举、军器路费、书手工食等银	590.9682	573.9682
两京总部水手银	30	36
布按等衙门家火料银	38.8286	38.8286
战船料银	587.7	293.85
修理郡城垣料银	30	101
写庆贺表每年纸札工食料银	15.56	33.424
物料匠役银	35.0104	35.3454
乡饮酒礼	90	90
祭祀银	738	738
带征各项课程	18.387	18.387
孤老布花木柴银	105	105
会试举人水手、岁贡生员路费银	136.5	136.5
小计	2415.9542	2200.3032

① 数据来源（天启）《衢州府志》卷8，第730—801页。

表2-13　　　　　　　　　　　衢州府支应银支出细目表

类别	项目名称	小计
支应银 （改革前为750两，据表2-10推算得出）	**各衙行政开支及生活用度** 上司并府县门神桃符、布政司公用纸札、清军道公用纸札、按察司直堂公用、兵巡道新任升任复任合用祭门、上司各衙门并府县及查盘取用卷箱架扛锁索棕罩白牌、贡院雇税一应家伙并募夫、府县新官到任祭门、三察院查盘委官驻扎合用心红纸札油烛柴炭、府县合用心红纸札、省城募夫工食、修理府县公所厅堂公榭、修理儒学教官衙门、抚院书吏衣鞋、各衙门灯笼夫	1825.7575
	考试生员各项用度 提学道考试生员合用心红纸劄油烛柴炭米菜等银、岁考生员试卷果饼激赏花红、纸札笔墨并童生果饼进学花红提学道考试生员盖搭蓬场工料银、季考生员合用试卷果饼等项府县共银、三院观风考试生员合用试卷果饼激赏花红纸札笔墨等项	537.5
	公务往来接待并交际费用 三察院司道按临并府县朔望行香、三院阅操酒饭并犒赏花红、分守道巡历心红纸札酒烛柴炭、兵巡道驻扎士夫交际下程酒席、布政司交际公费、按察司交际公费、粮储道交际公费、提学道交际公费、上司经临及一应公干过往官员合用心红纸札酒烛纸札、上司并公干员吏经临无驿县分中获宿食廪粮饭食、经过公干官员府县送下程县送油烛柴炭、上司经临过任官员合用人皂马匹雇船银	9360.545
	酒席银 迎春芒神土牛春花鞭春酒席银、起送科举生员酒礼花红、迎宴新举人合用捷报牌匾银、起送会试举人酒席银贺新进士合用旗匾花红酒礼、府县应朝官员起程赴任酒席祭门、府县升任给由官员酒席	253.3067
	预备杂用银	2036.3635
	总计	14013.4727

　　以上我们通过分析庞尚鹏与地方政府关于杂办银改革之间的异同点，得出如下结论：

　　第一，两者都针对杂办银中"支应银"的收支方式进行改革，由现役里甲买办供送的方式转为"征银贮库，官为买办"的方式。从笔者所见的地方志材料中，至少可以看见有五个县施行或提出了与庞尚鹏类似的改革措施。

第二，"均平法"改革提高了地方政府的财政预算额度，确立了"支应银"的收支细则，将一些"预算外"的项目合法化。而这正是地方政府自身无法单独完成的，也是之前地方类似的改革出现反复的原因。

第三，庞尚鹏的改革既不是对地方政府之前改革措施的简单总结，也不是将原本无序的地方财政秩序化的行为，而是代表中央政府调整地方预算额度，帮助地方政府突破"银纳化改革"的制度性障碍。

上文对均平银改革措施的梳理，论证了笔者本节开头假设结论（见图2-4）中的第3部分，从而勾勒出了地方政府杂办银的变迁路径。在完成本书论证的同时也需要指出，虽然笔者建构的图2-4与岩井茂树等学者表述的图2-2有相似的地方，即存在正额、正额外两部分财政，但我并不认为正额外的部分是完全没有收支规范，任意科取应役里甲人户的。这部分财政收支依然有相应的操作规范，地方政府对应役人户的负担情况也有调整措施，而这正是明代役法财政体系的运行特点。该问题笔者将在第四章详细论述，在此不具。

三 "均平法"改革成因分析

刘光临曾指出明代赋役财政体系的转变，尤其是均徭役"由役入赋"改革的推动力在于"提编均徭"以充抗倭军饷。① 笔者认为提编均徭固然是推动"由役入赋"改革的重要推动力，但地方财政作为一个整体，它的每一部分都有紧密的联系，均徭法改革必须与"均平法"改革同步有机结合同步进行，才能最终促成役法系统的彻底改变。《明世宗实录》卷四四三：

> 侍郎胡宗宪请于浙江提编明年均徭及明年里甲以济海防，从之。②

可见，提编的对象既包括里甲役也包括均徭役，对于里甲杂办银中的"支应银"而言，其收支情况与均徭役类似，都不是以公共财政的形式出现的，而是由现役里甲买办供送，提编充饷的前提就是将其银纳化。前文已经指出，地方政府的支应银总额受到定额控制，不能随意加增是造成"支应银"银纳化改革不能顺利进行的最大障碍，这也表明在定额财政之

---

① 刘光临、刘红玲：《嘉靖朝抗倭战争与一条鞭法的展开》，《明清论丛》第 12 辑，2012 年。

② 《明世宗实录》卷 443 "嘉靖三十六年正月甲申"条，第 7574 页。

下还存在着"隐形财政"。因此厘清隐形财政的实际数量，并将其全部折纳白银征收，是提编充饷得以完成的重要前提。

笔者认为，"均平法"改革主要吸收了两个方面的"隐形财政"支出：

其一，里甲买办供送部分。这一部分就是"支应银"应该支出的部分，庞尚鹏的奏疏曾言：

> 照得按属征派钱粮名目最多，除额办坐办杂三项已经载入赋役成规外，惟加派一节乃额外之征，头绪多端，事体不一。或以上司公礼取用看席花段，或以官员升任取送水手盘缠，又有修船料价，撮办家火，雇募长夫等项，并不申详抚按衙门，擅行科派里甲。甚至指以加派织造为名，乘机冒破入己者，盖缘钱粮原无定额，是以征派致有侵渔。[①]

需要指出的是，文中所谓"原无定额"并非说"支应银"开支没有定额，而是如前文所言，各项开支没有明确的细目规定。现役里甲除负担正常的衙门开支之外，还要负担各官的家火银，修船料价等等方面的"预算外"支出，额度远远超过支应银规定的总额。

除此之外，还有"供应酒席"的开支也被纳入均平银之中。这部分银两不包括在"支应银"之中，由坊隅各图买办供送。（嘉靖）《永嘉县志》卷三：

> 旧规将全里田地内除隅厢四十图摆酒，每图免田五十亩再除各项优免外，其余田地每月作六班支应……近遵均平条议，总计一岁经费，照田征银在官，每月遴委吏役管办，摆酒亦酌量等第，定价给银。[②]

从表2－12给出的均平银支办情况来看，除一些项目被裁革以外，大部分里甲买办供送的项目都被纳入其中了。

其二，均徭各役的负担项目。如果不伴随着"均平银"改革的同时发生，均徭役银纳化的过程是不能独立完成的，此处仅举库子、驿递馆夫两例说明，均徭役的实际负担问题留待下文详述。刘志伟的研究指出，均徭

---

① （明）庞尚鹏：《百可亭摘稿》卷1《巡抚浙江监察御史臣庞尚鹏题为悯时艰陈末议以垂法守事》，第110页。

② （嘉靖）《永嘉县志》卷3，第569页。

的"重差"主要体现在连带的财政责任上，而不是差役本身。① 从庞尚鹏的奏疏我们也可以看见同样的叙述：

> 库子之设本为看守库藏而已，顷来责以供应，凡公堂百费及私衙日用莫不刻意诛求，同僚各官更相效尤，无复顾忌，甚有不忍言者，而吏胥门隶尤百计苦之。故今充库子即有司视为奇货，家累千金，败不旋踵矣。查得库子工食每役编银十二两，而其流祸遂至于破家，何可胜叹。该臣通行布按二司及各府州县掌印官，择选本衙门循谨吏，每季轮点一名掌管库事，季终交盘明白，付与下季，庶革侵盗之弊。每年编徭不用库子姓名，止编工食银两，如二司库子，只编正银，不用加倍。惟各府编银一百六十两，大县编银四十八两，中县编银三十六两，小县编银三十两，各照定数追完贮库，按月给该季库吏，以备造册工食，若各衙门掌印、佐二、首领官日用心红纸札等项议有定规，俱令各官按月查支本衙门自理脏罚应用，不得仍令库吏出办。②

可见，库子一役本来是按照每年 12 两的标准编金的，但是其负担额度要远远高于这个标准，地方政府的日常行政与生活的开支都要由其供应。庞尚鹏改革以后，库子改为按照 12 两/年的标准雇役充当，那么原来由库子负担的额外开支部分就必须有解决的途径。

地方驿站也面临同样的问题：

> 革馆夫支应。照得驿递供应甚繁，而馆夫最为困苦。官吏积棍百计侵凌，权势公差多方横索，荼毒之苦有难尽言。役银一两有用至数十两者，其势不至于变田宅鬻子女不已也。……酌驿递之冲僻，较费用之繁简，于正银外定为差等，量行加征贮库，馆夫尽发宁家。预于前月五日驿递官照数赴府县领出支应，各轮拨驿夫照时估买办。③

从这两段论述可以发现，和铺兵、门子等役被"棍徒包当、备索工食"的情况不同，库子、馆夫等役存在的问题是因高额的连带经济负担造

---

① 刘志伟：《在国家与社会之间——明清广东地区里甲赋役制度与乡村社会》，第 127 页。
② （明）庞尚鹏：《百可亭摘稿》卷 1《巡抚浙江监察御史臣庞尚鹏题为悯时艰陈末议以垂法守事》，第 109 页。
③ 同上书，第 110 页。

成的。从海瑞的《兴革条例》中可以看出各役的实际负担情况：

> 本府永丰库库子壹名，正银一十两，每两连耗四十两正。……本府富春驿馆夫五名，每名银一十两，每两连耗一十二两。本府桐江驿馆夫一名，银一十两，每两连耗一十二两。①

海瑞的记载表明，各役的实际负担情况是通过"耗银"数量表现出来的，府库的库子标定工食银（正银）的 1 两，实际负担要达到 40 两，则 10 两工食银的实际负担就是 400 两。同理，编给淳安县的 6 名馆夫实际要负担 720 两的支应负担。征银雇役的改革措施固然解决了应役人户的负担问题，但原有三役负担中有 1050 两需要寻找新的财政来源，显然要在"杂办银"的预算中吸收这些项目。关于驿传役的改革问题笔者将在下节详细论述。

表 2－13 对"支应银"支出结构的分析可以发现，占比例最大的就是"各衙行政开支及生活用度"和"公务往来接待并交际费用"两项，这两项中显然有很多项目原本是由均徭役中的"库子"与"馆夫"承担的。因此可以说，不上调杂办银的预算额度，吸收这些开支项目，均徭役的改革是不可能完成的。

总而言之，"里甲提编"促使地方政府必须完成"支应银"银纳化的改革，这就为清理现役里甲实际的支出额度提供了契机。均徭役改革以后留下了大量的开支项目需要解决财源，调整预算额度，增加开支项目就自然成为"均平法"改革需要解决的最重要的问题。

附　录

由于缺乏浙江地区"均平法"改革前完整的府一级的财政数据，因此无法对杂办银总量做出精确的计算，本书根据（嘉靖）《浙江通志》和（嘉靖）《嘉兴府图记》、（嘉靖）《宁波府志》以及（天启）《衢州府志》中保留的均平法改革之前的杂办银数据对浙江布政司的杂办银总量进行估算。（嘉靖）《浙江通志》卷十七载有各府杂办银收支结构，如下表：

---

① （明）海瑞：《海瑞集》上编《兴革条例》，第 60、99 页。

附录表 1　　　　　　　　（嘉靖）《浙江通志》杂办银总量统计①

	杭州府	嘉兴府	湖州府	严州府	金华府	衢州府	处州府	绍兴府	宁波府	台州府	温州府
祭祀银	9224.58	14016	2110	2812	3950.77	1776	2731	5096.70	2906.97	2322.15	1632.48
科举银	108.34	258.19	96.92	34.08	120.38	97.20	117.62	42.28	34.24	25.46	108.84
举人牌坊银	300	350	350	33.33	250	50	100	400	350	150	100
进士牌坊银	150	200	200	78	150	80	50	250	200	100	50
贡士路费银	330	270	280	240	300	210	360	300	210	240	210
武举路费银	6	6	6	5	6	6	5	6	6	6	5.334
军器路费银	60	70	80	14	70	80	201.63	40	30	10	94.30
织造扛解银	230	230	230								
书手工食银	144	93.6	93.6	72	158.4	136.8	172.8	28.8		43.2	187.2
S. 总计	10552.92	15493.79	3446.52	3288.41	5005.55	2436.00	3738.05	6163.78	3737.21	2896.81	2388.15
S' 修正总计	11552.92	16736.19	3946.52	3788.41	5705.55	3029.45	4238.05	6863.78	4224.03	3396.81	2888.15

参考表 2 - 6 可知，附录表 1 没有列出全部类别的杂办银项目，但"祭祀银"一项所占比例过高，几乎占各府杂办银支出的 80% 以上，这与表 2 - 9 计算的 20%—30% 的比例相去甚远。可知，附录表 1 与本书的统计口径不一致，"祭祀银"中大概涵盖了"乡饮酒礼""救恤支出"等其他项目的费用。笔者即以此为数据底本，参考其他府志的财政数据，对浙江地区杂办银额度进行估算。

附录表 2　　　　　　　　浙江各府杂办银总量估算依据②

府分	通志数据	方志数据	差额（ = 通志 - 方志）	修正方案
嘉兴府	15493.79	16736.19	- 1242.4	$[10000, +\infty]$　+1000
宁波府	3737.21	4224.03	- 486.82	$[5000, 7000]$　+700
衢州府	2435.9972	3029.4542	- 593.457	$[2000, 4000]$　+500

根据附录表 2，笔者将浙江各府的杂办银规模分为三个档次，其中杭州府、嘉兴府总量在万两以上，根据嘉兴府的差额量，杭州府加入 1000

---

① 数据来源：（嘉靖）《浙江通志》卷 17《贡赋》。
② 数据来源：（嘉靖）《嘉兴府图记》卷 9《户赋》；（嘉靖）《宁波府志》卷 12《贡赋》；表 2 - 12《衢州府"均平银"改革前后项目对比表》。

两。宁波府和衢州府杂办银总量在 2000—4000 两这个区间之内，二府的差额量在 500—600 两左右，所以杂办银总量在这个区间内的湖州、严州、处州、台州、温州五府统一加入 500 两。绍兴府和金华府在两档之间，统一加入 700 两。根据以上标准，得出附录表 1 的修正总量 S'。

本章小结

本章用两节的篇幅分别讨论了上供物料和地方公费的收支结构变迁问题。从理论上讲，上供物料是实物财政中不可或缺的组成部分，可以将其归入"赋"的概念中，但我们尊重明代地方财政的分类原则，将其归入里甲役的范畴。与粮食的收贮与使用不完全相同，物料的征收虽然有利于国家财政的稳定，但毕竟不利于长时间贮存，因此在物料储存达到一定额度时，中央各机构开始根据自己的实际需求征收本色或者折色。相应的，市场经济的繁荣也给地方办纳物料提供了便利条件，因而各地物料征收出现了变通的做法，即收头从民户手中先征收白银，然后再去市场采购。在这种情况下，"分收分解"制度被"总征类解"制度所取代，物料负担被统一改折成白银，按丁田数量均摊给应役里甲的全体人户，成为里甲役的财政负担之一。但物料折银征收不代表该部分实物财政已经实现了市场化运作，在造办和解运的环节上，实物主义财政色彩依旧很浓。各物料的具体解运方式需要遵循中央各部的指令，或运纳实物或直接缴纳白银。无论何种方式，都延续着物料对口解运的旧有方式。

地方公费银中，支应银的使用情况最能体现其财政徭役化的倾向，这笔支出主要用于地方政府日常办公与生活的费用、往来人员的接待费用、交际费用等项目，但其并不直接征收白银，而是由现役里甲人户买办供送。不管是直接缴纳白银还是买办供送，杂办银的开支并非处于毫无监管制度的无序状态之中，中央政府或者布政司对各项开支的具体办法都做出了比较明确的规定。定额管理限制了地方财政的增长，其实给"买办供送"的里甲应役人户带来了比较沉重的负担，地方政府虽屡有银纳化改革的措施或提议，均因预算额度过低，不得不重新回到里甲买办供送的旧有方式上。庞尚鹏均平法改革的关键之处就是提高了杂办银的预算额度，将一大部分"合理不合法"的项目列入地方财政的开支项目之中，最终完成了里甲役的银纳化改革。

　　里甲役结构变迁轨迹反映出一个问题，中央权力的下放对地方改革的完成起到至关重要的作用。在中央"定额"财政思想的控制下，地方政府很难将自身的实际经费需求转化为合法的财政预算，不得不将其转嫁给应役的里甲负担，这就是本书强调的地方财政徭役化问题。因此，庞尚鹏的均平法改革起到的绝不是简单的"总结式"作用，而是推动了地方公费银纳化改革的最终完成。

　　我们似乎可以认为在"定额主义"思路控制下的明代地方财政以徭役化的方式解决其经费不足问题是一种现实选择，而银纳化的改革受制于定额和体制等诸多限制，地方政府很难独立完成。庞尚鹏改革的成功就在于其突破诸多制度的限制，当然也要考虑到东南强大的军事压力这一现实困境。关于明代徭役这种结构性问题笔者将在第三章对均徭役和驿传役的分析中进一步论证。

第三章 均徭役、驿传役的运行、
负担与结构变迁

本章主要讨论明代地方财政体系中"役"的问题。所谓"役"是指国家以基层控制为基础，征发行政所需之人力。刘志伟曾指出："里甲最直接的功能，就是作为供应各级政府运作时所需的各种人力和物力资源的单位，因此，里甲制度自然成为明初各种差役征派的基础。"① 明朝即以里甲制为控制基础征发各类人夫。明代的役法体系分为正役和杂役，正役指里甲役，里甲役及其财政负担本书第二章已经进行了讨论。其余供役于地方政府的差役则统称为杂泛差役，也称均徭役。当然"均徭"这个名词并非明初即有，而是在正统年间出现的规范杂泛差役的一种办法，此后的明代文献中则直接将供役于地方政府的杂役及其金派办法统称为均徭役了。在明代，最初供役于地方政府的杂役有两种金派办法，一种是从里甲中金派，按期去地方政府供役，如皂隶、库子、禁子等。另外一种是"立籍充役"，如铺兵役，就是固定一批人户永充当铺兵这种差役，该类人户就被称为"铺兵户"，这也是明代户役的一种。均徭法最初只用于编金轮充的徭役，但在其后来施行的实际状况来看，很多永充的徭役也逐渐变为轮充，被均徭役吸收。本章共分为五节，分别讨论均徭役和驿传役的金役方式、徭役负担及其结构的变迁，前四节主要将均徭役作为一个主体进行分析，第五节讨论驿传役。作为地方四差之一，驿传役是地方徭役体系非常重要的组成部分，且该役的财政负担与均徭役改革有密切联系，故将其置于本章之中。

第一节 均徭役金役方式若干问题研究

梁方仲强调，役法系统是明代赋役财政体系的独特部分，同时也是一

---

① 刘志伟：《在国家与社会之间——明清广东地区里甲赋役制度与乡村社会》，第65页。

条鞭法改革的主要对象，均徭法则是明中叶出现的一种针对杂役的编金方法，是一条鞭法形成以前徭役编金的重要方法。因此对均徭法成立以后明代役法系统运行状况的梳理自然成为观察明代财政走向的逻辑前提。本节就是在这个问题意识下，对均徭法研究中存在的几个具有争议性的问题提出自己的看法，进而厘清均徭役运行的一般状态。

均徭法最早由江西按察金事夏时在正统年间创立，弘治年间基本成为全国性的制度。《明英宗实录》卷一三六：

> （正统十年十二月乙巳）罢浙江等处均徭册。初江西按察司金事夏时奏准各处造均徭册，令民均当徭役。至是时为参议行部至临江府，编本府粮户为布按二司隶兵。掌府事江西右参政朱得奏，时多以上等粮户为隶兵，意在逐年取用，未免民害，乞罢均徭役。事下廷臣议，均徭本以便民，今时所奏施行未及三年，身先犯之，诚非经久之计，宜从得奏革去。从之。①

由此可见，浙江地区均徭法施行的时间和江西是一致的。（成化）《杭州府志》则明确了均徭法在浙江实行的时间是在正统四年（1439），其间或有停止，但至迟在成化年间就已经全面推广了。

> 正统四年，以江西按察司金事夏时言，天下徭役不均，户部行令里甲除三役照赋役黄册应当外，又别另编造均徭文册，查勘实在丁粮多寡，编排上、中、下户，量计杂泛重轻等第金定，挨次轮当，一时上下称便。②

在既往的学术成果中，均徭法的改革点被概括为以下几个方面：其一，将各级政府所需金派差役的项目、轻重等级和名额确定下来，改变随意金派的做法；其二，官定徭役，禁粮、里长金点之权；其三，黄册之外另置"均徭文册"，徭役即凭此文册点差；其四，将杂役的科派并入里甲系统中，与里甲正役一起采用十年一周的轮充方式。③ 刘志伟则进一步强

---

① 《明英宗实录》卷136 "正统十年十二月乙巳"条，第2697—2698页
② （成化）《杭州府志》卷22《徭役》，第325页。
③ 梁方仲：《论明代里甲法和均徭法的关系》，收于《明代赋役制度》，第456页；唐文基：《明代赋役制度史》，第228—231页；〔日〕小山正明：《明清社会经济史研究》，第68页；刘志伟：《在国家与社会之间——明清广东地区里甲赋役制度与乡村社会》，第98—99页。

调均徭法的出现只是再次确认了明初的徭役佥派法则，其改革的意义不在于改变了差役编派的原则，而在于改变了这一原则的贯彻办法。

以下笔者将从地方财政结构和一般民户的应役形态两个方面考察均徭法实施以后地方役法系统的运作情况，在前人研究的基础上对均徭法研究的几个问题点进行重新审视，力图对这个问题有一个深入的认识。

一　均徭法与地方役法结构的调整

均徭法成立以后，佥役权不再掌握在粮、里长手中，而是收归地方政府。[①] 对于均徭法的这个特点，梁方仲、唐文基、刘志伟和岩井茂树四位学者间存在共识，刘志伟认为将里长、书算手佥点差役的权力收归官府是降低里甲行政职能的一种体现，而岩井氏更是把均徭役是否由里长点差作为区分杂役应役形态的重要依据之一。[②] 谷口规矩雄在梳理该问题的学术史时指出，小山正明已经在《明代的粮长》一文中给出了明代粮长编佥徭役的证据，但是岩井茂树在其论证过程中似乎并未予以关注，因此这个问题还有进一步研究的必要。[③]

小山正明曾使用万历年间上海县和嘉定县两处地方志的材料，说明了粮长的确在均徭法实行以后参与了均徭册籍的审编，转录如下：

> 均徭。往年编审均徭，预令粮长查照丁田，注三等九则，造册面审。[④]
>
> 于该县流都六百六十八里应审里甲户内人丁并官民田荡为挦尖册，第其上下而编审之。……节年编审之弊，本县全凭粮长挦尖，粮长挽串书手作弊。……或以户产大而家道殷实者，挦之于后；或以户产小而家道贫难者，挦之于前。[⑤]

① 《明英宗实录》卷281 "天顺元年八月戊戌" 条，第6031—6032页。
② 刘志伟强调 "改变过去佥役之权操纵在里长书吏之手的做法，由官府审定各户丁产情况，编定各户所应当差役……"，《在国家与社会之间——明清广东地区里甲赋役制度与乡村社会》，第98页；〔日〕岩井茂树强调 "均徭法对各户的徭役分派不是在里甲内部由里长等人进行的，而是由州县官衙以州县整体为对象规划实施的"，《中国近代财政史研究》，第208页。
③ 〔日〕谷口规矩雄：《明代徭役制度史研究》，第48—57页。
④ （万历）《上海县志》卷4《徭役》，转引自小山正明《明代的粮长》，《日本学者研究中国史论著选译》第六册，第167—169页。
⑤ （万历）《嘉定县志》卷7《田赋考下·田赋条议》收《知县李资坤申议六事》，转引自小山正明《明代的粮长》，《日本学者研究中国史论著选译》第六册，第167—169页。

小山正明认为，自洪武十八年（1385）粮长制度恢复以后粮长即掌握赋役册籍的编纂权，且贯穿于有明一代。不仅粮长，从庞尚鹏的奏疏中可以发现明代的里长也拥有编纂均徭文册的权力，其在《巡按浙江监察御史臣庞尚鹏题为均徭役以杜偏累以纾民困事》中载：

> 　　往时差有轻重，民欲就轻而避重，于是有诡寄花分之弊及编审之时营求请托，欲就轻差，区总里书得以出入其手，胥吏小人得以窃弄其权，而审编之官复有因是而大开贿赂之门者。愚民无知，必欲行财以求售其私，无益之费不知其几，而受害之民又不可计其数矣。今此法一行，则飞诡之徒不得以侥免，画一之规无容于趋避，又何用贿赂为哉？里长不取均徭之册，无从索徭户之钱，此其便于民者四也。①

这段材料中提到了审编差役的时候一共有四类人：区总里书、胥吏、审编之官和里长。该奏疏完成于嘉靖末年庞尚鹏巡按浙江推行一条鞭法之时，反映的自然是当时浙江地区均徭审编的实际情况，因此可以断定里长、书吏至少到嘉靖末年还掌握着均徭册籍的审编权力。非但如此，岩井茂树似乎忽视了其在该书前面曾引用过的王世茂《筮仕始末》中的一段史料也记载了里老书手面审人户，勘定等级，编纂赋役册籍的事例，这与《上海县志》所载粮长面审人户的情况显然是一致的。② 如果说地方志的编写者可能未必清楚徭役审编详情的话，庞尚鹏和王世茂则肯定是根据自己的亲身体验对这一过程进行详细描述的，可信度是极高的。如此则几位学者关于均徭法以后由官府直接审编人户、编定差役的结论便不能完全成立。

不过，明代官方文献中的确提到了政府在均徭法成立之后具有定立徭役的权力，《明英宗实录》卷二八一：

> 　　先是，徭役里长多卖富差贫。正统间，江西参议夏时建议造册，

---

① （明）庞尚鹏：《百可亭摘稿》卷1《巡按浙江监察御史臣庞尚鹏题为均徭役以杜偏累以纾民困事》，第127页。
② （明）王世茂：《新刻精纂详注仕途悬镜》卷1《筮仕始末》："均徭十年一编，俱凭丁产。间有飞诡花分之弊，或乡宦士夫影射，岁图优免，或托逃亡死绝，户积虚粮，或怨归官府。须先期拘集里老书手，分头开报上中下户，仍行面审……"，载谢国祯《明代社会经济史料选编（校勘本）》，福建人民出版社2004年版，第264页。该史料的具体介绍也可参见〔日〕岩井茂树《中国近代财政史研究》，第185页。

以税粮多寡为差，官为定其徭役，谓之均徭册，民初以为便。时四川按察副使刘清请行其法于四川，而四川之民反不便，议者为任法不如任人云。①

《明孝宗实录》卷一五八：

> （弘治十三年正月）己卯，巡按福建监察御史胡华言六事……一均徭役。徭役不均之毙在在有之，候点之日，宜照十年一次轮当，务令正官亲点，仍须查照军黄二册，以革诡寄田粮之毙……②

综合两条史料可知"官为定其徭役"就是在点差之日，由正官亲自主持的意思。如何整合这两类互相矛盾的材料是理解均徭法成立以后地方政府徭役编金方式的重要环节。

明人张选在《忠谏静思张公遗集》中留下了一条材料，详细描述了均徭役编金的具体操作过程，现录于下：

> 编均徭须先期三月，逐图而审，亲注人丁，中间殷实贫富暗自记号，并查清黄二册，有漏丁亦收作数。每图各县审册一本，上半截写徭户姓名、籍贯、应免乡色。下半截写丁若干，田若干，审后每一乡或二乡类订作一本，从中用刀截断，上截留衙封识，下段发书算手，关闭公所攒数。田十亩作一丁，通县该年人丁若干，本县银力二差共银若干，各置一簿，每丁该科银若干，算成总数。然后将下截入衙比对上截，亲填差役于上段，如一户田多丁多，即编以重差一名或二名，其余量与轻差。或有贫民告愿近便力差或银差者，中间有最贫下者量免，庶几谓之均矣。③

张选虽然是嘉靖年间的浙江地方官员，但是从其记述的徭役编金过程来看，可以认为均徭法在此时只是审编的原则发生了变化，但整个过程中的权力分配并没有重大变更。这与该方法实行初期的情况是十分相似的。这条材料说明均徭法的编金分为"审编"和"金点"两个步骤，书手等人

---

① 《明英宗实录》卷281"天顺元年八月戊戌"条，第6032页。
② 《明孝宗实录》卷158"弘治十三年正月己卯"条，第2842—2843页。
③ 张选：《忠谏静思张公遗集》卷4，第430页。

首先将本县人户的丁田数量和差役数量预先编定成册，然后将该册籍呈送县衙，正官用"下半截"的册籍比对"上半截"的姓名"亲填差役于上段"，即每个人应该承担的差役。如果将这条材料比对前文所述粮里长"造册面审"人户的事例则会发现，逐户审核，编纂均徭图册的权力依然掌握在书手和粮里长的手中，"官定徭役"则指的是正官比对均徭图册"亲填差役"的过程。从这个意义上讲，均徭法之所以能够起到"禁里长害民"的作用，是因为其将粮、里长佥点差役的权力收归官府，但审编户等的权力依然保留在职役性精英即粮、里长的手中。

研究均徭法成立前后徭役佥派方式的变化对明代地方财政而言是十分必要的，岩井茂树曾指出"由谁来对这样的各户实际进行徭役负担的分配是决定税、役收取结构的重要因素。不仅如此，由于税、役收取结构是建立在社会组织形态的基础之上的，所以也是考察社会组织形态所要注意的问题。"①

笔者认为，均徭法成立首先实现了徭役编佥权力的分离。从我们前文的分析来看，均徭法成立以后杂役的佥派既不像刘志伟所说的那样由官府统一进行审编和佥派，也不像小山正明所论，即粮长掌握着徭役佥派的权力。官方文献所言的"官定徭役"实际上指的是将佥派权收归地方政府，而审编权则依然保留在职役性精英手中。以图表示，则应为由 A 形态转变为 B 形态：

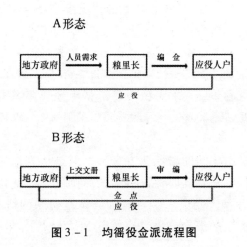

图 3-1 均徭役佥派流程图

① 〔日〕岩井茂树：《中国近代财政史研究》，第207—208 页。

如果我们对图 A 形态所示明初税粮征收方式综合考察的话，可以看出整个财政运作过程中地方精英阶层处于实际的核心地位，[①] 不但税粮征解的具体工作由粮、里长负责，民户中谁来承担何种程度的徭役也由他们来决定。虽然均徭法的产生过程中，地方政府只是收归了徭役的金派权，但是这对于地方财政结构的影响依然是重大的。本书第一章的论述已经表明，供地方政府自由支配的存留钱粮数量非常少，根本无法应付逐渐膨胀的地方财政支出。地方政府取得了徭役金派的过程中的主导权，强化了地方政府对基层社会的控制力度，为其解决财政用度不足问题提供了一条方便的路径，这一点笔者将在后文详细论述。相应的，粮里长不再掌握基层组织的人事调拨权力，其权力相对下降。从这个意义上讲，刘志伟认为均徭法实施降低了里甲制度的社会行政组织职能的观点无疑是正确的。

岩井茂树认为"均徭形态"不以"当地权力结构"为前提，里长户和甲首户一样，均按照负担能力被分成不同等级的应役户，不享有特殊的权力。可是我们通过以上的分析可以看出，均徭役的金点过程并不意味着地方政府绕开地方精英直接对徭役金派，里甲组织的作用也不似岩井茂树所言只体现在标定应役各甲次序上，因为粮、里长还掌握着对应役户等的审编权力，所以金派均徭役依然要依赖地方精英和里甲组织。

总之，均徭法的成立改变了地方政府和基层社会之间的权力结构，扩大了地方政府对基层社会的控制力，使得徭役金派更加规范。地方精英虽然还控制着对民户资产的审编权力，但是行政职权相对下降，其协助政府控制基层社会的中间阶层色彩更加凸显。

二　"均徭文册"的形制

徭役金点权收归地方政府的一个标志就是在黄册之外另编"均徭文册"，徭役即凭此点差，这一点笔者并无异议。不过需要补充的是，从《明史》的记载来看，均徭文册也叫"鼠尾册"[②]，但是从浙江地方志材料的记载来看，均徭法产生之前"鼠尾册"的名称已经存在了。（嘉靖）

[①] （万历）《明会典》卷 29《户部·征收》载："凡征收税粮，律有定限。其各司、府、州、县如有新增续认，一体入额科徵。所据该办税粮，粮长督併里长，里长督併甲首，甲首催督人户，装载粮米。粮长点看见数，率领里长并运粮人户起运。系对拨者，运赴所指卫分，照军交收。存留者运赴该仓收贮。起运折收者照依定拨各该库缴纳，取获通关奏缴，本部委官于内府科领出立案，附卷存照，以凭稽考"，第 216 页。

[②] （清）张廷玉：《明史》卷 78《食货志二》："役以应差，里甲除当复者，论丁粮多少编次先后，曰鼠尾册，按而征之"，第 1905 页。

《浙江通志》载："陈公达，清江人，洪武中知余姚，廉慎岂弟，以德化民，时民籍新附，公达定为上中下户，造《鼠尾册》，次序书之，遇有差役视册均遣，阖役称平。"①

那么在洪武年间出现的"鼠尾册"和均徭法成立以后的"均徭文册"或者"鼠尾册"关系如何？由于笔者没有办法找到更多的相关材料对其详加论证，只能根据现有材料做出如下推断：

从（光绪）《余姚县志》的记载来看，陈公达任余姚知县的时间应该在洪武初年，而且史料中有"民籍新附"的说法，更加可以断定事情发生在明朝立国早期，因此这种鼠尾册的编纂早于黄册修成。另据《永乐大典》所收《吴兴续志》载：

> 国初各都仍立里长。洪武三年以来，催办税粮军需，则为小黄册图之法，夫役则有均工之制，总设粮长以领之。祗候、禁子、弓兵、驿夫、铺兵点差，皆验苗额之数。②

此处可见，明初差役金点并不使用小黄册图，而是采用验苗额点差的办法，那么结合"鼠尾册"的记载可知，这种册籍是根据苗额多少编成的，两种鼠尾册虽然编纂的标准不同，但功能是一样的，均是金点差役的凭据。

（成化）《杭州府志》卷二二：

> 其外一应大小衙门额设库子、斗级、坝夫、馆夫、皂隶、斋夫、膳夫、叶子、弓兵、巡栏、称手、铺兵、防夫等项，此为杂泛差役。府县每年一次，行令该年里甲，量其役之大小，各照赋役黄册原定上、中、下三等点差，此定制然也。正统四年，以江西按察司金事夏时言，天下徭役不均，户部行令里甲除三役照赋役黄册应当外，又别另编造均徭文册，查勘实在丁粮多寡，编排上、中、下户，量计杂泛

---

① （嘉靖）《浙江通志》卷34《官师志》，《中国方志丛书》第532号，第1717页。侯鹏在（光绪）《余姚县志》卷22中发现了同样的记载，"陈公达，清江人，洪武初知余姚，廉谨不任威刑，务以德化。时民籍新附，狡黠者重轻其籍，役法病不均，公达领诣县自实而使里甲群证之，皆悉其情伪，乃次为上中下户，仿元刘辉造鼠尾册，次序书之，亦定役为三等，遇差役视册等差与之，无不称平者，后卒于官"。比较两段材料可以发现，两者文意大致相同，只是该志记载陈公达任余姚知县的时间是在洪武初年。此外，该条材料在文末标明"嘉靖志"，可以认为两条史料的产生均不早于嘉靖年间。

② 《永乐大典》卷2277《湖·湖州府三》，《中国方志丛书》第515号，第116页。

重轻等第佥定，挨次轮当，一时上下称便。①

从这段材料的记载来看，从黄册制度成立到均徭法另编"均徭文册"之间的这个时段，地方政府所需徭役是由里长根据黄册上所定的户等按户佥点的，到了均徭法成立之后，地方政府才另编"均徭文册"（即鼠尾册）。前后两种文册在功能上应该是一致的，但是编纂的标准有所不同。

三　均徭役的轮役周期

刘志伟认为均徭法的成立改革了过去对徭役临时佥点的办法，即在编定各户应当差役的前提下，实行按里甲轮役的办法。② 小山正明也认为均徭法的成立是将杂役与里甲正役并列，由里内各甲逐年应役。因此，均徭法的改革点就在于将正役与杂役整合为以里内各甲为科派单位的一种体制。③ 可见，两位学者均认为，在均徭法成立以后，杂役的轮役周期才开始按照里甲顺序，采用十年一轮的办法。《明英宗实录》卷一九八：

> 礼科都给事中金达言二事：一、安民莫先于均徭役。臣窃观江西按察司佥事夏时奏行均徭之法，五年而正役之，又五年而杂役之，此法至善，一旦为参政朱得怀忿构诬奏沮，乞重将均徭之法举行……④

顾炎武《天下郡国利病书》中有如下记载："故事，里甲应各办之次年，即佥均徭，民颇病其数。天顺中，改为上下五年，名曰两役。"⑤

比较两条史料可以发现，顾炎武所言"上下五年"就是夏时奏行均徭法的轮役周期，而均徭法成立之前的情况是承当里甲正役的次年即承当杂役。据此可知，在均徭法成立之前，杂役的佥派也是按照里甲次序十年一轮的，而均徭法对于原有杂役佥派办法的真正改变之处在于调整了正役与杂役的应役次序。另外，据前引（成化）《杭州府志》可知，虽然杂役是按照黄册临时点差，但范围是被圈定在该当年份里甲之中的。⑥ 因此，临

---

① （成化）《杭州府志》卷22《徭役》，第325页。
② 刘志伟：《在国家与社会之间——明清广东地区里甲赋役制度与乡村社会》，第98页。
③ 〔日〕小山正明：《明清社会经济史研究》，第67—68页。
④ 《明英宗实录》卷198"景泰元年十一月乙巳"条，第4202页。
⑤ （清）顾炎武：《天下郡国利病书》，《浙江备录下》，第2446页。
⑥ （成化）《杭州府志》卷22："府县每年一次，行令该年里甲，量其役之大小，各照赋役黄册原定上、中、下三等点差，此定制然也"，第325页。

时点差和十年一轮的应役周期并不矛盾，两者之间无非此即彼的取代关系。均徭法对应役周期的调整情况应该如下图所示：

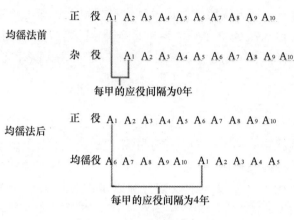

图 3 - 2　应役周期调整示意图

四　均徭役的应役形态

均徭法下的徭役金点形态如何，以及一般民户以什么样的方式负担徭役，不仅是理解明代赋役财政运作的基础问题，也是我们考察明代地方财政运作演化路径的重要前提。日本学者岩井茂树首先将明史学者对于均徭役应役形态的争论作为明代财政史研究的基本问题提出，并进行了系统的梳理。笔者对这个问题的讨论即在岩井氏研究的基础上提出自己的认识。

岩井氏通过梳理中日学者研究均徭役应役形态的学术史发现，在既有学术成果中实际上对该问题有两种看法，岩井氏将其归纳为"里甲役形态"和"均徭形态"。其中日本学者如小山正明、伍跃持"里甲役形态"观点，认为杂泛差役是甲役，按轮役制轮到的里长管理、协调当年应役的甲内各户，通过共同承担或者内部分担的方式完成见年里甲役负担。这种分配方式的关键是官府不能干涉里长如何把具体的负担转嫁给各甲首户。如果有金钱负担很可能是里甲组织内部共同分担所需金额。与上诉学者所持观点不同，中国大陆学者如梁方仲、唐文基等人多持"均徭形态"观点，即认为均徭役虽然按照里甲轮当，但徭役分派给各户，服役义务也在各人户，具体的分派工作由地方政府进行。均徭里甲的里长户不负责具体的差役分派，也不负责向同一甲内各甲首户征收分担的金额。[①] 岩井氏进

---

① 〔日〕岩井茂树：《中国近代财政史研究》，第 195—196 页。

一步指出均徭形态不以"当地权力结构"为前提，该形态下的里长户和甲首户之间没有阶层的差别，全部按照徭役的负担能力编成不同等级去接受役项和役银的分派。①

在这个问题上，岩井茂树支持均徭役的承担形式是"均徭形态"。岩井氏立论持有的关键史料即王世茂在《新刻精纂详注仕途悬镜》的《筮仕始末》中载有一条材料，为详细说明这个问题，现将其转引如下：

> 均徭十年一编，俱凭丁产。间有飞诡花分之弊，或托乡宦士夫影射，岁图优免，或托逃亡死绝，户积虚粮，或怨归官府。须先期拘集该图里老书手，分投开报上中下户，仍行面审，以验虚实。先算概县均徭银差若干，力差若干，每丁起银若干……序列上中下三等，开具龙头蛇尾册。次将均徭名色，何为极重，何为次重，何为稍轻，何为极轻，亦宜分别等次，上户与之上役，中户与之中役，下户与之下役，俱亲笔投注。周而复始，务要轻重均搭。此法惟于不分户地方最宜，其有民刁俗巧，花分子户去处，更宜酌处。编审之后，名于榜上各名下开注其户田若干，准丁若干，每丁几钱几分算，或优免若干，今审某役银差若干，力差若干。有隐漏作弊者，许人首告。仍各户给一由帖，以杜争端，以便征纳。其应纳均徭银两，当堂公收，不可委老人等役，恐为侵欺。马丁柴薪，廪膳斋夫等银，不可委僚属自收，恐其倍取。惟征完解送，有缺扣除可也。②

唐文基在《明代赋役制度史》一书中也曾引用该材料论述"均徭文册"的形制，我们通过唐氏的论述可以认为其持有"均徭形态"的观点。③ 将该段史料与本书前引张选所述进行对比可以看出，这两条史料叙述的关于均徭役的佥派方式是一致的，因此笔者也倾向于均徭役采用的是户役制的"均徭形态"。

为进一步说明均徭役的初始形态就是"均徭形态"，岩井氏从"均徭

---

① 岩井氏对于"里甲役形态"和"均徭形态"的学术史整理在此不详细介绍，具体可以参见氏著《中国近代财政史研究》，第179—220页。

② （明）王世茂：《新刻精纂详注仕途悬镜》卷1《筮仕始末》，转引自谢国祯《明代社会经济史料选编（校勘本）》，第264页。

③ 唐文基认为均徭文册的形制和史料中所述的"龙头蛇尾册"是相近的，即先将全县均徭中力、银差总数和每年当役的户数进行概算，再对户等和徭役轻重进行序列，各户按照户等承担相应的差役。见氏著《明代赋役制度史》，第254页。

文册"的形式、官定徭役和均徭法的目的及方法三个方面进行了论证，而谷口规矩雄则针对岩井的三条论据提出了自己的一些意见，以下笔者将结合两位学者的给定史料并结合笔者所见史料再次审视均徭的应役形态。

A. 岩井茂树认为均徭役佥派的方式不同于里甲役形态的第一个论据就是均徭文册的形式。岩井氏认为如果均徭役的佥派和里甲正役一样也是以甲为单位进行科派的话，按照既有的"赋役黄册"进行科派就完全可行，没有必要另造"均徭文册"。因此，均徭文册的出现正说明均徭役采用了不同于里甲役的佥派方法。对于这一点意见谷口规矩雄没有提出异议，而且从梁方仲的论述也可以看出，梁氏也认为均徭法的一大特点就是于原有黄册之外，另造均徭文册。

岩井氏在论述这个问题的时候曾经提到，针对均徭文册的编造形式伍跃曾提出了这样一个问题，即王世茂在《篦仕始末》中将均徭编纂的文册称之为"龙头蛇尾册"。那么是否可以认为均徭文册和鼠尾册是两种编纂形式不同的文册，即初期的均徭文册以适应"里甲役形态"编纂的，而后来徭役的佥派转化为"均徭形态"，才有了鼠尾册。区分均徭文册和鼠尾册的观点意在表明均徭法的变迁形式可能发生过重要转变，由里役转化为了户役。岩井茂树认为将均徭初期的均徭文册和后来的"鼠尾册"或"龙头蛇尾册""虎头蛇尾册"看作性质相同的簿籍是没有太大问题的，对于这一点唐文基也持有同样的认识①。对此问题，笔者认同三位学者的意见，于此不再赘述。

B. 岩井氏提出的第二个论据是"官定徭役"。岩井氏认为如果均徭役是在里内通融均派的话，那么它理应由里长负责佥点，这样一来地方政府也就没有必要亲自佥派徭役了。谷口规矩雄针对这种论说提出了异议，即岩井氏无法解释小山正明在《明代的粮长》一文中给出的粮长参与徭役佥点的史料。关于这个问题笔者已经在前文详细论述，即均徭法出现以后，地方政府收回的是徭役佥点权力，徭役审编的权力依然掌握在粮、里长的手中。但是粮、里长审编户等只是提供给地方政府一个佥点徭役的等则，这并不影响均徭役是户役的论断，因此笔者认为岩井氏的这条论据是成立的。

---

① 相关论述参见〔日〕岩井茂树《中国近代财政史研究》，第204—206页；梁方仲《论明代里甲法和均徭法的关系》，收于《明代赋役制度》，第456页；唐文基《明代赋役制度史》，第254页。

C. 岩井氏给出的第三条论据是从均徭法设立的目的和作用上分析的。岩井氏认为均徭法的目的就在于佥点与杂役负担能力相称的人户，也即追求役的承担公平，如果与里甲役一样由里甲组织共同承担的话，是起不到这样的效果的。但是谷口氏认为这条论据过于抽象，笔者也有同样的认识，我们无法用实证表明官定徭役的方式一定比里甲内部调整的方式更符合公平的原则。因此，凭借这一点就认为均徭役一定会采用与里甲役完全不同的户役形态是不能立论的。

在岩井氏给出的三条论据的基础之上，笔者尝试从均徭银差的应役形态来对均徭役的初始形态问题进行补充论证。

理论上讲，在均徭法实施初期，由于徭役的承担方式都是亲身应役，所以采用"里甲役形态"或"均徭形态"，最终都会由某个具体的民户承担。因此无论是地方政府统一编排，还是里甲内通融均派，差别只是佥点权掌握在谁的手里，以及应役各户的具体负担有所不同而已，应役的形式并没有明显的不同。最能体现两种应役形态差别的地方是对金钱负担的分派方式。

认为均徭科派采用"里甲役形态"的代表学者之一就是小山正明，其关于均徭银差科派方式的观点集中体现了这种思路：

> 杂役的佥派方式是首先将具体的役目对应相应的户则，再佥派给与户则对应的人户。即便在均徭法成立之初，也基本维持这一原则。此后，从景泰到弘治年间，里甲正役和均徭役的一部分开始货币化，最初是折钱，此后逐渐纳银。采用折钱或者纳银征收的这部分里甲正役或部分均徭役并不是对户征收，而是采用对现年里甲或者均徭里甲内的丁田（或者粮）统一科派的方式进行的，徭役对户的科派的原则已经部分的崩坏了。但是在这个阶段，现年里甲或者均徭里甲的丁田（或者粮）还只是依户数原则编成的现年里甲或者均徭里甲内所属人户的丁田（或者粮）而已。……"①

小山氏的这段论述表明，在以里甲作为共同体承担差役的情况下，银纳化的差役即银差不再对户征收，而是均派给应役里内的全部丁田。随着银差包含项目的逐渐增多，按照丁田科派的部分也就逐渐增多，最终演化成将里内丁田均分为十段，每段承当一部分差役的形态。小山氏的这个观

---

① 〔日〕小山正明：《明清社会经济史研究》，《明代の十段法》，第 175 页。

点集中体现在他的《明代の十段法》一文中①。小山氏对于明代十段法的形成与演变做出如下解释：

其一，与以户为基准编排里甲或均徭银的原则不同，十段法的科派对象不受里甲内户的限制，而是以均等后的丁粮额度为基准，所以如此，是因为明初以来的以里甲户数为编排原则的体制此时已经崩坏了。

其二，随着景泰以来里甲负担的货币化趋势逐渐增强，尤其是均徭银差项目的逐渐增多，以户等为基准进行的徭役编金方式被逐渐放弃，取而代之的是将里内丁田额十等分，共同分担均徭银差的银数。因此，十段法的终极形态是银、力二差全部银纳化，由里内丁田平均分担均徭银两，如果抛开十年一役还是一年一役的区别不论，这种办法已经和一条鞭法十分接近了。

其三，明代里甲制是以国家对个别户的支配为基础的，里甲的编成必须要使户数原则和各里各甲间的徭役负担能力相对应，维持这种体系的社会基础是中小土地所有制。小山氏认为"析户"是维持中小土地所有制的一种办法，但是随着身份性精英在地方社会的兴起，优免政策的适用性也逐渐扩大，随之形成的乡绅土地所有制与中小土地所有是相悖而行的。因此，国家通过里甲征派徭役的方法，在乡绅土地所有制形成之后，施行起来就非常困难了，而十段法就是在处理这种矛盾的过程中产生的。

从小山正明对十段法形成的解释来看，其立论的基础就是均徭役的应役形态是甲役，即应役里甲作为一个共同体来承当徭役。因为只有在这种情况下，均徭的银差才能实现由里内全体人户丁粮共同承当的目的。对于银差的负担形式而言，只有在这种情况下才可能被通融计算，均派到每一人户。

但是我们从庞尚鹏的奏疏中可以发现，浙江地区徭役金派的情况并非如此，其文如下：

> 切惟民间大患莫甚于赋役之不均，赋役不均实由于优免之太烂。臣自衹役以来即议立十段锦之法，通行各府州县查将十甲内丁粮除四甲已经编过外，未编六甲通融均作六段，分定六年。凡官吏、举监生员、军灶匠丁系例应优免者即将应免之数开列册前，如或各甲内俱有

① 〔日〕小山正明：《明代社会经济史研究》，《明代の十段法》，第145—200页。

丁粮，止从一甲内优免，其余免剩者挨造入册，与民一体编差，已经见诸施行外，惟于灶户尚有诡寄冒滥之弊。臣巡历所至，士民举戚额而相告，皆曰灶户自优免外，应与民一体当差，然有司官又以其借口办课为词，止将银差量派，全无力差，……况灶户完课有终岁之乐，百姓杂差无息肩之时，故人皆乐于趋灶，巧于避民……①

　　从这条史料中可以看出，这份奏疏书写之时，浙江布政司已经施行了十段锦法，十甲丁粮中除已编过的四甲外，将剩余的六甲通融编排。如果按照小山氏的逻辑推论的话，银差从其产生之初就应该是全里均派，里内人户共同承担。但是通过这段材料的叙述可以发现，民户之所以改变自己的户籍，就是因为灶户虽然与民一体当差，但是只派银差，不派力差，冒充灶户就可以有终岁之乐。这就说明银差即使在十段法施行之后，也不是由全里共同承担的，而是和力差一样按户承当的。

　　虽然笔者认为，在十段法施行以后，均徭役的金派方式（包括银、力二差）依然保持着户役形态的论断和明史学界对该问题的一般认识不符，这个问题笔者将在本章第二、三节中作出说明。笔者在此引用此段材料意在说明，在均徭法施行的过程中，银差也并非由里内各户共同承担，而是保持着和力差同样的方式，按户承当。从十段法施行以后的情况逆推均徭法最初的应役形态，可以认为岩井氏提出的明代地方政府最初采用"均徭形态"金派均徭役的论述是正确的。小山正明关于均徭役采用"里甲役形态"承当的论断不能成立。

　　以上，笔者对岩井茂树举出的关于均徭役应役形态的论据进行了修正与补充。笔者认同岩井氏关于"均徭形态"的描述，即应役各户按照一定标准派定次序，再由地方政府按照役项轻重逐一金派相应的人户。非但如此，从庞尚鹏的奏疏中可以看出，即便是到了十段法施行之后，所有差役（包括银差）的金派也是按照户役方式进行的，并非小山正明所说的那样，按照十段丁田通融均派，由里内各户共同承当。

　　本节对均徭法成立以后明代杂役金派的若干问题进行了梳理。均徭法的成立改变了地方政府和基层社会之间的权力关系，地方政府将徭役金点权从粮、里长手中收回，全面掌控了杂役系统，增强了对基层社会的控制力。同时，均徭法的成立规范了杂役金点方式，调整了正杂役的应役间

---

　　① （明）庞尚鹏：《百可亭摘抄》卷1《巡按浙江监察御史臣庞尚鹏题为厘宿弊以均赋役事》，第119页。

距，民户得以在应里甲役五年后，承当均徭杂役。从应役形态上看，均徭役是采用"户役"的方式，即应役各甲人户被选取出来以后再重新按照人丁资产，金派相应等级的徭役，这种办法即便到了十段法成立之后也依然保持不变。

第二节　征一法与明代南直隶的均徭役改革

一　归有光的思虑

隆庆三年（1569），时任长兴知县的归有光在给首辅高拱的一封书信中谈及南直隶正在推行的一条鞭法，并将其与北宋的"熙宁新法"相较。他认为："宋之君臣，相与力排天下之议以求变法，以天子宰相之势，终不能力胜天下而劫持以必行。今一使者辄能改祖宗之法，行之一省，天下传相慕效，国家典宪荡然，生民惶惶，未有所定。"① 很显然，作为江南士人的归有光十分关注此时应天巡抚海瑞的改革措施，而且他并不认同"使者"擅自改变祖宗之法的行为。在其与傅体元的书信中进一步指出变法的"病源只因王太守变乱，其势必至有今日之弊"②。所谓王太守变乱即指嘉靖十六年（1537）前后，由内阁大臣顾鼎臣力主、应天巡抚欧阳铎主持、苏州知府王仪、常州知府应槚与松江知府黄润等人具体实施的征一法改革。眼下最令归有光担忧的，正是这场波及吴民二十余年的征一法"流毒"演化为今日一条鞭法的推广之势。③

与归氏的角度不同，清代至当代学者更多从一条鞭法形成的脉络上来理解征一法，认为此法系"一条鞭法所由始"。梁方仲先生在编写《明代一条鞭法年表》的时候就将征一法的改革措施列入其中，唐文基与日本学者岩见宏和小山正明均指出征一法与一条鞭法的内容几乎是相同的，将其

---

① （明）归有光：《震川先生集》卷6《上高阁老书》，上海古籍出版社2007年版，第134页。此书提及"天子新即位，进用二三大臣，而明公为首"，高拱为内阁首辅正在隆庆三年，此时海瑞正以南直隶应天巡抚身份在江南推行一条鞭法，归有光则在浙江长兴知县任上，以此推之，此书所论正为海瑞推行一条鞭法之事。

② （明）归有光：《震川先生集》卷8《与王子敬书》，第171页。

③ 征一法涉及田赋与徭役等多方面，但变法措施产生问题最多之处以及明人争论（包括归有光）的焦点均集中在均徭役上，本书论述也主要针对于此，后文在无特别说明的情况下，征一法则专指均徭役方面的改革措施；征一法的田赋改革措施可参见〔日〕森正夫《明代江南土地制度研究》，江苏人民出版社2014年版，第294—324页。

视为一条鞭法改革的前奏。① 尽管学界对征一法不乏研究，但重视程度以及理解深度似不及明人。这不仅由于很多学者认为征一法中徭役折银的改革措施早在十段法推行之时已经完成，还由于学界长期将一条鞭法视为明代市场经济繁荣与财政货币化进程的必然归结，不甚关注如归有光等明代士人对这场"类一条鞭法"改革的反对声音以及改革过程中产生的弊端和反复。②

细检史料则会发现，从十段法走向征一法所产生的徭役全面折银行为绝非水到渠成之势，学界对此存在一定误解；徭役折银与赋役合并审编征收所产生的弊端不仅为地方士人指出，也令当政者的改革行为陷入困境，可见归有光的思虑是值得深入思考的；这场在嘉靖中期难以为继的改革措施，反成隆万间一条鞭法的推广之势，也令笔者不得不重新审视一条鞭法的发生机制，从多角度审视一条鞭法的改革效应。以下笔者试从三个方面考察这一嘉靖中期发生在江南地区的征一法改革。

二　徭役全面折银的最初尝试

在明代赋役财政体系的研究中，徭役自身超经济强制属性的消解过程是备受关注的，一方面这意味着明代国家对基层社会和人身控制呈弱化趋势，同时也表明政府财政运行日趋市场化与专业化。所以，社会经济史学界对明代均徭银差的出现、听差的银纳化以及力差的银纳化进程等问题均有较为深入的研究。但从岩见宏与唐文基总结的征一法中有关均徭役的四点改革内容来看，恰是王仪、应槚等人推行的徭役全面折银措施没有被特别注意。③

① （清）杨开第修，姚光发等纂：光绪《重修华亭县志》卷八《田赋下》，《中国方志丛书》第 45 号，第 628 页；〔日〕岩见宏：《明代徭役制度の研究》後编《明の嘉靖前後における賦役改革について》，第 121 页；〔日〕小山正明：《明清社会经济史研究》第一部《明代の十段法》，第 149 页；梁方仲：《明代赋役制度》，《明代一条鞭法年表》，第 182 页；唐文基：《明代赋役制度史》，第 290 页；。

② 如小山正明只是强调征一法改革由于没有解决各甲徭役负担不公平的问题，所以没有推行下去，而是重新施行了十段法。岩见宏和唐文基则人为，征一法改革后均徭役的若干重差得不到雇募，没能实现全面银纳化，这只是改革不彻底的地方。参见〔日〕小山正明：《明代の十段法》，第 149 页；〔日〕岩见宏：《明の嘉靖前後における賦役改革について》，第 121 页；唐文基：《明代赋役制度史》，第 288 页。

③ 岩见宏与唐文基将征一法关于徭役方面的改革总结为四点，即以全县丁田分配全县徭役、徭役统一折征白银并随秋粮带征、轮役周期由十年改为一年、里甲均徭二役合并征收。参见唐文基《明代赋役制度史》，第 286 页；〔日〕岩见宏：《明の嘉靖前後における賦役改革について》，第 120—121 页。

　　这是因为学界普遍认为，至南直隶十段法推行期间，各地区的均徭力差已经基本折银。如梁方仲就指出十段法的特点之一就是力差折银征收。山根幸夫认为 15 世纪中叶以后，随着税粮的银纳化和白银流通的盛行，徭役的银纳化是大的趋势，到 16 世纪初期银纳化已经非常普遍。唐文基通过分析明代地方志的赋役数据认为，降至嘉靖年间很多地方的力差和听差都折银征收了，其中就包括南直隶的江阴县。岩见宏在分析嘉靖十四年（1535）武进县推行的十段法时也推测到此时力差已经换算成白银了。小山正明认为十段法的审编对象就是折银的均徭役，随着力差折银的项目逐渐增多，至嘉靖年间十段法已经非常普及，原有的科派方式就被废弃了。①从时间顺序上看，征一法改革是在十段法基础之上推行的，逻辑上说力差折银自然已经完成了。其实情况并非如此，嘉靖以来的地方志确实已经把力差标定工食银数量，且民户资产被分解为丁田且核银计算。但此时的工食银与丁田银只具有会计学意义，方便政府核算民户的负担，便于力差的分解，却并不能说明已经折银。据万历《武进县志》记载：

　　　　嘉靖元年巡抚罗□议将里甲均徭俱行三则编审。以家资富盛及丁田居上者为上上户，丁田数少家道颇可者为中户，丁田消乏者为下户。某项徭役重大合派上三则人户，某项徭役轻省合派中下人户。一户或编一差及数差或数户朋一差。务期酌量贫富定拟差役，轻重适均。是年查照上年额编里徭并当年增添南京操江水手八名每名该银一十二两，后湖库匠一名该银八两一钱，实编差一千六百六十七役，该银一万一千三百一十五两一钱，其后增损即以该年多少为加减。银差银移付礼、兵等房定点收头征收支解，力差令各役赴该值衙门应当。②

　　武进县在嘉靖初年就已经使用丁田审核民户资产，方便确定民户等则，力差也被标定工食银两并计算出总数，但该志明确记载银、力二差承役方式有别，力差需亲赴衙门应当。即便在征一法推行的嘉靖十六年（1537）前后，也并非所有的府分都实行徭役的全面折银措施，乾隆《镇江府志》记载：

---

① 参见梁方仲《明代赋役制度》，《明代的十段锦法》，第 438 页；〔日〕山根幸夫：《明代徭役制度の展開》，东京女子大学出版会 1964 年版，第 128 页；〔日〕岩见宏：《明代徭役制度の研究》，第 114 页；唐文基：《明代赋役制度史》，第 237—238 页；〔日〕小山正明：《明代の十段法》，第 175 页。

② （明）晏文辉修，唐鹤征纂：万历《武进县志》卷三《钱谷一》，《南京图书馆藏稀见方志丛刊》第 61 册，国家图书馆出版社 2012 年版，第 332—333 页。

嘉靖十六年赋役册……一力差，以票与应役人取讨雇值，不许
征银。①

该赋役册就是欧阳铎任南直隶应天巡抚期间主持各府编纂的，此时镇
江府的均徭力差尚未折银征收，只是将力役负担的"票"交给正户，由其
自行去各贴户处取讨雇值。再来看常州府推行十段法的史料：

嘉靖十四年，知县马汝璋据里书开报轮审人户丁田数目到县……今
议将官田壹仟叁佰玖拾陆顷陆拾贰亩柒分，每伍亩折民田壹亩，共折民
田贰佰伍拾玖顷叁拾叁亩伍分，实在民田壹万贰仟玖佰伍拾捌顷捌拾壹
亩肆分……人丁拾贰万肆仟叁佰玖拾捌丁，每丁折民田壹亩，共折民田
壹仟贰佰肆拾叁顷玖拾捌亩，四项共折民田壹万肆仟伍佰伍拾柒顷伍拾
玖亩柒分有奇……每年轮民田壹仟叁佰叁拾顷柒拾伍亩玖分柒厘肆毫伍
丝，攒造文册，刻立石碑，每年以一段编金。此所谓十段册也。②

这段文字描写武进县十段法的文字与小山正明所引民国《江阴县续
志》中嘉靖十三年《优免徭役碑》所载十段法内容基本一致。③ 从这类十
段法审编方法的史料可以确知，十段法将衡量民户资产的田（包括官田、
民田、山荡）与丁统一折算成"民田"④，再将全县折算后的民田总数均
分为十段，打破原有里甲界限，每年提出一段编金当年均徭役。通过这段
史料解读的十段法编金过程恐怕仅限于此，判断均徭力差是否折银尚需更
多佐证。蒋廷璧《璞山蒋公政训》曾载：

一均徭尽本年丁田以编本年之役，切不可编余银室门均徭名色，
以致民谤。预将本年丁粮并银差力差总数算明示云。照得均徭除在逃
外，查得本年丁共若干，官民田共若干，每丁每亩出若干，足够本年
差徭之用……其或丁田虽同家道有贫富，徭役额银虽同费用有多寡
者，仍仰该里将家道上上者编报第一，听审极重烦差，上中者编报第

① （明）高德贵修、张九征等纂、朱霖等增纂：乾隆《镇江府志》卷八《赋役三》，《中国
　地方志集成·江苏府县志辑》第 27 册，第 173—175 页。
② （清）顾炎武：《天下郡国利病书》，《常镇备录·武进县志》，第 728—729 页。
③ 参见〔日〕小山正明《明代の十段法》，第 162—167 页。
④ 根据（明）张选《忠谏静思张公遗集》卷四的记载，浙江萧山县的做法是将丁田统一折
　算成丁，各地做法相对灵活，单位统一才是最终目的，第 430 页。

二……各名下仍注附近衙门公廨去处，以便编差。①

这是对均徭役审编更为细致的描述，该县审编除预算丁粮与银力差总数之外，还精确计算出每丁、每田该出数目（单位当为银）。但后文叙述则表明，丁田核算的最终目的依然是确认户等，并非按丁田征银。且徭役工食虽同费用却有多寡之别，户等相同还要注明附近衙门，便于就近当差，种种考量都说明力差需要民户亲充，并不折银。

很显然，均徭役的审编与金派之间有复杂的对应关系，力差的承当方式十分灵活，决不可以审编的货币化来判断徭役的改折程度。就苏松等府而言，归有光曾言：

> 嘉靖十六年，本府王知府改变旧法。定为每年出银。每丁银一分，每田一亩银七厘七毫，官为收贮，自行雇役。②

唐顺之在与苏州知府王仪讨论徭役改革时则提到"曩时轮岁编差，则豪民以贿避力差而请银差。今时岁岁编差，则豪民以贿避差头而请贴户"③。文中所谓"旧法"与"曩时"均指十段法，而豪民躲避力差，请充银差说明苏州府行十段法时银、力差是有区别的。综合归有光与唐顺之的叙述也可以判断出，征一法改革以前，均徭力差仍需亲充。此外常州府复行十段法之后，武进知县谢师在审编徭役时要求"力差徭户编完给帖，付各役对支"也从一个侧面证实了笔者的判断。④

据山根幸夫和岩见宏的研究，均徭法自成弘以后逐渐出现银差项目，主要用于补贴地方官员和儒学师生所用，力差则金充为政府行政所需的人役。但多数学者认为随着社会经济的繁荣，力差折银早在正、嘉之际即已完成。⑤

① （明）蒋廷璧：《璞山蒋公政训》，《官箴书集成》第二册，黄山书社1997年版，第11页。
② （明）归有光：《震川先生集》别集卷9《处荒呈子》，第920页。
③ （明）唐顺之：《唐顺之集》卷九《答王北厓郡守论均徭》，浙江古籍出版社2014年版，第422页。
④ 万历《武进县志》卷3《钱谷一》，第365—366页。
⑤ 山根幸夫认为银差则是在徭役体系内部逐渐孕育出来的货币化过程，具有减轻民户负担的作用，随着白银适用范围的扩大，力差折银是徭役系统合理化的必然归结。岩见宏则认为均徭银差最初的四个项目，即柴薪皂隶、马丁、儒学斋夫和膳夫，主要作为补贴官员和儒学师生所用，不具有减轻民户负担的意义。但他进一步强调，在随后力差改折银差的过程中，山根氏强调的原因是存在的。参见〔日〕山根幸夫《明代徭役制度の展开》，第109—117页；〔日〕岩见宏《明代徭役制度の研究》，《银差の成立をめぐって——明代徭役の银纳化に関する一问题》，第157—180页。

本书的研究表明，截至征一法推行之时尚未有大批徭役改折的情况发生，苏松常镇等府均徭银力差依然发挥其最初的财政功能。结合笔者之前研究，可以认为征一法改革才是江浙等明代最富庶地区首次推行均徭役全面折银的改革尝试，这对于深入理解一条鞭法的推行具有重要意义。①

不可否认，从三等九则到十段法乃至征一法，明代均徭役在审编层面的确有逐渐完善的路径可循。但与既有学术观点不同，笔者并不认为明代均徭役存在一个渐次银纳化的过程，苏松等府的徭役全面折银是由官方主导完成的。因此，由徭役全面改折而引发的一系列财政问题是以征一法作为一个明显的时间起点开始进入明人视野，并引发官员与地方士人讨论的。

三　徭役改革措施的困境

归有光在给傅体元的书信中写道："此法（征一法——引者注）起于一二小夫浅见，街谈巷语。顾九和在告，熟闻此言。后来入阁，锐意更变。霸州出其门下，特承迎之。主意原不好，吴民被其流毒二十年。"② 在归有光看来，顾鼎臣和王仪力主之征一法好似打开了潘多拉魔盒，终使今日之南直隶共受其害。其实在征一法的徭役改革措施推行不久，质疑的声音便已出现，唐顺之曾专就均徭改革之事与王仪往复通信③，继欧阳铎出任应天巡抚的夏邦谟在给巡按御史舒汀的公文中也提到：

> 均徭旧规十年一编本有一劳九逸之宜，缘何建议更改，即今一年一编似有众轻易举之便，缘何民不乐从。二者之间要见何者便民，何为病民，何者经久可通，何为窒碍难行，不许泛为两可及避嫌迁就，以贻民患。④

综合舒汀等官员的回复与地方士人的议论，可将新法推行所遇之困境总结为四个方面。

（一）均徭力差重复应役

巡按御史舒汀给夏邦谟的回复中首先指出："旧规十年一编得九年安

---

① 浙江均徭力差折银情况参见本章第三节。
② （明）归有光：《震川先生集》卷 8《与傅体元书》，第 170 页，史料中的顾九和与霸州分别指称顾鼎臣与王仪。
③ （明）唐顺之：《唐顺之集》卷 9《答王北厓郡守论均徭》，第 422 页。
④ 万历《武进县志》卷 3《钱谷一》，第 353—354 页。

息，近用概县通编之法，闻其轮年均徭之役亦所不免，遂有大均徭小均徭之说，弊端甚多，催征不息。是否前弊，应否复旧，合行勘拟。"①

所谓大均徭是指地方府县每年依据丁田征收均徭银，小均徭则是在均徭银征收以后政府每年还要从各甲中佥点人户充当均徭力差。乾隆《吴江县志》记载其具体做法是：

> （嘉靖）十七年知府王仪以丁田编征均徭银……凡得银一万六千三百五十两二钱八分二毫，仍于该年应役甲中差其上户中户役之，而以前银贴焉，其银差则但征银而已。②

据此可知，徭役折银的改革并未实现徭役的全面雇募化，和民户凭票取讨雇值的方式相比，不同之处只在官府预先征银，再将其"贴"与应役人。徭役表现出的超经济强制属性非但没有消解，反而给民户增添了重复当差的困扰。个中原因，《嘉定县志》的纂修者指出其一：

> （嘉靖）十九年……但丁田银既输于官，而库子、斗给（级）、解户、禁子之类最为民祸者，终不可得募，复于该年摘拨而给其直。当时以为阳革阴用，岁岁均徭也。③

"最为民祸"指称均徭重差，其重在徭役本身的财政负担很大，即如蒋廷璧所言"额银虽同费用有多寡"。典型的重差如斗级役要有赔补政府钱粮亏损的经济能力，库子役要负担政府日常办公用品买办的费用，所以役法对民户的人身控制也意味着对其财政责任的认定。正因如此，苏州、常州等府徭役改折后的重差皆有不得雇募的难题。④

在解决重差雇募难的问题时，巡按御史舒汀最初秉持欧阳铎、王仪等人的思路"将库役通行革去"，以各役之工食银"供应公堂纸笔硃墨之费"，一应收支均"责令架阁库吏管收，再选殷实农民一名监收看守"。但

---

① 万历《武进县志》卷3《钱谷一》，第354页。
② （清）陈荨纕、丁元正修，倪师孟、沈彤纂：乾隆《吴江县志》卷16《徭役》，《中国地方志集成·江苏府县志辑》第20册，第445页。
③ （清）顾炎武撰：《天下郡国利病书》，《苏松备录·嘉定县志》，第583页。
④ 万历《武进县志》卷3《钱谷一》载："库子，知府应椟议各县库子本为在官看守钱粮……武进加编三名，每名银一十二两，俱于上等人户审编，俱要正身承役……"，第349页。

不久便发生了胥吏侵盗库银的案件：

> 近据长、吴二县申称犯吏朱岂等侵盗库银，并丹徒县申称库内被盗等情，参详事因，未必非缘革除库役之故。若不通行议复，恐法弊奸滋，深为未便。除额该库官库吏外，速将府县库役照旧编佥殷实之家，务审正身应役，其原拨管库吏农悉令各照资格，书办仍将经手银两逐一拆封秤对明白，交盘库子看守。①

史料中没有详述案件的具体过程，至少舒汀认定此案的诱因之一就是库役革除后财政责任无从追究，因此恢复了轮编佥役的旧法。苏、常各县出现的情况均表明均徭重差的银纳化改革遇到了雇募与财政责任认定两个方面的难题，致令新法窒碍难行。重差如此，轻差亦复如是，嘉靖《嘉定县志》称：

> 嘉靖十九年，前知县西蜀马侯谓……但自既征丁田之后，凡斗、库、解户等役，仍于轮年人户数内摘审编拨，虽给雇银不偿所费。况遇兵兴事冗，科差日繁，甚至夫皂、兵快俱各增编正役。是使民户纳银差而复当力差，诚所谓岁岁均徭也。②

随着地方政府事务增多与财政支出规模不断扩大，均徭银一旦挪作他用，官府便不复贴给民户工食，均徭轻差亦蹈重差重复佥役之辙。归有光就认为"拨役时必不能复使之出银，今出银便禁不得他拨役"，但今日征银之后，徭役依然"轮编自若"。③有鉴于此，嘉定知县杨侯和苏州知府温公都"请复十年一审之旧，其斗库力差等役以该年上中户编审，下户止编银以给银差之费"，亦即重拾十段法之旧。④

总之，官征役银的改革虽然推行，但雇募化进程并不顺畅，重复应役反而加重了民户的财政负担。

（二）逐年审编官征役银导致赋税负担与成本增加

在徭役折银的同时，征一法还采用逐年审编的方式，以一县之丁田应

---

① 万历《武进县志》卷3《钱谷一》，第363—364页。
② 嘉靖《嘉定县志》卷3《差役》，第324—326页。
③ 参见（明）归有光《震川先生集》卷8《与傅体元书》、《与王子敬书》两篇书信的内容，第170—171页。
④ 嘉靖《嘉定县志》卷3《差役》，第326页。

一年之徭役。此法既想用"每年出银一钱"之法取代"轮年征银一两"来减轻民户负担①，又想革除十年审编时出现的"田既卖而差仍累"的弊端②，却不料给民众增添了更多的赋税负担。最突出的表现就是丁田银逐年增加，归有光指出：

> 又据本县丁田一节，原系十年，每图分为十甲，轮拨均徭。嘉靖十六年，本府王知府改变旧法，定为每年出银。每丁银一分，每田一亩银七厘七毫，官为收贮，自行雇役，以免十年之轮编。今则轮编自若，而丁田岁岁增加。计今年本县丁银加至四分矣，田银每亩加至五分矣。通计一县增加三四万两。假使蒙恩得免三四万之粮银，而实增三四万之丁田，是巡抚大臣累奏不能得之于上，而有司安坐而夺之于下也。③

由于地方政府的存留钱粮受到国家定额财政的严格管控，所以明中叶以后，地方官会指令里甲、均徭役户为其买办供送政府办公的各类物品，以此间接获取财政收入，这才形成均徭重差一类附有财政责任的徭役。从审编的角度看，约束徭役财政负担的办法之一就是十年的审编周期。如十段法一样，一次审编将十年内各段丁田的负担额预先编算成文，刻碑示民。届时官府对民户虽有盘剥，也不会"溢额"太多。但欧阳铎等人将十年的审编周期改成逐年审编，地方政府每年都可以调整丁田的征银额度，则十年周期的约束性就不复存在了。

如按归有光所述计算，从嘉靖十六年（1537）王仪改革至嘉靖三十六年（1557）的二十年间，每丁征银已经为原来的 4 倍，每亩田征银接近原来的 6.5 倍，一户若有丁几人、田几亩，所交丁田银当不啻原额的五六倍。所以归氏认为，国家即便有减免田赋的惠政也会被丁田银的增长所抵消，届时国课收入已然减少，但百姓并未受益，地方官员却坐享其成。

除却丁田银增长过快以外，逐年征银的办法还会增加征税成本。在力役亲充的时期，民众为避免官府的盘剥，一般会私自雇募揽纳户替其充役。这种做法虽然使工食银稍有"溢额"，但避免了直接面对官府公人，

---

① 万历《武进县志》卷 3《钱谷一》，第 343 页。
② （明）唐顺之：《唐顺之集》卷九《答王北厓郡守论均徭》，第 421 页。
③ （明）归有光：《震川先生集》别集卷 9《处荒呈子》，第 920 页。由于其文中有"本县（昆山县）自去年四月至六月，海贼屯聚境内，四散烧劫，耕耘失时"之语，可以推测此文应写于嘉靖三十六年。

且"役银可以旋交，可以货抵"。① 官府为保证办公顺畅，也默许揽纳户的存在。② 可见，官府、民户与揽纳户各方在长时间的博弈过程中，形成了一种协商机制来降低征税与行政成本。但官府征收役银的做法改变了原有的税收方式，最大的问题就是民户不得不再次直面公人。唐顺之指出：

> 不独如是而已，以一两总纳之一年，则是为一两之银，一遍赴官守候交纳，一遍往来盘费，设或交纳不时，公人一遍下乡需索而已。今以一两而散纳之十年，则是为一钱之银，亦一遍赴官守候交纳，一遍往来盘费，设或交纳不时，公人亦一遍下乡需索。是今日一钱之累，并不减于一两，而曩日一年之累，乃浸淫于十年。③

另据太仓知州张寅记述：

> 寅惟均徭旧法十年一编，民户承差，一劳九逸。今法每年照丁田出银，贮库支用，轮甲审编，仍复差役，催征给领之间，侵欺赔赃之弊，奸计百出，屡经抚按有司会议未决，知政君子，尚当留心。④

以上两条史料均表明，民户在役银的催征、给领等环节中会受到公人的多次盘剥，而委托揽纳户交税的需求就会再次产生。万历《武进县志》载：

> 知县徐良傅议得，均徭一款十年一编，出银虽多而百姓有九年之空，一年一编出银虽少而百姓无息肩之期。况田野细民投柜银两或假手于见年之里长或包纳于积年之歇家，多收少报，美入恶出，其弊滋甚。⑤

官府统征役银的改革并不会挤压揽纳人群的生存空间，但无论公人征

---

① （嘉靖）《永嘉县志》卷3《食货志》，《稀见中国地方志汇刊》，中国书店1992年影印版，第571页。
② 如蒋廷璧虽然认为"新官初到要查各役是否正身"，但也承认门、皂等役"不能不用积年，但去其害事者。若门子不用积年，答应件件俱不如意。凡上司按临必须久惯门子皂隶进用，以供使令"。参见（明）蒋廷璧《璞山蒋公政训》，《御下》，第5页。
③ （明）唐顺之：《唐顺之集》卷9《答王北厓郡守论均徭》，第423页。
④ 嘉靖《太仓州志》卷五《丁田》，第389页。
⑤ 万历《武进县志》卷3《钱谷一》，第354—355页。

收，还是揽纳户代缴，税收的成本都会因征税频次的增加而上升。

总之，每年由官府征收役银的做法会使原有的财政约束机制失效，基层社会短时间内也没有建立起与新的征税方式相适应的中间组织。普通民众不得不承受税赋负担提高与征税成本增加的双重压力。从理论上讲，任何一种财政行为都会使民众负担相应的成本，且官民之间的协商机制也会在探索中形成。但问题是，在"征银除役"的改革效果不显著，新的财政约束与协商机制建立尚需时日的情况下，地方士人从民生的角度发出的反对声音就颇值得关注了。

（三）赋役合并审编的技术难题

赋役合并审编是征一法的另一项重要举措，也是改革设计者追求的理想状态，但更具直接经验的知县与士人们更多考虑的是合并审编的技术问题。武进知县徐良傅认为：

> 徭役而尽为银差也，虽并入税粮可也……税粮自功臣田土之外无弗上纳，而徭役则有全免者，有免其半者，有免其十之二三者，分更分漏，会计将益难矣。①

明代的均徭役与田赋和里甲正役不同，优免问题十分复杂，上自品官、乡绅，下至军户、灶户都有一定份额的丁田可以不与徭役审编。② 在一块土地上同时编派田赋和徭役所出的粮银，肯定会增加审编和会计工作的复杂度。唐顺之则认为：

> 且如一邑丁田以十分为率，往时一岁编审一分，其为数则狭。令长耳目差易遍，持筹而算之差易办，纵有弊焉而差易以察。今一岁尽审十分，则其为数顿阔于往时十倍。令长一人耳目筹算，所缺漏处必益多。耳目筹算缺漏益多，则户书里胥之权益以重，奸民益得以输金干权之所重以为规避。小民无金可输，则岁受苦役益无所诉，而长令则益不能觉察。若此者非曩之长令多精强，而后之长令多鹘突也，其繁简阔狭之势寔然。③

---

① 万历《武进县志》卷3《钱谷一》，第356—357页。
② 如万历《明会典》卷20《赋役》载："（洪武四年）又令各府县军户以田三顷为率，税粮之外悉免杂役，余田与民同役"，第134页。
③ （明）唐顺之：《唐顺之集》卷9，《答王北厓郡守论均徭》，第422—423页。

徐良傅与唐顺之均考虑到一旦审编规模扩大、复杂程度提高，地方官就没有足够的能力保证赋役审编的公正性，只会增大了户书里胥等中间层的权力，势必更难驾驭。造成的后果就是乡绅大户更便于通过贿买里书而避役，小民却反受其害。至于如何解决审编的技术难题，唐顺之建议苏州知府王仪首先咨询胥吏与书手：

> 至于利病之详，区处之宜，则老吏、积年总书中有知此者，兄试虚心问之，勿以其素曾作弊之人而拒之。①

无独有偶，归有光也建议傅体元要先"从老吏根究其害"，再向"使者、郡太守"作出关于赋役改革的合理化建议。② 可见，胥吏、里书群体熟知赋役审编的弊端，只有有效监督与驾驭该群体才能真正使简化征税程序的改革起到"兴利"的效用。但知县的反对声音则说明在赋役合并轮年审编以后，其在短时间尚无力应付繁复的审编工作，也不能有效驾驭吏书群体。

（四）审编改革的"除弊"效果不明显

征一法的改革目的除消解民户的徭役负担外，还试图杜绝徭役审编的漏洞。嘉靖《嘉定县志》载：

> 行之既久，富者自知田亩数多，不免重役，因而分立子户，洒寄各甲，则有飞诡之弊；冒顶乡宦户籍，掩饰一时，则有影射之弊；常年审编家资，或以声势恐吓粮里，或以贿嘱之颠倒先后，舍重就轻，则有那移之弊。三弊作而吏胥并缘为奸，所谓均者不均矣。③

《嘉定县志》的作者将审编之弊归纳为三，唐顺之则将其归纳为花分、诡寄、挪（那）移和贿买四弊，其实二者所指相同。④ 不过唐顺之认为以轮年审编来杜绝四弊的思路并不正确。他认为民众诡寄田土以图优免，但"必非甲甲皆是本官真名与皆注本官者也，必将甲甲诡为之名也"，如果审

① （明）唐顺之：《唐顺之集》卷9《答王北厓郡守论均徭》，第426页。
② （明）归有光：《震川先生集》卷8《与傅体元书》，
③ 嘉靖《嘉定县志》卷3《田赋志》，第321—322页。
④ （明）唐顺之：《唐顺之集》卷9《答王北厓郡守论均徭》载："执事所病于均徭旧法之不可行者，其说大概有五：大户之诡寄也，奸猾之那移也，花分也，贿买也，官户之滥免也。大户之诡寄，起于官户之滥免，则此二弊者，其实一弊也"，第420—421页。

编人员"遇其真名与注官之甲则免,其非真名与注官之甲不得免",则十年只能优免一年,不可能岁岁皆免。所以,杜绝诡寄的关键"在一强察吏执之,虽真是官户之田,亦不得觊额外滥免,况诡寄乎"①。

对贿买的防治也在于此,唐顺之认为"贿买一说,曩时轮岁编差,则豪民以贿避力差而请银差,今时岁岁编差,则豪民以贿避差头而请贴户。曩时轮岁编差,则户胥之家一年而集一甲豪民之金,今时岁岁编差,则户胥之家一年而集一县豪民之金"②。

只要徭役的负担有轻重之分,那么贿买之弊就会发生。以前民户贿买为躲避力差,如今岁岁审编,贴户的数量比以前扩大了十倍,贿买便躲避正户。况且审编的规模扩大为一县,豪民通过吏胥贿买轻役就更容易发生。因此,杜绝"诡寄、贿买两弊,则系乎令长之强察与否,不系乎轮年与不轮年也"③。

此外,唐顺之还认为防止花分和移甲两弊,关键在于册籍是否精准,"不系乎轮年与不轮年也"④。由于造册之始就已经对民户资产进行了认定,那么十年轮编不能禁止民户花分资产,一年一编又如何能杜绝此弊呢?⑤至于挪移问题,从地方志与明人文集的记载来看,王仪和应槚等人均认为十段法虽然矫正了均徭审编中的"移甲之弊","但人户消长不一,买者卖者岁岁有之,必满十年方得收除,卖者代买者之役,贫者益苦矣",而且十段册和黄册并不可靠,所以各地才统一编制了"赋役文册"且每年审编。⑥徐良傅认为以"十段法"审编均徭正为解决移甲问题:

> 旧时均徭之弊,那移出甲,十甲之内不着一差,十段册之法正为革此弊而设。何也?人户之消长不齐,田地则一定不易,故十段册专以田地为主,不以人户推收为主。如一县有田十万顷分作十段,则每年该得一段为田一万顷,官司惟据此一万顷之田点差,中间人户推收纵有不齐而田地固自若,官司亦不必复问之矣。出甲之计将安所施?故曰可以革旧时那移之弊。⑦

---

① (明)唐顺之:《唐顺之集》卷9《答王北厓郡守论均徭》,第420—421页。
② 同上书,第422页。
③ 同上。
④ 同上。
⑤ 同上书,第421—422页。
⑥ 万历《重修常州府志》卷6《钱谷三》,第237—238页;(明)唐顺之:《唐顺之集》卷9《答王北厓郡守论均徭》,第421页。
⑦ 万历《武进县志》卷3《钱谷一》,第355—356页。

况且政府编差时，卖田人一定会告诉书算手"吾田已卖之某人，而某人宜顶吾差"。如此一来，"卖主以虚名编差，可以无乱乎定差之籍，新买主以实力顶差，可以无累乎鬻田之人"①。所以，解决挪移的问题也在于书算手是否能在审编时认真核对册籍，而不在于轮年与否。

从唐顺之和徐良傅等人的议论可见，审编范围的扩大与周期的改变并不能真正杜绝审编的四个弊端，再联系到审编方式改变已经让地方官无力驾驭胥吏、书算手，那么徭役审编改革的"除弊"效果又从何谈起呢。

"兴利除弊"当为改革的根本宗旨，征一法改革最主要的目的就是要消解民众的徭役负担。但改革者所希望的雇役局面并未出现，最终演化为民户交银后重复应役的局面。不仅如此，逐年审编征银的措施反而导致原有财政约束与协商机制失效，造成民众赋税负担与交税成本的增高。改革的另一个目的就是杜绝审编层面的弊端并以极简的方式完成赋役征收，但徭役审编范围的扩大和周期的改变并不能从根本上杜绝诡寄、挪移等诸多弊端。赋役合并审编则给地方官带来执行层面的技术性难题，致使其难以驾驭胥吏和书算手。嘉靖《嘉定县志》的作者更是明言改革的"弊大于利"：

> 窃尝统而论之，立法非难，难于用法，用法非难，难于救弊。每岁编银所以革前三者之弊也，行之既久，又有岁岁均徭之害，而其弊甚于前。②

不惟后论如此，即便是力主改革的王仪也深感此法难以为继。据唐顺之记载：

> 均徭法曩时所欲言于兄者，不过只是一两言，盖虑兄以新法为甚便民也。今读来教，则兄已深知其不便，而有意于革之也久矣。……曩者敝郡更法时，盖应君为之守。应君志在民者也，其所更赋法最为精善，可以百年无弊，但役法则今日便不可行耳。③

唐文表明王仪尚在推行征一法之时便陷入进退维谷之中，有意革除均徭改革措施。且该书信还透露出，应槚在常州府推行的均徭役改革措施已

---

① （明）唐顺之：《唐顺之集》卷9《答王北厓郡守论均徭》，第422页。
② 嘉靖《嘉定县志》卷3《田赋志》，第327—328页。
③ （明）唐顺之：《唐顺之集》卷9《答王北厓郡守论均徭》，第425—426页。

经不可行了。对于征一法的徭役改革推行情况，归有光曾有"松、常、镇用旧法，如何民无他议，惟此何故纷纷"之语，据此可知松江、常州和镇江的徭役改革措施早已废弃，复行十段法之旧了。虽然苏州府始终坚持新法，但民户重复应役和丁田银逐年增长的问题始终没有得到解决。[1]

四 一条鞭法发生契机再思考

虽然明史学者均认为征一法是一条鞭法的前奏，但在"一条鞭法是大势所趋"的预设前提下，不甚关注征一法的推行困境与明人的反对声音。但征一法改革受挫引发笔者去重新思考一条鞭法的发生契机问题。概而言之，学界对一条鞭法的发生可以描述如下：

明代赋役变迁最重要的现象就是伴随着货币经济的发展而出现的赋役银纳化。其中以金花银的出现为契机，田赋的银纳化范围逐渐扩大；役法以均徭银差的出现为标志，力差逐渐向银差转化。至嘉靖初期，赋役折银基本完成，各地赋役制度的改革呈现出共同趋势，如纲银法、一串铃、十段法、提编等等，各类方案名称虽异，但内容大体相同。一条鞭法即在汇总上述经验的基础上，逐渐在各地展开，典型如庞尚鹏在浙江、海瑞在南直隶、刘光济在江西推行的改革。[2]

从社会经济史的视角考量，学者们已然将市场经济发展、货币化的深入以及税收程序的简化是为改善民生的系列标准。明代地方政府赋役制度的调整正是在适应这些社会情况的基础上发生的，一条鞭法的出现则标志这种调整趋于完善。而笔者对明代经济最发达的苏松地区的徭役改革所进行的研究，则为上述论断提供了一例反证。

本书首先明确的是十段法作为赋役审编方法，其与徭役折银之间并无直接的逻辑关系。十段法推行时期的均徭力差尚无大量改折情况发生，征一法才是明代官方主导的徭役全面折银的首次尝试。但这项改革并没有消解国家对民众的超经济强制，徭役的雇募化困境最终演化为民户的重复应役。从这一点上讲，恐怕改革的设计者与学者所预设的繁荣的市场经济并

---

[1] 本书前引归有光书信曾有"今则轮编自若而丁田岁岁增加"之论，另《与王子敬书》载"纵如新太守复旧七厘八毫，不点差，只恐一二年后点差增加，复如今日矣"。两段史料均说明苏州府均徭役所存在的问题并未得到解决。

[2] 参见〔日〕小山正明《明清社会经济史研究》，《赋役制度の变革》，第63—96页；〔日〕岩见宏《明の嘉靖前後における赋役改革について》，《明代徭役制度の研究》，第107—134页；梁方仲《明代赋役制度》，《一条鞭法》，第10—61页；唐文基《明代赋役制度史》；伍跃《明代中叶差役改革试论》，《文献》1986年第2期；刘志伟《在国家与社会之间——明清广东地区里甲赋役制度与乡村社会》。

不能真的为徭役的全面改折提供动力。其次，审编方式的改变与征税程序的调整不仅没有起到"除弊"的预期效果，反致原有的财政约束机制与征税协调方式失效，使民众承担税赋提高与征税成本增加的双重压力。此外，合并审编的推行让州县官遭遇到难以解决的技术障碍，失去了对胥吏、里书的驾驭能力，中央财政也潜存下可能失控的危机。

总之，笔者认为征一法的推行不是社会经济繁荣的倒逼表现，地方官员与民众面对新法的种种"不适"也表明这场改革没有成熟的先行经验可供参考。恰恰相反，从徭役折银开始，征一法的种种"类一条鞭法"措施均可视为官方强力推动的结果。即便我们可以认为至征一法推行时，均徭审编已经逐渐完善，施政者也有改革役法弊端的初衷，但这些条件对于促发一条鞭法则并不充分。

那么，这场已经失败的改革何以在时隔三十余年之后的隆、万之际全面推开呢？不能不考虑东南抗倭这个战争因素对地方财政改革的推动作用。刘光临曾撰文指出募兵体制对白银的大量需求迫使地方政府将大量的实物田赋与徭役大幅度改折。① 的确如此，徭役折银虽于改善民生无益，却可征贮大量白银用以支付军费；逐年审编也可方便地方政府加派丁田银以解燃眉之急。归有光在《处荒呈子》一文中提到：

> 今则轮编自若，丁田岁岁增加……议者往往以时事为解。窃见海上用兵于今三年，军兴百需……不于田赋则于大户，与夫词讼、赃罚等项，并不取于丁田也。②

虽然归有光不愿承认军费因素对加编丁田银的影响，但就在该文写成的嘉靖三十六年（1557），胡宗宪就有提编均徭银"以济海防"之举。③ 可见，徭役折银确有助于军饷筹措。刘光临认为这是一条鞭法发生的"外生"推动力量，笔者倾向于把国家因财政需求推动的改革称为"财政推动"。

如果一条鞭法的发生机制确系"财政推动"，抛开设计初衷不论，其所遵循的改革路径应与征一法相同，遭遇的后续问题也会类似，恐怕这正是归有光最为忧虑之处。但此时的明朝受限于军事体制的变更，既行之条

---

① 参见刘光临、刘红玲《嘉靖朝抗倭战争和一条鞭法的展开》，《明清论丛》第十二辑，2012 年。

② （明）归有光：《震川先生集》别集卷9《处荒呈子》，第920 页。

③ 《明世宗实录》卷443 "嘉靖三十六年正月甲申"条，"侍郎胡宗宪请于浙江提编明年均徭及明年里甲以济海防，从之"，第7574 页。

鞭法断无回退的可能性了。那么，如何有效解决这些难题便成为晚明乃至清代的财政课题。虽然学界对此不乏研究，但本书似可对该问题的思考提供一种新的路径。①

第三节　从银、力差的变迁看均徭法的演化路径

上节笔者以欧阳铎改革为例分析了明代南直隶的均徭法运行特征，其中涉及的一个很重要的问题就是银力差的转换以及力差的财政负担问题。所以本节以浙江布政司为例，分析均徭法的银、力差变迁问题。明代的均徭法大致在成弘正之际发生银差和力差的分化。② 所谓银差就是指均徭役中的一些项目不再需要民户直接应役，转而交银由政府雇募，力差则依然维持着原有的方式，直接佥点民户应役。明史学者普遍认为随着白银流通的广泛，明代财政逐渐由征发实物和活劳力的赋役财政体制转化为以白银为媒介的货币财政体制，而这一变化在役法上的体现就是银差项目的增多。小山正明认为十段法的出现就是为了解决均徭役折银以后的负担分配问题的，随着均徭银差的项目不断扩大，十段法中审编的项目也就逐渐增多，如果抛开轮役周期不看的话，十段法的终极形态就是一条鞭法。③ 因此，梳理均徭银、力差之间的关系，是观察均徭法变迁，进而理解赋役财政向货币财政的演化路径的一个非常重要的切入点。本节即以均徭役银、力差的分类、功能和编佥方式为考察对象，分析浙江地区均徭役体系的演化路径。

一　均徭银差的成立、功能及其演化路径

（一）均徭银差的成立及其功能

在既有的研究成果中，均徭银差的出现随着商品货币化的发展，白银

---

① 对明代一条鞭法的后续问题研究可参见〔日〕滨岛敦俊《明代江南农村社会の研究》关于均田均役的研究，東京大学出版会 1982 年版；岩井茂树《中国近代财政史研究》关于一条鞭法以后的徭役问题的研究；唐文基《明代赋役制度史》关于一条鞭法争论的研究。

② 均徭役分为银差和力差时间，伍跃认为是在成、弘之际，山根幸夫、岩见宏以及刘志伟都认为是在弘、正以后，这一差别并不是本书关注的重点，仅于此指出。参见山根幸夫《明代徭役制度の展开》，第 109—117 页；刘志伟《明代均徭中的银差与力差》，《中山大学研究生学刊》1982 年第 2 期；〔日〕伍跃《明代中叶差役改革试论》，《文献》1986 年第 2 期。

③ 〔日〕小山正明：《明清社会经济史研究》，《明代の十段法》，第 188 页。

适用范围逐渐扩大而产生的，其中山根幸夫的观点最为典型。山根氏认为均徭银纳化的过程比田赋银纳化迟了约半个世纪，至 16 世纪初大致完成。如果说田赋折银还是由于政府对白银的欲求而强制推行财政政策产生的结果的话，银差则是在徭役体系内部逐渐孕育出来的货币化过程，并在徭役制度的展开中逐渐扩大的。银差是徭役制度体系化、合理化的必然归结。①山根氏将银差产生的原因归纳为内、外两个契机，所谓外在契机是指白银使用范围的扩大；内在契机就是指役法体系内部有自我调整的功能，银差带有强烈的社会政策的指向，即银差较力差负担稍轻，对于小农而言，其更希望充当银差，差役的银纳化有减轻负担的意味。

岩见宏则针对山根幸夫的观点提出了部分的修正。通过其考察各地银差项目中共同存在的柴薪皂隶、马夫、斋夫、膳夫四个项目的银纳化过程发现，这四个纳银的项目主要是为了补贴官员的俸禄，更多的表现为政府对白银的欲求。况且在银差项目产生的最初时期，对于一般小民而言获得白银是非常困难的，充当银差并不轻松，因而这个时期的银差并不具备减轻小民负担的功能。不过，岩见宏强调他的论证意在说明推动均徭银差产生的动力是官员对白银的欲求，而并非为了减轻小民负担，但是这个立论只针对均徭银纳化的第一个阶段。在均徭银纳化的第二阶段，也就是银差吸收力差逐渐扩大的过程中，山根氏强调的原因是存在的。②

山根幸夫在《明代徭役制度の展開》一书中对岩见宏的论证做出了回应，其认为岩见氏的观点固然有道理，但这并不是均徭银差产生的重点。如果徭役和田赋银纳化出于同样的原因的话，那么徭役的银纳化就不会迟于田赋纳银半个世纪才出现了，而且这个立论也不适用于全部的徭役。③

比较两方面观点可以发现，岩见宏并不否认均徭银差具有调节民众负担的功能，两位学者争论的焦点主要在均徭银差产生的动力问题上，即徭役银纳化是由于政府对白银的欲求产生的还是由于白银被广泛使用以后，政府为调节民众负担而产生的。

就均徭银差产生的最初目的而言，笔者认同岩见宏的观点。《明孝宗

---

① 〔日〕山根幸夫：《明代徭役制度の展開》，第 109—117 页；明史学者多持与山根幸夫类似的观点，笔者在此不一一例举，详见唐文基《明代赋役制度史》，第 235 页；伍跃：《明代中叶差役改革试论》，《文献》1986 年第 2 期；万明：《白银货币化视角下的明代赋役改革》，《学术月刊》2007 年第 5、6 期。

② 〔日〕岩见宏：《明代徭役制度の研究》，《銀差の成立をめぐって—明代徭役の銀納化に関する一問題》，第 157—180 页。刘志伟也认为最初的银差并非轻差，银、力差之间的轻重关系有一个变化过程，详见《均徭中的银差与力差》一文。

③ 〔日〕山根幸夫：《明代徭役制度の展開》，第 117 页。

实录》卷二一一载：

> 先是镇守河南太监刘琅奏乞皂隶柴夫，特与皂隶五十名。至是六
> 科十三道官交章言，柴薪皂隶本为外官养廉而设，自来内官劳效亦唯
> 厚加赏赐，且名数多寡视官职崇卑，虽尚书极品不过十二名而止，而
> 琅之所得四倍尚书，况此门一开，陈乞者将纷然而至，乞收回成命，
> 仍加敕责，俾知所警。事下兵部，覆奏以为各官言出忠恳，宜赐施
> 行，命以三十名与之。①

该条史料明言柴薪皂隶的设立就是为了外官养廉，其实柴薪皂隶本就
是配给官员个人使用的人员，将其折银作为官员个人补贴的做法在宣德年
间就已经产生了，② 只是地方志中尚无银、力二差的分类，其具体情况如何
我们尚无法确定。不过从上引史料来看，在弘治末年柴薪皂隶作为外官养
廉已经是官员的共识，这与明史学者判断均徭银差的出现时间正好吻合。
从这个角度来说，银差的出现是为了补贴官员薪俸的观点可以成立。

据岩见宏的研究，作为另外一项配给官员个人役使的人员"马夫"在
弘治七年（1494）也已经纳银了，③ 岩见氏认为马夫和柴薪皂隶性质相同，
都是配给官员的生活补贴。从《明会典》的记载来看，中央政府的确将发
放给地方官员的柴薪皂隶银和马夫银放在一起作了统一规定。（万历）《明
会典》卷一五七：

> （弘治）十二年题准：自弘治十四年为始，照近年兵部题准事例，
> 系布政司去处，将布按二司等衙门，系直隶去处，将本府并所属府州
> 县等衙门大小官员合得皂隶、马夫共该银若干两，著落该属府州县斟
> 酌人户多寡，分派征完。系马夫者，每官一员将银倾作四十两一锭。
> 系皂隶者，每名倾作十二两一锭，俱解本府交收。该上司者，著人解
> 布政司，分送按察司等衙门。该本府者，本府给散该所属州县。或别
> 衙门者，行文各衙门差人具印信领状领回给散。④

---

① 《明孝宗实录》卷 211 "弘治十七年闰四月辛巳"条，第 3945—3946 页。
② （万历）《明会典》卷 157《兵部四十·皂隶》，第 808 页。
③ （万历）《明会典》卷 20《户部七·赋役》载："（弘治）七年令，布按二司及各府官马
　　夫，于所属州县各金中等三丁人户，十户共出银四十两，解送掌印官处分给各官自行买
　　马喂养。其州县于隔别府分金充，亦征银解送各掌印官分给，买马喂养"，第 133 页。
④ （万历）《明会典》卷 157《兵部四十·皂隶》，第 808 页。

从这条记载可以看出，中央政府对各地发放给官员的皂隶马夫银作了数量和发放方式的统一规定，如果说柴薪皂隶银是发给官员养廉用的话，很显然马夫银也具有同样的性质，即作为官员俸禄之外的补贴。

均徭银差中的另外两项是儒学的斋夫和膳夫，从《明会典》的记载来看，"膳夫"折银其实是"膳夫柴薪银"的一种简称①，这部分银两是供给地方儒学师生会馔使用的。虽然《明会典》中没有斋夫折银的明确记载，但是规定了地方各级学校斋、膳夫的名额，岩见宏据此推测斋夫和膳夫具有同样的性质，都是发给儒学师生的补贴费用。对此，笔者赞同岩见氏的观点，并没有另外的补充。②

通过以上对岩见宏观点的补充论证，笔者认为岩见氏关于银差的成立是以官员对白银的欲求为契机的结论是成立的。从财政学的角度来说，地方财政对白银的刚性需求对均徭银差的出现起到了决定性作用，这一过程并不意味着役法体系朝向合理化方向发展，诚如岩见宏所分析的那样，均徭银差的负担对于一般小民来说并不轻于力差。

不过岩见宏在文中已经指出，银差的出现源于政府对白银的欲求，但这个原因只适用于银差发展的第一个阶段。在随后的发展中，银差逐渐吸收力差，范围不断扩大，这一过程的确起到了山根幸夫所说的"社会政策"方面的功能。从这个角度说，岩见宏除了推动银差出现的原因分析这一点与明史学界一般观点不同之外，其余并无明显的区别。但是笔者认为将明代均徭役的演变过程描述为银差逐渐吸收力差，最终全部转化为"银差"的渐进过程是不存在的。为说明这个问题，笔者将以浙江地区为例，从"银差的构成及其变迁""力差的项目和承当方式"以及"徭役审编和金派之间的关系"三方面来论述这个问题。

（二）均徭银差的构成及其变迁

前文已述，均徭银差初设的作用就是补贴地方官员的薪俸，除此之外，银差是否还在其发展过程中逐渐吸收力差，起到调节徭役负担的功能呢？为说明这个问题，本书首先考察浙江各地区均徭银差所包含的项目，并归纳分析这些项目的来源，借以观察是否由力差转化为银差，或者在多大程度上转化为银差。表 3 - 1 根据（嘉靖）《浙江通志》中记载的银差项目制成：

①（万历）《明会典》卷78《礼部三十六·学校》："弘治三年奏准，膳夫每名岁出柴薪银四两，以备会馔之用；（弘治）八年令膳夫每名岁出柴薪银十两，若师生不行会馔，有司失于供应，听提学官究治"，第453页。

②〔日〕岩见宏：《明代徭役制度的研究》，《银差の成立をめぐって》，第164页。

表 3 - 1　　　　　　　　（嘉靖）《浙江通志》载均徭银差项目①

	杭州府	嘉兴府	湖州府	严州府	金华府	衢州府	处州府	绍兴府	宁波府	台州府	温州府
京班司府县属柴薪	○	○	○	○	○	○	○	○	○	○	○
南京直堂皂隶	○	○	○	○	×	×	×	○	○	×	×
司府县马丁											
儒学斋膳夫	○	○	○	○	○	○	○	○	○	○	○
逃绝富户解户	×	×	×	×	○	○	○	○	○	×	×

［注］○为该地区有此项目，×为无此项目

　　首先笔者对该表的数据来源进行说明。《浙江通志》虽然成书于嘉靖四十年，但其所载的与赋役相关的数据却早于这个时间。该志开篇的"例义"部分写道："贡赋惟据旧所定制纪其常也。因时随事或有增加者，恐为他日取盈之地，不书。"②可见，《浙江通志》在选取与贡赋有关的数据时是有取舍的，为了不给后人留下"加赋"的口实，人为的删减了一些已然存在的项目，所记内容均为"定制"项目。那么该书中的银差项目反应的是浙江什么时期的状况呢？

　　从本书的第一部分的分析来看，"京班皂隶""儒学斋膳夫"这些银差项目产生的时间均在弘治年间，"南京直堂皂隶"的折银时间与儒学斋膳夫是同时的③。"逃绝富户"银是国家调整"富户"政策以后对地方政府追加的银两。明朝立国之初即迁徙各地富户充实京师，永乐年间开始迁徙浙江等处的富户充实北京顺天府。④但是被迁徙充实到北京的富户经常会

① 数据来源：（明）薛应旂（嘉靖）《浙江通志》卷17《贡赋》，《中国方志丛书》第532号。
② （嘉靖）《浙江通志》，《浙江通志例义》，第18—19页。
③ 《明孝宗实录》卷46"弘治三年十二月丙子"条："诏京官皂隶银两仍旧，余两京各衙门直堂并守门皂隶、看仓看库称子等夫役，每名止银十两，各学膳夫每名止银四两"，第940—941页。
④ （万历）《明会典》卷19"洪武二十四年、令选取各处富民、充实京师"；"永乐元年令选浙江、江西、湖广、福建、四川、广东、广西、陕西、河南及直隶苏、松、常、镇、扬州、淮安、庐州、太平、宁国、安庆、徽州等府无田粮并有田粮不及五石殷实大户，充北京富户附顺天府籍，优免差役五年"，第130页。

出现逃亡和死绝的情况，国家一开始的治理措施就是到逃户的原籍去勾补，这种办法一直持续到弘治五年，最终改勾补为征银。① 因此，该数据反映的已经是弘治中期以后的事情了。

另据（嘉靖）《浦江志略》载："富户之征，共八名，各岁纳工食路费三两三钱，以此消耗者多，知县毛凤韶议于均徭内编陪。按，会议均徭册内有编赔逃绝富户之条……"② 该县志所载正德十五年的徭役项目中尚无"逃绝富户"一项。综合这两点可知，"逃绝富户"被列入均徭银差中派征是嘉靖初年的事情。从（嘉靖）《浙江通志》的记载中可以发现，浦江县所在的金华府尚无"逃绝富户"一项，因此笔者推定该志书至多反映了弘治、正德时期银差的情况，姑且称为"银差早期"。

笔者把"银差早期"的情况作为分析明代银差变化的起点，结合本书第一部分的分析将表3-1中的五项分为三个类别，通过嘉靖年间地方志中银差项目的变化，来观察这三个类别的变化情况以及力差向银差变化的情况。

本书划定银差的三个类别分别为：A. 官员养廉银，包括皂隶银和马丁银，这些项目原本就是配给官员个人使用的徭役，现在折银作为其俸禄补贴；B. 儒学师生补贴银，包括斋夫和膳夫银，这部分银两是儒学师生日常会馔等项目经费来源；C. 其他项目。这部分项目的情况比较特殊，其中"逃绝富户"本来并不是均徭杂役的一种，只是由于国家对富户的政策由"勾补"改为了"纳银"，造成了原籍富户既要承担一般的正杂役，又要缴纳富户银的局面，增加了原籍富户的负担，因此才改变了富户银的派征方式，将其纳入均徭银差之内。③

第二种就是"逃绝解户"。笔者没有找到关于"逃绝解户"的相关记载，但是对比"逃绝富户"可知该项是由于原金解户逃亡或死绝而将此项转为银差。需要指出的是，不能因"逃绝解户"被编入银差而将其视为由

---

① （万历）《明会典》卷19："（宣德）六年令富户在京入籍，逃回原籍或躲避他处，顺天、应天府官查出申部，令所在官司即时挨究解发。若亲邻里老知者许于官司出首，免罪。本人能自首赴京者亦免罪。若知而不首及有司占吝不发即便究问，正犯发口外充军。事故死绝等项，各该官司照数金补"；"弘治五年题准，顺天府在逃富户，各省不必起解。每户每年征银三两，总类进表官顺赍到部，转发宛大二县帮贴见在厢长当差"，第130页。

② （嘉靖）《浦江志略》卷5《财赋志》，第13a—13b页。

③ （嘉靖）《浦江志略》卷5《财赋志》："本县原额富户八名，每名岁纳工食银三两、路费三钱，解府转解。其间若洪文奎，若郑药户存升合之米，不问岁之丰凶，皆纳前银，不折正役，欲不亡得乎？……为今之计，合无将富户银两俱编入均徭扣解。如其不然，则比照军、匠优免之例，宽其别役。然不若编入均徭经久可行也"，第13a—13b页。

力差转入银差的过程。这是因为其一此时的"解户"依然作为力差的一个项目存在，只是个别府分少量的逃绝解户才纳银征收罢了；其二，民收民解制度作为明政府赋税运输的主要方式，一直伴随赋役财政体制始终，即便我们认为明代由力差逐渐向银差转化的过程，"解户"一役也不在这个过程之中。而且通过滨岛敦俊的研究可知，"解户"一直到货币财政体系建立以后在部分地区还依然存在。①

由于没有找到"逃绝解户"转入银差的具体原因，所以无法对其进行定性的分析，只能将其和"逃绝富户"编入"其他"一类。表面上看，这两种役银纳化均是由于原金役户的逃绝而形成的。

以上分析首先确定了浙江地区"均徭早期"的银差项目，并将其分为A、B、C 三个类别。下文笔者将选取四种浙江地区嘉靖年间的地方志，按照成书年代先后将均徭项目制列成表，分析三类银差的变化趋势，并考察力差和银差之间的关系。

表 3 - 2　　　　　　　　嘉靖间浦江等四县均徭役项目②

县份		浦江县(金华府)		太平县(台州府)		武康县(湖州府)		定海县(宁波府)a	
数据来源		《浦江志略》卷五		《太平县志》卷三		《武康县志》卷三		《定海县志》卷八	
成书年代		嘉靖五年(1526)		嘉靖十九年(1540)		嘉靖二十九年(1550)		嘉靖四十二年(1563)	
	差役项目b	数量c	工食	数量	工食	数量	工食	数量	工食
银差	南京额班柴薪皂隶	4(12)	48			15(12)	180		
	南京直部把门皂隶					7(10)	70		
	巡抚都察院坐船水手								4
	巡盐查院坐船水手								1
	总制衙门铺兵皂隶								2.093

---

① 〔日〕滨岛敦俊：《围绕均田均役的实施》，《日本学者研究中国史论选译》第六册，第192—228 页。

② 数据来源：(嘉靖)《浦江志略》卷5，(嘉靖)《太平县志》卷3，(嘉靖)《武康县志》卷3，(嘉靖)《定海县志》卷8。

续表

县份		浦江县（金华府）		太平县（台州府）		武康县（湖州府）		定海县（宁波府）a	
数据来源		《浦江志略》卷五		《太平县志》卷三		《武康县志》卷三		《定海县志》卷八	
成书年代		嘉靖五年（1526）		嘉靖十九年（1540）		嘉靖二十九年（1550）		嘉靖四十二年（1563）	
	差役项目b	数量c	工食	数量	工食	数量	工食	数量	工食
银差	总兵衙门坐船水手							1	
	织造府皂隶			3(12)	36				
	织造府门子			1(10)	10				
	预备织造银					250		287.7801	
	布政司皂隶			3(12)	36				
	布政司马丁			9(4)	36				
	按察司马丁			9(4)	36				
	本府柴薪皂隶	1(12)	12			2(12)	24	2(12)	24
	本县柴薪皂隶	9(12)	108	9(12)	108	7(12)	84	9(12)	108
	各卫所柴薪皂隶			4(12)	48			4(12)	48
	本府官员下马丁	10(4)	40			11(4)	44	5(4)	20
	本县官员下马丁	40(4)	160	40(4)	160	30(4)	120	40(4)	160
	本府县新官家火银				21.24		14.42		21
	本府儒学岁贡盘缠银		7.5						
	儒学各官家火银						12		24
	本府儒学斋夫	2(12)	24					1(12)	12
	本府儒学膳夫	2(10)	20	4(11)	44			1(10)	10
	本县儒学斋夫	6(12)	72	6(12)	72	6(12)	72	6(12)	72
	本县儒学膳夫	8(10)	80	8(10)	80	8(10)	80	8(10)	80
	岁贡水手银+路费银		60	2(12)	24+50		30		30
	富户			7(3)	21	5(3)	15		

续表

县份		浦江县（金华府）		太平县（台州府）		武康县（湖州府）		定海县（宁波府）a	
数据来源		《浦江志略》卷五		《太平县志》卷三		《武康县志》卷三		《定海县志》卷八	
成书年代		嘉靖五年（1526）		嘉靖十九年（1540）		嘉靖二十九年（1550）		嘉靖四十二年（1563）	
	差役项目 b	数量 c	工食	数量	工食	数量	工食	数量	工食
力差	本县解户	5(30)	150	2(30)	60			2(30)	60
	盐法察院弓兵							2(7.2)	14.4
	织造府门子					1(7.2)	7.2		
	织造府轿伞夫					4(7.2)	28.8		
	布政司皂隶					1(7.2)	7.2		
	布政司理问所狱卒	3(10)	30						
	按察司直堂皂隶	3(7.2)	21.6			2(7.2)	14.4		
	按察司直堂弓兵	1(7.2)	7.2			3(7.2)	21.6		
	按察司提学道皂隶	2(7.2)	14.4						
	按察司狱卒	2(12)	24					1(9)	9
	巡视海道执伞弓兵							1(7.2)	7.2
	巡视海道借拨甲首							1(7.2)	7.2
	水利道皂隶					1(7.2)	7.2		
	分巡道皂隶					1(7.2)	7.2	1(7.2)	7.2
	杭严道借拨甲首					1(7.2)	7.2		
	金衢道借拨皂隶			1(7.2)	7.2	1(7.2)	7.2		
	分守道弓兵					1(7.2)	7.2		
	贴堂道皂隶			1(7.2)	7.2				
	本府督储馆门子					1(3.6)	3.6		
	本府直堂库子	1(6)	6						

续表

县份	浦江县(金华府)		太平县(台州府)		武康县(湖州府)		定海县(宁波府)a	
数据来源	《浦江志略》卷五		《太平县志》卷三		《武康县志》卷三		《定海县志》卷八	
成书年代	嘉靖五年(1526)		嘉靖十九年(1540)		嘉靖二十九年(1550)		嘉靖四十二年(1563)	
差役项目b	数量c	工食	数量	工食	数量	工食	数量	工食
力差 本府清军厅库子	1(6)	6						
本府皂隶	4(6)	24			3(6)	18		
添设馆禁子					1(7.2)	7.2		
本府狱卒	2(8)	16						
本府巡盐应捕	4(5.4)	21.6						
本府永济仓斗级	1(5)	5						
本府耳房库子	1(6)	6						
本府儒学斗级							1(7.2)	7.2
本县仪仗架阁库库子	1(6)	6						
本县直堂门子	2(5.4)	10.8	2(3)	6	2(3.6)	7.2	2(3.6)	7.2
本县耳房库子			1(6)	6	1(6)	6	1(6)	6
广济库库子					1(9)	9	13(5)	65
丰德库库子					1(10)	10		
本县隶兵	36(5.4)	194.4	28(6)	168	28(6)	168	36(6)	216
本县狱卒	7(7.2)	50.4	4(7.2)	28.8			6(7.2)	43.2
本县巡盐应捕	10(5.4)	54					10(5.4)	54
本县捕盗应捕	10(5)	50					15(5.4)	81
本县预备仓斗级	2(7.2)	14.4	2(7.2)	14.4			2(7.2)	14.4
存留仓斗级	2(4)	8	6(3)	18				
本县布政分司门子	2(3)	6	1(2)	2	1(2)	2	2(2)	4
本县按察分司门子	2(3)	6	1(2)	2	1(2)	2	2(2)	4
本县府公馆门子	2(3)	6	1(2)	2	1(2)	2	1(2)	2
本县各铺司兵(冲要)	33(4)	132	32(4.5)	144			25(4)	100
本县各铺司兵(偏僻)			45(3)	135			72(2.5)	180

续表

县份		浦江县（金华府）		太平县（台州府）		武康县（湖州府）		定海县（宁波府）a	
数据来源		《浦江志略》卷五		《太平县志》卷三		《武康县志》卷三		《定海县志》卷八	
成书年代		嘉靖五年（1526）		嘉靖十九年（1540）		嘉靖二十九年（1550）		嘉靖四十二年（1563）	
	差役项目b	数量c	工食	数量	工食	数量	工食	数量	工食
力差	本县儒学门子	3(7.2)	21.6	3(7.2)	21.6	3(7.2)	21.6	3(7.2)	21.6
	本县儒学库子	2(7.2)	14.4	2(7.2)	14.4	2(7.2)	14.4	2(7.2)	14.4
	本县儒学仓斗级	3(7.2)	21.6					3(7.2)	21.6
	本县乡贤祠门子	1(3)	3					1(2)	2
	本县射圃门子	1(3)	3	1(2)	2				
	本县税课局巡拦	5(8)	40					5(8)	40
	本县巡检司弓兵	30(5)	150	350(5)	1750			151(7.2)	1087.2
	本县山川坛门子	1(2)	2	1(2)	2	1(2)	2	1(2)	2
	本县社稷坛门子	1(2)	2	1(2)	2	1(2)	2	1(2)	2
	本县邑厉坛门子	1(2)	2	1(2)	2	1(2)	2	1(2)	2
	启圣祠门子					1(7.2)	7.2	1(7.2)	7.2
	本县钟鼓夫	2(3.6)	7.2						
	穿山场工脚							6(3)	18
	本位各所公馆门子							3(2)	6
	火功库门子							1(2)	2
	南关轿夫			2(7.2)	14.4				
	渡夫			2(2)	4			11(2)	22
	闸夫			4(2)	8			15(2)	30
	碶夫							46(2)	92
	坟夫			2(2)	4				
	义冢土工			1(2)	2				

a.《定海县志》徭役项目原分原额银差、新增银差、原额力差、新增力差四部分，此处将银力差的原额与新增两部分合并计算。

b. 原地方志中差役名称略有不同，但明显属于同一类别的项目，本表按同一项目处理。

c. "数量"书写凡例：如"4（12）"代表该役数量为4名，准定工食为12两/名。

参照（嘉靖）《浙江通志》的银差分类标准可将表3-2中四县的均徭银差变化情况表述如下：

A. 官员养廉银。首先供南京官员使用的柴薪皂隶和直部把门皂隶两项没有变化，浦江县和武康县均有金派。

其次是供地方政府使用的柴薪皂隶，表中包括"织造府皂隶""布政司皂隶""本府柴薪皂隶""各卫所柴薪皂隶""本县柴薪皂隶"五项。需要说明的是"织造府皂隶"和"布政司皂隶"在《武康县志》中出现，这两项是配给官员使用的柴薪皂隶银还是由力差中的"皂隶"一项折纳过来的呢？笔者认为该志书银差中"织造府皂隶"和"布政司皂隶"是柴薪皂隶的简称。原因有二：其一，该项皂隶折银标准为12两/名，与柴薪皂隶折银标准相同，而该县力差项目下也有"织造府皂隶"和"布政司皂隶"两项，折银标准为7.2两/名，可知所指并非同一役目；其二，该志书有"本府皂隶"一项，折银亦为12两/名，显然也是"柴薪皂隶"的简写，只是我们在制表时按照相同类别将其归入了"本府柴薪皂隶"一项，没有另外注明。所以《武康县志》银差中所载的"皂隶"应该是"柴薪皂隶"的简称，而非力差"皂隶"的银纳化。总体而言，"柴薪皂隶"一项在类别上没有发生变化，只是这四种县志体现了具体的涵盖范围，包括织造府、布政司、府、县、卫所等几乎所有设置在地方的行政机构。

第三是配给官员个人的马丁，这里包括"布政司马丁""按察司马丁""本府员下马丁"和"本县员下马丁"四项。前文已经分析，明初配给官员马匹和养马人夫，马丁银即由此折纳而来，所以"马丁"银可以视为补贴给官员的交通费用。从这个意义上讲，该类别的项目在嘉靖年间有所增加，表中体现为"巡抚都察院坐船水手""巡盐查院坐船水手"和"总兵衙门坐船水手"三项。（万历）《明会典》卷一四八载："（嘉靖）八年议准，各驿递红站船只损坏照旧修补，不许改造坐船，奉承势要，科害夫役。违者各该抚按巡河等官着实参究治罪改正。"①

由此可见，坐船不同于驿站的站船，是配给官员个人使用的船只，那么"坐船水手银"和"马丁银"显然具有相同的性质，都是补贴给官员的交通费用。总体而言，"坐船水手"银的增入并未改变A类别官员养廉费用的性质。

除以上三项外，A类别中增加了"新官家火银"一项，包括府与县官员的"新官家火银"。（万历）《明会典》卷二一一：

---

① （万历）《明会典》卷148《驿传四·驿递事例》，第758页。

　　　　隆庆元年题准，抚按等官严禁所属，不许擅拨长夫长马及差遣官
　　吏，越境迎送。其修置衙宇家火等项，各照衙门酌立规则于应动官银
　　内取办不得科敛里甲。①

　　文中载"修置衙宇家火"就是修衙宇、置家火，即修理衙宇，置办一
应适应器物的意思，该项目在庞尚鹏改革以后被纳入里甲均平银中征收，
此时则在均徭银差内征收。"新官家火银"显然是府、县新官到任以后为
其购置一应使用器物的费用，因此将其归入官员养廉费用一类中是没有问
题的。

　　综上可知，至嘉靖中期以后，均徭银差中的 A 类费用有所增加，除原
有的皂隶银和马丁银以外，增加了"坐船水手银"和"新官家火银"两
项。这些银两是供地方官员雇佣役使人员、补贴交通费用和置办办公用品
使用的，总体而言都可以视为本书归纳的 A 类，官员的养廉费用。

　　B. 儒学师生补贴银。该类别中包括早期银差中已经确立的"儒学斋
膳夫"银，表中为"本府儒学斋夫""本府儒学膳夫""本县儒学斋夫"
和"本县儒学膳夫"四项。此外，新增项目中"儒学各官家火银"显然和
"本府县新官家火银"的用途是一样的，只是该项在此是配给儒学官员的
补贴银。

　　除此之外，新增项目中还有"岁贡水手路费银"（或"岁贡盘缠银"）
一项。岁贡，即地方政府每年选择生员若干名，进入国子监学习，所以称
之为"岁贡生员"。此项制度从洪武十六年（1383）开始，到正统六年
（1441）基本成为定例，"府学一年贡一人，州学三年贡二人，县学二年贡
一人"②。那么"岁贡水手路费银"或"岁贡盘缠银"就是地方政府提供
给岁贡生员入监学习时的花销银两，因此笔者将其列入 B 类"儒学师生补
贴银"。

　　综上，该类别除原有"斋膳夫银"之外，增加了"儒学各官家火银"
和"岁贡水手路费银"两项，但均没有溢出补贴儒学师生使用的范围。

　　C. 其他类。从表 3 - 2 中可以看出，C 类没有发生变化，表中没有
"逃绝解户"一项，应该是四县中并无此差的缘故。

　　除以上三类之外，笔者将新出现的银差项目归纳为以下两个类别：

---

　　① （万历）《明会典》卷 211《都察院三·抚按通例》，第 1057 页。

　　② （清）张廷玉：《明史》卷 69《选举一》，第 1680 页；（万历）《明会典》卷 77《贡举·
　　　岁贡》，第 446 页。

D.“力差”转入“银差”。表 3 - 2 显示为“总制衙门铺兵皂隶”和“织造府门子”两项，铺兵和门子均是力差中存在的项目，此时已经有少量折银输纳了。表中所列这一类别的项目为数不多，但是我们在（嘉靖）《宁波府志》中也发现了同样的情况。该府志完成于嘉靖三十九年（1560），其徭役部分鄞县和慈溪县的“新增银差”一栏中有“府县税课司局巡拦”和“代管河泊所巡拦”两项，可见此二项是新近被列入银差的。①

笔者在此使用《宁波府志》的材料作为佐证意在说明，虽然我们所列的四种县志中“力差”转化为“银差”的徭役项目和数量都比较少，但是这种情况的确存在，故将其列为银差中的第四类情况。

E. 公费银。此处具体指表 3 - 2 中的“预备织造银”，这项内容和“新官家火银”“岁贡盘缠银”一样，都不是因徭役银纳化产生的，本身就是额外追加的赋税负担。和其他两项不同的是，“预备织造银”不是配给官员个人或者儒学师生个人的补贴费用，而是为完成中央政府的织造任务征收的采购原料的备用银两。庞尚鹏实行“均平银”改革以后，将该项目纳入作为公费银的“均平银”中，因此，本书将其定位为供行政机构使用的公费银。

以上分析将四县银差项目在原有三类的基础上扩展为五类，并详细说明了各项产生的原因、功能以及分类的依据。下面我将四县中这五类银差在银差总数中所占比例制作成表，并进一步分析银差的总体走势和功能。

表 3 - 3　　　　　　　　　　　四县均徭银差分配比例

县分	A. 官员养廉银	B. 儒学师生补贴银	C. 其他	D. 力差转入银差	E. 公费银	总数
浦江县	368 (58.27%)	263.5 (41.73%)	0 (0%)	0 (0%)	0 (0%)	631.5
太平县	337.24 (53.68%)	270 (42.97%)	21 (3.35%)	0 (0%)	0 (0%)	628.24
武康县	692.42 (59.62%)	194 (16.70%)	15 (1.29%)	10 (0.86%)	250 (21.53%)	1161.42
定海县	387 (42.78%)	228 (25.20%)	0 (0%)	2.093 (0.22%)	287.7801 (31.80%)	904.8731
总数	1784.66 (53.66%)	955.5 (28.73%)	36 (1.08%)	12.093 (0.36%)	537.7801 (16.17%)	3326.0331

综上，对浙江地区的银差得出以下三点结论：

第一，结合表 3 - 1 和表 3 - 2 数据以及本书第一部分的分析可以看出，

① （嘉靖）《宁波府志》卷 13《徭役》，《中国方志丛书》第 495 号，第 1161—1168 页。

岩见宏关于均徭银差产生原因的观点是成立的，即银差的出现缘于官员对白银的欲求，本书表述为银差是作为官员和儒学师生的补贴银两出现的，而并非出于减轻民户负担的目的。不仅如此，表 3 - 3 中 A + B 在四县银差中的比例分别为 100%、96.65%、76.32%、67.98%，该数据表明虽然随着时间的变化 A + B 所占比例有所下降，但总体而言，近七成以上的银差银两都是作为官员和儒学师生的补贴来使用的。由此可见，不仅"银差早期"的功能如是，即便是到了嘉靖后期，作为官员和儒学师生的补贴银两也依然是均徭银差的最主要的功能。

第二，就总量而言，银差项目呈现膨胀的趋势。首先表现为 A、B 两类内部的项目不断增加，最初只有"柴薪皂隶银""马丁银""斋膳夫银"三项，以后逐渐增加了"坐船水手银""新官家火银"和"岁贡水手盘缠银"三项。其次是一些力差项目转化为银差，比如"门子"和"巡拦"等项。最后，一些原本不属于均徭金派范围的项目也被增加进来，最初是 C 类的"逃绝富户银"，后来又增加了 E 类"公费银"。而且从武康县和定海县的银差结构中可以看出，E 类在均徭银差中所占的比例（分别为 21.53%、31.80）已经超过了 B 类，是均徭银差负担的又一重要项目。

需要说明的是，表 3 - 2 中四县的数据虽然分布于嘉靖早期至后期，有一定的时间连续性，但毕竟出自四个不同的府。即便有项目上的不同，也非常有可能是由于分派给各府的最初徭役项目不同造成的，仅凭此说明均徭银差经历了历时性增长没有很强的说服力，因此有必要进行补充论证。

笔者在表 3 - 2 说明中已经指出，（嘉靖）《定海县志》中的"均徭银差"分为"原额银差""新增银差"两部分，而我们为了表格格式的规范，将其统一核算了。为说明同一个区域内均徭银差的历时性变化，笔者将列出《定海县志》中"原额银差"和"原额力差"各自的内容，并结合（嘉靖）《浙江通志》给出的宁波府"银差早期"项目分析该变化。

通过图 3 - 2 的分析可以看出，在一个固定区域内，均徭银差项目也表现出逐渐增加的历时性变化，变化方式与上文的分析是一致的。结合图 3 - 2 体现的变化方向和表 3 - 3 的数据分析可以看出，银差变化的主体是 A、B、E 三个部分。而这三部分的变化体现出一个共同特点，即每一类项目在增加过程中，都没有把"力差"吸收进来。均徭银差这种变化同时促生它的第三个特点。

第三，如果说承当均徭银差对于一般民户来说是相对容易的事情的话，那么"力差"向"银差"的转化本身就具有减轻民户负担的社会政策

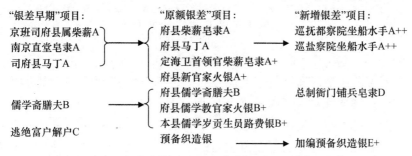

图 3 - 2　嘉靖时期定海县均徭银差项目变化示意图①

注："＋"表示首次增添项目，"＋＋"表示再次增添项目。

性质。这一点岩见宏和山根幸夫、唐文基等学者所持意见是相同的，只是岩见宏认为银差的这个功能体现在力差银纳化的后一个阶段上。表 3 - 3 中可以看出，虽然有"力差"转化为"银差"的项目，但是所占比例非常低，在武康县和定海县中均不足 1％，几乎可以忽略不计。从地方志记载的银差项目变化情况来看，银差具有"减轻民户负担作用"的观点是不能成立的。

　　以上对浙江地方志的剖析表明，均徭银差一开始就作为官员和儒学师生的补贴银两而存在，而且这个作用始终是银差的主要功能；银差总体呈现膨胀的趋势，但主要是作为补贴银两 A、B 两类的内部增长和本不属于徭役项目的额外公费银两的摊入而存在的，原有"力差"被吸收进入"银差"的项目很少，也并不是银差的主体部分；从这个意义上讲，银差并不具备"调节民户负担"的社会功能，也没有银差逐渐吸收力差、最终全部银纳化的过程。

　　以上的分析建立在一个重要的基础之上，即嘉靖时期均徭役中的"银差"和"力差"确实存在承役方式的不同，且被真实的反映在地方志中。表 3 - 2 中之所以不厌其烦的将"均徭力差"项目全部列出，意在使读者明确，在大多数嘉靖时期的地方之中，"力差"确实被标定了工食银两和力差银总数，而唐文基、侯鹏等学者也因此认为在嘉靖中期力差项目也基本完成了银纳化。如果该观点成立的话，那么地方志中关于银、力差的分类就失去了意义，进而笔者仅就地方志中给出的银差项目来分析"均徭银差"的功能和基本走势得出的所有结论也就不能成立。因此下文将对力差的承役方式及其变化趋势作出分析，以使笔者的立论成立。

　　① 本图据（嘉靖）《浙江通志》卷 17《贡赋》，（嘉靖）《定海县志》卷 8，制成。

二　均徭力差的承当方式及其变迁

（一）地方志中力差标定工食银两的两种解读方式

在所见浙江地区嘉靖时期的地方志中，确有力差被标定工食银两的情况，那么这种情况是否意味着这个时期均徭力差已经折银输纳了呢？如果此时的力差已经折银输纳，则地方志中均徭银、力差的区分就失去了实际意义，同时也就不能仅就银差范围内的项目来确定银差的功能了。在既有的研究成果中，对嘉靖时期地方志书力差标定工食银两有两种解读方式，这两种方式同时也代表了对均徭役变迁路径的不同解释，因此有必要首先总结这两种学术观点的基本主张。

在此我将浙江地区均徭役的佥派方式归纳为三种类型，即"征银除役""编银佥役"和"力役亲充"，并一一作出解释。[①] 对地方志书中力差标定工食银两的第一种解读可称之为"编银除役"型，该观点认为，在均徭役的演化过程中逐渐有一些徭役项目不再需要民户亲身应役，而是转为"输银代役"。这种转化方式可以描述为银差逐渐吸收力差的过程，即"力差→银差"。这种观点的代表学者是唐文基先生，他认为到了嘉靖年间，从当时的地方志记载来看，许多地方的力差和听差都已经折银输纳了。其引用的地方志包括浙江地区的（嘉靖）《武康县志》和（嘉靖）《浦江志略》两种，显然唐氏认为这个时期的地方志书中标注的工食银两就是力差银纳化后民户需要缴纳的银两数。[②] 侯鹏与唐文基所持观点相同，他认为在（嘉靖）《浦江志略》编纂的嘉靖二年时，力差已经被标定工食银两，这表明这个时期力差已经折银了，均徭折银主要用于地方衙门的人役雇佣。[③] 可见，两位学者认为嘉靖时期地方志中记载的力差工食银两表明力差在这个时期已经折银输纳了。

第二种解读方式可称之为"编银佥役"型。所谓编银佥役就是指"准银以定差，而不征银，听其身自执役或倩人代役"[④]，即只用白银数目标定差役的轻重，地方政府实际并不征收银两，服役人员既可以转雇他人也可以亲身应役。

---

① 笔者注意区分明代徭役佥派方式不同类型的想法是受到高寿仙先生的指教，在此提出感谢。高文《财竭商罄：晚明北京的"公私困瘁"问题》中提出了明代北京地区一条鞭法以后徭役编佥三种形态，即"征银除役""征银募役"和"编银佥役"三个类型。
② 唐文基：《明代赋役制度史》，第 237—239 页。
③ 侯鹏：《明清浙江赋役里甲制度研究》，博士学位论文，华东师范大学，第 147 页。
④ （清）顾炎武：《天下郡国利病书》，《浙江备录下》，第 2573 页。

刘志伟在考察广东地区的徭役编金时注意到了"编银金役"的方式，刘氏认为这是均徭法演变过程中的一个重要的发展，给力差标定工食银两就使得力差的轻重也开始用白银来衡量，这就进一步明确了白银货币在财政赋税领域的地位。不过，刘氏在文中也指出，从体现编户与政府之间关系的财政意义上看，编银除役和编银金役之间有根本性的区别。显然刘氏注意到了地方志中力差标定工食银两的另一种含义，即编银是作为衡量徭役轻重的标准，但徭役本身并没有银纳化。① 小山正明也认为均徭役在正德年间出现银、力二差的分类以后，银差内包含的项目开始逐渐增加。嘉靖以后的地方志中，不仅银差，力差也开始用银额来表示，这种记载包含了两种含义：第一种就是用银额作为派差的基准，实际上民户还是要提供力役；第二种地方志仅仅是保留着旧有的银、力差分类记载的办法，实际上已经全面银纳化了。② 具体至浙江地区，蒋兆成认为虽然力差是"准银以定差"的，但是仍然需要供役人亲身服役或者雇人应役，只是随着货币经济的发展，力差变为银差的项目也就越来越多。③

综合以上的观点可以看出，三位学者均认为明代均徭役经历了三个阶段的变化，即"力差→编银金役→征银除役"。

由于地方志中标定工食银两有两种可能性，那么如果要准确解读出力差编银的实际含义首先需要确定应役的实际形态。本书关于均徭银差功能分析使用的均是嘉靖年间的地方志，则均徭役的银纳化是否完成于嘉靖年间，就成了立论的关键。如伍跃虽然认为力差的发展经历了"编银金役"阶段，但是到了正德年间，南方的许多地区徭役基本上折银了。④ 伍文虽然没有举出浙江地区的具体史料来证明其论点，但逻辑上是存在这种可能性的，如果伍文的观点适用于浙江地区的话，即便唐文基等学者没有指出均徭役存在"编银金役"的方式，其关于嘉靖年间力差已经折银的观点依然成立。以下即针对此问题对嘉靖时期均徭力差的具体承当方式进行实证性研究。

（二）嘉靖地方志中体现的均徭力差应役类型

笔者首先将（嘉靖）《宁波府志》中的部分均徭役项目制成表格，并对比表3-2所引各地方志中均徭役项目的变化情况，详细说明均徭力差在嘉靖时期的实际承当方式。

① 刘志伟：《在国家与社会之间——明清广东地区里甲赋役制度与乡村社会》，第125页。
② 〔日〕小山正明：《明清社会经济史研究》，《明代的十段法》，第173—174页。
③ 蒋兆成：《明代杭嘉湖地区役制的演变》，《中国社会经济史研究》1993年第2期。
④ 〔日〕伍跃：《明代中叶差役改革试论》，《文献》1986年第2期。

表 3 - 4 　　　　　　　　　　（嘉靖）《宁波府志》均徭役项目①

	项目	工食	数量	鄞县	慈溪	奉化	定海	象山
原额银差	本府柴薪皂隶	12	1	156	72	48	12	12
	本府马丁	4		160	80	60	20	
	本府儒学斋夫	12		60	24	24	12	
	本府儒学膳夫	10	1	80	40	20	10	10
	陪课富户	2			6			
	本府县新官家伙银			35. 3334	21	21	21	21
	本府县儒学教官家伙银			12	24	12	24	12
	本府县儒学岁贡生员路费银			90	30	30	30	30
	预备织造银			700	500	300	150	70
新增银差	织造龙袍银			685. 8387				
	加编预备织造银			7833. 729	306. 18	225. 0408	137. 7801	45. 15
	加编富户	3		15				
	布政司坐船水手银				3			
	府县税课司局巡栏	8/9.9		152	29. 7			
	带管河泊所巡栏	9.9			9. 9			
原额力差	南察院伞夫	7.2		28. 8				
	布政司直堂皂隶	7.2		7. 2				
	按察司狱卒	9		18	9	9	9	
	本府门子	3.6		21. 6				
	本府税课司巡栏	8		192				
	在城河泊所巡栏	8		24				
新增力差	布政司解户	30	1	300				30
	加编乌金碶碶夫	2		2				
	加编铜盆铺渡夫	2		2				

　　该志成书于嘉靖三十九年（1560），其中定海县部分的均徭内容与表

3-2中（嘉靖）《定海县志》数据完全一致。（嘉靖）《定海县志》完成于嘉靖四十二年，其中户口数据截至嘉靖四十一年（1562），因此笔者认为这两种数据至少反映了嘉靖中期宁波府的基本状况。

两种地方志中体现的均徭役结构是一样的，均分为"原额银差""新增银差""原额力差""新增力差"四个部分。对比表3-2可知，嘉靖早期的地方志中力差就已经标定了工食银两，如果这个时期的力差已经全部折银，地方志中银、力差分类书写仅被视为早期分类方法一种延续的话，则地方志"新增银差"这个类别中就不会出现"本府税课司巡拦"和"带管河泊所巡拦"这两个从"原额力差"中转化过来的项目。

此外，在（嘉靖）《宁波府志》"课程"部分记载宁波府税课司共编巡栏27名，"其中十九名追役银一百五十二两抵课，八名发司应役，催收门摊肆税完解"①。从这条史料可以看出，该府税课司原来的24名巡拦，现有19名已经改为银差，另外8名依然被金派到税课司应役。表3-4"新增银差"中"府县税课司局巡拦"项下"鄞县"的编银是152两，恰好等于19名转化为银差的巡拦役银。而且鄞县的"原额力差"中"本府税课司"巡拦的编银为192两，同样反映了该府税课司巡拦原有24名全部为力差，而且已经标定了工食银两，两处史料所反映的情况完全吻合。因此可以对这两条史料做如此解读，即宁波府"税课司巡拦"原为"编银金役"型，即标定工食银两，但是需要亲自应役或者雇人代役，后有19名巡拦"征银除役"，编入"新增银差"一项中，剩余8名依然保持原有编金方式。

这表明（嘉靖）《宁波府志》中对均徭银、力差分别记载并非对旧有方式的简单延续，该分类仍然反映当时的实际情况。银、力差虽然都标定工食银两，但是分别代表"征银除役"和"编银金役"两种不同的类型。

从时间上看，（嘉靖）《宁波府志》与（嘉靖）《定海县志》分别成书于嘉靖三十九年（1560）和嘉靖四十二年（1563），早于表3-2中其他三种地方志的编纂年代；从徭役项目的结构上看，五种地方志中对均徭银、力差的分类方法和具体项目上都保持高度的一致性。因此，无论从时间上逆推，还是从均徭役的构成来看，这五种地方志体现出来的力差编金方式都是一致的，即"编银金役"，绝大多数力差尚未银纳化。

通过以上的分析可知，认为在正德年间或者嘉靖初年，均徭力差已经实现银纳化或由"编银金役"转化为"征银除役"的结论在浙江地区都不

①　（嘉靖）《宁波府志》卷12《课程》，第1156—1160页。

能成立。从所引地方志的成书时间上看，笔者认为至少从嘉靖初年到嘉靖中期这个时间断限上，银、力差的分类有实际的含义，代表了两种不同的徭役金派方式。因而，在这个时间范围内，本书前一部分就银差项目分析银差功能得出的结论是成立的。

（三）十段法的成立与均徭力差的应役形态

笔者之所以将关注点放在十段法施行前后，是因为明史学者普遍认为十段法对明代徭役制度的改变有着重大意义。

梁方仲认为，十段法的施行在税法上表现出一种转变的意义，就是由以往的对人税转为了对物税，赋役改为对物起课，随地征收。十段法的施行有两点注意之处就是徭役依地起派和力差全部折合成银差。①

小山正明认为："杂役的金派方式是首先将具体的役目对应相应的户则，再金派给与户则对应的人户。即便在均徭法成立之初，也基本维持这一原则。此后，从景泰到弘治年间，里甲正役和均徭役的一部分开始货币化，最初是折钱，此后逐渐纳银。采用折钱或者纳银征收的这部分里甲正役或部分均徭役并不是对户征收，而是采用对现年里甲或者均徭里甲内的丁田（或者粮）统一科派的方式进行的，徭役对户的科派的原则已经部分的崩坏了。但是在这个阶段，现年里甲或者均徭里甲的丁田（或者粮）还只是依户数原则编成的现年里甲或者均徭里甲内所属人户的丁田（或者粮）而已……"②

在以里甲为共同体承担差役的情况下，银纳化的差役，即银差不再对户征收，而是均派给应役里内的全部丁田。随着银差包含项目的逐渐增多，按照丁田科派的部分也就逐渐增多，最终演化成将里内丁田均分为十段，每段承当一部分差役的形态。小山氏对十段法的出现和特点做出了以下三点论述：

其一，与以户为基准编排里甲或均徭银的原则不同，十段法的科派对象不受里甲内户的限制，而是以均等后的丁粮额度为基准，所以如此，是因为明初以来的以里甲户数为编排原则的体制此时已经崩坏了。

其二，随着景泰以来里甲负担的货币化趋势逐渐增强，尤其是均徭银差项目的逐渐增多，以户等为基准进行的徭役编金方式被逐渐放弃，而是将里内丁田额十等分，共同分担均徭银差的银数。因此，十段法的终极形态是银、力二差全部银纳化；由里内丁田平均分担均徭银两，如果抛开十

---

① 梁方仲：《明代赋役制度》，《明代十段锦法》，第438—439页。
② 〔日〕小山正明：《明清社会经济史研究》，《明代の十段法》，第175页。

年一役还是一年一役的区别不论，这种办法已经和一条鞭法十分接近了。

其三，明代里甲制是以国家对个别户的支配为基础的，里甲的编成必须要将户数原则和各里各甲间的徭役负担能力相对应，维持这种体系的社会基础是中小土地所有制。小山氏认为"析户"是维持中小土地所有制的一种办法，但是随着身份性精英在地方社会的兴起，优免政策的适用性也逐渐扩大，随之形成的乡绅土地所有制与中小土地所有制是相悖而行的。因此国家通过里甲征派徭役的方法，在乡绅土地所有制形成之后，施行起来就非常困难了，而十段法就是在处理这种矛盾的过程中产生的。

小山正明认为如果抛开轮役周期不论，十段法已经实现了徭役全部银纳化，它和一条鞭法已经十分接近了。

从以上两位学者的观点可以得出如下推论，即虽然前文论述表明即使到了嘉靖中期，均徭役中大部分力差依然保持着"编银金役"的金派方式，尚未实现银纳化，到十段法施行的时候力差也一定完成了银纳化。那么情况是否如此呢，笔者试析之。

本书在此使用《巡按浙江监察御史臣庞尚鹏题为均徭役以杜偏累以纾民困事》这篇奏疏，分析该问题。该奏疏是一篇议论均徭力差的弊端以及改革方式的文章，表3-5首先列出奏疏中提到的力差名称、存在弊端和改革方法，然后再作出分析。

表3-5　　　　　　　　庞尚鹏论均徭力差弊端、改革方法①

徭役名称	存在弊端	改革办法
各驿馆夫（A）	原编徭户赔累繁苦，不可胜言	今酌量各驿繁简，约计每名岁该用银若干，征收贮库，责令该驿官吏自行支应，照依议定规则登簿，每月送巡按衙门并驿传道覆核明白，通免查盘
府州县库子（A）	原编徭户应当供办心红纸扎及一切支应等项，相沿旧弊，日益月甚，致使赔费破家	近已裁革前役，止令吏农看守库藏，仍酌量各地方繁简冲僻，征银给守库吏农充造册工食之费
巡盐应捕（B）	原编徭户不谙巡缉，俱雇人代当，倍取工食兼之陪盐问罪极为繁重	今酌量限获盐船银数，每名岁该编银若干，不坐徭户姓名，就于该县民壮轮流充拨盐捕，责令严行巡缉。如果限数不足并比较问罪之类，即量于前银内抵给，其徭编应捕之役改为银差

---

① 数据来源：（明）庞尚鹏：《百可亭摘抄》卷1《巡按浙江监察御史臣庞尚鹏题为均徭役以杜偏累以纾民困事》，第123—128页。

徭役名称	存在弊端	改革办法
斗级（A）	原设有预备、军储、存留、便民等仓不一，及沿海、腹里远近轻重不同，而役银亦有多寡之殊，但收支米谷湿烂亏赔均为繁苦，编当徭户往往破家	今令每年新旧交盘则无亏折之患，且于年终更役之日听守巡道会呈抚按衙门，委官查盘交割，此外俱免再查，自无别项浮费，及又改征本折中半，益省收放之繁。已经查照地方繁简，酌量钱粮重轻，俱各计数，每名派银两若干，给募附近殷实之人应当，役满之日即行交代，免其守候，若有亏折，仍照例递减，亦无繁累侵欺，从重问罪外，其湿烂亏折俱责限赔完，姑照常发落
铺兵（B）	原有冲僻不等，役银亦有多寡不同。审编徭户不能走递，每被积年包揽，多索工食，甚至数倍，民苦繁重不堪	今量地里远近，斟酌重轻，定为等差，每名派征银两若干，给募殷实之人应当，若有走递稽迟，问罪追银，以警偷惰。至于抽革充饷役银，一体征解不缺，官民两便
巡司弓兵（B）	原编徭户不谙操备，俱被棍徒包当，倍索工食，又勤赔补盐价，民亦繁苦不胜	今量地里冲僻，斟酌多寡，每名征银若干，给募附近勤实精锐之人应当，及照限巡缉私盐，毋容急误，抽革充饷者一体征解，并无增减，民亦称便
各衙门皂隶（B）	原编徭户率皆募人应充，每致多索工食，民亦艰苦	今量繁简，每名征银若干，给募勤实之人应当，抽革充饷役银一体征解，诚为两便
各衙门门子（B）	原编徭户正身不能应役，悉系包当，赔费工食颇重	今量繁简，每名征银若干，给募相应之人应当，民获省便
解户（B）	原额编征银两，解司收候，贴解钱粮或给为路费不等，每被积棍包揽，倍索病民	今议酌量倍征，银解司贮库，遇解钱粮，听给路费，或募殷实之人领解，民颇省便而官亦不烦
冲要驿分水岸夫及摆江水手梢夫（B）	原有轻重不等而工食亦有多寡之殊，每编徭户责其供办夫船及帮贴过关远差之类，赔费甚繁，又被包役之人倍索难计	今议酌量繁简，每名征银若干，给募附近勤实之人应当，民无骚扰而代役之人亦不繁累
坝夫（B）	原编徭户不谙车递，皆系包当，不无多取工食，兼之赔费索缆，颇为繁重，近又抽革充饷，遂致数少，供应不敷，未免倍增帮银，愈致民苦不胜	今量繁简约计每名该用银若干，派征给发召募近坝勤实居民充当，使各夫便于应役，而徭户无繁费之苦
驿使（B）	专承远递公文及走报紧急事情，以致原编徭户不能应当，必选精装之人代役，遂致倍取工食，民苦不胜	今亦酌量每名约该岁用银若干，征给选募勤实之人应役，行之亦便

续表

徭役名称	存在弊端	改革办法
各衙门狱卒（B）	原编徭户皆不能管束囚犯，皆系衙门积棍包当，倍索工食，又加帮办刑具之类，民苦繁费不胜	今量各衙门繁简，约计合办刑具之需，每名征银若干，给募殷实之人应当，民获省便
甲首、听事夫、伞夫并各衙门取用弓兵（B）	亦皆包当，每每倍取工食，民苦繁累	今俱酌量每名征银若干解给，使无多索，民颇省便
府州县儒学门子、门夫、斗级、库子（B）	虽非繁重，但原编徭户必系包雇代当，亦苦多索工食	今酌量每名征银若干发学，就彼给募附近居民应当，颇为便益
各山川、社稷、郡邑历坛、皇陵、神祠及各乡贤名宦与夫便民仓等项门夫（B）	本皆轻差，而役银额数不多，每编徭户亦苦多索工食	今照原额每名征银给募附近居民，或量为归并裁减，颇为省便
各盐场并批验所工脚（B）	原非重役，而各场所员责之供应心红纸烛或差遣繁难，以致原编徭户每被三倍索取工食，民苦不胜	今亦酌量每名征银若干，发各衙门给募附近之人应当，则供应之弊自革而彼此两便
闸夫、渡夫（B）	虽非重役而启闭、撑驾尤在惯便之人。原编徭户不能应当，致被多取工食，亦为繁累	今量地里冲僻繁简，每名征银若干，给募附近惯当勤实之人，或量为裁减归并，以革冗费
各税课司局河泊所巡拦（B）	原编徭户不谙巡缉商税，多被衙门棍徒收匿税钞而累民赔纳繁苦	今查所属商税不多，照各额办钞银多寡，酌量每名征银若干，解纳抵课，民无烦扰赔累，甚为民便。其法应收税者，仍旧编银雇役

与表 3-2 相较可知，表 3-5 所列的徭役项目几乎囊括了所有均徭力差项目，而从"存在弊端"一列中可以看出此时力差的应役方式，笔者将其总结为 A. 力役亲充和 B. 编银金役两种方式：

A. 力役亲充，表中显示这部分包括"各驿馆夫""府州县库子""斗级"三项。这三项徭役共同存在的问题就是应当役户需要承受沉重的额外负担，民户一旦承役，往往因为被索要额外费用，以致破家。如库子一役，"凡公堂百费及私衙日用莫不刻意诛求，同僚各官吏更相效尤，无复顾忌，甚有不忍言者，而胥吏门皂尤百计苦之。故佥充库子即有司视为奇货，家累千金，败不旋踵矣"[①]。

① （明）庞尚鹏：《百可亭摘稿》卷 1《巡抚浙江监察御史臣庞尚鹏题为悯时艰陈末议以垂法守事》，第 109 页。

庞尚鹏甫至浙江就已经对三役进行了改革，将馆夫、库子改为银差，规范了斗级的运作程序，该题本虽然提出将这三项全部转入银差，其时馆夫、库子两项已经完成银纳了。

B. 雇人代当，除以上三项外，其余各项均为"雇人代当"。这些项目均存在一个共同的问题，即原编徭户不能亲自充当，被"棍徒"包揽，结果往往被这些人额外索要工食。相应庞尚鹏的改革办法就是将这些力差转化为银差，由各机构自行雇募人员。

庞尚鹏的奏疏反映了两方面的内容：第一，庞氏来浙江做巡按御史之时，均徭力差的应役方式总体上还保持着"力役亲充"和"雇人代当"两种办法。需要指出的是，无论是力役亲充还是雇人代当，从官府和民户之间关系的角度来说，是没有区别的，都是对活劳役的直接征发。第二，均徭役的改革方向是力差纳银，由官府自行雇募。用图示表示该体系变化，则如下图3－3：

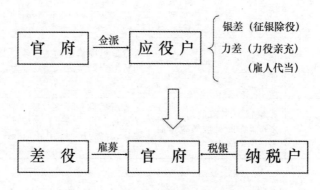

图3－3　均徭力差向银差转化示意图

图3－3所示正是"力差"全部转入"银差"的过程，但是这个过程并不如梁方仲和小山正明所论证的那样，在十段法出现之时或者在这之前就已经完成，而是在十段法出现之后才开始施行的，笔者在此举两例。

第一，庞尚鹏在奏疏中提到："切惟民间大患莫甚于赋役之不均，赋役不均实由于优免之太滥。臣自祗役以来即议立十段锦之法，通行各府州县查将十甲内丁粮除四甲已经编过外，未编六甲通融均作六段，分定六年。凡官吏、举监生员、军灶匠丁系例应优免者即将应免之数开列册前，如或各甲内俱有丁粮，止从一甲内优免，其余免剩者挨造入册，与民一体编差，已经见诸施行外，惟于灶户尚有诡寄冒滥之弊。臣巡历所至，士民俱戚额而相告，皆曰灶户自优免外，应与民一体当差，然有司官又以其借口办课为词，止将银差量派，全无力差，……况灶户完课有终岁之乐，百姓杂差无息肩之时，故人皆乐于趋灶，巧于避民……"①

这篇奏疏提到十甲丁粮已经编过四甲，由于嘉靖四十年是大造黄册的年份，因此从时间上推断该奏疏完成于嘉靖四十四年（1565）。② 从材料中可知，在十段法完成以后，均徭役依然分为银差与力差，而且灶户以办纳盐课为借口不去承当力差，恰恰说明了此时的力差依然是亲身应役的。

非但如此，文中表 3－5 是根据庞尚鹏的另一篇奏疏《巡抚浙江监察御史臣庞尚鹏题为悯时艰陈末议以垂法守事》制作而成，文中提到"已前五年已经编役"，表明该奏疏完成于嘉靖四十五年，即在十段法施行一年之后，力差银纳化的改革提议才出现，这说明十段法成立之时，大部分力差项目尚未实现银纳化。

第二，（嘉靖）《永嘉县志》载："论曰均徭有银差有力差，议者欲无论银力酌量役次重轻，实计银数均以丁粮派之，不必注定差目，概征其银，官为雇役，使无从私得倍征之利，诚为画一良法。然法无全利，便于民或不便于官，亦有官以为宜民而民顾未便者。近议革府县库子并酌处仓斗、盐夫，于民有大利矣。若诸役稍轻者概编银差，非惟有司征收加烦，小民输纳亦有未便者。大抵重役利于银差，轻役利于力差，何则？重役官即倍征亦有限制，轻役私相雇募，虽稍溢额，其役银可以旋交，可以货抵故也。"③

这段材料中记载的"近议革府县库子并酌处仓斗"，显然指庞尚鹏在嘉靖四十四年推行的改革办法，那么"议者欲无论银力"全部折银征收，官为雇募的办法自然反映了庞氏嘉靖四十五年奏疏中提到的改革方案。该材料中所言力差"私相雇募"的应役方式和庞氏奏疏中反映的情况是一致的，从时间序列上推断，这条材料反映的是嘉靖四十五年以后永嘉县均徭力差的实际情况。因此笔者认为该材料也说明了至十段法施行之时，基本的力差项目尚未实现银纳化。

---

① （明）庞尚鹏：《百可亭摘稿》卷 1《巡按浙江监察御史臣庞尚鹏题为厘宿弊以均赋役事》，第 119 页。

② 对庞尚鹏奏疏的时间推断，刘志伟也有同样的观点，参见《在国家与社会之间——明清广东地区里甲赋役制度与乡村社会》，第 149 页。

③ （嘉靖）《永嘉县志》卷 3《食货志》，《稀见中国地方志汇刊》，第 571 页。该地方志虽然标注年代为嘉靖，但是经过了隆庆和万历年间的增修，从其记载的数据来看，反映的情况应该在隆庆以后。

无论是庞氏奏疏中提到的改革办法，还是地方志中所反映出来的均徭应役情况都可以认为，至嘉靖四十四年（1565）十段法施行之时，大部分均徭力差尚未实现银纳化，图3-3所示均徭役体系的改革方针是在次年，也就是嘉靖四十五年才被提出。均徭银纳化的过程则发生在十段法施行过程之中，庞尚鹏在奏疏中提到：

> 但已前五年已经编役，若使已役之年与未役之年一概编审，通融起差，则已役之民前既受病于赔贩之艰，后又不免于重征之苦。虽以义远计之，诚为百世之利，而以目前论之，恐有重役之叹。今除前编过年分，止将未役五年通融编差，候役完之日，然后照依十年编派，随粮带征。庶乎未役者得以饫被其泽，而已役者亦得以均蒙其惠矣。①

由此可见，均徭力差折银以后就可以将役银摊入田赋，随粮带征，但是为了避免重役的弊端，只有等到十年轮役周期完成以后开始实施一条鞭法。这表明在十段法施行过程中，均徭力差完成了银纳化的过程，十段轮役周期过后再完成由役入赋的改革。从时间序列上讲，十段法出现在前，均徭力差折银在后，认为十段法成立之时均徭役已经全部折银或大部折银的观点是不能成立的。

以上，笔者对浙江地区嘉靖年间均徭银、力差的各自承当情况以及庞尚鹏的改革方针进行了分析，可以得出如下结论：

第一，均徭银差是作为官员的养廉银和儒学师生的补贴银而出现的，并且一直都是银差的主要功能。

第二，均徭力差在地方志中虽然已经被标定工食银两，但只起到"编银金役"的功能，实际上依然采用"亲身应役"和"雇人代当"两种承役方式。至嘉靖四十五年庞尚鹏徭役纳银改革方案提出之前，几乎不存在力差向银差的转化过程。

第三，时间序列上讲，十段法成立在前，力役折银改革在后。这表明嘉靖四十四年施行的十段法可以在力役不折银的情况下成立，这从我们前文的分析中也可以看出。如此则梁方仲与小山正明所说的十段法成立之时徭役全部纳银的结论是值得商榷的，需要重新考察。

---

① （明）庞尚鹏：《百可亭摘稿》卷1《巡按浙江监察御史臣庞尚鹏题为均徭役以杜偏累以纾民困事》，第128页。

三　均徭审编与金派之间的关系

如果本书以上结论成立，那么我们必须对十段法与均徭役金派之间的关系进行合理说明，因为在既有学术成果中，十段法在一条鞭法的形成路径中处于十分重要的关节点上。如小山正明认为十段法和一条鞭法只在轮役周期上存在不同，其实和一条鞭已经十分接近了。伍跃则认为，十段法的改革就是将全县的人丁田粮分为十段，每年以一段应役，从而使各段的负担大致相等，而一条鞭法则是废除轮役制度，每年以全县的人丁田粮来共同承办徭役。[①] 可见，两位学者均认为十段法和一条鞭之间的区别只在应役周期的不同。然而，梁方仲、小山正明、伍跃等学者均认为实现十段法的前提是力役折银，[②] 因此我们可以将以上学者关于均徭法向一条鞭法演进的路径概括为图 3 - 4：

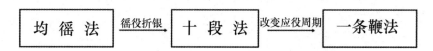

图 3 - 4　均徭法向一条鞭法演进路径示意图

（万历）《明会典》卷二十中有两段关于徭役审编办法的记载，似乎也说明了同样的过程，兹引如下：

> （嘉靖）十五年题准，今后凡遇审编均徭，务要查照律例，申明禁约。如某州县银、力二差原额，各该若干，实该费银若干，从公查审，刊刻成册，颁布各府州县。候审编之时，就将实费之数编作差银，分为三等九则，随其丁产，量差重轻。务使贫富适均，毋致偏累，违者纠察问罪。
>
> （嘉靖）四十四年议准江南行十段锦册法。筹该每年银力差各若干，总计十甲之田派为定则。如一甲有余则留二三甲用，不足即提二甲补之。乡宦免田，十年之内止免一年，一年之内止于本户。寄庄田

---

① 〔日〕伍跃：《明代中叶差役改革试论》，《文献》1986 年第 2 期。
② 其中小山正明认为十段法只针对徭役折银项目审编；伍跃在前揭文中已经论述，至正德年间南方许多地方的徭役都已折银征收了，所以其在论述十段法施行的问题时，徭役折银已经作为前提被预设了。

亩不拘同府别府，但已经原籍优免者不许再免。①

结合这两段材料可知，在十段法下均徭审编首先要将每年银力差费银若干编纂成册，然后再将里内各甲按照差银数量均分为十段，取一段应役。如果一段内一甲有余就留用二三甲，不足则提编下一甲。这段过程描述与图3-4所示的徭役变迁路径看似相似，即徭役首先全部折银，然后才能将里内十甲均分十段应役。

可是前文的分析已经说明，十段法可以在徭役不折银的情况下成立，即它可以同时编金银差和力差。另外，在时间序列上图3-4也是存在问题的，我的分析指出徭役银纳化的过程是发生在十段法成立之后的，而且此前的力差并没有向银差转化的过程。那么，梳理十段法在均徭役金派中所起到的作用是理解均徭役变迁的另一个重要问题。

明人张选详细描述了均徭役编金的具体操作过程，可以帮助理解这个问题，现录于下：

> 编均徭须先期三月，逐图而审，亲注人丁，中间殷实孤贫暗自记号，并查清黄二册，有漏丁亦收作数。每图各县审册一本，上半截写徭户姓名、籍贯、应免乡邑。下半截写丁若干，田若干，审后每一乡或二乡类订作一本，从中用刀截断，上截留衙封识，下段发书算手，关闭公所攒数。田十亩作一丁，通县该年人丁若干，本县银力二差共银若干，各置一簿，每丁该科银若干，算成总数。然后将下截入衙比对上截，亲填差役于上段，如一户田多丁多，即编以重差一名或二名，其余量与轻差。或有贫民告愿近便力差或银差者，中间有最贫下者量免，庶几谓之均矣。②

可以将张选描述的均徭役的金派过程归纳为如下几步：

第一步，审编应役户的基本情况。将均徭图册分为两部分，上半截填写应役户的姓名、籍贯、应免乡色。下半截填写每一户的丁、田若干。

第二步，编算丁田、差银总数和每丁科银数。文册上半段，即写有应役户姓名、籍贯、应免乡色的这部分要留衙封存。下半段要发给书算手审编，按照"10亩＝1丁"的标准将应役各户的丁田全部转化为丁数。再将

---

① （万历）《明会典》卷20《赋役》，第134页。
② （明）张选：《忠谏静思张公遗集》卷4，第430页。

银、力差的差银总数除以总丁数计算出每丁科银数。

第三步，比对金役。将下段文册比对上段写有姓名的文册，"亲填差役"于上段。需要注意的是，材料中明确记载是"填写差役"在应役户姓名的后边，而并非"填写役银"在姓名后边。以上三个步骤是审编的过程，张选在文中虽然没有提到，但对于均徭法实际还存在最后应役的步骤。

（第四步）徭户应役。由于应役户姓名后边写的是应当差役的名称，理论上讲对于每个应役户都存在两种应役的可能性，即"征银除役"和"编银金役"（包括"力役亲充"和"雇人代当"两种方式）两种。据前文分析可知，至嘉靖四十五年庞尚鹏提出力役折银的改革办法之前，均徭力差基本上保持着"编银金役"的方式。

通过以上的分析可知，无论是丁田折银还是徭役标定工食，都是为了"以银定差"的"货币化审编"，十段法的出现只是打破原有里甲范围，统将十甲丁田进行"货币化审编"。虽然丁田和差役都可以标定白银数目用以精确计算，但实际的应役状态可以有多种选择，既可以采用货币形式也可以采用力役亲充的形式。总之，在明代徭役金派的问题上，注意到"审编≠金派"是理解该问题十分关键的地方。[①] 因此，图3-4所示序列可以理解为均徭审编的变化，并不能视为均徭役金派的变化。笔者结合图3-3与本书的分析，将明代均徭役的变迁修正为下图：

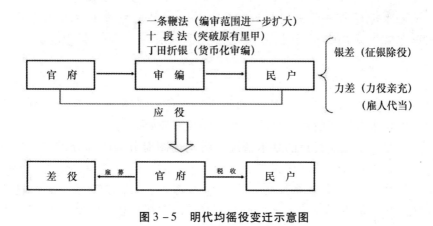

图3-5　明代均徭役变迁示意图

---

① 笔者的分析是建立在均徭役金派采用"均徭形态"这一前提之上的，见本章第一节的论述，也可参见〔日〕岩井茂树《中国近代财政史研究》，第179—220页。

　　如图 3 - 5 所示，在嘉靖以前明代役法系统的变迁都可以视为审编方式的改变，而不是役法系统的变革。理论上讲，在审编范围逐步扩大的情况下，役法系统自身可以发展出 "一条鞭法"，这在明代文献中也可以得到印证。《明世宗实录》卷一二三：

> 　　己酉，御史傅汉臣言，顷行一条编法，十甲丁粮总于一里，各里丁粮总于一州、一县，各州县总于府，各府总于布政司。布政司通将一省丁粮均派一省徭役，内量除优免之数，每粮一石审银若干，每丁审银若干，斟酌繁简，通融科派，造定册籍，行令各府州县永为遵守，则徭役公平而无不均之叹矣。①

　　这条史料产生于嘉靖十年（1531），被明史学界认为是关于一条鞭法最早的记载之一。② 如上文分析所示，此一条鞭法只是徭役审编范围的扩大，以布政司为单位统一核定均徭数量，统一审编各户编银数量，以银定差，这与庞尚鹏所言之一条鞭法的操作原理是不同的。庞尚鹏在奏疏中记载：

> 　　近该臣查得余姚、平湖二县原著有均徭役一条鞭之法。凡岁编均徭俱于十甲内通融随粮带征，行之有年，事尤简便……况绍兴所属，臣已督行一年，卓有明效，别无可疑……即行接管巡按浙江监察御史王得春转行各该司府州县等衙门，著为成法。先将未编五年通融编派，以快舆情，候十年大造之后，悉照此法，十甲派征，永为遵守……③

　　另外，顾炎武在《天下郡国利病书》中对庞尚鹏的改革也有相同的论述：

> 　　嘉靖之四十四年，南海庞公尚鹏来巡浙土，洞晰两役为民大害，乃始总核一县各办所费及各役工食之数，一切照亩分派，随秋粮带征。分其银为二款：一曰均平银，一曰均徭银。岁入之官，听官自为

---

① 《明世宗实录》卷123 "嘉靖十年三月己酉" 条，第2971页。
② 参见梁方仲《明代一条鞭法年表》（初稿），收于《明代赋役制度》，第180页。
③ （明）庞尚鹏：《百可亭摘稿》卷1《巡按浙江监察御史臣庞尚鹏题为均徭役以杜偏累以纾民困事》，第123页。

买办，自为雇役……此杂泛差役改为一条鞭之始。①

无论从庞尚鹏的奏疏还是从顾炎武的记述都可以看出，庞氏举行之一条鞭法并非是扩大徭役审编范围，它的核心在于"随粮带征"，也可以称之为"由役入赋"。两种"一条鞭法"虽然名称相同，但体现的财政运行思路是截然不同的。在赋役财政运作的思路下，审编办法无论是"三等九则"原始方式，还是"丁田折银"的货币化方式，审编范围无论是一县、一府，还是扩大为整个布政司的"一条鞭法"，其核心的思维是"以银定差"，政府最终要凭借强制性手段将"役"金派给每户。

"由役入赋"的一条鞭法改革则完全冲破了这一役法系统，政府不再以强制性手段保证行政所需的人力资源，转而遵循市场原则雇佣行政人员。那么徭役折银随粮带征意味着人身强制转化为财产税，政府"公共财政"开始出现。由此观之，庞尚鹏的改革更多的体现在了财政思路的转变上，是对原有财政运作体系的否定。

本书对均徭法的实证分析也表明，浙江地区货币化财政体系改革完成之前，几乎不存在银差逐渐吸收力差最终实现货币化这一过程，大量的徭役折银过程发生在"由役入赋"思路形成之后，"均徭一条鞭法"和十段法的产生都是原有役法体系内修正审编办法的做法。结合本章上节分析可知，南直隶和浙江两地区在嘉靖末年之前，均徭法系统或改革成效不大或基本维持原样，均不能将十段法的推行看成一条鞭法改革的前奏。庞尚鹏奏疏中提到"由役入赋"的财政改革思路到底如何，本书将在第四章详细讨论。

第四节　均徭役的财政负担解析
——以海瑞《兴革条例》为中心

本章之前两节分别讨论了南直隶和浙江的均徭役结构变迁等问题，其中涉及一个比较共性的问题点，即均徭役的财政负担。可以认为，均徭力差银纳化推行的迟滞关键在于力差的财政负担无法化解。在有关均徭役的文献中，银、力差的轻重问题经常被提及，这同时也是明史学界的讨论焦点。从财政史的角度而言，可以将该问题理解为对均徭役财政负担方式与

---

① （清）顾炎武：《天下郡国利病书》，《浙江备录下》，第2447页。

额度的解析。

日本学者山根幸夫认为，由于均徭银差负担较轻，所以银差的出现对于应役人户而言，其负担是减轻的。岩见宏则认为，最早的银差只有皂隶、马夫、斋夫和膳夫四个项目，这四项主要用于补贴官员日常开销用度，可视为官员对白银的欲求，况且此时缴纳如此数量的白银，对于民户而言并不轻松，因而，银差的出现并没有减轻民众负担的意味。但是岩见氏同时也指出，随着力差被追加的财政负担越来越重，在随后的力差银纳化过程中，的确有减轻民户负担的作用。① 国内学者刘志伟认为，关于明代均徭役的轻重问题，明人似乎没有统一的意见，大致是均徭法实行初期银差较重，但是随着力差的负担逐渐加重，力差遂变为重差。② 唐文基也认为造成差役轻重一方面取决于服役地方远近，另一方面要考察各项差役榜定派额与实际支费相去多少，重役则是由于劳务实际上超出了规定的范围。③

以上几种观点基本代表了中日学者对此问题的基本看法。总体言之，除山根氏对于银差出现的原因与几位学者稍有差别外，几位学者基本认同力差的额外负担是造成重役的主要原因，而此时力差向银差转化则具有减轻负担的意味。虽然对于均徭役负担的研究已经有诸多成果，但笔者认为仍有几个需要解决的问题。首先，确如岩见宏的研究表明的那样，银差的出现是为官员养廉而用，但本书前两节的研究已经指出，在一条鞭法推行之前，浙直地区尚不存在大量力差折银的情况，因而不能据此来判定银、力差孰轻孰重。另外，从明人留下来的一些议论中来看，也不宜将银、力差简单的区分为轻、重差。张选《忠谏静思张公遗集》卷四：

> 如一户田多丁多，既编以重差一名或二名，其余量与轻差，或有贫民告愿近便力差或银差者，中间有最贫下者量免，庶几谓之均矣。④

由这条史料可知，"近便力差或银差"比一般的轻差负担还要轻，显然轻、重差与银、力差并不是对应的关系。另如（嘉靖）《永嘉县志》卷三：

---

① 〔日〕山根幸夫：《明代徭役制度の展开》，第109—117页；〔日〕岩见宏：《明代徭役制度の研究》，第166—169页。
② 刘志伟：《明代均徭中的银差与力差》，《中山大学研究生学刊》1982年第2期。
③ 唐文基：《明代赋役制度史》，第242页。
④ （明）张选：《忠谏静思张公遗集》卷4，第430页。

近议革府县库子并酌处仓斗、盐夫，于民有大利矣。若诸役稍轻者概编银差，非惟有司征收加烦，小民输纳亦有未便者。大抵重役利于银差，轻役利于力差，何则？重役官即倍征，亦有限制。轻役私相雇募，虽稍溢额，其役银可以旋交，可以货抵故也。①

上引材料可见，永嘉县差役的轻重仅在力差中加以区分。从该县志作者对差役银纳化改革的意见中可以了解到，财政负担重的差役适宜银纳化，而财政负担轻的差役则适合与百姓之间私相雇募，可以省却交银的麻烦。从这两条史料的记载似乎均表明，银、力差与轻、重差并无逻辑上的对应关系，但该问题仍需深入实证分析。

此外，刘志伟等学者的观点也都认同，差役附带的财政责任才是判断徭役轻重的主要依据。因此，从逻辑上讲，即使是力差，只要其没有超额的财政负担也属于轻差的范畴之内。问题是由于此类财政数据的缺乏，目前尚未有学者对均徭役的实际负担额度进行量化分析。从笔者所见的材料中，海瑞的《兴革条例》对该问题有较为详细的记载，本节即以海瑞的记载为中心，对上文所提到的明代均徭役的财政负担问题进行初步的数量分析。

一 淳安县均徭役的应役类型分析

《兴革条例》是海瑞任淳安县令时对县内政事的记载，完成于"嘉靖四十一年壬戌"，收于《海瑞集》中。本书使用的是陈义钟点校的，中华书局1962年出版的版本。② 由于此时淳安县的均徭役全部已经标定工食银数目，我们无法通过这种书写方式来判断该项差役到底是银差还是力差，因而首先需要确定这个时段内淳安县均徭役的应役类型。

明代地方志书中对银、力差标定工食银两有两种解读方式，这两种方式同时也代表了均徭役的两种不同应役方式，笔者将其归纳为"征银除役"和"编银佥役"。所谓"征银除役"型，是指在均徭役的演化过程中逐渐有一些徭役项目不再需要民户亲身应役，而是转为"输银代役"。如唐文基认为，到了嘉靖年间，从当时的地方志记载来看，许多地方的力差和听差都已经折银输纳了。其引用的地方志包括浙江地区的（嘉靖）《武康县志》和（嘉靖）《浦江志略》两种，显然唐氏认为这个时期的地方志

---

① （嘉靖）《永嘉县志》卷3《食货志》，第571页。
② （明）海瑞：《海瑞集》上编《兴革条例》，第38页。

书中标注的工食银两就是力差银纳化后民户需要缴纳的银两数。① 侯鹏与唐文基所持观点相同，侯氏认为在（嘉靖）《浦江志略》编纂的嘉靖初年，力差已经被标定工食银两，这表明这个时期力差已经折银了，均徭折银的主要用于地方衙门的人役雇佣。② 综上，两位学者认为嘉靖时期地方志中记载的力差工食银两表明力差在这个时期已经折银输纳，变为银差了。

第二种解读方式可称为"编银金役"型。所谓编银金役就是指"准银以定差，而不征银，听其身自执役或倩人代役"，即只用白银数目标定差役的轻重，地方政府实际并不征收银两，服役人员既可以转雇他人也可以亲身应役。③

刘志伟在考察广东地区的徭役编金时注意到了"编银金役"的方式，刘氏认为这是均徭法演变过程中的一个重要的发展，给力差标定工食银两就使得力差的轻重也开始用白银来衡量，这就进一步明确了白银货币在财政赋税领域的地位。不过，刘氏在文中也指出，从体现编户与政府之间关系的财政意义上看，编银除役和编银金役之间有根本性的区别。显然刘氏注意到了地方志中力差标定工食银两另一种含义，即编银是作为衡量徭役轻重的标准，但徭役本身并没有银纳化。④ 小山正明也认为均徭役在正德年间出现银、力二差的分类以后，银差内包含的项目开始逐渐增加。嘉靖以后的地方志中，不仅银差，力差也开始用银额来表示，这种记载包含了两种含义：第一种就是用银额作为派差的基准，实际上民户还是要提供力役；第二种地方志仅仅是保留着旧有的银、力差分类记载的办法，实际上已经全面银纳化了。⑤ 具体至浙江地区，蒋兆成认为虽然力差是"准银以定差"的，但是仍然需要供役人亲身服役或者雇人应役，只是随着货币经济的发展，力差变为银差的项目也就越来越多。⑥

由于地方志中均徭役被标定工食银两存在两种应役的可能性，而这两种情况分别对应银差和力差两个不同的应役类型。那么，如果要准确解读出均徭役的财政负担方式，首先需要确定这一时期淳安县均

---

① 唐文基：《明代赋役制度史》，第237—239页。
② 侯鹏：《明清浙江赋役里甲制度研究》，博士学位论文，华东师范大学，第147页。
③ （清）顾炎武：《天下郡国利病书》，《浙江备录下》，第2573页。
④ 刘志伟：《在国家与社会之间——明清广东地区里甲赋役制度与乡村社会》，第125页。
⑤ 〔日〕小山正明：《明清社会经济史研究》，《明代の十段法》，第173—174页。
⑥ 蒋兆成：《明代杭嘉湖地区役制的演变》，《中国社会经济史研究》1993年第2期。

徭役的实际应役形态。在此笔者选取该县均徭重役和轻役各一例，试做分析。

第一例是作为淳安县均徭重役之一的馆夫，《兴革条例》载：

> 本府富春驿馆夫五名，每名银一十两，每两连耗一十二两。近日忽而变为三十余两。[①]

从这个记载方式可以看出，淳安县各项差役不仅被标定了工食银，还注明了每两工食银的实际耗银数量。这则材料表明，5 名馆夫的工食银共50 两，可实际的用银量要达到 600 两，显然是极重的差役。海瑞在该项目后边还记载到：

> 查得赋役成规册载，富、桐二驿并递运所船只铺陈水夫工食、支应等银共六千五百三十八两六钱，费用不为不多矣。防、馆夫之设，当答应奔走，非为廪给口粮诸事用银计也。今水夫银不足用，不思裁革，转防馆夫之身取足焉。遂至正银一两加银十余两。[②]

上引材料可知，馆夫的设立原本是为了"答应奔走"，并不负担驿站的各项费用，但是由于水夫银用度不够，遂转而盘剥防、馆夫之"身"。海瑞这样的记载表明，馆夫是在驿站奔走支应的力差，但是摊派在其身上的买办负担非常重。据此笔者认为，馆夫役属于"编银金役"型的力差，该徭役上标定的工食正耗银并不征收，只是量化该役的实际负担额度，金派此项徭役时要根据它的实际负担情况选择财力相当的人户。另外，庞尚鹏关于馆夫改革的奏疏也可以印证这种情况：

> 革馆夫支应。照得驿递供应甚繁，而馆夫最为困苦。官吏积棍百计侵凌，权势公差多方横索，荼毒之苦有难尽言。役银一两有用至数十两者，其势不至于变田宅鬻子女不已也。今若照数议征役银改令官吏支应又恐力不能胜，使客有稽程之叹。该臣案行常管驿传道金事秦嘉楫会同粮储道右参政张柱从长计议，酌驿递之冲僻，较费用之繁简，于正银之外定为差等，量行加征贮库，馆夫尽发宁家。预于前月

---

① （明）海瑞：《海瑞集》上编《兴革条例》，第 99 页。
② 同上书，第 99—100 页。

五日驿递官照数赴府县领出支应，各轮拨驿夫照时估买办。①

庞尚鹏这篇奏疏完成于《兴革条例》之后，其对于馆夫之役弊病的描述与海瑞所言基本相同，而改革的思路则是把馆夫由力差改为银差，只是在正额工食银之外多征银两，以满足驿站的用度。这从一个侧面也反映出，馆夫在庞尚鹏改革之前一直是力差，足以从一个侧面证明《兴革条例》中力差所标定的工食耗银其实并不征收，它只表明该役的实际财政负担。

以上分析了淳安县均徭役中重差之一馆夫的应役方式，据《兴革条例》的记载，该县均徭役中的重差是"编银金役"型的力差，其所以重在于加在该役身上的买办负担很重，这种负担以耗银的方式被量化。此外，笔者再分析该县均徭轻差之一铺兵的应役方式：

> 铺兵。县前一铺，司兵七名。……通共司兵七十三名，每名役银三两。原县前铺有紧急长递事府公文差，比别铺勤繁，准每两加收五钱。近令各铺轮差，县前铺亦是每正银一两只收一两，不许加收。铺司兵在力差中是极轻者，先年多收加银，盖因府上查历有使用罚赎，各衙门差人查稽迟公文，亦有使用。……不然虽稽查极严，徒为包当之人增工食银尔……②

铺兵所以是极轻的均徭役，不仅因为标定的工食银很少，还因为额外追加的耗银数量也很低，繁重者也只不过正银一两加收五钱而已。但是，这笔正耗银同样也不由地方政府征收，只是标定出来用于应役民户私相雇募"包当之人"的。"包当之人"（或称"揽纳户"）指替代被金派民户去官府应役的一批专门人员，应役民户需要付给揽纳户一定的费用，支付标准即依据官府制定的工食正耗银两。相关记载也可见庞尚鹏的奏疏：

> 铺兵原有冲僻不等，役银亦有多寡不同。审编徭户不能走递，每被积年包揽，多索工食，甚至数倍，民苦繁重不堪。今量地里远近，斟酌重轻，定为等差，每名派征银两若干，给募勤实之人应当，若有

---

① （明）庞尚鹏：《百可亭摘稿》卷1《巡按浙江监察御史臣庞尚鹏题为悯时艰陈末议以垂法守事》，第110页。

② （明）海瑞：《海瑞集》上编《兴革条例》，第102页。

走递稽迟，问罪追银，以警偷惰。①

庞尚鹏的描述表明，被佥民户不能亲自应役，往往私相雇募揽纳人户，以至于被"多索工食"，加重负担，而解决该问题的办法就是把铺兵由力差变为银差，改为官府自行雇募铺兵。可见，该役在改革前也属于"编银佥役"型的力差，只是追加的财政负担（即耗银）很少，所以属于轻差的范畴。

《兴革条例》与庞尚鹏的奏疏所记载的都是嘉靖后期浙江地区的财政情况，且两者对于均徭役存在问题的记载也基本相同，因而笔者认为，此时的淳安县也不存在大量力差转化为银差的情况，基本的应役方式还是"编银佥役"型的力差，对轻重差的讨论也主要集中在力差范围以内。前引萧山县令张选的论述也可以看出均徭役的轻重问题主要是针对力差而言的，② 这是由于银差项目的征收额度固定，且额外耗银的变化不大，因而一般不会被列入讨论范畴，这一点在淳安县也有体现：

> 本府柴薪皂隶十名，每名银一十二两，每两连耗一两五钱。有闰月每名加银一两。
>
> 本县柴薪皂隶九名，每名一十二两，无耗。有闰月每名加银一两。
>
> 本县马丁四号，每名正银四十两，无耗。③

柴薪皂隶和马丁是非常典型的银差项目，此二项很早就已经折银征收，用于补充官员俸禄的不足。④ 这几个项的工食银虽然不在少数，但是由于额外的耗银很少甚至没有，因此可以称之为轻差。但这并不代表银差就一定比力差的负担轻，上引材料表明，柴薪皂隶和马丁这些项目比起铺兵等工食银和耗银都很少的项目，负担还是较重的。（嘉靖）《永嘉县志》卷三载：

---

① （明）庞尚鹏：《百可亭摘稿》卷1《巡按浙江监察御史臣庞尚鹏题为均徭役以杜偏累以纾民困事》，第124—125 页。

② 见前揭文"如一户田多丁多，既编以重差一名或二名，其余量与轻差，或有贫民告愿近便力差或银差者，中间有最贫下者量免，庶几谓之均矣"。

③ （明）海瑞：《海瑞集》上编《兴革条例》，第101 页。

④ 〔日〕岩见宏：《明代徭役制度の研究》，第157—158 页。

论曰均徭有银差有力差，议者欲无论银力酌量役次重轻，实计银数均以丁粮派之，不必注定差目，概征其银，官为雇役，使无从私得倍征之利，诚为画一良法。然法无全利，便于民或不便于官，亦有官以为宜民而民顾未便者。近议革府县库子并酌处仓斗、盐夫于民有大利矣。若诸役稍轻者概编银差，非惟有司征收加烦，小民输纳亦有未便者。大抵重役利于银差，轻役利于力差，何则？重役官即倍征亦有限制，轻役私相雇募虽稍溢额，其役银可以旋交，可以货抵故也。①

这段史料表明，银纳化改革并不适用于所有的力差，由于重差的负担比较大，因而银纳化有利于减轻负担，但是轻差的负担很小，民户即使私相雇募也不会花销很大，改为银差以后，反而加重了小民的负担。由此也可以看出，力差的银纳化虽然可以在一定程度上减轻民户的负担，但银差也绝非极轻的差役，因此，我们必须对《兴革条例》中海瑞对银、力差轻重的论述做出重新解读。海瑞在文集中记载到：

均徭，富者宜当重差，当银差；贫者宜当轻差，当力差。②

这一条材料被很多学者征引，用以证明银差是重差，但是本书对《兴革条例》的分析表明，该县的重差显然是负担较大的力差，而银差也绝非最轻的徭役。因而笔者认为，海瑞的这句论述主要是针对力差而言的，应该理解为，重差是工食正耗银较多的差役，轻差是工食正耗银较少的差役。海瑞这句话为我们提供了判定均徭轻重差的标准，即依据工食正耗银的数量，而不依据该项目是银差还是力差。因此，笔者即以此标准尝试区分淳安县均徭役项目的轻重。

二　均徭役轻重的量化分析

由于《兴革条例》中不仅记载了各均徭项目的工食银，还记载了每个项目的耗银数目，这种详细的记载方式，笔者尚未在各类地方志中见到，因而这对于我们分析均徭役负担是十分宝贵的材料。在此部分，笔者首先将《兴革条例》中所载均徭项目的工食银、耗银以及正耗银总量制成表3-6，再据此分析差役的轻重。

---

① （嘉靖）《永嘉县志》卷3《食货志》，第571页。
② （明）海瑞：《海瑞集》上编《兴革条例》，第61页。

表 3 - 6　　　　　　　　　　淳安县均徭役正银耗银用量①

六房	均徭役（名）	每名工食银	正银连耗银ª	每名用银	共用银	备注
户房	府永丰库库子（1）	10	40	400	400	库子职主库藏，旧例供冬夏桌帏供锡砚池，至晚送各衙油烛，今尽革去。
	府预备仓斗级（2）	7.2	10	72	144	
	府和丰仓斗级（2）	7.2	5	36	72	斗级：如谷多，耗银不止此
	县耳房库库子（1）	6	4	24	24	
	县预备仓斗级（2）	7.2	3	21.6	43.2	如谷数少，耗银不用此数
	县存留仓斗级（1）	3	5	15	15	
	县巡盐应捕（6）	5.4	1.3	7.02	42.12	
	革役（2）	5.4	1.3	7.02	14.04	
	巡缉（4）	5.4	4	21.6	86.4	
	县富户（10）	2	1.5	3	30	
	府革役巡盐应捕（3）	10.8	1.3	14.04	42.12	
礼房	本府斋夫（8）	12	1.5	18	144	
	本府膳夫（6）	10	1.5	15	90	
	本县儒学斋夫（6）	12	无耗	12	72	
	本县儒学膳夫（8）	10	无耗	10	80	
	本府儒学斗级（4）	7.2	1.5	10.8	43.2	
	本县儒学斗级（3）	7.2	1.5	10.8	32.4	
	本府儒学库子（2）	7.2	1.5	10.8	21.6	
	本县儒学库子（2）	7.2	1.5	10.8	21.6	
	本县儒学岁贡盘缠银		无耗		30	
	本县儒学门子（3）	7.2	1.5	10.8	32.4	
	启圣公祠门子（1）	7.2	1.5	10.8	10.8	
	本县门子（2）	3.6	1.5	5.4	10.8	
	本县布政司门子（2）	2	无耗	2	4	
	本县按察司门子（2）	2	无耗	2	4	
	府馆门子（1）	2	无耗	2	2	
	山川坛门子（1）	2	无耗	2	2	
	社稷坛门子（1）	2	无耗	2	2	
	邑厉坛门子（1）	2	无耗	2	2	
	商文毅坟夫（1）	2	无耗	2	2	

① 数据来源：（明）海瑞《海瑞集》上编《兴革条例》，其注云"加耗银止就见年事例定数，然亦时有增减"，可见均徭各役的用度是根据"见年事例"所定，并非任意索取。

六房	均徭役（名）	每名工食银	正银连耗银ª	每名用银	共用银	备注
	本府富春驿馆夫（5）	10	12	120	600	近日忽变而为30余两
	本府桐江驿馆夫（1）	10	12	120	120	今水夫银不足用，不思裁革，转防馆夫之身取足焉。遂至正银一两加银十余两
	桐庐递运所防夫（3）	7.3	10	73	219	
	布政司理问所狱卒（2）	9	3	27	54	
	盐运司狱卒（1）	7.2	1.5	10.8	10.8	
	本府狱卒（6）	7.2	3	21.6	129.6	
	本府皂隶（14）	6	3	18	252	
	都察院轿伞夫（1）	3.6	2	7.2	7.2	
	宁少台道书手工食银	2.6	2		5.2	
	布政司员下弓兵（1）	7.2	2.2	15.84	15.84	
	布政司员下听事夫（4）	7.2	2	14.4	57.6	
	提学道弓兵（1）	7.2	2	14.4	14.4	
	提学道皂隶（1）	7.2	2	14.4	14.4	
	水利道皂隶（4）	7.2	2	14.4	57.6	
兵房	分巡宁少台道皂隶（1）	7.2	2	14.4	14.4	
	军门门皂银	7.52	1.5		11.28	
	军门廪粮供应银	12.56	1.5		18.84	
	南京直堂皂隶（5）	10	1.3	13	65	
	布政司柴薪（2）	12	1.3	15.6	31.2	
	按察司柴薪（7）	12	1.3	15.6	31.2	
	本府柴薪皂隶（10）	12	1.5	18	180	
	本县柴薪皂隶（9）	12	无耗	12	108	
	本县马丁（4）	40	无耗	40	160	
	巡按水手银	4.8916	3		14.6748	
	巡盐水手银	2.174	3		6.522	
	提学道甲首（1）	7.2	2	14.4	14.4	
	总兵水手银	1.8182	1.5		2.7273	
	盐院轿伞夫（1）	7.2	1.5	10.8	10.8	
	本府同知员下门子（1）	3.6	5	18	18	
	本县隶兵（36）	6	1.5	9	324	
	铺兵（73）	3	无耗	3	219	

六房	均徭役（名）	每名工食银	正银连耗银[a]	每名用银	共用银	备注
刑房	狱卒（4）	7.2	2	14.4	57.6	两浙政议，刑具支问理词讼纸赎买办，原亦狱卒办，候新均徭改正革去耗银
工房	本县东溪桥夫（1）	1	无耗	1	1	
	本县渡夫（10）	1	无耗	1	10	
	本府新官家伙银	8.4233	5		42.1165	
	本府儒学新家伙银	12	1.5		18	
	本县新官家伙银	16	无耗		16	
	本县儒学新官家伙银	12	无耗		12	
	本县解户（2）	30	2.5	70	140	
	解木大户	30	4	120		采木之年，随文加编
	本县预备织造银	321.2074	1.02		327.6315	

a. 正银连耗银是指工食银一两与连带的耗银的总和。

需要说明的是，表3-6中的"耗银"的具体含义要视银差与力差而区别看待。其中家伙银、水手银、岁贡盘缠银、书手工食银和预备织造银等项是银差，金点人户直接缴纳白银，则耗银自然随同正银一同上缴。其余力差项目标定的工食银只是"准银以定差"，其实并不征银。如此则力差工食耗银指的就是官方制定出来的，应役人户"买办供送"所用花销的标准。从表3-6备注中的记载表明，力差中的库子要买办桌帏、砚池、油烛等项目；斗级要赔补出纳米麦的损失；狱卒也要负责支办刑具等什物。可见，力差的耗银指的就是差役应负担的财政责任。

表3-6的数据表明，衡量各项徭役轻重包括工食银和耗银两个标准。其中工食银由于受到国家明文规定的限制，除解户的贴役银能达到30两/名之外，其余差役最多为12两/年（即1两/月），不能随意加增，所以并不能反映出各役的实际负担。因此必须通过每名差役"正银连耗"的实际用度来衡量各役轻重，本书据表3-6各项差役"每名用银"的多寡制成表3-7，再详细分析役的"轻重"。

表3-7 淳安县均徭役"重轻"分类

差役等级	每名用银(两)	差役名称
极重差役 [+∞ , 70)	400	府永丰库子
	120	富春驿馆夫、桐江驿馆夫、解木大户
	73	桐庐递运所防夫
	70	本县解户
重役(70,20]	40	本县马丁
	36	府和丰仓斗级
	27	布政司理问所狱卒
	24	县耳房库库子
	21.6	县预备仓斗级、巡盐巡缉、本府狱卒
轻役(20,10]	18	本府斋夫、本府同知员下门子
	15.84	布政司员下弓兵
	15.6	布政司柴薪皂隶、按察司柴薪皂隶
	15	县存留仓斗级、本府膳夫
	14.4	布政司员下听事夫、提学道皂隶、水利道皂隶、分巡道皂隶、提学道甲首、县狱卒
	13	南京直堂皂隶
	12	县儒学斋夫、本县柴薪皂隶
	10.8	府县儒学斗级、府县儒学库子、县儒学门子、启圣公祠门子、盐运司狱卒、盐察院伞夫
	10	县儒学斋夫
极轻差役(10,0)	9	本县隶兵
	7.2	都察院轿伞夫
	7.02	县巡盐应捕
	5.4	本县门子
	3	铺兵、县富户
	2	本县布按分司门子、府馆门子、山川社稷邑厉坛门子、坟夫
	1	桥夫、渡夫

由于没有更多记载均徭役正耗银的数据,所以此处仅以《兴革条例》为基础,将淳安县的均徭役分为重、轻两个部分,再根据明代文献的描述,把均徭役细分为"极重、重、轻、极轻"四个等级,并依据各项目正耗银数量将各役进行分类。

表3-7中的极重差役与重役大致包含了三类差役。其一是府县重要仓库的库子和斗级以及司府衙门监狱的狱卒。这一类差役要负责买办地方政府行政用品,赔补仓粮收支的损耗,置办监狱刑具,其耗银一般高出正银十倍乃至数十倍,因而是极重的差役。其二是负责驿传支应的防、馆夫,这类差役要应付往来公务人员的开销用度。其三是运送上供物料的解户,国家统一规定每名解户的贴役银是30两,但实际要根据运输任务的

轻重不同，适当增加耗银，一般都会达到原额的 2—3 倍。总体而言，供职于地方政府的重役要负担政府日常的行政、往来支应等项开支，是地方财政的重要来源。因此，庞尚鹏说地方政府视库子为"奇货"，人户一应此役就会破家，"败不旋踵"。① 库子役的财政负担很重，固然是客观存在的实际情况，但庞尚鹏的奏疏也明显带有渲染改革迫切性的夸大成分在内。海瑞的记载表明，几项重役的开支额度都被标定了大致的范围，而且该役也会佥派给有相应经济实力的大户承当，若人户被佥重役即已破家，则均徭法就失去长时间运行的可能性了。

轻役大多数是供职于各机构的门皂、隶兵、伞夫和铺兵等等。这些差役均属于供上官驱使的服务性人员，几乎没有买办责任。这类差役或标定工食银比较低，即使耗银翻倍也不会花销太大，或如铺兵、门子等役，根本没有耗银，所以海瑞论此处时也说"铺司兵在力差中是极轻者"②。另一类的轻差是银差，被佥人户只需缴纳相应工食正耗，虽然数量不算很少，但由于不需要亲自服役，因而也就不会产生连带的财政责任。

以上笔者以《兴革条例》为中心，并结合浙江地区徭役的基本情况对均徭役的负担轻重问题进行了量化分析。本节的研究表明，浙江地区在庞尚鹏改革之前，并没有大量的力差转化为银差，多数均徭役都属于"编银佥役"的力差。力差虽然标定的工食银两并不高，但是一般都要负有为官府买办的额外财政责任，这些财政负担通过标定耗银被量化出来。因此，判断均徭役轻重的标准并不是该项徭役属于银差还是力差，而是该项徭役工食正耗银数量的多少。通过对工食正耗银的量化分析表明，负担各府县重要财政部门的徭役，如库子、斗级和狱卒等，都是重差。而没有此类责任的铺兵、门子，还有不须亲自服役的银差大多属于轻差的范围。由于类似《兴革条例》这样记载详细的资料较少，笔者对均徭役负担的量化分析只能算是初步的尝试，尚有待更多的资料对这个标准进行补充和修正。

第五节　驿传役的收支结构与变迁

为保障政令的畅通，物资运输的便捷以及商业贸易的需求，明代政府

---

① （明）庞尚鹏：《百可亭摘稿》卷 1《巡按浙江监察御史臣庞尚鹏题为悯时艰陈末议以垂法守事》，第 109 页。

② （明）海瑞：《海瑞集》上编《兴革条例》，第 102 页。

建立了庞大的驿站系统，包括水马驿、递运所、急递铺等机构，而其运营方式也极具时代特色。从户籍上看，明代服役于驿站的人员属于单独的"站户"籍，与一般民户有异。虽然站户已经不像元代那样有明文的法律规定其为世籍，但驿传役的金点基本还是在一些固定的人户之间进行，只有在站户不足的情况下，才从一般民户中金点补充。驿站的物资供应，如马、驴、船和过往人员使用的铺陈均由应役人户供应，据此而言，驿传役在明代是极为繁重的。关于明前期驿站的运营方式问题，高寿仙已撰文讨论，本书关注的重点是明代地方财政结构的变迁，因此对浙江驿传运行的基本情况不再赘述。①

　　从财政的角度看，驿站运行耗费的大量人力物力资源都由一般民户以"驿传役"的方式承担。在既有的学术成果中，明史学者一般认为正德以后，明代的驿传役发生了重大的变化。高寿仙认为，驿递夫役的各项负担在正德以后逐步折征银两，雇人代役；②蒋兆成通过对浙江杭嘉湖地区的考察认为，马驴、红站船、水夫的驿传役在成化时就已经"按亩征银"了；侯鹏认为浙江地区的驿传银两的征解自正德以后就按照一条鞭法的方式随粮带征了；③颜广文的研究则指出广东地区的驿传改革在嘉靖时期也已经完成了。④顾炎武在《天下郡国利病书》中也说到：

> 　　两役外尚有驿传一款，先亦选定丁粮殷实者，发江北养马及充本府水站防夫。正德中，改入秋粮……是皆先庞（尚鹏）公而作法，为行条鞭者之权舆矣。⑤

　　可见，明人已经认识到驿传自正德时已行条鞭法，笔者虽然认同驿传役在正德年间就已经基本实现货币化运行的观点，但有两点问题则是此前研究所忽略的，而这正是本节分析明代驿站财政结构的关键所在：

　　其一，驿递银纳化改革之前，人户除亲身应役之外，已经产生了"纳

---

① 明代驿站的相关问题可参见林金树《关于明代急递铺的几个问题》，《北方论丛》1995年第6期；高寿仙《明前期驿递夫役金派方式初探》，《东岳论丛》1999年第1期。
② 高寿仙：《明前期驿递夫役金派方式初探》，《东岳论丛》1999年第1期。
③ 蒋兆成：《明代杭嘉湖地区役制的演变》，《中国社会经济史研究》1993年第2期；侯鹏：《明代浙江里甲赋役制度研究》，博士学位论文，华东师范大学，2011年。
④ 颜广文：《论嘉靖年间戴璟在广东进行的驿递制度改革》，《广东教育学院学报》2008年第8期。
⑤ （清）顾炎武：《天下郡国利病书》，《浙江备录下》，第2447页。

银代役"① 的变通方式，认识到这个方式的存在有助于我们解读明代驿传应役方式转变的具体时间。

其二，即便在正德以后，整个驿传系统的运行也没有完全实现货币化，以浙江为例，驿站产生的额外财政负担都被转嫁到了馆夫、库子（编金到驿站服役的库子）等去驿站应役的人夫身上，成为正德以后填补驿传财政缺口的重要途径，这种情况直到"均平法"改革以后才得以解决。驿站作为地方财政的一个组成部分，其收支形式直接取决于地方财政的收支结构。在整体役法系统没有发生重要变革的情况下，驿传系统没能摆脱追加徭役负担以解决财政赤字的方式。

本节即通过梳理明代浙江地区驿传银收支方式的变化，借以考察明代驿传役的财政特点，尝试说明以上两点问题。

一 正德以前驿传的应役方式

从明初至正德时期，驿传的应役方式基本经历了"亲身应役""纳银代役"和"征银除役"三种形式。明初杂役编金皆"验亩额之数"，随着黄册制度的完善，各项杂役基本改为按户等佥点，只有驿传负担仍然保留着"丁金粮金"的方式。（万历）《明会典》卷一四五：

> 凡马驿设置马驴不等，如冲要去处或设马八十匹、六十匹、三十匹，其余虽非冲要亦系经行道路或设马二十匹、十匹、五匹。大率上马一匹该粮一百石，中马一匹该粮八十石，下马一匹该粮六十石。
> 凡水驿设船不等，如使客通行正路或设船二十只、十五只、十只，其分行偏路，亦设船七只、五只。大率每船该设水夫十名，于有司人户纳粮五石之上十石之下点充，不拘一户二户相合，俱验所收粮数轮流应当。②

各地水马驿所需的马驴、船只以及相应的马丁和水夫都按照相应粮额佥点，是为"粮金"。所谓"丁金"也称为"市民丁金马"，是指市居人口计户编排充当的马驿，所金均为江南各府市民。（万历）《明会典》卷一四八：

---

① 笔者所谓"纳银代役"的具体含义指，编金人户的水马驿负担已经折银缴纳，被编金的马头、夫头也可以"雇人代当"。
② （万历）《明会典》卷145《兵部二十八·水马驿上》，第736页。

凡市民马户，俱系浙江并直隶苏松等府市居人民编发凤阳、河南、陕西、北平等处要紧驿分当站。每上马一匹一百三十八户，中马一匹一百十八户，下马一匹九十八户。①

因此，浙江地区需要金点市民和乡民去充当各水马驿的马丁和水夫，其中本省驿站以水夫和船只为主，偶尔使用少量驴匹。马丁基本去外省走递，或为洪武时期即已金派，或为后来协济外省，范围包括河南、山东、陕西、安徽等地，嘉靖以后地方志一般称之为"远驿马价银"。② 本书选取杭州府的数据说明明前期浙江驿站的应役情况，见表3-8：

表3-8　　　　　　　　成化时期杭州府驿传役金派情况③

	编金标准	金派数量	折率	用银量
市民丁金	上马 138 户/匹	76 匹		
	中马 118 户/匹	39 匹		
	下马 98 户/匹	6 匹		
乡民粮金	上马 6000 亩 60 石/匹	39 匹	19 两/匹	741 两
	中马 5700 亩 57 石/匹	29 匹	18 两/匹	522 两
	下马 5500 亩 55 石/匹	10 匹	17 两/匹	170 两
	水夫 650 亩　25 石/名	本府递运所水夫 1145 名 红船大小不等		9160 两
		武林驿驴夫 20 名		160 两
		吴山驿水夫 115 名 站船 13 只	8 两/名	920 两
		浙江驿水夫 120 名 站船 12 只		960 两
		长安驿水夫 100 名 站船 10 只		800 两
		会江驿水夫 100 名 站船 10 只		800 两

从表3-8的编金标准可见，市民丁金马与国家规定的标准保持一致。粮金马负担较重，粮60石即出上马一匹，高于100石/匹的标准。丁金马

---

① （万历）《明会典》卷148《兵部三十一·驿递事例》，第757页。
② （万历）《明会典》卷148："凡金编夫役，洪武二十六年令金苏松嘉湖四府民占田四十顷之上者出上马一匹，三十顷之上出中马一匹，二十顷之上出下马一匹"，第757页。
③ 数据来源：（成化）《杭州府志》卷22，第329—331页制成。

和粮佥马、船的应役方式都是在被佥人户中选出马头（马丁）和水夫头，其中丁佥马"每马一匹点选马丁四名"，粮佥马是朋充马匹的人户中选出一名马头，水夫头在税粮5石—10石的人户中佥点，每船10人。被佥人户要自行征收其他"朋充户"负担的粮米，购置马匹船只前去应役，（成化）《杭州府志》卷二十二：

> （九县人户）应当凤阳等处驿分走递马匹，本府递运所、武林等驿驴匹、驴夫，红船、站船水夫马，有丁佥有粮佥。马分上、中、下三等，并计马之高下扣定丁粮多寡，计户、计田编排，验粮验丁朋合出备买马，并每年买办草料、毡衫什物。其红、站船等项亦系粮佥，亦并验粮计田编排，朋合出备造船修船并每年买办什物工食。①

可见，明初承当驿传役都是被佥人户"亲身应役"，且要自行筹备马匹、船只以及相应的什物、工食。这种方式随后发展为"纳银代役"的形式，（成化）《杭州府志》卷二十二：

> 其米俱是马头、水夫头自行征收备用。后因人户应役不便，多是雇人替当。空役以致驿站差人来勾，及与替当人下乡扰害小民，其马头、夫头亦复多征作弊。官府从宜，令人户每年备米随同本户秋粮上仓，年终给与马头、夫头。又以给米不便，改征银两，每米一石征银三钱一分六厘五毫。……只今人户有不依期轮纳，马头、夫头亦复下乡征收，其法渐二三矣。②

由该条史料可知，应役人户由于不能亲身应役，很早就采用"雇人代当"的方式，由包揽人户应役，以至于发生了"空役""扰害小民""多征"等多方面弊病，官府这才将"备米"随同秋粮一同征收，发放给马头、夫头。据侯鹏的研究，备米折银发生在景泰二年，表3-8所示即杭州府的改折情况，笔者将其称之为"纳银代役"型。③

---

① （成化）《杭州府志》卷22《风土·丁粮水马夫役》，第329页；（万历）《明会典》卷145"其收买马匹、鞍辔、毡衫什物，驿夫各照田粮验数出备"，第736页。
② （成化）《杭州府志》卷22《风土·丁粮水马夫役》，第331页。
③ 侯鹏：《明清浙江里甲赋役制度研究》，博士学位论文，华东师范大学，第159页；"纳银代役"的具体含义是指，编佥人户的水马驿负担已经折银缴纳，被编佥的马头、夫头也可以"雇人代当"。

本书之所以将驿传役这种运作方式称为"纳银代役",意在表明虽然此时水、马驿的负担已经折银缴纳,但这不代表驿站已经实现了财政收支的货币化,理由有二:

其一,前文已述,承当驿传役的民户本就负有相应财政责任,即便此时已经缴纳白银,本质上还是应役人户缴纳,只是征收方式有所变化,由应役户自行征收改为官府统一征收,但这与"由役入赋"的改革有本质的不同。

其二,到驿站走递的马头、夫头还要在被编佥驿传役的人户中佥点,并非雇募而来。应役人户虽然可以"雇人代役",也不过是应役的一种变通方式。

基于以上两点笔者认为,"纳银代役"的方式本质上还是役,只不过包裹了一层白银的外壳,驿站运作所使用的资金和人员还是通过佥役的方式获取,尚未实现货币化的运行方式。联系均徭役的应役方式可知,"雇人代当"是明中期应役人户采用的一种普遍的变通方式。均徭力差的"征银除役"改革嘉靖末年才由庞尚鹏完成,而驿传役的类似改革则发生在弘、正之际,顾炎武称此类改革为"先庞公而作法,为行条鞭者之权舆"是非常正确的。(万历)《明会典》卷一四八:

> 凡马价,弘治三年议准各处征收马价银两,系会同馆者解兵部。系在外驿分者解该管官司,照例支给。每一夫一马岁给工食草料银二十五两,买补上马一匹、上铺陈一副各给银十五两。中马一匹、中铺陈一副各给银十三两。下马一匹、下铺陈一副各给银十两,仍督令如法买补。

> 凡水夫,弘治七年定协济水夫则例。每船一号夫十名,岁征工食过关银一百二十两。每三年加修理船只、铺陈银四十两。每十年加置造船只、铺陈银八十八两。其水夫从该驿雇倩本处诚实土民应当。十一年议准,各处驿船每只岁减水夫二名,扣银二十四两,收积在官,遇修理置造之年量数支用,更不加征修理置造银两。①

可见,马驿和水驿"征银除役"改革的命令分别出现在弘治三年(1490)和五年(1492)。从(万历)《杭州府志》的记载来看,马驿改革的措施由巡按御史陈金在弘治三年(1490)推行下去,而水驿的改革措施

---

① (万历)《明会典》卷148《兵部三十一·驿递事例》,第758页。

一直到弘治年才由知府杨孟瑛推行：

> 弘治十八年夏，杭州知府杨孟瑛议处驿递水夫银。仁和县志旧
> 规，驿递水夫属县计田一千二百亩额编一名，田多之家为正户，其次
> 贴户，每一正户以四贴户益之，在驿应直。孟瑛谓繁重，乃请革之。
> 议每田一亩征银二分四厘，收解贮库，以十分为率，内六分雇夫，四
> 分给驿支应，民颇称便。①

宁波府驿传役的"征银除役"改革则发生在正德二年（1507），（嘉
靖）《宁波府志》卷十三：

> 先是永乐间河南荒歉，马政无办，暂借浙中人户丁粮近上之家
> 编为马头，到彼应直，破家殒身害不可言。正德二年，浙江巡按御
> 史车梁奏革马头，于丁田内均派征银，解府转解布政司交纳，听彼
> 处驿上司差官领回，雇役应当，遂以为常，浙民累有陈奏，未得
> 豁免。②

不仅马头、夫头役被改折为马价银和水夫银，供役于驿站的库子在弘
治年间也由力差转为了银差，（万历）《杭州府志》卷六：

> （弘治）九年，巡按浙江监察御史吴一贯议征丁银及区处库
> 役。……又每年均徭额编武林役廪给库子六十役，编户亲直。驿官吏
> 索分例，夫牌索酒食，少不当意，多方陷之，困甚。一贯定议每役岁
> 银二十两解府，按时发驿自办，民称两便，至今遵守云。③

综上分析，至弘正年间浙江地区的驿传役已经基本完成了"征银除
役"的改革。由被金役户出办的驿站费用摊入丁田内出办，完成了"由役
入赋"的改革，所谓驿传役改革开一条鞭法之先正在于此。马价银和水夫
银以及库役折银被用来雇募马头和水夫以及购置铺陈与支应使用，而不再
由马夫、水夫和库子携银自行买办，因此驿站财政实现了依托市场的货币

---

① （万历）《杭州府志》卷6《国朝郡事纪中》，第484页。
② （嘉靖）《宁波府志》卷13《驿传》，第1189—1190页。
③ （万历）《杭州府志》卷6《国朝郡事纪中》，第482页。

化运行。

二 正德以后驿传财政的收支结构与均平法改革

驿传役虽然在正德年间已经基本实现了银纳化，但在总体役法结构没有发生改变的情况下，驿站额外增长的夫马和酒食等用度均由现役里甲和均徭来负担，这一结构至均平法改革以后才基本得以解决。在此，笔者首先将嘉靖时期宁波府驿站财政的收支结构制成表3-9，详细做出说明：

表3-9　　　　　　　　嘉靖时期宁波府驿站财政收支结构①

收入项目	鄞县	慈溪县	奉化县	定海县	象山县	总计
远驿马价	4586.57	960.25	474.34	372.43	277.945	6671.535
本省驿传	852.97	1494.56	2253.94	48.49	22.67	4672.63

支出项目	四明驿		车厩驿	连山驿	西店驿
站船	34.6667		30.3333		
红船	60.4444				
铺陈（上中下）	50.4		20.8	26	11
步轿夫				552	504
水夫	1820		700		
防夫	144				
进贡及馆厨房站红船什物	20		10	10	12
支应使客公差等项	252		162	126	126
进表水手（水夫银内扣解）	8		8	8	
馆夫（均徭编金）	144		112	88	64
总计（4671.64）	2381.5111		923.1333	714	653

注：总计不含进表水手和馆夫。

表3-9可见，嘉靖时期宁波府的驿传银已经实现了收支分离，其中远驿马价银直接解送至布政司，由各驿站官员领回。本省驿传银则直接用于各驿站的财政开支，包括红站船的修造、铺陈的购置、驿夫的雇募和各项支应开销。但馆夫一项并不使用驿传银雇募，而是在均徭中金点，嘉靖

① 数据来源：（嘉靖）《宁波府志》卷13《驿传》，第1186—1193页。

时期驿传额外增长的开支则主要由馆夫等徭役负担。（嘉靖）《宁波府志》卷十三：

> 若夫馆夫之设只供启闭、洒扫、看守铺陈、烹调膳羞，未始以支应累之。……比因贪官侵渔额银，遂变易前规，空令馆夫供办，不给之直，诛求过滥，役户率破其家。①

海瑞在《兴革条例》中也有同样的论述：

> 查得赋役成规册载，富、桐二驿并递运所船只、铺陈、水夫工食、支应等银共六千五百三十八两六钱，费用不为不多矣。防、馆之设当答应奔走，非为廪给口粮诸事用银计也。今水夫银不足用，不思裁革，转防、馆夫之身取足焉。遂至正银一两加银十余两。桐、建二县里甲亦因二驿当冲，过费财用。永丰库子称极重差役，半因东关礼物。是民间百端苦费，皆为过往使客也。②

可见，驿传银虽然实现了银纳化，但同时也被载入"赋役成规册"形成了定额开支。额外增加的驿传开支只能通过追加馆夫、防夫和库子等均徭役的财政负担来解决。据海瑞的记载：

> 本府富春驿馆夫五名，每名银一十两，每两连耗十二两。近日忽变而为三十余两。本府桐江驿馆夫一名，银一十两，每两连耗一十二两。桐庐递运所防夫三名，每名银七两三钱，每两连耗十两。③

我们假设宁波府馆夫与淳安县的负担情况相同，都是正银 1 两连耗银 12 两。表 3-9 中馆夫的正银为 408 两，则实际负担为 4896 两。可见，驿站的定额之外的财源也是通过追加均徭役的耗银量获得的。

造成驿站开支增长的第一个原因是驰驿人员的增多，《西园闻见录》卷七十二：

---

① （嘉靖）《宁波府志》卷 13《驿传》，第 1193—1194 页。
② （明）海瑞：《海瑞集》上编《兴革条例》，第 99—100 页。
③ 同上书，第 99 页。

几于天壤间无不驰驿之人矣。其中不仁贪宦，马动以六七十匹，夫以二三百名，不法差役无艺之需索，无情之凌辱，又不与焉。①

各地区驰驿人员的增多不但造成驿站馆夫"供亿浩繁"，同时也增加了现役里甲的负担，即"里甲夫马银"。（嘉靖）《宁波府志》载该府里甲夫马银共 661.2 两，应役里甲"办纳在官厅，听各养马人户领给喂养，常川在官膺直走递"②。

另一方面抗倭战争的爆发也给驿站造成了较大的财政压力，（嘉靖）《宁波府志》卷十三：

> 宁故海壖奥区，非冠盖孔道，驿传之役人乐应募。自夷寇绎骚，乘传者雨集，供亿既繁，而役银征给又不以时，胥卷贷以食，当事者又从而干没之。算其所入不过十之五六，而隶籍者始以为阱矣。③

由以上分析可见，驿站收支虽然在正德年间完成了银纳化改革，但随后增长的财政开支又采用原来的办法，通过佥派里甲和增加均徭役工食银的方式令应役民户买办供送。故而《宁波府志》的编纂者也认识到，"如欲挽而苏之，非尽祛其弊不可者"。所谓"尽祛其弊"就是革除馆夫等徭役，将役银"征之在官"，恢复各船水夫分日买办的做法。这一设想也就是彻底实现征银除役，改为官为买办，而这种变化是通过庞尚鹏改革完成的。④

庞尚鹏对驿传的改革措施有二：其一，革馆夫之役，规范"供送下程"的开支，《百可亭摘稿》卷一：

> 革馆夫支应。照得驿递供应甚繁而馆夫最为困苦，官吏积棍百计侵凌，权势公差多方横索，荼毒之苦有难尽言。役银一两有用至数十两者，其势不至于变田宅鬻子女不已也。……臣案行带管驿传道佥事秦嘉楫会同粮储道右参政张柱，从长议酌驿递之冲僻，较费用之繁简，于正银外定为差等，量行加征贮库。馆夫尽发宁家，预于前月五

---

① （明）张萱：《西园闻见录》卷 72《兵部二十一·驿传》，全国图书馆文献微缩复制中心 1996 年版，第 1363 页。

② （嘉靖）《宁波府志》卷 13《驿传》，第 1201 页。

③ 同上书，第 1193 页。

④ 同上书，第 1196—1197 页。

日驿递官照数赴府县领出支应，各轮拨驿夫照时估买……①

供应下程苦于浩繁，若不著为成规，未免任意盈缩。该臣案行二道通行各属，查照各驿见行则例分别等级，编定天地人三样字号，刊印票文。如遇使客经临，查系九卿堂上、翰林科道等官填给天字号票……照依派定物件数目买完，仍照数刊印三样手本拜帖递送……②

以上两条史料可见，庞氏的改革首先革除馆夫的额外经济负担，并在正额驿传支应银之外，量于均平杂办银中加征，发予驿站使用。同时，规范供送下程开支，严定等级，禁止往来官员任意索取。

其二，是将里甲夫马银纳入杂办银中征收，并规范往来公差的夫马用度。

夫马除本省公差真正牌票无容别议外，惟使客勘合间有例外。增添揑勒折乾者，必须刊印小票以定规则，庶几冒滥可革。该臣案行二道，将应付规则刊印票文，及令收头预将各夫马价逐一封贮。如遇火牌至日，掌印官就便填给票文，连银发与夫马头雇办……③

笔者将衢州府均平杂办银中支应往来使客的银两及支办方式制成表2-12：

表3-10　　　　　　　衢州府支应往来使客所用杂办银数量④

项目	用银数量（两）	支办方式
上司并公干员吏经临无驿县分中获宿食廪粮饭食	62	江、开二县征贮听用，如遇公差勘合，廪给1分折银0.1两，口粮一分折银0.3两，饭食一分折银0.2两
经过公干官员府送下程县送油烛柴炭	1150	府用360两，西安县办送270两，龙游等县自用520两。西安等5县征完，府银解府，各县自行贮用。如遇应朝年份，各县支应，不敷听预备银。外府银每县加征8两，解府听用

① （明）庞尚鹏：《百可亭摘稿》，卷1《巡按浙江监察御史臣庞尚鹏题为悯时艰陈末议以垂法守事》，第110页。
② （明）庞尚鹏：《百可亭摘稿》卷1《巡按浙江监察御史臣庞尚鹏题为节冗费定法守以苏里甲事》，第114—115页。
③ 同上书，第115页。
④ 数据来源：（天启）《衢州府志》卷8《国计》，第782—810页。

续表

项目	用银数量（两）	支办方式
上司经临并过往公干官员合用门皂银	1476	西安等 5 县常川雇募，各县协济常山县银俱解该县收用
门子人夫银	4602.4（实征）	共征银 5964 两（内西安县夫 54 名该银 388.8 两，龙游县夫 10 名该银 72 两，于驿传银内支给，并常山县驿传协济银 900.8 两）
雇马银	1250	西、龙 2 县各募养在官差用。江、开 2 县征银在官或募养听差或临期旋雇，通融支用。常山县听于驿传支应，不派里甲。外奉文西安县马 40 匹与上航驿马驴 12 匹，龙游县马 40 匹与亭步驿马 12 匹，通融均给，相兼走差
雇船并贴船米价银	510	西安等五县征贮听用
总计	9050.4	

由表 3 - 10 可见，均平法改革以后，上司并过往公干官员的廪食以及雇马雇船等项用度都由均平杂办银和驿传银共同负担。因此笔者认为直到均平法改革完成以后，明代驿传收支才最终突破役法财政结构，完成"由役入赋"的改革。

以上笔者梳理了明代浙江驿站应役方式的变化，可以得出如下结论：至弘正年间驿传役已经基本完成"由役入赋"的改革，即由丁金粮金马夫头在驿走递转为随粮带征马价水夫银雇募驿夫走递。银纳化改革以后，驿传银也同时被载入"赋役成规册"中，形成定额开支。在里甲、均徭役没有完成由役入赋改革之前，驿站增长的财政开支再次摊派给了里甲与均徭役承担，这种情况直到庞尚鹏在浙江推行"均平法"和均徭银纳化改革以后才得以解决。

本章小结

在本章笔者用了五节的篇幅讨论了浙直地区均徭役，驿传役的应役方式，银、力差的负担以及徭役结构的变迁等几个问题。本章的核心问题在于理解明代赋役财政体系中"役"的内涵。如果通观中国历代王朝的财政系统，徭役的内涵不尽相同，但政府凭借政治强力对人身的控制是其共通的特点，学者也将其称为"超经济强制性"。明代徭役系统在发展了元代"诸色户计"方式的基础上，又对基层社会进行了强有力的里甲控制，形成了繁杂的役法系统。对东南地区而言，明代中期以后逐渐形成的里甲、均徭、驿传和民壮四差是民众承当的主要徭役。其中均徭法的成立可以视为明初杂役系统的一次整合与规范，地方政府将徭役佥点权从粮、里长手中收回，增强对役法体系的掌控，同时也增加了对基层社会的控制。

本书前章强调过地方存留钱粮的使用不敷造成了地方财政的徭役化，此言似有夸大役法在地方财政中的作用之嫌，但本章的分析表明，均徭银、力差和驿传徭役的附带财政责任的确是地方行政经费的重要来源。欧阳铎改革作为一个典型的案例同样向我们展示了均徭力差的银纳化是均徭法改革最大的障碍。浙江布政司的情况则表明，均徭力差作为地方政府获取行政经费的重要对象一直没有实现银纳化。均徭役承担地方政府的财政负担主要表现在其徭役的"附带财政责任"上，淳安县的情况表明，所谓均徭重差其实就是耗银负担非常重的力差。徭役的银纳化问题直到庞尚鹏改革时才基本解决，但这时地方财政体系已经发生了结构性的突破。驿传役的运作更是从一个侧面反映出了明代地方财政运行的基本特点，即正额外的财政支出转嫁给应役人户负担，形成负担连带财政责任的"役"。驿站"征银除役"改革以后，大部分服役人员都实现了雇佣，但供役于驿站的馆夫等役则本由均徭佥派，在均徭役没有实现征银除役改革之前，尚有部分供役于驿站的人员在民户中佥派。驿传役的征银改革同时也意味着驿传银被定额化，随着驿站财政的膨胀，定额逐渐不敷使用，多余的负担则被转嫁给那些尚需亲身服役（包括雇人代当）的均徭人户。

另外，关于均徭法运行稳定结构的分析，笔者在本章第二节曾略有提及，但并没有将其作为一种理论提出。其实均徭役的稳定结构具有一定的代表性，它的运行与地方里甲公费之间有紧密的联系，本书第四章将以浙江布政司为例，再讨论均徭役稳定结构的运行原理和突破原因。

第四章 明代地方财政运行原理与一条鞭法的财政史意义

笔者在本书绪论中曾提到，财政史研究是一门重视理论和方法的学科，数据的分析必须依赖一定的理论框架才能得到充分的解读。本章我们在实证研究的基础上并结合既有学术成果，解析并讨论明代地方财政运行的理论问题。

本章共由三节组成。首节解析均徭法的"稳定态"问题，笔者于第三章第二节分析欧阳铎改革时曾提出过均徭役的稳定形态，本节则继以浙江为例系统阐述均徭役的稳定形态及其突破原因。第二节在整合各章结论的基础上，分析地方财政的运行原理。末节首先梳理前辈学者关于一条鞭法的学术成果，然后以庞尚鹏改革为中心重新解读一条鞭法的财政史意义。

第一节 均徭役结构"稳定态"及其突破原因

一 均徭役结构"稳定态"的一般描述

为便于分析均徭法的运行原理，笔者在此引入"稳定态"的概念，对均徭役的结构、运行及其变化做出说明。以"稳定态"理论分析均徭役结构是受到张光直先生的启发，张氏在《考古学——关于其若干基本概念和理论的再思考》一书中指出：

> 一种描述社会关系、现象和组织的综合性单位当然就应该有一个时间的深度。这个深度的恰当单位应当是，在这段时间里发生的变化不至于改变其基本的社会关系，从而改变了这种关系的基本结构。①

---

① 〔美〕张光直：《考古学——关于其若干基本概念和理论的再思考》，生活·读书·新知三联书店2013年版，第25—26页。

简而言之，稳定态就是在一个特定的时间段（微观时段）内，描述某一种社会关系、现象和组织的结构。这个结构既可以解释全部观察到的事实，也必须能够包容一个时段内的变化。"如果一个行为或一系列的行为确实改变了先前存在的结构的图式，那么这个变化本身也必将不为原有的结构体系所包容与容纳，重复将被终止，我们将再也不会看到原有的变化顺序和他们应该对应的位置。"① 从"宏观时段"上讲，社会结构可以被看作连续"稳定态"的序列。

本书此前的分析已经指出明代役法体系的变革体现了财政思路的转换，而笔者认为可以将这种财政思路的转化解释为明代役法结构在"长时段"中两个"稳定态"之间的替代。

明代均徭役的编金包含了审编和应役两个过程，政府首先按照民户的资产审定其应当的差役，民户则按照派定差役的内容选择应役方式，银差则交银，力差或亲身应役或雇人代当。前文已述，至嘉靖四十五年庞尚鹏改革思路提出之前，这个过程都没有发生变化，实际变化的是该结构中的两个变量，审编范围和应役方式。如此则可以把这种应役方式视为在一个时段内相对稳定的结构。其中审编方式和范围是变化最为活跃的一个方面，"以银定差"和十段法的实行可以说是最为显著的特征。但是"以银定差"是徭役审编精确化的一种表现，审编范围的扩大则是为避免花分、诡寄和滥用优免特权造成的"放富差贫"问题。总的来看，审编方式的变化目的是为了使该结构更加合理，而不是促进其发生改变的动因。因此，审编方式的变化是一种动作的重复，是役法结构内的变量变化，并不对原有结构产生"突破性"的冲击。

应役方式的变化则较为复杂一些。对于力差而言，无论采用"力役亲充"还是"雇人代当"的方式，从国家与社会之间的角度来看，都是金派徭役的一种表现，这种财政方式与公共财政是相互排斥的。关于这一点，刘光临也有类似的认识，他指出，地方财政所需的一切人力和物力资源都需要里甲直接供应，因此役法在明代财政体系中起到了十分关键的作用，但是这种做法也导致了地方公共财政在明代财政体系中完全消失。因为公共财政是在市场经济和社会分工存在的前提下，通过税收等渠道获得经济资源，然后再投放到社会安全、政府管理等公共项目之上②。恰恰相反，明代役法体系表现出来的最大特征是对财政资源的汲取既不使用货币也不

①　〔美〕张光直：《考古学——关于其若干基本概念和理论的再思考》，第26页。
②　刘光临、刘红铃：《嘉靖朝抗倭战争和一条鞭法的展开》，《明清论丛》第12辑。

通过市场，因此也就否定了公共财政的存在。因此，在役法结构中为力差寻找一个合适的位置是容易的，因为这个结构就是针对力役产生的。

均徭银差在役法结构中的位置是本节需要详细讨论的地方。从财政的收入端看，如果均徭银差的承当方式如小山正明所言，是由应役甲内人户共同负担的话，那么银差的徭役性质就非常弱了，几乎与税收无二。但笔者在本书第三章第一节论述均徭法成立之时已经对岩井茂树提出的均徭应役方式进行了补充论证，赞同岩井氏关于"均徭形态"的论述。因此，银、力差都要一起编排，最后按照人户的贫富金派给相应等级的差役，银差则是分派给贫苦人户的。因此，银差还是一种"差"，应役者的名字也要写在差役名目的后边，只是应役者不需亲身服役，相对轻省而已。

从财政支出端来看，确定银差的用途对均徭役结构的分析是至关重要的。逻辑上讲，当银差获取的白银用作地方政府雇佣其行政所需人员之时，地方政府在汲取所需人力资源的时候就要依靠市场，继而银差也就具备了公共财政的性质。那么情况是否如此呢？我们必须再次对银差的支出做出详细分析。

我们已经把银差的功能归纳为五项，其中最重要的两项是配给地方政府官员的养廉银和儒学师生的补贴银，虽然这些项目是由柴薪皂隶、马丁、斋膳夫等力差折纳而来，但配发给地方官员和儒学师生使用的银两并不是用来雇佣地方政府行政所需人员的，它既不用于社会安全，也不用于政府管理等公共项目上。同时这部分银两即便与市场发生联系也是官员的个人行为，而非政府的财政行为，因而不会影响均徭役的结构稳定。

力差转入银差的部分中，浙江的情况表明，庞尚鹏改革方案提出之时，基本的力差都没有转化为银差，并不存在着一个力差逐渐转化为银差的过程，因而也不能将其视为役法结构的突破点。南直隶也有个别力差转化为银差的情况，但所征白银也不用于雇役，一旦政府需要力役还是要按照工食银在民户中金派。

以上本书的分析意在表明，均徭役的结构的确存在一个"稳定态"，只是该结构的适用范围需要限定：

其一，资源的获得以里甲制为基础，无论是对人力的直接获取，还是指定人户缴纳银两，都体现出"役"而非"税"的性质。

其二，徭役人员被投放到政府行政有人员需求的各个部门，完成各种任务。供职过程是超经济强制行为，不是市场行为，政府不支付薪酬。

其三，均徭银差征收的白银一般不做"征银雇役"使用，即货币不作为雇佣职役人员的薪酬被投入市场，至于这部分白银作为货币是否在其他领域内发生市场行为，则已经超出了该结构的涵盖范围，并不对整体结构产生影响。

综上可知，均徭役"稳定态"只描述政府获取职役的方式，该结构是一种既不使用货币也不通过市场的徭役财政模式，与以市场经济和社会分工的"公共财政"运作方式是不同的。当均徭银差出现以后，确有如"公费银"等与均徭役无关的项目被添加进来，以银差的方式向民户征收，增加了均徭役的功能，但是如果详细分析银差的功能和支出方式就会发现，银差的使用并不影响整个均徭役的结构。

二　均徭役"稳定态"突破原因分析

无论从理论上还是实际中，均徭力差转向银差，且这笔白银用于雇募职役都是均徭役结构发生转变的关键点。理论上讲，以银差的方式征收上来的白银作为薪酬支付给利用市场雇佣而来的职役，就打破了均徭役"稳定态"的第二、三点限定条件，而将银差摊入地亩"随粮带征"完成了"由役入赋"的转化，则第一个限定条件也就随之失效。

庞尚鹏的奏疏则提出了力差向银差转化、改变轮役周期、最后"由役入赋"随粮带征的改革思路。① 在各地区的实际改革过程中也确实体现了对这一方案的贯彻，现举（嘉靖）《永嘉县志》徭役分类状况如下：

表 4 - 1　　　　　　　　永嘉县均徭役项目分类②

	徭役项目
银差 3267.86 两 （77.15%）	马丁 府县库造册工食 府县隶兵 县柴薪、门子、禁子 （府学）斗级 斋夫 膳夫 门子 库子 新官家火银 启圣祠、射圃亭门子 （县学）斗级 斋夫 膳夫 门子 库子 新官家火银 启圣祠、射圃亭门子 岁贡生员路费银 水手 军门皂隶银 都察院轿伞夫 盐察院坐船银南关轿伞夫 浙直总兵柴薪 粮储道分守道弓兵 盐运司皂隶 邮亭皂隶银 府县新官家火银 中界山巡检司弓兵 富户代役银钱钞银 巡拦批验所工脚 铺司门子 宝伦楼更夫 罗浮河田江头渡夫 宁村等渡渡夫 枫木广化隶闸夫 织造银
力差 968 两 （22.85%）	斗级 象浦驿廪夫 馆夫 永嘉场工脚课铁解户 年例解户 盐捕夫

① （明）庞尚鹏：《百可亭摘稿》卷1《巡按浙江监察御史臣庞尚鹏题为均徭役以杜偏累以纾民困事》："今除前编过年份，止将未役五年通融编差，候役完之日，然后照依十年编派，随粮带征"，第128页。
② 数据来源：（嘉靖）《永嘉县志》卷3，第570—571页。

前文已述，（嘉靖）《永嘉县志》反映的情况是庞尚鹏改革办法提出之后，因而表4-1自然反映了差役折银之后的均徭役结构。表中可知，几近八成的均徭役已经从力差转化为银差，实现了徭役的雇佣化。因此，至少从财政支出端，均徭系统已经突破了原有"稳定态"，进入以市场化为基础的公共财政运作模式。

在既往的研究成果中，均徭银差逐渐吸收力差，最终汇总完成"由役入赋"的转变是对依法改革路径的一般描述。但是本书通过对浙江地区均徭役的分析已经指出，均徭役稳定态的持续时间是从明初到嘉靖末年，如表4-1所示的力差折银过程发生在庞尚鹏改革方案提出以后，也即嘉靖四十五年以后。在此之前并没有大量的力差折银出现，且银差也不是作为雇佣职役人员使用的，因而也不表现为公共财政的特性。故笔者认为明代徭役变迁的过程应该描述如下："均徭役稳定态"→"徭役折银改革思路的提出"→"由役入赋改革的实施"→"货币化财政体系"（新稳定态的形成）。

就此而言，渐进式改革如何被汇总为一条鞭法并非本书关注的重点，徭役折银改革思路出现的原因才是理解财政体系转变的关键点。在已有的学术成果中，梁方仲和唐文基均注意到了因抗倭造成军费激增是促成徭役体系转变的重要原因之一[1]。详细分析抗倭军费与徭役改革之间关系的文章则是刘光临、刘红铃的《嘉靖朝抗倭战争和一条鞭法的展开》一文。刘文认为，如果没有东南抗倭战争的发生，特别是军事动员的货币化，则明代财政改革未必能够突破里甲制度的束缚发生方向性的变化。刘文将军事动员体制的转变解释为推动明代财政制度改革的外在动力，而将以往明史学者的研究视为从经济和财政等内生角度对财政改革做出的解释。[2]

笔者虽然同意军饷需求是促发徭役体系转变的重要原因，但如果将国家需求视为推动财政体制改革的外在动力似乎值得商榷。国家活动对人力和物力的需求就是财政问题，军事活动的财政需求理应包括在财政问题之中，不应被视为财政领域之外的因素。由于刘氏的分析建立在既往的学术成果之上，将明史学者梳理的赋役折银过程理解为财政体系的内在调整路径，自然把军费需求视为外在动力。但是本书通过前边的分析已经将徭役

①　梁方仲：《明代赋役制度》，《明代十段锦法》，第436—455页；唐文基：《明代赋役制度史》，第280页。
②　刘光临、刘红铃：《嘉靖朝抗倭战争和一条鞭法的展开》，《明清论丛》第12辑。

改革问题的焦点集中在货币化思路的产生上，因此笔者主要讨论兵饷的筹集如何造成役法结构"稳定态"失效，如何促生货币化改革思路。

在抗倭军饷的筹集过程中，有两个方面对均徭役结构产生重要的影响，分别是"抽革充饷"和"提编均徭"。所谓"抽革充饷"是指将供地方政府使用的职役以冗役的名目裁撤掉，按原定标准收取工食银两充当军饷的一种做法①。抽革银两虽然在整个军饷构成中所占比率不高（见后文表 4 - 2）但是对一般应役徭户却造成了一定的影响。这种做法的实质是以缩减地方行政开支的办法来补充军费，相当于变相增加税役负担，这部分"税收归宿"最终还要由应役人户负担。庞尚鹏在其奏疏中说：

> 　　一、巡司弓兵原编徭户不谙操备，俱被棍徒包当，倍索工食，又勒赔补盐价，民亦繁苦不胜。今量地里冲僻，斟酌多寡，每名征银若干，给募附近勤实精锐之人应当，及照限巡缉私盐，毋容怠误，抽革充饷者一体征解，并无增减，民亦称便……
> 　　一、各衙门皂隶原编徭户率皆募人应充，每致多索工食，民亦艰苦，今量繁简，每名征银若干，给募勤实之人应当，抽革充饷役银一体征解，诚为两便……
> 　　一、各坝夫原编徭户不谙车递，皆系包当，不无多取工食，兼之赔费索缆，颇为繁重。近又抽革充饷，遂至数少，供役不敷，未免倍增帮银，愈致民苦不胜。今量繁简约计每名该用银若干，派征给发召募近坝勤实居民充当，使各夫便于应役，而徭户无繁费之苦。②

上引材料可见，抽革充饷导致了地方政府供役人员的减少，因而平均至单个应役人户则需要"倍增帮银"，给应役甲的每户增加了负担。这是军饷筹集给均徭役带来的第一个影响。

提编是指为筹集抗倭军饷，地方政府提前编佥均徭人户应役，但应役人户并不需要亲身应役，而是缴纳相应的工食银两用作军饷。从《明实录》的加载来看，明确提到浙江地区提编均徭的记载仅有一条，原文如下：

---

① 相关论述可参见郑振满《明后期福建地方行政的演变——兼论明中叶的财政改革》，载氏著《乡族与国家——多元视野中的闽台传统社会》，生活·读书·新知三联书店 2009 年版，第 257—275 页。

② （明）庞尚鹏：《百可亭摘稿》卷 1《巡按浙江监察御史臣庞尚鹏题为均徭役以杜偏累以纾民困事》，第 125 页。

> 侍郎胡宗宪请于浙江提编明年均徭及明年里甲以济海防,从之。①

该史料的记载表明,提编并不仅限于均徭役,还涉及里甲役,这一点笔者将在后文详述。海瑞《均徭申文》中则记录了浙江地区两次提编均徭:

> 先提编了二甲均徭,后又提编五甲均徭……盖提编去了两个甲分……②

提编均徭是对民户预征徭役折银,和抽革充饷一样,是变相增加民户负担的一种做法。而且提编数量巨大,虽然次数不多,但是对于地方政府的财政结构影响是非常大的。参照笔者前文给均徭役"稳定态"提出的三个限定条件可知,提编均徭虽然使得力役全部折银,但是这部分货币是作为军饷使用的,并不对均徭役的结构产生影响。政府对力役的金派方式没有发生变化,即应役均徭人户总体上按照力役亲充和雇人代当两种方式应役。所以,均徭提编没有破坏均徭役稳定态的第二、三两个限定条件,而是直接对保证均徭役顺利实施的里甲制度造成了冲击。

里甲制度是维持包括里甲役、均徭役等内容的地方役法体系顺利实施的基础。一里十甲的编制方式决定了均徭役的轮役周期是十年,提编两甲造成十年内有两个甲应役两次,由于民户还要负担里甲役,这意味着必然有两个甲在十年内应役三次。这就需要地方政府重新编排里甲轮役顺序,保证三次应役的甲在应役间隔时间上尽量延长,但无论如何编排,都不会把提编造成的负担平均分配给应役各甲。海瑞在《均徭申文》就提出了该问题:

> 卑县六甲已行补役,不堪再应均徭,自七甲为始,则七甲虽云五年二次均徭,似乎稍重,而一甲仍旧十年一次均徭,不至过轻。正合一甲挨在五年内,尤为均平之说。且万一后有提编,七甲去一甲甚远,不至傣并,似可久行。而七甲之人告称先当三十六年里长,应三十八年均徭,实则自三十七年七月便行着役。傣年重差,至今困者未苏,逃者未返。……盖提编了两个甲分,挪前趱后,今日欲为处

---

① 《明世宗实录》卷443"嘉靖三十六年正月甲申"条,第7574页。
② (明)海瑞:《海瑞集》上编《均徭申文》,第161页。

分，非偏重了数甲，偏轻了数甲，决不可能。无十甲之人均平如一，彼不轻此不重之事也。①

这条明确说明了提编给十年应役带来的困难，而且地方官在编排新的应役次序时不但要尽量使应役甲分负担平均，应役间隔尽量合理，还要为随时可能出现的提编做准备，因而对于地方政府来说，首要解决的问题是变革轮役周期。对此问题，海瑞提出了自己的解决办法：

> 县事之难者，难乎钱粮之完，难乎事在追征而安静不扰也。以一甲之人应一年之役，苦难完事。若以十甲之人，应一年之役，追并之苦，勾摄之繁，事将何如！②

可见，海瑞在面对地方财政压力增大和轮役秩序被打乱的情况时提出了改变原有按甲应役的办法，改成全甲之人应一年之役的办法，也就是改十年轮役为每年一审。在面临同样的问题时，不仅海瑞，其余的县分也采取了相同的办法。庞尚鹏的奏疏载：

> 近该臣查得余姚、平湖二县原著有均徭役一条鞭之法。凡岁编徭役俱于十甲内通融随粮带征，行之有年，事尤简便。盖以十年之差而责之一年，则重而难，以一年之役而均之十年，则轻而易，官免编审之劳，民受均平之赐。③

庞尚鹏的奏疏说明，余姚和平湖已经实行了海瑞在《均徭申文》中提到的改变轮役周期的变法，可见两者在面临同样问题时产生了相似的思路。但是改变轮役周期的做法只是在部分地区实行，尚没有成为各地区普遍采用的变法。因而，庞尚鹏最初应对提编造成问题时采用的解决办法是"十段法"。（万历）《明会典》卷二十载：

> （嘉靖）四十四年议准江南行十段锦册法。算弄每年银力差各若干，总计十甲之田派为定则。如一甲有余则留二三甲用，不足即提二

---

① （明）海瑞：《海瑞集》上编《均徭申文》，第161页。
② 同上书，第161—162页。
③ （明）庞尚鹏：《百可亭摘稿》卷1《巡按浙江监察御史臣庞尚鹏题为均徭役以杜偏累以纾民困事》，第123页。

甲补之。乡宦免田，十年之内止免一年，一年之内止于本户。寄庄田亩不拘同府别府，但已经原籍优免者，不许再免。①

由此可见，通过对里甲结构的内部调整也即结构内部调整也可以解决由于徭役"抽革充饷"和"提编充饷"造成的应役民户个体之间和应役各甲之间负担不均的问题。因此促成庞尚鹏进一步完成"征银除役"改革的另外一个重要原因—如刘光临所言，是军事动员体制的改变。募兵制作为与卫所制度不同的军事动员体制，其士兵的来源需要利用货币通过市场募集获取，这种方式一旦在抗倭战争中形成就立即转化为常态的国防体制，军饷结构也随之发生重大变化。为详细说明军饷构成对均徭役结构的影响，笔者选取三种数据较为完整的浙江地区府一级的地方志书，并将其军饷构成制成表4-2：

表4-2　　　　　　　　　浙江三府军饷构成②

	项目	嘉兴府	绍兴府	衢州府
收入	田地山加派	各县田地山银 20497.315	田银　18972.744	各县田地山银　15117.4311
			地银　1835.746	
			山银　2119.18	
	存留粮折银		预备秋米银　8892.26	本府军储余米　58.3825
			府属余米折银　6350.85	预备秋米折银　4972.4307
				协济秋米折银　559.2015
	四差折银	均平里甲充饷银 66	冗役银　118	均徭充饷银　807
		均徭充饷银 1152	皂隶银　531	民壮充饷银　9332.6
		民壮充饷银 9332.6	解户银　405	
		叭喇虎船捕兵银 1688.4		

---

① （万历）《明会典》卷20《赋役》，第134页。
② 数据来源：（万历）《嘉兴府志》卷6，（万历）《绍兴府志》卷15，（天启）《衢州府志》卷8。

续表

项目	嘉兴府	绍兴府	衢州府
官屋地充饷			官地屋充饷银　12.4229
总数		39224.78	30859.4687
	32736.315		
支出		本府兵饷　14169.6	
		宁波府兵饷　19895.5	
		布政司标兵　5159.68	

由表 4 - 2 可知，在军饷来源构成中有两个重要的来源，其一是地亩加派，其二是地方政府的赋役折银。这就需要地方政府将大量的赋役折成白银收取，以应付常态的军饷支出或者战时激增的军饷支出。因而以征收实物田赋和活劳力为主要方式的赋役财政体制转向货币财政体系就势在必行了。

除了以上两点之外，需要指出的是货币财政体系之所以在庞尚鹏的推动下或者在庞尚鹏推行改革之前就在余姚、平湖两县顺利进行，还因为"货币化审编"方式在明代徭役制度长时间的运行过程中已经逐渐完善。本书之前已经指出，在"货币化审编"之下，各种徭役都已经实现了量化，有了统一的计量标准，政府佥派徭役还是征收货币取决于其实际的需求。虽然本书主要考察了促生徭役货币化思路产生的原因，但是徭役体系在这之前所有的体制内的完善过程同样是不可忽视的。这一点刘志伟也有同样的论述：

> 均徭各役均用银计算，其意义不仅在于支付手段的改变，由于用银，差役的负担有了一个统一的计算标准……不同的差役统一用银计算，是差役向比例赋税转变的重要一环。①

总而言之，均徭役的审编方式在发展过程中不断完善，最终实现了数字化审编，为各项徭役的佥派提供了较为准确的标准；东南抗倭战争爆发对军饷的大量需求，迫使地方政府使用提编等手段预征民户徭役，打乱了原有里甲十年一轮的应役次序，因而不得不对原有徭役结构进行改革；军

---

① 刘志伟：《在国家与社会之间——明清广东地区里甲赋役制度与乡村社会》，第 125 页。

事动员体制的变化，雇佣兵制的常态化要求地方政府持续不断地提供白银作为军饷，最终促使地方财政体制发生了彻底的转向，完成了货币化的改革。

第二节　地方财政结构运行原理分析

一　地方财政结构研究范式的反思

上节以均徭法为例讨论了地方财政运行的稳定结构问题，从适用范围来看，均徭法的稳定结构具有一定的代表性，所以笔者认为可以在此基础上进一步讨论浙直地区地方财政徭役化以后的运行问题。

对明代地方财政变迁的描述，中、日学者在相关论著中都有涉及。其中日本学界以山根幸夫、小山正明、岩见宏、谷口规矩雄、岩井茂树等学者为代表。由于各位学者在整体思考上没有特别大的差异，所以此处我以小山正明《明清社会经济史研究》一书第一部分第四节《赋役制度の变革》和岩见宏《明の嘉靖前後における赋役改革について》两篇文章的主要观点为核心，将日本学者对明代地方财政变迁路径的一般性描述作一梳理。[①]

从长时段的历史进程来看，小山正明认为明中期以后财政收支货币化趋势的加强顺应了宋代以来大的历史趋势。元末战争虽然给中国社会经济带来了比较大的破坏，迫使明初退回到了以征收实物米麦和活劳力为核心的赋役财政体系中。但随着一系列稳定经济的措施实施以后，以宣德、正统年间田赋银纳化为契机，明代中后期逐渐展开了赋役的银纳化历程，遂逐渐回到宋以来的大趋势之中。

岩见宏也认为明代赋役变迁最重要的部分就是伴随着货币经济的发展而出现的赋役银纳化现象。其中田赋以金花银的出现为契机，此后银纳化的范围逐渐扩大。役法以均徭银差的出现为标志，此后力差逐渐向银差转化。至嘉靖初期，随着赋役折银的基本完成，各地逐渐出现了合并征收各项的改革方案，如纲银法、一串铃、十段法、提编等，各类方案名称虽

---

① 〔日〕小山正明：《明清社会经济史研究》，《赋役制度の变革》，第63—96页；〔日〕岩见宏：《明の嘉靖前後における赋役改革について》，《明代徭役制度の研究》，第107—134页。

异，但内容与一条鞭法大体相同。一条鞭法就是在汇总上述经验的基础上，逐渐在各地展开的，最著名者如庞尚鹏在浙江、海瑞在南直隶、刘光济在江西等。

以上对明代地方财政变迁路径的叙述可视为日本学界的一般方式，而中国学者也大体遵循如是叙述结构，代表性的学者如梁方仲、唐文基、伍跃、刘志伟等先生。①

梁方仲认为明初的赋役财政体制到明中叶弊病愈发凸显，主要是由于原有系统过于琐碎，执行不得其人，小民的监督权力又过于微弱，因而改革多从简化赋役制度着手。梁文指出，一条鞭法之前的各种改革措施基本都带有两种措施，即用银缴纳和赋役合并，一条鞭法就是集合这些趋势的大成者，将其深刻化、普遍化。

唐文基认为明代里甲正役和均徭的各种改革具有共同的历史趋势，就是将户丁役和人头税摊入地亩，并折银征收，使劳役赋税货币化。明中叶的赋役制度改革，诸如里甲钱、均平银、纲银和十段册法，尤其是征一法，实际上是一条鞭法产生的前奏曲。

伍跃在考察明代中叶役法改革过程后认为，这些改革活动都是自下而上，日趋频繁，最后汇总成为一条鞭法的；随着社会生产力的发展和地主经济势力的膨胀，田赋渐成为编役纳银的标准；徭役折银减轻了对劳动者的超经济剥削，对促进明代农业、手工业、商业的发展都有积极作用。

刘志伟通过对广东地区财政结构的考察认为，广东地区嘉靖间的几次改革都是以定额赋税为中心课题，且改革之后，"四差"基本折银，确立了以白银为赋役征派的主要支付手段；赋役按照丁粮征收，土地税的成分增大，人丁税的成分减少，最终实现以土地为唯一征派对象的结果；赋役项目统一用银计算，逐渐合并编排，最终完成"由役入赋"的改革。

通过梳理中日学者的研究成果，可以发现对明代地方财政变迁存在一个标准化的叙述方式，可以将其概括如下：

元末农民战争给国家经济造成较为严重的破坏，迫使成立之初的明王朝没有延续宋代以来的财政货币化发展趋势，而是建立了一个以征收实物和活劳力为基本方式的赋役财政体系。随着明初一系列稳定社会的措施实施以后，社会经济得以恢复发展，从而使得国家财政对货币的需求不断增

---

① 梁方仲：《明代赋役制度》，《一条鞭法》，第10—61页；唐文基：《明代赋役制度史》；〔日〕伍跃：《明代中叶差役改革试论》，《文献》1986年第2期；刘志伟：《在国家与社会之间——明清广东地区里甲赋役制度与乡村社会》。

强，进而形成了对原有赋役财政体系的冲击。在宣德、正统年间，田赋以金花银征收为契机、劳役以均徭银差的形成为开端，银纳化的程度不断深入。至嘉靖时期，随着赋役各项的银纳化基本完成，各类调整原有财政体系的改革活动在各地不断出现，主要表现为人丁税向土地税转化、差役折银、赋役合并等方面。至嘉靖末期，一条鞭法作为之前各类改革措施的集大成者，出现在浙江、福建、江西等布政司的地方财政改革中，汇总、深化了原有的改革趋势，并于万历初年在全国推广之，最终促成了明代地方财政体制的彻底转向。总体而言，明代货币财政体系的确立是一场适应社会经济发展的、自下而上推行，最终得到国家认可并确立实施的改革活动。

如果把以上论述作为明代地方财政变迁的理论总结的话，那么本书之前各章对明代浙直地方财政变迁的分析则并不完全支持这一立论。

第一，正项田赋的开支处于严格的定额管理之中，尤其地方存留粮的支出大部分用于军事开支，地方行政开支与其基本无涉。所以田赋银纳化的过程和地方财政结构变迁之间的逻辑关系并不明显。金花银虽然是明代田赋银纳化的开端，但银纳化的历程则并非是渐进的。其中，漕粮、白粮等起运中央政府的税粮除运费以外，很少有改折情况发生；地方存留粮自明初以来几乎没有出现改折的情况，该状况直至嘉靖中后期抗倭战争的发生才得以改变，国家因筹措军饷而对白银的大量需求促成了存留粮的改折，此后由于军饷发放的制度的变化，使得存留粮银纳化程度逐步加深。我们固然可以认为社会经济的繁荣，白银用量的增多是田赋银纳化的必要条件之一，但二者之间没有明显的因果关系。

第二，徭役征发也没有出现渐次银纳化的过程。一方面均徭银差固然可以看作银纳化的开端，但少数的几项银差只是作为地方官员和儒学师生的补贴费用，此后并没有大量的力差项目转为银差，力差标定的工食银两是为方便政府审编和民户雇人充役的量化标准，而徭役本身并没有货币化，直接征发活劳力供地方行政使用的役法原则没有发生变化；另一方面，作为地方行政开支的"支应银"项目也采用现役里甲买办供送的方式完成，同样体现"役"的操作原理。

第三，内生的徭役货币化改革推动力不足。欧阳铎对均徭役的改革路径已经代表了"由役入赋"的财政思路，但在推行过程中遇到了预算和技术等诸方面的困境，不得不放弃；浙江地方政府虽屡有银纳化改革的措施出现，也都囿于预算额度过低而重归"买办供送"的旧有方式。相比之下，军事活动对财政的强力冲击对地方财政的货币化改革起到了关键性的作用，为筹集抗倭军饷而提编里甲、均徭才是促成里甲买办和均徭役银纳化的直接动因。

第四，十段法和一条鞭法在审编徭役的方法和步骤上都几乎相同，但此类方法均是针对徭役的"审编"方式，全部差役标定白银只是为了便于量化审编标准。此类方法在欧阳铎改革时期的南直隶已经出现，但本书的论证已经表明，"货币化审编"不影响明代徭役的实际运行结构。将户等量化为丁、田并统一用白银计算便于对应户等与差役，使徭役负担尽量公平。这并不意味着差役已经折银征收，一条鞭法也不直接等同于"由役入赋"的改革，民户仍需亲自应役或雇人代当，这不是财政收支市场化的表现。

明史学者论述明代徭役银纳化意在表明随着社会经济的发展，地方财政逐渐产生市场化需求，故而赋役全部折征白银，再将其投放市场中获取人力和物资。笔者并不否认地方政府有对白银的需求，但财政结构并未因此转向市场化模式，而是普遍采用了应役人户"买办供送"的方式获取财政所需各类物资，政府本身并不直接获取白银，没有公共财政的产生。该行为的实质是将役包裹了一层白银的外壳，并不违背赋役财政体系的基本原理，或可将此称为赋役财政的衍生方式。

刘光临指出，明代赋役财政体系中的役法系统是建立在以里甲制为基础的基层社会之上的，该形态完全与两税法的基本精神是背离的，完全否定了公共财政的存在基础。刘氏认为明初赋役财政体系的确立并不直接由经济原因所致，关键在于军事动员的反货币化模式。明代财政的长期落后与万历时期的突然进步都是适应当时的军事动员体制才发生的。政府因对货币产生需求而将赋役折银，固然可以视为财政货币化的内生动力，但刘文认为"内生说"只可以部分解释财政转型的动力，无法解释为何"由役入赋"的改革会在隆庆、万历时期突然完成。因抗倭战争爆发，军事动员体制发生了重大变化，政府因此对白银产生大量需求，提编里甲、均徭促使地方政府将大量徭役折银，催化了公共财政模式的产生，刘文将其称为财政转型的"外生动力"。[①]

刘文的分析逻辑缜密，眼光独到，笔者多处受其启发，对于明代财政体系的判断也大体同意刘氏的观点，但仍有必要对刘文深入梳理分析：

其一，本书同意刘氏对"洪武型财政"的定性分析，即赋役财政体系的建立以里甲制为基础，具有排斥市场和反货币化的倾向。同时，本书的

---

① 刘光临、刘红铃：《嘉靖朝抗倭战争和一条鞭法的展开》，《明清论丛》第 12 辑。

分析也认为赋役财政体系货币化转向的直接动因是军事动员体制的变化。

其二，刘氏把明代财政放在"唐宋变革"以来的长时段历史进程中进行定位分析，认为洪武型财政是具有保守色彩的，是对唐宋变革以来货币化财政制度的彻底否定。即便到了一条鞭法改革以后，也只不过回到了"唐宋变革"以后的正常轨道中。对于此种判断，笔者持怀疑态度。

自唐迄清固然是在历时上具有连续性的几个王朝，但各代立国之初面临的周边环境并不相同。如果我们把国家看作一个具有行动力的主体的话，其在面临具体环境时会做出自认为最合适的选择。从这个角度讲，前代国家的制度结构与其说被继承，莫不如说被当作历史经验来参考。现实的国家建构总要考虑国家三大触手之间的协调与有效，即一支标准化军队、一个大幅改善的征税机构，以及一套高效的行政机构。① 因此，创建财政制度首先要考虑有效地支付庞大的军费开支与行政经费，而非顺应社会经济的发展。当然，新制度经济学讨论的一个核心问题就是如何建立有效的组织保证经济持续增长，他们也会以此为评判标准对历史上的财政制度进行价值判断，不过这已经超出了本书所关注的主题，笔者将在文章的延展性思考中稍作讨论。

其三，刘文大量使用明史学界的既有学术成果支撑其论点，而本书对既有学术成果是有修正的。比如其认同刘志伟关于均徭法是一种过渡形态的赋役制度的论断等，但本书则认为均徭役结构是一种"稳定态"，有自身的运行机制。况且"内生—外生"学术主要侧重解释明代财政转型的动力问题，而无意以实证的方式构建明代赋役财政的运行框架。

总体而言，笔者认为刘文对明代财政转型研究的理论思考强于实证分析，即便笔者认同刘氏的若干结论，但仍有必要在实证分析的基础上对明代赋役财政的运行方式进行理论化表述。

二 明代地方赋役财政结构的运行原理

以上笔者简单梳理了明代赋役财政体系变迁的研究框架，对相关论说进行了批评分析，并指出本书对明代浙直地方财政变迁的实证研究在若干环节上对既有的研究框架形成了否定。因此笔者在此以本书的实证研究为基础，尝试构建明代地方财政运行结构的理论模式。所谓理论模式的构建

---

① 此处参考〔美〕乔尔·S. 米格代尔《强社会与弱国家——第三世界的国家社会关系及国家能力》，关于国家三大触手的叙述本书略有改动，以适应明代国家的具体情况（江苏人民出版社2012年版，第23页）。

就是通过实证归纳出某些能够反映该体系特质的因素，再将各因素之间的逻辑关系进行准确的描述，力求使该结构取代原结构，更加合理的解释已知研究范围中的更多现象。

在时段内的地方财政结构中，首先对赋役财政结构起到制度约束的是"定额"因素，这不仅在本书关于地方存留粮和里甲杂办银的研究中能够体现出来，也是明代财政类型"明清特质说"持有者立论的主要依据。黄仁宇认为"尽管由明朝确立的财政制度有其独特性，但是在明清两代接近500年的时间没有大的变化。它的许多特征已经视为当然，其社会经济影响已经被接受，可以认为这就是传统中国的典型特点。很难认为明代制度在中国财政史中具有很大的突破性。从那时开始，政府财政的主要目标是维持政治的现状，再没有任何活力可言"①。而没有突破性、维持现状主要体现在财政定额制度上。所以黄氏认为"造成明代十六世纪税收基数有限的原因是洪武皇帝的财政政策，在其统治期间，确定了税收定额制度。……除了田赋之外，明朝对劳役和基本物品的征派也有很大的依赖，也采用了定额制度"②。

日本学者宫泽知之与岩井茂树认为明清两代与唐宋时代不同，唐宋时代的财政运行秉持"祖额主义"财政思想，而明清时代奉行"原额财政"主义，这与黄仁宇的看法是一致的。宫泽氏认为唐宋财政和明清财政不能混为一谈，作为唐代财政术语的定额和宋代财政术语的祖额具有相同的意思，"定额"和"祖额"是征税的基准额，是估算下一财政年度收入规模的根据，也是州县官勤务评定的基准。在这一点上不能把它和明清时代的固定税额主义等同视之。③

对于明代财政预算的定额制度有别于唐代的做法，明人丘浚也有同样的认识。其在奏疏《贡赋之常一》中指出：

> 我朝稽古定制，以天下之垦田定天下之赋税，因其地宜立为等则，征之以夏者谓之税，征之以秋者谓之粮。岁有定额，家有常数。非若唐人遇有百役之费，先度其数而赋于人也。随其田之宽狭取其税之多寡，非若唐人以一年之科率最多者以为额也。④

---

① 〔美〕黄仁宇：《十六世纪明代中国之财政与税收》，第470页。
② 同上书，第61页。
③ 〔日〕宫澤知之：《岩波講座・世界歴史9・中華の分裂と再生》，第298页。
④ （明）陈九德：《皇明名臣经济录》卷8《户部一・贡赋之常一》，《四库禁毁书丛刊》，北京出版社1997年影印版，史部，第9册，第137页。

可见，明政府对自身奉行的财政定额主义有别于唐代的"祖额主义"是有清晰认识的，显然定额可以成为明代财政的特点之一。岩井茂树《中国近代财政史研究》一书则以"定额主义"为核心考察了明、清乃至近代以来的财政走向。该书认为明初确立的"定额主义"财政原则在此后很长一段时间中发挥作用，导致此后的财政基本按照"定额——定额外——新定额"的模式运行。岩井氏通过"里甲正役的职责""上供物料和地方公费增长路径"以及"一条鞭法的财政意义"三个方面论证了明代财政如何按照"定额主义"的轨迹运行。

岩井茂树的立论宏达，考证翔实，为我们展示了明清国家财政的结构特质，但我们必须看到这个解释框架过于简单，不足以描述明代地方财政的特质。过多的因素虽然会让模型过于烦琐，不利于清晰描述整个结构的运行状况，但单一因素又往往无法避免其他因素的干扰。对于岩井氏的描述而言，仅用定额来解释明清财政结构的全部特征过于简单了，我们无法通过定额这个唯一因素把握明代财政的全部特质。即如对一条鞭法的定性，从定额主义财政的角度来理解的话，一条鞭法使得地方财政重归中央财政的控制之下，重新制定了新的定额。① 但本书的研究则指出，一条鞭法前后的明代财政存在结构的不同，赋役财政体系是反市场化的，政府本身很少使用货币从市场上获取人力、物资，运作方式是以役为核心的。岩井氏的定额主义财政模型中无法体现明代财政的这个特点，该理论的优长在于抓住了明清两代国家财政的共同特性，不足之处就是忽视了明代地方财政的独特属性。因而，本书尝试增加若干因素使该模型的解释力更强，更能突出明代赋役财政体系的特征，至于哪些因素具备这样显著的特质，则需要从定额主义产生的财政问题中着手考察。

定额财政不能很好地解决财政赤字问题，地方财政就会去寻找"定额外"的解决路径。关键问题是，不同的财政类型在解决赤字时会有不同的选择。新制度主义学者指出，制度不仅对行为者的选择构成了约束，还在很大程度上限定了行为者的偏好。② 从财政的角度而言，不同的财政类型在面临同样的财政问题时，政府会选择不同的解决办法，而且这种选择一定会受到既有财政制度的限定，并非任意而为。

在面对财政赤字时，政府可能会通过增加税收、增发货币、发行债券

---

① 〔日〕岩井茂树：《中国近代财政史研究》，第 295—310 页。
② 〔美〕彼得·霍尔：《驾驭经济：英国与法国国家干预的政治学》，江苏人民出版社 2008 年版。

等各种方法来解决。即便在定额主义财政之下，也可以通过制定新的定额来解决财政用度不足（恐怕这就是唐代财政运作的一种办法）。笔者认为，明代地方财政在行政经费不足用的情况下出现了"徭役化"的选择，即地方政府通过应役里甲、均徭人户"买办供送"的方式弥补财政预算的缺口，个别地方虽屡有支应银货币化改革的做法，都碍于预算额度太低而没能成功，而均徭役的货币化改革则一直没有实行，同时也表明弥补财政赤字的首选办法就是应役人员"买办供送"。因此本节把描述赋役财政特质的第二个因素确定为"徭役"。此处所言徭役，既指政府通过强控制手段获取行政所需人力，也指政府利用此种控制强加给民户的财政负担，确切的表达应为有"附带财政责任"的徭役。

地方政府役使民户买办供送并不是没有节制的，我们也无法想象一种长时间运行的机制一直采用无规则掠夺百姓的方式。从本书之前对里甲、均徭役的分析可知，"货币化审编"用来计算地方政府的财政用度，平衡各应役人户的负担，是维系整个赋役财政体系稳定运行的措施。审编是整个赋役财政体系中最活跃的因素，不断地精确和周密，本书将其确定为描述赋役财政体系特质的第三个因素。

以上笔者提炼出可以表现赋役财政体系特质的三个因素，即定额主义的总量控制，附带财政责任的徭役和货币化审编。以下笔者将对每一种因素的具体含义做出明确界定，从而明确三者之间的有机构成。

三　地方财政结构中各因素的界定与分析

（一）定额

岩井茂树认为不能把定额财政简单地理解为"固定税制"，这并不是"原额主义"产生的决定性要因，经常性财政收支尽可能地控制在固定的范围之内等等原因才真正发挥着作用。[①] 因此，"定额"是一个动态的概念，在地方财政的发展过程中，"定额"因素包含的项目会不断调整，笔者认为也可以将其称为总量控制，所以"定额"的概念至少体现在以下四个领域中。

1. 存留钱粮，属于固定支出的范围

笔者在分析地方存留粮支出结构时曾指出，存留粮只用于地方政府的官俸、儒学师生廪给和孤铎口粮三项支出，而这三项均是定额支出。其中官员俸禄定于洪武二十五年（1392），《明史》卷八十二：

---

① 〔日〕岩井茂树：《中国近代财政史研究》，第17页。

> （洪武）二十五年更定百官禄。正一品月俸米八十七石，从一品至正三品，递减十三石至三十五石，从三品二十六石，正四品二十四石，从四品二十一石，正五品十六石，从五品十四石，正六品十石，从六品八石，正七品至从九品递减五斗，至五石而止。自后为永制。[1]

上引材料的"永制"是指明代官员的俸禄均以此为标准发放。永乐、宣德时文武官俸都采用米钞兼之的办法发放，由于宝钞的持续贬值，使得官俸实际变得很低，《明史》也云"自古官俸之薄，未有若此者"。至存留粮折银以后，情况有所好转，各官俸粮普遍按照 0.8 两/石、0.9 两/石的标准折银。不过就总体而言，无论官俸折钞还是折银，都是把额定俸粮按照一定比例折征，但作为基数的俸粮是定额，明初确立以后就不再发生变动。

存留粮支出的另一方面是儒学师生廪给。儒学教官生员的廪给自明初几次调整之后，至正统年间大致形成定额，（万历）《明会典》卷三十九：

> 正统元年奏准各处教授俸见支五石者照旧，见支二石及一石五斗、一石者俱增为三石，余折钞；教谕、训导见支一石五斗及一石者，俱增为二石，余折钞；其师生廪米见支一石者照旧，见支五斗者俱增为一石。

此后，儒学师生的廪给大致没有发生变化。从本书之前对杭州府、衢州府的分析来看，各县儒学廪粮支出均为 350 石，按照 0.8 两/石折征白银 280 两，也可证明是定额支出。

孤铎口粮是存留粮的第三项支出。本书之前的分析也表明，该项是按照每名孤老 0.3 石/月的定额支出，此后按照 0.5 两/石的标准发放白银。

以上三项是地方存留粮的三项定额开支。本书之前的分析也表明，地方政府行政事业费用的开支由存留宝钞支付，与存留粮无干。此后因宝钞的贬值，该部分实际由里甲杂办银来负担。杂办银的收支实际有两种方式，一种是应役民户直接缴纳白银由官府支办，另一种是应役民户买办供送。其中直接缴纳白银的部分用于地方政府的祭祀、科举、仪典和救恤支出等几个方面。这些方面的开支都受到"赋役文册"的明确规范，其中祭

---

[1] （清）张廷玉：《明史》卷82《食货六·俸饷》，第2002页。

祀、仪典和救恤费用是定额支出，科举费用也由司府衙门根据实际情况统一核算，有总量控制。因此可以说，存留钱粮以及由此衍生出来的杂办银项目是定额概念包含的第一层意思，这些项目大多属于中央政府有明确规定的固定开支。

2. 均徭工食银

该项为均徭人户服役期间的工食银两，并不由地方政府发放，是应役人户自备。如果需要若干人户朋充，则由正户自行到贴户人家讨取。唐文基认为各地除京班皂隶是 12 两/名之外，并无统一标准。[1] 但笔者认为各类徭役工食的标准也是由中央政府统一制定的。（万历）《明会典》卷一五七：

> 宣德间，令随从皂隶不愿应当者每月办柴薪银一两。[2]

这条史料虽然只是规定了随从皂隶可以按照 1 两/月的标准缴纳白银，但同时也解释了 12 两/名的含义，即应役皂隶的工食标准是每名每年 12 两。这样我们将各类工食银两统一除以 12，就可以看出其间的规律。在此，笔者首先选取（天启）《衢州府志》中若干均徭项目制成表 4-3，再做出说明：

表 4-3 　　　　　　　　　　衢州府均徭役工食银分布[3]

徭役名称	应役机构	每名工食（两/年）	每月工食（两/月）	备注
解户	布政司 本府	30 30		此项为补贴各解户的运费，均为 30 两/名，并非解户自备。
轿伞夫	巡抚、察院、按院 兵巡、分守、水利道	12 10.8	1 0.9	
柴薪皂隶	南京直部 布政司、按察司 本府 本县	12 12 12 12	1 1 1 1	此项为补贴各官的银差，统一按照 1 两/月发放，不分机构高下。

---

① 唐文基：《明代赋役制度史》，第 237 页。
② （万历）《明会典》卷 157《皂隶》，第 808 页。
③ 数据来源：（天启）《衢州府志》卷 8，第 801—819 页。

续表

徭役名称	应役机构	每名工食(两/年)	每月工食(两/月)	备注
皂隶	布政司 分守道、督粮漕运道、分守道 本府 本县	10.8 10.8 10 10、7.2	0.9 0.9 0.83 0.83、0.6	
库子	布政司广济库 布政司架阁库 按察司架阁库 县耳房库	12 10.8 10.8 6	1 0.9 0.9 0.5	各库库子还要负责供给政府办公所需用度，但本表只计算徭役工食，其余开支不计入其中。
斗级	本府军储仓 本府预备仓 本县预备仓 常平仓仓夫	12 7.2 10.8 3.6	1 0.6 0.9 0.3	
门子	按察司 兵巡道 织造府 两浙运司 本府门子 本府儒学 本县 本县儒学 孔氏世袭五经博士员下 看守院 布按兵巡分司	10.8 10.8 10 9 7.2 7.2 7.2 7.2 6 3 3	0.9 0.9 0.83 0.75 0.6 0.6 0.6 0.6 0.5 0.25 0.25	
巡拦	本府税课司 本府捕盗应捕 风泾税课司	8 7.2 4	0.66 0.6 0.33	
狱卒	布政司理问所 按察司司狱司 本府司狱司 本县司狱司	10.8 10.8 12 7.2	0.9 0.9 1 0.6	
弓兵	各巡检司	7.2	0.6	

根据表4-3所示，我们可以将均徭役工食的分布规律作如下描述：

其一，如解户一类的补贴银两，政府显然有明确规定，不分布政司、府、县，统以30两/名配给。

其二，柴薪皂隶银（还包括马丁银）等项明初已有统一规定，发放给官员养廉使用，各官不分级别高低，一律按照 1 两/月的标准发放。

其三，柴薪皂隶 1 两/月的标准成为均徭工食银的上限额度，其余各项徭役则根据供职机构的不同，差役的轻重递减，从 0.9 两/月—0.25 两/月不等。

从以上三个特点可以看出，中央政府对各项均徭役的工食银有明确的规定，金派徭役都要根据这个标准量化徭役的轻重，再金派相应等级的应役人户。因此，本书将均徭役工食作为明代地方财政中"定额"概念的另一层含义。

3. 支应银

理论上讲，作为地方政府行政事业费用的支应银属于本书需要论述的徭役部分，由现役里甲买办供送，但这部分开支同样体现着"定额"的原则，故而在此有所论及。笔者在第二章第二节曾对浙江布政司各县的支应银总量做出过总量估算（见第二章表 2-8），地方财政以布政司为中心会在"会议文册"中给出各县支应银的用量。会议文册的内容虽然可以由各级政府会商制定，但一般县分支应银的最高额也就是 360 两，即 1 两/日的标准。总体而言，地方政府对支应银用度的控制比较符合岩井茂树所定义的"定额"概念，即把经常性财政开支尽可能地控制在固定的范围之内，本书表述为"总额控制"。

4. 驿传银

驿传役的定额有两个层面的含义。首先，明初规定了应役马匹、船只的丁金粮金标准，即应役民户的负担量。从地方志的记载来看，各地基本按照中央政府的这一标准金派。其次，至弘治、正德年间，驿传役完成了银纳化改革，形成了远驿马价银和本地驿站银两项固定开支。总体而言，无论驿传役的金派，还是马价银、驿传银的开支，中央政府都制定了统一的标准，实行定额收支。

以上本书对浙江地方财政中的"定额"因素进行了分析，当然各地财政由于收支结构不同，定额的具体内容也会有所不同。但从笔者的分析可以看到这样一个特点，即定额部分都处在中央财政的视野之中，中央对地方财政的每个环节都有具体的规定，原则上地方财政收支要遵循中央制定的定额原则，这不仅体现在正项田赋一项中，而且还包含驿传银的收支以及徭役的金派标准等方面。

如前所述，如此严格的定额控制势必会造成不断增长的财政开支入不敷出的局面，而地方政府为应付这种情况所采取的措施对于我们分析明代赋役财政体系的运行特点是十分重要的。因为给定制度框架会限定行动者的选择范围，也会影响行动者的选择偏好。地方政府作为一个行动群体，其在面临财政困境的时候选择"徭役"的方式解决，则最能体现明代赋役财政体系的运行特点。

（二）徭役及其附带财政责任

梁方仲曾指出，役法是明代赋税系统中最为独特的部分，也是一条鞭法改革的重点。这一观点是非常有见地的，可以说在赋役财政体系中，"徭役"是地方财政运转的核心因素，在此我将对明代地方财政中的"徭役"因素的具体表现做出阐述。

唐文基在《明代赋役制度史》中强调明代赋役制度带有明显的超经济强制特征，尽管笔者并不认同唐氏将明代的徭役征发视为劳役地租的再分配的观点，但使用强制性手段，而非雇募方式，获取地方行政所需的人员的确有明显的超经济强制性。[①] 均徭法改革以后，一般民户应当里甲正役之后五年，再应当均徭杂役。每十年作为一个应役周期，到时会对民户等级重新审核，使徭役负担大致均衡。但整个役法系统必须以"画地为牢"的里甲制为基础，正役或杂役十年一轮是根据一里十甲的制度特点制定的。由于明代政府对徭役的使用渗透到了整个政府的各个机构之中，所需人员数量之多，范围之广，远非宋代对职役的使用可比。从这个角度来讲，政府掌握大量固定人口是役法系统得以正常运转的前提。

在明确这个问题的同时，还需注意"雇人代当"同样没有摆脱"徭役"的强制性色彩。刘志伟指出："由于力差也多雇人应役，作为役户的支付手段，力差和银差都是出银。如果只是从货币经济的角度去看，两者似乎没有实质性的区别。但是，从体现着编户与官府之间关系的财政意义上看，两者有根本性的区别。"[②]

确如刘氏所言，"役"体现的是政府和民户之间的财政关系。地方政府首先考虑的是掌握大量的民户，从而可以保证人力的获取。至于被金点人户是亲自应役还是雇人代当，可自主选择，并非地方政府关心的重点。从这个角度看，强制性的把人户编入里甲依然是役法结构得以运行的基本前提，"雇人代当"只是一种变通做法而已，并未破坏役法运行的基本原则。

小山正明和伍跃的研究均认为"雇人代当"是一种过渡形态，但本书第三章的论证则表明，"亲身应役"和"雇人代当"始终是均徭役的主要形态，并无大量力差转化为银差的过渡过程。因此可以认为，强制性的金

---

① 唐文基：《明代赋役制度史》，第 1 页。
② 刘志伟：《在国家与社会之间——明清广东地区里甲赋役制度与乡村社会》，第 125 页。

派人户为地方政府服役是"徭役"因素的第一层含义。但对于地方政府而言，摊派给里甲役和均徭役应役人户的附带性财政责任才是解决地方财政赤字的核心办法。

本书第三章第四节曾以海瑞的《兴革条例》为中心讨论了均徭役的轻重问题，重役大致包含了斗库、驿传馆夫和解户等三类差役。总体而言，供职于地方政府的重役要负担政府日常的行政、往来支应等项开支，是地方财政的重要来源。因此，庞尚鹏说地方政府视库子为"奇货"，人户一应此役就会破家，"败不旋踵"。海瑞的记载表明，几项重役的开支额度都被标定了大致的范围，而且该役也会佥派给有相应经济实力的大户承当，这就是"审编"因素所起到的调节功能。

同样的情况也体现在里甲正役的身上。前文已指出，支应银虽然由应役里甲长买办供送，但也有一定的总额控制，应役人户每天最多出银一两。地方政府虽屡有"征银除役"的改革建议，但都因预算额度太低，不得不重新责令里甲长买办供送。只有通过这种强制性的买办方式，才能弥补地方财政赤字的空缺。当然，地方政府不愿改革里甲正役买办制度不仅由于地方公费的使用不敷，还由于府县衙门各官吏要盘剥里甲人户获取"常例银"。

这一点在海瑞的《兴革条例》中有明确的记载。虽然海瑞在文集中称"凡常例今已革去"，但既云常例，显然是各地方政府约定俗成的一种规则。那么，淳安县的情况也可看出各地方"常例银"的一般状况。一个县可以收受"常例银"的人员包括知县、县丞、主簿、典史、六房吏等大小官吏。"常例银"的构成项目涵盖极广，从夏税秋粮中提取、粮里长供送、过往盐引抽取、均徭银差、俸禄折银等，均可成为各官吏的常例。笔者在此仅选取与应役里甲人户相关的项目制成表4-4，借以考察里甲正役附带的财政责任。

表4-4　　　　　　　　　　淳安县各官吏常例银项目①

官吏人员	常例项目	备注
知县	秋粮长银20两、盐粮长银10两、催甲1两/里。 直日里长初换天字下程一副外，白米1石或0.5石，八十里皆然。 （官吏）出外，直日里长供应并店钱、人情纱缎。 审里甲丁田1两/里、审均徭1两/里、造黄册2两/里	该项目应由支应银支付。 此只就各衙说，若代理知县某事，则有取其常例

① 数据来源：（明）海瑞：《海瑞集》上编《兴革条例》。

官吏人员	常例项目	备注
县丞主簿	秋粮长银 10 两、盐粮长银 5 两。 直日里长初换，下程、白米比知县间 1/3。 出外，直日里长供应并店钱、人情纱绢书帕。 管黄册 1 两/里	府管册如数，受否在人
典史	里长初换日，送下程比县丞减去一半。 出外，里长供给并店钱、人情纱绢书帕	
吏房	酒席银 2 两	
户房	里长应役时 0.3 两/里、粮长应役时 0.4 两/名。 造黄册 0.5 两/里。	草册府吏 5 两，管册厅吏 2 两
礼房	里长应役不报老人者 0.05 两	
兵房	直日里长 0.05 两/日 清军 0.5 两/里	
刑房	金总甲 0.3 两/里、年终总甲平安银 0.3 两/里	
工房	里长应役时 0.1 两/里、直日里长 0.05 两/日、塘堨长 0.03 两/里。 审里役丁田 0.5 两/里、黄册 0.5 两/里、清匠 0.5 两/里	

表 4-4 的数据表明，凡粮长、里长、总催到衙应役都需供应各官吏常例银。大造黄册、审编丁田、审编均徭、清军清匠之时，各里也要"孝敬"各经手官员一定劳务费。海瑞在其文集中详述了常例银产生的原因：

> 吏书常例，上而二司抚按，又上而六部寺院。衙门愈大，其常例愈多。猾吏巧于骗财，执偶中之事以愚小民。小民暗于事体，不知上人之心何心，不知官府中内面文移是官府为主，吏书为主。见一人偶以吏书而祸，遂谓无赂则不可；见一罪偶得吏书而免，遂谓有赂则可。吏猾民愚，弊非一日。①

上引史料可见，应役小民因信息不畅，不了解各类政策的具体规定，故而求助胥吏，孝敬一些银两。应役人户的此类财政负担是政府运行的一种"潜规则"，明人将其称之为"积习"或"积弊"。所谓"积"是指形成有日，已经成为政府行政中约定俗成的规则，若抛开词语中的价值判断

---

① （明）海瑞：《海瑞集》上编《兴革条例》，第 57 页。

色彩，"积习""积弊"与"常例"所表达的含义显然是相同的。如表4－4所示，虽然各项银两"受否在人"，但各官吏也并非任意索取，正官、佐二官以及各吏都有一定的定例。以下程为例，县丞比知县少1/3，而典史又比县丞减半。可见，里甲正役供送的"常例"已经形成了制度外的"制度"了。

以上笔者对里甲正役和均徭役运行状况的描述，界定了"徭役"因素的实际内涵。政府强制性获取劳力是徭役概念的初始含义，也是役法系统设立的本意，即政府可以在不通过市场的情况下，稳定地获得行政所需人力。从这个角度来说，刘光临认为"洪武型财政"创造了一个不需要货币的奇迹，这一论点无疑是正确的。但在整个财政系统运行的过程中，市场的繁荣和财政支出的膨胀都对该体系的初始形态形成了挑战。在定额主义财政思想的限制下，徭役银纳化并不是一种最佳选择，反而会造成财政状况更加窘迫。需要指出的是，笔者并非认为定额主义和货币财政不能并存。清代的财政运行说明，地方政府可以通过调整耗羡补充财政收入，且更加容易操作。但是希冀明代的地方政府突破现有财政指令，完成银纳化改革，再调整耗羡以补充地方财政则显得过于艰巨。在没有国家政策推动的情况下，某一地方政府不可能单独完成。相反，在不打破役法系统的前提下，创造出一套既有制度的衍生品来解决财政不足问题，对于地方政府而言是最直接、最可行的办法。因此，强迫应役人户买办供送行政所需物品、补贴官吏俸禄就成了"徭役"因素的第二个含义。

役法体系是明代财政中最具特色的部分。它已经不同于唐代的役和宋代的夫役，直接以"丁"为征发对象，而是继承了宋代职役金派的方式，增加人户资产作为审编徭役的标准之一。[①] 但如果从徭役的征发数量和使用范围来看，明代对徭役的使用遍及基层社会管理、政府行政、驿站运行、营建工程等各个层面，这是宋元两代以及此后的清代所不曾有的现象。因而也构成了明代财政体系的核心因素之一。

役法作为明初的一种财政制度设计，它原本希望政府在不通过市场的情况下，直接获取行政所需人力。该套制度在运行的过程中实际发展出来三种形式，即力役亲充、雇人代当和征银除役。本书通过对均徭役和驿传役的分析表明，在没有国家统一指令的情况下，"征银除役"的改革并没

---

① 〔日〕岩井茂树：《中国近代财政史研究》第六章关于"两个正役"的论述，本书不赘，第221—230页。

有自然发生，民户最多以变通的方式雇佣"揽纳户"代替自已去政府服役。不管民户亲力充役还是雇人充当，对政府而言都是直接获取人力，这并不违背役法体系创立的基本原则。这种情况也表明，此种制度安排对地方政府选择加以限定，其不能因为对货币的需求而擅自除役征银，这于法理不合。所以需要在不打破原有役法体系的前提下，寻找可行的填补财政空缺的办法。这就是本书所说"徭役"因素的第二层含义，即通过"买办供送"的方式将财政负担转嫁给应役人户。

本书对驿传役的研究即证明，在役法体系正常运转的情况下，定额（马价水夫银）一旦不敷使用，利用馆夫、库子等役"买办供送"是地方政府的首选方案，是赋役财政体系下不断重复的一个动作。因此可以说，定额制度造成的财政赤字转嫁给徭役负担是"定额主义"与"役法体系"给地方政府限定的一条首选路径。役的附带财政责任并非国家制度安排，是在国家与社会博弈过程中，形成的一种约定俗成的规范。在新制度经济学家的眼中，非制度约束包括对正式约束的扩展、细化和限制的部分。它必须依托于正式约束存在，没了正式约束的强制性力量，就会提高非正式约束的实施成本。因此，就明代地方财政的徭役而言，国家规范的里甲正役（或徭役工食）与约定俗成的徭役的附带财政责任共同构成了役法体系本身，我们可以将其称为"包裹着白银外壳的徭役"。

如前所述，徭役连带的财政负担不可能是无限制的任意索取，应役民户也不会达到应役即破家的程度。虽然徭役连带的财政负担并不在中央财政的视野之中，却在地方财政需要考虑的范围之内。地方政府想要顺畅运行，就一定要有一套确保徭役负担均衡的制度体系，这就是徭役的审编体系。

（三）货币化审编

在既往研究中，明史学者没有认真区分审编与金役两个行为之间的关系，往往将各地方"货币化审编"的行为当作"徭役折银"的行为。如刘志伟认为广东地区在经过差役改革以后，按户派差改为按丁粮征银，原来体现人丁户口与土地结合在一起的户役开始分解为丁税和地税。[1] 侯鹏则认为明中后期浙江地区在地方公费银和均徭编金方面都体现了共同的趋势，即逐渐取消或搁置了对里甲人户的控制和动态把握，逐渐形成了对田与丁的分派。随着各项收支银纳化的完成，征收对象和手段基本已经没有

---

[1]　刘志伟：《在国家与社会之间——明清广东地区里甲赋役制度与乡村社会》，第145页。

区别。庞尚鹏实行的一条鞭法已经是这一进程的最后一步，一些县分此前已先行合并征收了。①

从本书的分析来看，即便是在实现了"货币化审编"的情况下，里甲役既可以"征银贮官"，也可以按照支应银数量"买办供送"；均徭役既可以折银征收，也可以按照相应的资产金派人户应役。同样的审编办法可以适用于不同的财政结构之中。笔者没有对广东地区的情况作出实证性分析，因此不能确言广东地区役法的实际状况，但就浙直地区的情况来看，欧阳铎与庞尚鹏改革的核心思路是"由役入赋"，这种变化对于之前的地方财政体系是结构性变革，而非简单的总结归纳。徭役及其连带的财政责任始终是此前地方财政的主要来源，即便徭役审编已经实现了丁、田分离和货币化，但绝不意味着户役已经转化为丁税和地税，丁与地只是衡量人户资产的标准，最终还是要金派人去服役。由于地方政府仍需直接获取徭役，那么无论人户亲身应役，还是雇人代当，都以地方政府直接掌控里甲户的人丁和资产为前提。所以笔者认为，地方政府并不会放松对里甲人户的人丁与资产的控制。

通过第三章对浙直均徭法的分析可知，审编办法的完善是对役法结构的规范，是该体系得以良好运行的基础。由于徭役有连带的财政责任，所以审编成为该结构中最活跃的因素，以确保不断增长的财政责任与应役人户的资产相适应。在此，笔者以里甲、均徭役为例，对"审编"因素的变化趋势进行梳理。海瑞《兴革条例》：

> 然谓丁田，凡浅船、军民料、颜料、皮张等项原工房钱粮俱在内。……谓之丁田，丁，人丁；田，田亩也。人一丁准作田十亩。朝廷夏绢农桑秋盐粮课程诸色无算及人丁者，独丁田银，人丁预焉……十年一次里役，十年一次均徭，丁田均当里役，每丁出银三四两。均徭每丁征银六钱加耗十余两。②

据此可知，正项钱粮与里甲三办、均徭等项的审编标准不同。里甲、均徭等项均由丁田审编，体现"民有此身则有此役"的原则。本部分即对浙江地方的里甲、均徭的审编方式的变迁进行梳理，借以考察其对整个役法体系的规范作用。

---

① 侯鹏：《明清浙江赋役里甲制度研究》，博士学位论文，华东师范大学，2011年。
② （明）海瑞：《海瑞集》上编《兴革条例》，第118页。

1. 里甲役审编

就浙江布政司而言，规范的里甲三办银形成时间是在正嘉之际。"总征类解"法实行以后，上供物料所需白银均摊给现役里甲丁田出办。杂办银则由两部分构成，祭祀、科举、抚恤等费用直接缴纳白银，支应银部分则由现役里甲买办供送。淳安县和萧山县的情况均表明，二县在计算三办银之时都不把支应银直接包含在内，而是另有审编方式。我们首先考察里甲役中直接缴纳白银的"三办银"部分。

（1）三办银审编

据《浦江志略》卷五的记载，里甲三办银最初采用的是"按里摊派"的方法：

> 但坐派之法照里不照粮，访之民间颇有不均之叹。盖各县民力之登耗系于田粮之有无，而不系于里分之多寡。各县里多而粮少者有之矣，里少而粮多者亦有之矣。如本县田粮不过东阳县之半，而赋役仅减其一，与汤溪县略等，而赋役至加其三，则照里不照粮之故也。不但此也，司照里派之府，府照里派之县，县官不察，又照里派之乡。一县各里丁粮有多至百石者，有少止三五斗者。丁粮多者派之不觉其重，丁粮少者则不胜其繁重矣。……为今之计，各项赋役如均徭，如里甲，如不时坐派物料，一以田粮为准，而不拘里分，则赋役均而困苦甦矣。①

显然，照里摊派的做法是以明初划分的里甲为基础的。明初在划分里甲之时，一定会考虑到各里之间的平衡问题，人丁与资产应该不会相差太多。但随着时间的推移，各里之间财力差距会越来越大。在这种情况下，依然按照最初的里甲设置摊派大致相同的负担，势必造成一些里分不堪重负的局面。类似的情况和解决办法早在弘治年间就已经出现过，（万历）《杭州府志》卷六：

> （弘治）九年巡按浙江监察御史吴一贯议征丁银及区处库役。《仁和县志》：先是各县每年征上柜银，全里二十两，患里十两。全里丁与田多，数虽浮犹有余力，而患里则不堪出矣。一贯行各道，议以丁产均派。丁出银五钱或四钱，产，田地荡以十亩、山以三十亩准一

---

① （嘉靖）《浦江志略》卷5《财赋志》，第10b页。

丁，颇为均平。①

文中所谓"上柜银"是指供地方政府修理衙署和迎来送往的交际费用，与本书强调的支应银的财政功能类似。② 二者之间是否有逻辑上的关联，限于材料，笔者不得而知。但弘治年间，吴一贯打破原有里甲界限，规定丁、田之间的换算标准，这对于徭役审编是至关重要的变化。从（嘉靖）《萧山县志》的记载来看，至嘉靖中期以后，这种方法已经被运用到里甲三办银的征收上。

> 凡贡今谓之坐办、额办，概取诸里甲丁田，岁输于官……。里甲丁田凡十年一周，四斗以上官田免科，三斗以下田十亩为一丁，或以丁田随田均派，同粮征收，民皆便之。此外又有杂办，共银一百八十二两三钱八分六厘一毫五丝七忽二微八尘一渺八漠，亦取诸丁田。③

可见，将人户资产量化为丁与田，再按照丁田比1:10的比例统一折算的方法已经在萧山县实行了。至于将丁田银统一换算成丁征收，还是"随田均派"，各地的做法并不完全相同。海瑞的《兴革条例》记载了折丁征收的具体办法：

> 嘉靖三十七年分连闰月共银二千二百三十四两六分一厘四毫一丝六尘六渺三漠，该七年里甲洪汝英等丁田，除优免外，实有三千八百一十三丁三分二厘一毫六丝八微。每丁银五钱八分五厘八毫五丝七忽五尘四渺九漠。
> 嘉靖三十八年分无闰月共银二千一百七十八两九钱四分四厘五毫三丝八忽三微八尘六渺三漠，该八年里甲邵廷用等丁田，除优免外，实有四千四十丁三厘六毫三丝四忽，每丁银五钱三分九厘三毫三丝七忽六微八尘七渺。
> 嘉靖三十九年分无闰月共银二千一百五十八两七钱四分八厘六毫

---

① （万历）《杭州府志》卷6《国朝郡事纪中》，第482页。
② 《明宪宗实录》卷79"成化六年五月丁酉"条："一禁夫役以节民财。谓应天府上元、江宁两县沿袭旧例，每年验丁出银谓之上柜银，以为修理公廨及往来迎送之费。出纳之际，官吏因缘为奸。宜令有司，凡有修理止取工部匠役，其往来迎送，两县止宜量拨入夫，免征银入官"，第1545页。
③ （嘉靖）《萧山县志》卷3《食货志》，第262—263页。

八丝八忽三微八尘六渺三漠，该九年里甲黄叔亮等丁田，除优免外，实有三千七百八十七丁六分五厘七毫三丝八忽，每丁银五钱六分九厘九毫四丝二忽九微六尘七渺八微。①

由海瑞的记载可知，各县每年三办丁田银"多寡略不同"，都要根据府帖所载的数量征收，上引三条即为嘉靖三十七（1558）、三十八（1559）、三十九年（1560）的丁田银数量。各年丁田银总量都要摊派给应役的现年里甲，应役各里丁田总量扣去优免丁田数后，再按照"人一丁准作田十亩"（丁田比1∶10）的比率将丁田全部折算成丁，最后计算摊派给每丁的用银量。因此丁田银最后计作每"丁"用银量。

温州府永嘉县的三办银则采用"随粮带征"之法，（嘉靖）《永嘉县志》卷三：

> 十年之中，正役杂徭各一次，正役出官者曰见年，空歇者曰排年。见年则催办钱粮、勾摄公事，仍照丁田征银以充岁派。

文中岁派项目即三办银项目，据该县志的记载可知，各项均"每岁随粮带征"。②可见，永嘉县就是按照《萧山县志》所言"随田均派，同粮征收"的。两种方法在审编丁田负担之时基本相同，只是征收的方式略有不同。

（2）支应银审编

三办银中用于地方财政的杂办银只占很少一部分，更多的是上供物料负担，真正用于地方财政的是现年里甲的支应银。支应银并不直接征收，而是采用现年里甲"买办供送"的方式。由于需要现役里甲轮值买办，所以其审编要精确到应役人户每月每日的负担量，自然与直接缴纳白银的方式不同。由《定海县志》的记载可知，支应银最初也是按里应役的。

> 里甲支应俱以见年买办供亿，除坊隅四里不派，余则以里计之，七人共膺一月。中间狡猾者阴与铺户通，凡物故高其估，倡众多敛，以羡其财。事竣则与铺户计偿其直，而中分其赢。公衙吏胥靡不沾焉，民宁不告病乎。且七人之中，其人田之多寡迥不同，而以一体均

---

① （明）海瑞：《海瑞集》上编《兴革条例》，第119页。
② （嘉靖）《永嘉县志》卷3《食货志》，第568—569页。

之，则不平甚矣。矧各县之寄庄、军舍之附籍，其田虽多，率不与役，则又长奸滋弊之门也。①

由此可见，里甲支应最初是以户为单位计算财政负担，按7人/月去衙门轮值，负担地方政府每日用度。这样做的问题在于户与户之间的经济水平不一，平均摊派势必造成贫困户不堪重负。另一方面，由于寄庄田和附籍人口都不服里甲役，更加造成里内人户负担的不均，同时也会给民田冒充寄庄田逃避应役提供机会。针对此种情况，定海知县何愈废弃原来按里内各户应役的方式，改为通计全县田亩分段供役。

今知县何愈建议欲概一年见役，计其人田若干丁，并寄附之田若干丁，一年十二月分作十二段，通融会算，每段该若干丁，赓直一月，则贫富不至偏累，斯立法之至公者也。②

据此可知，何愈对支应银审编的改革方法也是打破原有里甲范围，统一将应役人户资产按照丁田核算成丁银，再分作十二段，每段丁田应役一个月。（嘉靖）《永嘉县志》对这一做法有更加详细的记载：

以支应言之，旧规将全里田地，内除隅厢四十图摆酒，每图免五十亩，再除各项优免外，其余田地每月作六班支应，每班五日，拨田六百亩，每亩官价三分，共计一十八两。以田地居上，家道殷富者为班首，其余远近均贴，自行答应。若遇用过多，将余田拨补。③

永嘉县审编支应银时没有把"丁"计算在内，但其余的计算方法则与定海县基本相同。综合两条史料可以推知，嘉靖中后期支应银审编的具体方法大致如下：将现年应役里甲的人户资产量化成丁田（或者田）；将应役丁田分作十二段，每段应役一个月；每段分作6班，每班5日，每班选出富裕人户为班首，其余人户帮贴；班首去县衙支应，负责买办供送衙门日用所需。

以上我们对现年里甲负担的三办银和支应银的审编方式变迁路径进行

① （嘉靖）《定海县志》卷8《物土志》，第778—779页。
② 同上书，第779页。
③ （嘉靖）《永嘉县志》卷3《食货志》，第569页。

了梳理，二者具体的支办方式虽然不同，但审编方式的变迁却遵循基本相同的路径：

其一，审编项目的货币化（数字化）。虽然有些上供物料仍需转换成实物缴纳，支应银项目也要买办实物供送，但是无论实际银纳化与否，各项目都无一例外开始用货币来衡量，这就为审编的精确化提供了非常便利的条件。另一方面，对人户资产的审编也把旧有的"户等"标准进一步精确为丁、田两个衡量因素，并规定了丁田的互折比例，这样对人户资产的衡量也实现了数字化。从各种地方志的记载可知，对财政负担和人户资产的数字化计算更加精确了每户的负担量，确保各户负担相对均平。

其二，审编范围突破原有里甲限制。明中叶以后，各里之间的财力状况已经相距甚大，所以文献中也有"全里""患里"这样的说法。再将等量的财政负担按里平均摊派势必造成一部分里甲不堪重负。而对人户资产的货币化衡量则促成了审编范围打破了原有的里甲范围，按丁田量将应役人户重新组合，从而确保应役各里负担的均衡。需要指出的是，所谓突破原有里甲限制并没有抛弃十年一役的轮役周期，也没有抛弃原有的里甲编排，只是将各"里"的现役"甲"打乱顺序重新编排而已。但这已经是审编制度向前迈进的重要一步，诚如小山正明所言，如果抛开十年的轮役周期不论，这种方式已经和一条鞭法没有太大的区别了。①

2. 均徭役审编

关于均徭役审编问题，本书曾在第三章第一节有过论述，基本同意岩井茂树关于"均徭形态"的分析，即地方政府按照丁田资产重新编排应役各甲的人户，再金派相应等级的均徭役。但在这里仍需补充论证一个问题，即均徭役审编是否存在一个由"里甲形态"过渡到"均徭形态"的过程？该问题岩井茂树在其书中也曾提及。参照1部分的论述可知，里甲役的审编的确经历过"按里摊派"到"按丁田摊派"的过程，而嘉靖中后期的均徭役审编方式与里甲役的"按丁田摊派"在步骤上是非常接近的，是否可以因此推测二者之间的变迁路径相同呢？

前文所引（嘉靖）《浦江志略》曾有如下论述：

> 但坐派之法照里不照粮，访之民间颇有不均之叹。……为今之计，各项赋役如均徭，如里甲，如不时坐派物料，一以田粮为准，而

---

① 我们这里说的只是审编方式与一条鞭的方式非常接近，但仍需强调货币化的审编与实际应役方式并不相同，在这一点上笔者与小山正明氏所关注的问题并不相同。

不拘里分，则赋役均而困苦甦矣。①

该志提及坐派之法"照里不照粮"，而在改革的措施时，也建议无论里甲役还是均徭役最后都要突破原有里甲的限制，一律按照田粮审编。虽然此后的里甲役是按照丁田审编，并非全部按照田粮审编，但的确突破了原有里分的限制。从逻辑上讲，似乎均徭役审编也经历了同样的过程，此其一。

另外，对均徭役人户的资产审编标准也经历了从"户等"到"丁田"的变化，也即实现了货币化的审编。由于户等的制定只能在本里内进行，而人户资产被量化为丁田以后，则有利于将应役各甲的人户进行统一审编，这一点我们之前在讨论里甲役审编的时候也曾论及。从这一点上讲，均徭审编也可以经历类似的变化。

以上两点仅为逻辑上的推论，笔者尚未找到直接证明这一变化的实证性史料，因此并不对均徭役审编方式的变化作相同论断。但可以确定的是，均徭役到了嘉靖年间已经实现了按丁田进行"货币化审编"。《明会典》卷二十：

> （嘉靖）九年令各该司府州县审编徭役，先查岁额各项差役若干，该用银若干，黄册实在丁粮除应免品官监生生员吏典贫难下户外，其应役丁粮若干。以所用役银酌量每人一丁，田几亩该出银若干，尽数分派。如有侵欺余剩听差银两入己者，事发查照律例从重问拟。②

可见，货币化审编均徭在嘉靖九年（1530）即以正式的法令被确立下来，其具体做法一如张选在其文集中叙述的那样，将应役人户资产按照丁田统一核算，由高到低排列，再金派给相应等级的差役。③ 就此而言，均徭役和里甲役审编方式的演化路径基本相同，最终都是将人户资产量化成一定的白银数量，并打破原有里分的限制，平均分配徭役负担，使之更加均平。本书称之为"货币化审编"的实现。

以上的分析可以发现，里甲役和均徭役的各项目在审编方式和丁田折算比率两个方面都十分接近了，那么是否可认为合并徭役各项的审编与征

---

① （嘉靖）《浦江志略》卷 5《财赋志》，第 10b 页。
② （万历）《明会典》卷 20《赋役》，第 134 页。
③ （明）张选：《忠谏静思张公遗集》卷 4，第 430 页。

收就是水到渠成的事情呢？即如《天下郡国利病书》中描述的庞尚鹏改革那样：

> 嘉靖之四十四年，南海庞公尚鹏来巡抚浙土，洞晰两役为民大害，乃始总核一县各办所费及各役工食之数，一切照亩分派，随秋粮带征。分其银为二款：一曰均平银，一曰均徭银。岁入之官，听官自为买办，自为雇役，……此杂泛差役改为一条鞭之始。①

笔者以为情况没有这么简单，虽然里甲、均徭两役的审编方式非常接近，但要实现统一审编仍有来自以下两方面的障碍。

首先，二者的应役方式不同。这里我们主要关注里甲支应和均徭役之间的不同。里甲支应是"甲役"，即把现年里甲应役人户的田产平均分配为几段，每一段田产选出一户去衙门支应。而均徭役是"户役"，应役人户被按照资产依次排列，再佥派给相应等级的差役。所以二者审编虽然都是按同样的比例折算资产，但由于二者应役的方式不同，因此计算方式并不相同，所以尚不能实现合并审编。

其次，各役审编时使用的"丁田"存在差别。正是由于里甲三办、里甲支应和均徭役的收支方式并不相同，所以审编资产虽然同样使用"丁田"，但丁田的负担量和"丁田"的实际内涵都有一定的差异。海瑞《兴革条例》：

> 朝廷夏绢农桑秋盐粮课程诸色无算及人丁者，独丁田银，人丁预焉。然十年一次，每丁大约不过出银五钱五六分之数，间有通县人丁派者，不过每丁出二三分之数。十年一次里役，十年一次均徭，丁田均当里役，每丁出银三四两。均徭每丁征银六钱加耗十余两。均徭有轻重，大约田当重差加银多，人当轻差加银少。然虽少，每丁亦有一两二钱之数，于以较之丁田，不止十倍之矣。②

海瑞的论述表明，按丁田审编的三办银、里甲支应和均徭役三项中，每项摊派给丁田的银数是不同的。当然由于每个项目负担的财政总量不相同，因此平均负担不同也是正常的。但同时我们也可以看见，里甲役和均

---

① （清）顾炎武：《天下郡国利病书》，《浙江备录下》，第 2447 页。
② （明）海瑞：《海瑞集》上编《兴革条例》，第 118 页。

徭役使用的"丁田"是有差别的。均徭役审编中，"田"折丁要比一般的"丁"承当更重级别的差役。

造成这种差异的原因还是在于支办方式的不同。由于支应银是"甲役"，现年各甲支办银用量都有一定的规范额度，每月每天的用量大致相同，所以它可以平均分配给应役各甲人户的"丁田"上。但是均徭役是"户役"，应役人户要分别承当财政负担不同的徭役，因此每户资产的多少直接决定承当何种等级的均徭役。相对于"丁"而言，"田"更能体现应役人户的资产丰厚程度，所以"田"折丁自然要承当重役，这样才能保证人户之间负担的均平。

由此可以看出，各项目的审编方式虽然有趋同的趋势，但能否实现合并主要取决于应役方式的改变。从嘉靖中期以后浙江布政司财政收入结构的情况可以看出，凡实现银纳化的各个项目都可以"随粮带征"。如里甲三办、驿传银、民壮银等项目均已实现银纳化征收，因此可以通过随粮带征的方式完成征收，摊派给每户"丁田"的负担量也可以是无差别的。但至庞尚鹏改革施行之前，里甲支应和均徭役项目的收支尚未实现银纳化。地方政府虽屡有银纳化改革的思路或举措，均限于定额管理制度的束缚而无法推行。可以说，徭役体系的银纳化改革有地方政府自身无法超越的制度障碍。因此，各项目的货币化审编离合并审编虽然只差一步，但实现这跨越性的一步需要改变整个役法结构，这远非地方政府可以单独完成的。

赋役财政体系中的"审编"因素相当于税收中的税率因素，其作用就在于确保纳税户负担的相对公平。至嘉靖中期以后，地方政府对应役人户资产审编的标准由原来的户等制量化为"丁田"。徭役各项均标定用银量，丁田之间也规范了互折比率，从而保证"货币化审编"的实现。对人户资产的货币化衡量同时也促成徭役审编打破原有里甲的限制，将应役各甲人户按资产排列平均摊派。总体而言，无论是货币化审编还是突破旧有的审编范围，都保证徭役审编渐趋精确合理，应役人户的负担可以大致与其资产相称。"审编"因素保证各役户负担均平，是确保役法体系得以长期稳定运行的关键因素。

以上笔者对地方财政结构中定额、徭役和审编等三个因素的具体含义做出了界定。需要指出的是，该结构描述并不能精确计算地方政府财政收支，只是用来描述赋役财政体系下地方财政结构的一般特性。我们可以将该结构的运行原理作如下表述。

受到中央政府统一管理的地方行政开支（包括地方存留钱粮和会派徭役的人数、工食等）都要遵从定额预算原则。虽然"定额"涵盖的内容处于不断变化之中，但收支水平尽量维持在一个固定额度上的基本原则始终未发生改变。限于定额主义原则，地方政府财政膨胀形成的"正额外"开支无法在既有税收框架内解决，不得不转嫁给徭役人户承担，形成附有财政责任的徭役体系。地方政府的财政体系就是将正式的财政制度与约定俗成的徭役买办制度相结合产生的。为保证该体系稳定运行，地方政府逐渐发展出一套"货币化审编"制度，应役人户的资产和徭役的财政负担量均实现数字化衡量，从而保障摊派给应役人户的财政负担大致均平。

从地域上讲，该结构是笔者基于浙直经验所得，其在多大范围内适用，抑或如明人所言"凡此皆东南所同"，需要对更多地区的财政机构进行实证性分析才能得出确切的答案。

第三节 一条鞭法财政史意义新解
——以庞尚鹏改革为中心

由于本书已经对地方财政的审编和收支做出了区分，准确地讲，"一条鞭法"属于审编范畴的概念，但在明代中后期的文献里，"一条鞭法"已经泛指庞尚鹏、刘光济、海瑞等人推动的地方财政体系改革活动，在明代财政史研究中，"一条鞭法"也主要指后者。因此，本节讨论"一条鞭法"的财政史意义，包含庞尚鹏改革以及此后的系列整合，将其作为一个整体考察明代财政体系变迁的意义。

一 "一条鞭法"研究的学术史整理

上节对明代财政变迁学术史梳理时曾指出，目前明史学界多认为"一条鞭法"对地方财政起到总结性的作用。小山正明认为，随着银纳化的展开，至嘉靖年间，各地诸项徭役统一用银核算，平均摊派，最终的方向就是一条鞭法。唐文基也认为共同的历史因素制约着改革的发展趋势，各地的一条鞭法实践逐渐趋向一致。[1] 刘志伟认为，广东地区在施行一条鞭法以前，赋役各项虽然已经基本折收银两并实现定额化，但此类改革尚不彻底。轮役的方式依然存在，均徭和民壮中还有少数项目没有实现银纳化，

---

[1] 〔日〕小山正明：《明清社会经济史研究》，第71页；唐文基：《明代赋役制度史》，第294页。

且改革的成果也很不巩固。一条鞭法改革则全面规范了货币财政体系，完善了上述缺陷。各项赋役全面折银；取消均平、均徭役轮年应役的办法；摊户役于田赋实现合并编派，并简化赋税征解手续。①

黄仁宇将一条鞭法总结为：16 世纪明代管理者面对地方财政局势时试图达到的理想状态。其中徭役完全取消，里甲制度也不再使用；残留的人头税都摊入田赋之中，纳税人只需通过缴纳白银来履行对国家的义务。②

综上可知，刘志伟与黄仁宇的论述多侧重对赋役征收方面的讨论，一条鞭法的意义也就更多的体现在了减轻民户负担方面。诚如岩井茂树所言，一条鞭法首先是个财政问题，但对一条鞭法与财政关系的讨论至今无人对其进行深入讨论，该法案的实行仅被视为劳役征派制度的终结。岩井氏指出，造成这种研究偏颇的原因，不单是视野狭隘造成的，更多的是由于研究者试图通过考察税、役科派方法的演变来研究国家对人民的统治方法而有意选择了此种视角。③ 的确如此，从日本学者对明清社会经济史的研究来看，不管是"地主制论""乡绅支配论"还是"地域社会论"，其基本的关注点都未离开传统社会的走向问题。作为役法体系的研究衍生出来的子问题，日本学者主要关注的也是基层社会的构成及其与国家的关系问题。④ 如小山正明在《明代の十段法》一文中就指出，明代的里甲制是以国家对单个户的控制为基础，均平各甲间徭役的负担能力为核心编成的。欲使该结构持续发挥作用的关键在于"析户"，但这与明代中后期逐渐形成的乡绅土地所有制之间产生了直接的矛盾。十段法的产生让强制析户的必要性不复存在，同时也容忍了乡绅大土地所有制的存在，从而化解了二者之间的矛盾。⑤ 可见，小山氏认为明代役法变迁的根本动力在于国家对社会的强控制与乡绅大土地所有制之间的矛盾上，基层社会组织形式的变迁才是其关心的基本问题。

虽然社会史视域下赋役制度研究作为观察中国传统社会的独特视角，是研究者有意选择的结果，但客观导致对一条鞭法的财政史意义研究不足

① 刘志伟：《在国家与社会之间——明清广东地区里甲赋役制度与乡村社会》，第152—153页。
② 〔美〕黄仁宇：《十六世纪明代中国之财政与税收》，第164页。
③ 〔日〕岩井茂树：《中国近代财政史研究》，第294页。
④ 日本学者对明清社会经济史研究的学术史参见高寿仙《明代农业经济与农村社会》第五章《学术回顾与理论反思》，第216—238页。
⑤ 〔日〕小山正明：《明代の十段法》，《明清社会经济史研究》，第188页。

也是不争的事实。① 岩井茂树的研究则正是试图对此缺陷有所裨补。岩井氏认为一条鞭法的施行除银财政的确立一条显而易见的作用外，其对明代财政的影响至少体现在以下三个方面。

首先是财政收支的统一性和组织性。现物主义财政下各自独立的"征收——出纳"路径，一条鞭法则是把繁杂的征收路径归为一体化。地方官府的财政也开始具有统一性和组织性，一揽子的预算计划也得以成立。

其次是地方财政的正规化。岩井氏认为明朝中央对徭役课征系统的掌握仅限于很小一部分，大部分采取的是放任的态度。一条鞭法成立以后制定的《赋役全书》实现了"赋"与"役"的一体化，以徭役系统发展出来的地方预算外财政被并入中央集权国家的财政之中。

最后一点是"原额主义"的再度出现。《赋役全书》将原有用于地方财政的钱粮、徭役统一作为"存留"刊载出来，也即把地方经费固定化、预算化。因此一条鞭法实行的最终结果就是地方经费的原额主义化。②

以上笔者简单梳理了明史学者从不同视角对"一条鞭法"作用的考量，但上节的学术史反思中指出，本书的研究并不完全支持上述结论。首先，不能认为一条鞭法只起到"总结式"的作用，没有中央许可，地方政府无法单独完成财政结构的转变。其次，定额主义原则虽然是明清财政体系中的重要特质，但单一解释因素倾向于认为明清国家财政只是在同一结构中做循环往复的运动。本书的研究以及刘光临的观点均认为，一条鞭法的实施是对赋役财政体系的背离，如此则我们必须对这种"背离"做出解释，而不能将其简单理解为定额主义的"回归"。

二　庞尚鹏对地方财政体制的改革

由于一条鞭法的改革在各地区的推行步骤大致相同，所以本节以首推"由役入赋"改革的庞尚鹏改革措施为例重新分析一条鞭法的财政史意义。③

---

① 以社会经济史的视角研究明代赋役制度，不独日本学者情有独钟，国内学者如梁方仲、唐文基、刘志伟等也采用同样的研究方法。参见刘志伟《在国家与社会之间——明清广东地区里甲赋役制度与乡村社会》，第1页。

② 岩井茂树对该问题的具体讨论参见氏著《中国近代财政史研究》，第293—310页。

③ 日本学者谷口规矩雄曾在《龐尚鵬の一条鞭法について》一文中对庞尚鹏改革有较为详细的论述，该文着重介绍了庞尚鹏改革的主要内容，并认为这是浙江地区此后的一系列财政改革的开端，对庞氏改革推动地方财政结构的作用涉及甚少，参见氏著《明代徭役制度史研究》，第301—321页。

（一）推动银财政的成立和地方财政的市场化运行。

虽然银财政的确立作为"一条鞭法"最显著的作用早已被明史学界所认同，但本书之前的研究对传统观点已经进行了修正，其中庞尚鹏改革在银财政成立中的"推动"作用是笔者关注的重点。庞尚鹏改革之前的"里甲役"和"均徭役"均是有附带财政责任的役，地方政府虽有银纳化改革的行动，均碍于定额预算的限制而不能持续执行，"金役买办"才是赋役财政体系中利用市场的常见形态。庞尚鹏改革的关键点正在于将"预算外"开支写入《钦依两浙均平录》之中，将其固定为合法化开支，解除了应役人户额外的财政负担，最终推动了徭役的全面银纳化。从浙江地区驿站财政结构的变迁也可以看出，"纳银代役"的方式也是驿传役采用的一种普遍的方式，即被金派的马、夫头也负有财政责任，需要携银买办驿站所需一切物品。驿传役虽然在正德初年就已经完成银纳化改革，但驿传役"征银除役"改革的规则早在弘治初年即已颁布，巡按御史是在中央许可范围内推行银纳化改革的。里甲、均徭、驿传三种徭役的路径变迁均表明，市场经济的发展和用银范围的扩大并没有迫使地方政府自行改变财政结构，因此，我们必须重新思考政府、民户、市场三者各自在财政体系中发挥的作用，也要对庞尚鹏在财政体系变迁中发挥的作用作重新审视。

从推动役法体系变迁的各因素来看，社会经济的发展和用银范围的扩大只能算是徭役银纳化的必要条件，但地方财政对白银的需求并不必然促成徭役的银纳化，白银的广泛使用也不必然促成财政的市场化运行，这一点高寿仙在《明代揽纳考论——以解京钱粮物料为中心》等文章中已有论述。[1] 本书的研究同样也认为，上供物料折银征收固然可以反映出用银的频繁，但地方政府还要根据中央的指令直接缴纳白银或者买办实物供送，足立启二将其称之为"基于财政的物流"。

对于地方财政而言也有同样的问题，徭役"买办供送"虽然使用大量白银，但这并不等同于"市场化"财政。我们固然可以说，市场的不发达是造成国家采用现物主义财政模式的重要原因之一，但市场的发达却不一定促使"市场化"财政必然出现，其可以用另一种方式在原有的财政体系中发挥作用。无论应役人户的"买办供送"，还是均徭人户雇人代役，市场都在其中发挥至关重要的作用，但地方政府却没有和市场发生直接的联

---

[1]　高寿仙：《明代揽纳考论——以解京钱粮物料为中心》，《中国史研究》2007 年第 3 期；《财竭商罄：晚明北京的"公私困惫"问题——以〈宛署杂记〉资料为中心的考察》，《北京联合大学学报》2010 年第 4 期。

系，也没有大量的存留货币供其使用。可以说，地方政府还是直接从民间征发实物和徭役，只是间接与市场发生关系，真正和市场发生联系的是应役人户。因而，市场经济的发达并没有改变原有的财政运作方式，也并不迫使地方政府必须转入"市场化"财政。

从经济学的角度来说，市场是一种竞价过程，是经济体面对稀缺性和不确定性时想解决办法的过程。所谓"市场化"财政，是指政府在面临行政所需人力物力资源短缺时，自行使用货币寻找解决问题的一个过程，也即"基于市场物流的财政"。只有在货币化财政体系确立的情况下，地方政府才能直接面临在市场中寻求短缺资源的问题，才直接与市场发生关系。

对这两个财政模式做出区分以后可以发现，市场经济的繁荣并不对役法体系造成直接的冲击，以"役"为核心的财政体系也不排斥白银的存在。刘光临认为劳役体制本身是排斥公共财政存在的，但刘氏文中强调"公共财政"概念，意在突出由政府掌握货币，直接与市场发生关系的行为，但这只能反映出政府的财政支出和市场之间的关系，对于考察政府、民户、市场在财政收支各环节中的作用则略显不足。其实，两种财政结构的关键性差异在于政府是否直接掌握货币，而并非是否排斥市场。

通过金派包裹着白银外壳的"役"解决地方财政用度问题是役法体系运行的一般状态。庞尚鹏改革将地方政府的公费项目全部归入均平杂办银中征收，再由其自行买办；均徭役也全部折征"均徭银"，由地方政府自行雇募行政所需人员。包括此前发生在正德年间的驿传役改革，也是将金役人户出办的驿传银征收入官，由地方政府统一支销。经过这三次徭役的银纳化改革以后，可以说地方财政的货币化运行基本实现，地方政府开始掌握大量白银货币，形成"公共财政"。但必须看到的是，不管是驿传的银纳化改革，还是均徭役和里甲三办银的银纳化改革，均是在中央政府的引导下完成的（可以认为庞尚鹏本就代表中央政府前来推动地方财政转型），没有中央权力的下放，地方无法单独完成这样的财政转型，因为岩井茂树和本书之前的论述都表明，定额主义是横亘在地方财政银纳化改革进程中无法逾越的制度性障碍。庞尚鹏改革的作用正在于帮助地方政府突破制度性的障碍，推动徭役银纳化进程，完成地方财政的"货币化"改革。

均平银和均徭银全部征收贮官，由官府自行买办，使地方财政和市场发生了直接关系，故而我们将其称为"市场化"财政。在注意到了徭役银纳化改革这个特点的同时，也需要考虑到此时的明代地方财政可能只是实现了部分的市场化，即"有限市场化"。所谓有限的市场化是指财政体系中的各项徭役虽然已经完成了银纳化改革，但政府在采购过程中对铺户多有刁难，商家多不愿与政府贸易，最后竟发展成为"金商买办"的一种徭役，使得原本具有进步意义的货币化财政，在"权力经济"的制约下，重新变成一种徭役，成为一项害民的弊政。①

关于明代铺户的商役问题，赵毅师与许敏也有相关论述，以上学者所使用的最主要材料是沈榜的《宛署杂记》，其讨论的主要是明代北京的铺户情况，对明代其余城市的铺户问题讨论不多。② 就浙江地区而言，也可以从改革前后两个时期看待铺户的徭役化问题，庞尚鹏的奏疏中曾涉及治理铺户"商役"的问题：

> 禁铺行买办。照得各处铺行专一答应官府，凡执称官价莫不亏损小民，且差去人役多方求索及交收复有他费，至禀官领价又多为吏胥留难，得银入手，此时估已亏十之六七，甚或贪鄙官吏经年累月全价不给……该臣通行所属大小衙门，凡一应铺行名色尽行裁革，自今公私买物俱与市人同价，不许出票差人索铺行强买。各该府州县仍明示铺行设簿登记，候臣与守巡道巡历所及不时吊查。③

这条材料说明的是徭役银纳化改革之前的铺行之困。其实，在里甲自行买办供送的状态下，铺行虽然在一定程度上受到官府勒掯，但其本身也是赋役财政的受益者。(嘉靖)《定海县志》卷八：

> 里甲支应俱以见年买办供亿，除坊隅四里不派，余则以里计之，七人共膺一月。中有狡猾者阴与铺户通，凡物故高其估，倡众多敛，以羡其财。事竣则与铺户计偿其直，而中分其赢。公衙吏胥靡不沾焉，民宁不告病乎。……然又有说焉，里甲买办虽于官为便，然间阎小人不习市井，有胥吏门皂需索之费，有铺户勒诈之费，有雇赁什器

---

① 高寿仙：《市场交易的徭役化：明代北京的"铺户买办"与"召商买办"》，《史学月刊》2011 年第 3 期。

② 赵毅：《铺户、商役与明代城市经济》，《东北师范大学学报》1985 年第 4 期；许敏：《关于明代铺户的几个问题》，《明史研究论丛》(第 2 辑)，江苏人民出版社 1983 年版。

③ (明)庞尚鹏：《百可亭摘稿》卷 1《巡按浙江监察御史臣庞尚鹏题为悯时艰陈末议以垂法守事》，第 111 页。

之费，有倩人帮助之费，有自用酒食之费，此皆浮于正额者也。①

　　政府用度由里甲买办供应，应役里长可以和铺户通同作弊、"中分其赢"，铺户也可以利用里甲长不熟悉市场行情勒索之。总之，尽管铺户自身也是"召商买办"的受害者，但同时也是赋役财政的受益者。财政银纳化改革以后，情况则发生了转变，所有政府买办均由吏员完成，铺户利用制度缺陷获利的空间不复存在，受官府勒揽的窘境却没有改善。限于材料，笔者无法对银纳化改革以后的铺户之困做出进一步的分析，但从庞尚鹏奏疏中"不许亏损铺行"的字样可知，这种情况他是有所预见的。

　　以上的分析表明，从应役里甲户和均徭户的立场来看，银财政的成立是一种降低制度成本的做法，省却了"揽纳户"从中渔利的空间，减轻了民户的负担。但同时也要看到地方财政在实际运行中是一种有限的市场化，"权力经济"引发的超经济行为在银纳化改革不久就再次出现。认清这一点对于我们客观地看待明代财政体系转型以及一条鞭法的财政史意义是十分必要的。

　　（二）规范各项审编制度

　　凡已经实现银纳化的项目，如上供物料、驿传银、民壮银等项目都已经实现了随粮带征。从庞尚鹏的奏疏可知，里甲支应和均徭役两项实现了银纳化改革以后，也全部随粮带征。不过，需要注意的是，"随粮带征"与一条鞭法的"合并编派"并不完全相同。合并编派是整合已经计算完成的田赋、均平、均徭各项，统一计算出丁、田的负担额度，再晓谕各甲人户。庞尚鹏的改革只是在完善各项目审编方式的基础上，统一与田赋征收而已。其实，在实际征收的过程中，均平、均徭等银两是否与田赋一并征收，各地情况也不完全相同。对于均平法的审编，（万历）《会稽县志》卷六载：

　　　　均平之征其后第入条鞭中，则此帖（均平由帖）可废矣。②

　　由该条史料可知，庞尚鹏推行均平法改革之时，该项目尚处于独立核算的阶段，一直到一条鞭法实行之后，各项目才合并一处，统一审编。规范均平银审编的具体方法，庞尚鹏将其写在了奏疏中：

---

① （嘉靖）《定海县志》卷8，第777—778页。
② （万历）《会稽县志》卷6《赋役中》，《中国方志丛书》第550号，第263页。

通行会计各府州县每年合用一应起存额坐杂三办钱粮数目，仍量编备用银两以给不虞之费，俱于丁田内一体派征，名曰均平银。①

审编均平丁田。该臣案行二道（粮储道、清军道）议行，分守道每年预计合属州、县里甲，未出役三个月之前，定委廉干官员，不拘本衙门及府佐、别州县正官亲行拘集该年里甲人户与实征丁粮手册、黄册，逐户吊审明实，通计合用本年额、坐、杂三办一应银数共该若干，除官员、举监生员、吏承、军匠灶等项照例优免并逃绝人户免编外，其余均平科派。折田为丁，每丁该银若干，某户该银若干，一岁应纳之数尽在其内。完日将审派人户花名银两细数给示晓谕，以便输纳，及造册缴道以备查考。此外分毫再不得重征另派，以启纷扰，庶赋役公平，规避可革矣。②

据以上两条材料可知，均平银的审编每年由各分守道主持，计算各州县每年用银数量，再扣除应该优免数量，然后统一科派给各户丁田。布政司则要将各府州县所用均平银两备细造册，统一审核，所编册籍即为《钦依两浙均平录》。此文册原藏于日本尊经阁文库，现已被中国社会科学院历史研究所复印回来，但笔者至今未见此册籍的详细内容，只能依据万明《明代浙江均平法考》的介绍，略知其中细节。③

据万文介绍，《均平录》除记载了各府征收三办银数量之外，还保留了颁发给各户"均平由帖"的样式。由于所征钱粮"头绪多端，人户远近不一"，虽然征派银两数目已经"揭榜晓谕"，但里长仍有可能向人户勒索银钱，故而颁发"由帖"给各户，使其明了应纳银数。

《均平录》给出的《均平由帖》样式和笔者所见（万历）《会稽县志》中收录基本相同，现录如下：

> 某县为节冗费定法守以苏里甲事。今遵奉题准均平事理，出给由帖，备开年分、应征、应派银数付照，仰速照依正数办完，送县交纳，当堂投柜。即将由帖填注纳银数目、日期，掌印官亲批"纳完"二字，用印钤盖，付还备照。并不许分外加取秤头火耗。里长在官勾摄，甲首悉放归农。毋违。须至出给者。

---

① （明）庞尚鹏：《百可亭摘稿》卷1《巡按浙江监察御史臣庞尚鹏题为节冗费定法守以苏里甲事》，第111—112页。

② 同上书，第113页。

③ 万明：《明代浙江均平法考》，《中国史研究》2013年第2期。

> 本县该派均平银　千　百　十　两　钱　分　厘
> 嘉靖四十年分通县人田共折丁　千　百　拾　丁，每丁派银　钱
> 分　厘　毫　丝
> 一户　人丁　丁田折丁　丁
> 共派银
> 本年　月　日照数赴县纳完讫。
> 右给付某执照
> （嘉靖四十年　月　日　吏　承　县）①

以上可知，庞尚鹏对于均平银的审编制度作出了严格的规范，重新厘定了均平银的各项预算，并将纳税信息明确公布给各花户。这样既保证布政司可以掌握各府州县的全部预算额度，也确保纳税户不致遭到胥吏、里长等中间层的侵克。

在均平法改革同时，庞尚鹏对均徭法的审编方法也作出了详尽的规定，该方法源于此前已经付诸实行的余姚、平湖二县的经验。

> 近该臣查得余姚、平湖二县原著有均徭役一条鞭之法。凡岁编徭役俱于十甲内通融随粮带征，行之有年，事尤简便。盖以十年之差而责之一年则重而难，以一年之役而均之十年则轻而易。官免编审之劳，民受均平之赐。②

庞尚鹏改革均徭审编的重点是优免问题。原来按里甲十年轮役之时，优免主要针对每年应役各甲进行，田土散在各甲的人户得以隐匿未役之甲的土地，逃避重役。均徭改为每年一审以后，各县必须打破里甲框架，统一核算全县丁田，优免方式也得以完善。

> 赋役不均实由于优免之太滥。臣自祗役以来，即议立十段锦之法，通行各府州县，查将十甲内丁粮除四甲已径编过外，未编六甲通融均作六段，分定六年。凡官吏、举监、生员、军灶匠丁系例应优免者，即将应免之数开列册前，如或各甲内俱有丁粮，止从一甲内优

---

① 此帖样式参照（万历）《会稽县志》卷6，第262—263页和万明前揭文，括号中内容为《会稽县志》所不载。
② （明）庞尚鹏：《百可亭摘稿》卷1《巡按浙江监察御史臣庞尚鹏题为均徭役以杜偏累以纾民困事》，第123—128页。

免，其余免剩者挨造入册，与民一体编差。①

　　　往时优免之法只审该年，是以乡宦、举监多事花分，办盐灶丁动皆诡寄，甚至有将自己之田诡立外县乡宦举监之户，以图辛免者；有将富灶之田分析贫灶之下，及收贫灶在户以图诈冒者；有捏立子户女户以规避重差者，其中奸弊不可胜言。今通融之法一立，则编审之际有所稽查，不惟一年之差分作十年，抑且十甲之中止免一甲，冒免之弊不期革而自革矣，此其便于民者三也。②

　　全县田土统一审编有利于避免特权阶层将土地挪移诡寄，规避差役。庞尚鹏为方便审核优免田土，将所有举监生员等群体例该优免的土地悉数造册，以备查考。各甲内均有土地的特权人户只从一甲内优免，避免各户花分土地，重复优免。

　　徭役折银以后，无论里甲支应还是均徭役，民户均不需要亲身应役，如此则"丁"的作用在审编中被减弱，政府更加注重对人户财产税的科征。因此，庞尚鹏在规范丁田审编方法时，注意调整丁与田的负担量，适量增加"田丁"的负担额度。

　　　然人户有贫富不同，复将丁田分而为二，有田之丁及以田折丁者，每丁编银必增其数；有丁无田者，每丁编银量为递减，使于均平之中曲寓存恤之意。其余诡寄冒免之弊一旦革除殆尽，通变宜民，法莫良于此矣。③

　　　往时人丁田丁定为一，致有田之家既不胜重役之累，无田之丁又不免多派之繁。今通融之中寓折中之意，使人丁稍轻，田丁稍重，则不惟有田者免其重差，虽无田之家已稍轻其出银之数，无诡寄花分者之冒免，所派亦已少矣，此其便于民者五也。④

　　从这两条材料中可以看出，徭役审编明显从重"人丁"向重"财产"转变，虽然审编单位最终还是落在"丁"上，但"田折丁"已经比"丁"

① （明）庞尚鹏：《百可亭摘稿》卷1《巡按浙江监察御史臣庞尚鹏题为厘宿弊以均赋役事》，第118页。
② （明）庞尚鹏：《百可亭摘稿》卷1《巡按浙江监察御史臣庞尚鹏题为均徭役以杜偏累以纾民困事》，第127页。
③ 同上书，第123页。
④ 同上书，第127—128页。

的财政负担重了。梁方仲认为这种变化体现了明代税收中人头税的比重减弱，土地税的比重上升。从明代地方财政体系的转型过程来看，以役法为核心的财政体系着重对人口的控制，地方行政所需人力和物力均需由应役人户提供。银财政的成立彻底改变了这种方式，地方政府开始直接和市场发生关系，自然注重对货币的获取。从这个角度看，从重"人丁"到重"财产"更多的体现了财政类型的转变。

以上我从预算、优免和丁田比例三个方面论述了庞尚鹏对地方财政审编制度的规范。可以看出，货币财政的成立对于审编制度的完善具有很大的推动作用，财政预算可以精确至每一个具体的项目；应役人户可以按由帖直接缴纳银两，避免额外的勒索；全县丁田统一审编避免了差役优免核查上的制度漏洞；役法体系中对"丁"的控制也开始逐步减轻，而此类改革均需在银财政成立的基础上才能够完成。

（三）重建地方财政管理制度

在赋役财政体系之下，地方行政资源主要通过里甲支应和均徭役"买办供送"来获取。从里甲支应的轮役方式可知，里甲人户按班轮值，每日携银到衙买办，地方政府并不直接经手白银。庞尚鹏改革以后，均平银和均徭银全部折征贮库，形成了类似"公共财政"的收支方式，由地方政府自行支用，财政收支程序也随之发生相应转变，则重新建立财政管理制度也是庞尚鹏改革需要解决的重要问题。由庞氏奏疏可知，其对浙江地方财政公费银和均徭银的预算办法与收支办法都进行了调整，以下笔者对这一过程分项介绍。

岩井茂树认为一条鞭法成立以后，地方财政编定了统一的预算计划，但同时新定额的制定也导致了原额主义的再次出现。这一点笔者同意岩井氏的论述，本书暂将其称为"定额预算"的形成。就均平法改革而言，庞尚鹏《巡按浙江监察御史臣庞尚鹏题为节冗费定法守以苏里甲事》：

> 杭州等十一府通将属县额坐杂三办一应支销钱粮备细造册，逐一参酌。内除将原额并近年加增应该起解与祭祀乡饮等项成规，开载相同，无容更议者开列于前。次将本县一应支费逐款各开银数，备列于后。其间多寡损益俱载本条项下，犹恐别有意外之费，诚所不免，各照县分大小，酌量另派备用银两，以给不虞之用，总名之曰均平银。①

---

① （明）庞尚鹏：《百可亭摘稿》卷1《巡按浙江监察御史臣庞尚鹏题为节冗费定法守以苏里甲事》，第112页。

可见，均平法改革的目的就是将浙江各府的公费银两开支项目全部开列出来，包括以前各种"合理不合法"的开支，量加一定的备用银两，形成定额预算。前文已述，公费定额预算的编定改变了此前只有总额控制没有支出细则的弊端，同时也吸收了均徭役额外的财政负担，帮助均徭役顺利实现了银纳化。此外，无论支出项目还是备用银两，庞尚鹏都制定了严格的动支程序。

> 杂办款目颇多，各州县支销一应银两，既已各立项数，必须分别包封，另箱收寄。该臣案行二道通行各属，自后如遇某项应用，即于原款包封内动支，仍于原登簿内前件下，开写、于某日支取若干，作为某用，明白注销，以备查考。庶免影射侵匿，捏开小民拖欠，复累该年里长。如或官迁吏满，各要一一交盘，申请道府清查，无弊方许离任起送。若支有余剩，俱听申明，以抵别项公费支销。庶出纳详明，侵匿自革矣。

> 间有意外之费，有司或难于开报，及一切士夫交际等项，果系礼不可废，义不容已者，许于备用银内动支。倘有不敷就与该州县自理赃罚银两，一面请详，一面支应。①

据此可知，庞尚鹏对各预算项目的动支、会计和交割方式都作出了明确的规定，且对备用银的支销范围也作出了规范。我们从庞尚鹏的奏疏中可以发现，占各县公费支出比例较大的是供送下程和夫马两个方面，而庞尚鹏的均平法改革针对此两项作出的支销规定也最为严密。其关于推行均平法的奏疏中记载：

> 附郭县分如遇经过官员供送下程油烛柴炭，相沿已久，势所不免，苟不爱惜撙节，其于民力何堪。该臣案行二道通行各属遵照，凡系附府各县自后经过使客，止许府送下程，县送油烛柴炭，其余州县亦要酌量径行，仍令照依议定三等字号票式，不得分外妄增，庶靡费可革，财用自节矣。

> 夫马除本省公差真正牌票无容别议外，惟使客勘合间有例外，增添揹勒折乾者必须刊印小票，以定规则，庶几冒滥可革。该臣案行二

---

① （明）庞尚鹏：《百可亭摘稿》卷1《巡按浙江监察御史臣庞尚鹏题为节冗费定法守以苏里甲事》，第114—117页。

道将应付规则刊印票文，及令收头预将各夫马价逐一封贮。如遇火牌至日，掌印官就便填给票文，连银发与夫马头雇办。除亲临上司照牌答应外，如九卿、堂上、翰林、科道等官应付水路上下水人夫各若干，部属、寺评、中书、行人、进士、方面，副总参游、都司等官水路上下水人夫各若干，运司、府佐、州县正官水陆上下水人夫各若干，其陆路人夫马匹照人照扛验发。若有减剋官价及擅增一夫一马者，罪坐各役与该吏仍追价还官。庶应付有画一之例，官银免冒滥之费矣。①

可见，供送过往官员的下程、夫马均要按规定填写"字号票式"，不得"分外妄增"。《钦依两浙均平录》中详细记载了"下程票""夫马票"和"人夫票"的具体内容，现录下程票、夫马票和人夫票于下：②

> 下程票
> 县为节冗费、定法守以苏里甲事。本年
> 　月　日蒙　经临，今将遵奉题
> 准均平下程规则，填给天字号票，仰本役即便遵照后开数目办送施行，须至票者。
> 计开：
> 鹅二只　鸡二只　鸭二只
> 猪蹄二只　鱼四尾　京果四色
> 时果四色　米一斗　金酒一罈
> 青菜二盘　油烛十枝　柴四束
> 炭二篓
> 右票仰该吏　　准此
> 嘉靖四十　年　月　日给。
> 县
> 票限办完即缴。
> 夫马票
> 县为节冗费、定法守以苏里甲事。本年　月　日蒙　经临本县，

---

① （明）庞尚鹏：《百可亭摘稿》卷1《巡按浙江监察御史臣庞尚鹏题为节冗费定法守以苏里甲事》，第113、115页。

② 此三种票式录自万明《明代浙江均平法考》，《中国史研究》2013年第2期。

由陆路至　县。今将遵奉题准均平夫马规则给票，仰本役即便遵照后开验实人扛数目，拨定夫马应付。若有克减官价及擅增一夫一马者，罪坐各役与该吏，仍追价还官不恕。须至票者。

计开：

轿　乘夫　名、行李　扛夫　名

跟随人役　名、马　匹

右票仰夫马头　准此。

嘉靖四十　年　月　日给。

县

票限事完即缴

人夫票

县为节冗费、定法守以苏里甲事。本年　月　日蒙　经临本县，由水路　至县。今将遵奉题准均平夫马规则给票，仰本役即便遵照后开人夫数目应付。若有克扣官价及擅增一夫者，罪坐夫头与该吏，仍追价还官不恕。须至票者。

计开：人夫　名

右票仰夫头　准此。

嘉靖四十　年　月　日给。

县

票限事完即缴。

以上三种票式规范了往来官员的宿食标准以及水陆交通所需人夫马匹的数量。此外，由于此类项目原由应役里甲长买办供送，现在各项目均已征银，官为买办，甲首悉放归农，所以对此类项目的支销规定也发生了相应的变化。

庶务既不役里长，支直各须得人。该臣案行二道通行各州县，轮委各该实参及候缺吏役，以总理夫马，仍量事势缓急，查拨民壮帮同各役使用。其夫马头给工食，以酬其劳。掌印官仍不时查理，若有尅减即拿问招详，仍令各置印信簿，发与吏役及夫马头收执。如某官经临该送某号下程该拨某则夫马，各照本县发出刊刻小票，依数买办拨送，随将用过银两挨日登记，间有不尽收用者，明白注扣还官，以备查核。其或上司取办物件亦令承行该吏领银，照依时值，两平交易买送，不许亏损铺行，庶供办有人，答应无误，侵尅之弊亦可革矣。①

据此可知，过往官员所用夫马一律委给吏员负责，拨派民壮帮忙，各县长官仍需不时检查。过往官员所需夫马及银两数目均由县里统一刊刻成小票，交付承当吏役，按数支销，并逐日登记。不仅如此，上司取办什物等项也由吏员按数买办供送，而无需现役里甲长负责。

公费支销方式的变更对于应役里甲人户而言，是十分有利的，可以省却多方勒索。由于里甲人户不熟悉官府和市场的基本情况，因此处处遭受勒索之苦，官为买办自然可以改变这种情况。但我们前文也提到，政府统一采购对铺户而言，是一种加重负担的行为。

除公费银的支出规定以外，庞尚鹏改革还制定了公费银的征缴程序：

> 均平银两苟输纳踰时，未免支应告匮。该臣案行二道，通行各属，凡审编丁田之后，即专坐管粮官追征。勒限三个月以里完五分，半年以里尽数完纳。本官仍依期亲赴分守道报数，以凭稽考。如限终不完及不亲赴该道报数，即便参提问罪，住俸，候完日开支。如有里甲恃顽不肯完纳者，即枷号究治，庶事有专责，官银可以早完矣。②

这条材料表明，均平银要在半年内分两步完成征纳，本官必须亲赴各分守道报告税银征缴情况，执行不力者要停俸问罪，直至征缴完成。与里甲支应的方式不同，徭役银纳化实现了公费银收支过程的分离，地方财政的预算和收支程序也要做出调整。综合本书此前的分析，可以将庞尚鹏改革以后的公费银收支流程描述如下：首先由布政司分遣各守巡道统一会计各府州县的公费银项目，形成定额预算；再由各府县政府根据丁田科则分期征收公费银两，并将催缴进程上报分守道，以备查考；最后各级政府要严格按照动支规程使用公费银两，每笔动支银两的具体项目都要填写详细的票单，并形成会计账册，方便统一审核。

对于均徭法而言，徭役改革同样也是实现了收支分离，该项役银的收支方法也必须作出规范。《巡按浙江监察御史臣庞尚鹏题为均徭役以杜偏累以纾民困事》：

---

① （明）庞尚鹏：《百可亭摘稿》卷1《巡按浙江监察御史臣庞尚鹏题为节冗费定法守以苏里甲事》，第113页。
② 同上书，第114页。

征收前银，如有丁无田者每丁令其出银若干，以苏贫民。以田折丁者，令其出银若干，以抑富民。每年俱随粮带征，以半年为限，于三月内先完一半，六月通完，使民渐次供输易办。及置立木柜，止令里长率领纳户赴县亲投，无分粮折，先尽徭银，口数包封，以候散给。庶无收头、火耗及侵欺之弊。

给散各项役银，以按季为期，各县掌印官督同该吏，将应给银两逐一俱于半月前包裹印封，定立期限。每孟月俱以初二日为期，晓谕各役，照限赴县，当堂唱名给散。如县官偶有别冗，即委官查照分领，若有短少及成色不足，即时禀告究追，仍置簿一扇，将各役银数挨序登记，分定四季开立。前件各役亲笔填写某月日收领某项银若干，注完即申送本府查核明白，仍将各簿赍送分守道核查。如遇违定限，致使各役守候一日，即提吏坐赃问革，亦不容虚领作弊。一切领状明白，判附在卷备照，使当役之人及时得银充用而乐于应募，钱粮出纳有所稽考而无侵冒之弊矣。①

以上两条材料详细说明了均徭法银纳化改革以后，均徭银的收支程序。均徭人户应纳银数以半年为期，分两次缴纳完毕。各县均置立木柜，各应役人户亲自将役银投送入柜，防止胥吏和揽纳户的侵吞，该项役银用作地方政府雇募行政所需人员的工食银。各应募人员每季度第一个月的初二日到堂领取工食银两，由各县正官（或由其委派官员）亲自发放工食，当堂验明成色，逐一登记。

地方政府自行经管均平、均徭银以后，相应的收支管理办法也发生了改变。首先要详细编定行政经费的开支项目，每笔动支都要经过严格的审批程序。不仅如此，公费使用之时，经手官吏也要按规定填写票单，以供审核。在役银的征收方面，各甲均要发放载有丁田审编和应编役银数量的"由帖"，各人户由里长带领，亲赴县衙，照此单缴纳相应数目的银两，以防止中间层的侵欺。对各级政府财政收支的监察均以布政司为中心，督导各分守道具体完成。

以上笔者从预算、审编和收支制度三个方面论述庞尚鹏对地方财政管理体制的改革，可以看出，庞尚鹏改革主要是推动银财政的成立，地方政府开始自行使用货币在市场上获取行政所需的人力和物力资源。因而，地

---

① （明）庞尚鹏：《百可亭摘稿》卷1《巡按浙江监察御史臣庞尚鹏题为均徭役以杜偏累以纾民困事》，第126—127页。

方财政的管理方式从关注徭役的金派转移到了对白银货币的经管上来，初步建立起一套基于货币的财政运行方式。定额预算的重新编定承认了此前各级政府大量"合理不合法"的支出项目，将其明确造册规范，改变了只有总额控制，没有支出细则的弊端，同时也吸收了均徭役额外的财政负担，推动均徭役顺利实现银纳化改革。各县丁田统一审编利于对优免人户的审查，防止田多人户飞洒诡寄逃避差役，而公费"由帖"的颁发则将纳税信息公开给纳税人户，避免中间层的侵欺。与轮役支应不同，银财政需要地方政府对白银的征缴和支出程序重新规范，形成新的财政管理体系。该体系以布政司为核心，依靠各分守道监察各县完成征缴任务，而支销项目也要填写相应票单，以备各道审核。随着一条鞭法的推行，该体系得到进一步的整合。

三　一条鞭法与地方财政体系的深入整合

以上笔者梳理了庞尚鹏改革的具体内容并讨论了其财政史意义，从审编一节可以看出，庞氏在改革过程中只是重新整合了原有各财政项目的审编方式，并未合并各项为"一条鞭"。前引（万历）《会稽县志》的材料也说明此问题：

> 均平之征其后第入条鞭中，则此帖（均平由帖）可废矣。①

这条史料表明，庞氏在浙改革和一条鞭法改革是前后相继的两个步骤，一条鞭法最终合并了原有各项收入的征收和审编，包括均平、均徭等各项役银。前文在讨论均徭法之时曾见庞尚鹏奏疏中有"均徭役一条鞭"的写法，但那仅是扩大均徭役审编范围的一种做法，与本节所言合并地方财政各项并不相同。从笔者所见材料，此法最早由余姚知县邓材乔在隆庆元年（1567）提出：

> 一条鞭法，隆庆元年正月十九日余姚县知县邓材乔申，卑职以菲材备员剧邑，莅位以来民间投牒大半辩理钱粮，不曰多科则曰重征，不曰谋收则曰侵盗，流祸孔棘，莫能尽状，大略有五弊焉……有此五弊则通变宜民之法似不容缓，就经仿效直隶等处见行事宜，将各色额税并为一主征收，名曰一条鞭。在派征则攒为一总，在起解则照旧分

---

① （万历）《会稽县志》卷6《赋役中》，第263页。

项，尽除赠耗，革去收头，各里长领小户自行投入县柜，惟起解钱粮于粮长中阄选数人逐项领解。议行未几，众皆称便，复恐久后或有窒碍，再早夜思之甚有便官利民之益也。……今该覆议良是，具呈巡抚都察院批，既经覆详妥，准照行缴。①

据上文记载可知，一条鞭法的改革涉及审编、征收和起解三个方面，（万历）《绍兴府志》中详细收录了三方面改革的具体内容（志文中表述为"派征""收纳""起解"之法），笔者即以此志收录之文为中心考察一条鞭法的改革措施。

（一）派征之法

所谓"派征之法"即本书之前强调的对赋役项目的审编之法，一条鞭的改革就是将税收项目，尤其是折色银两，统一核算，再计算各户丁田的负担量。（万历）《绍兴府志》卷十五《田赋志二·赋下》：

> 派征之法，各县将该征夏税秋粮盐米等攒为一总，内除本色米麦某项某价照旧上纳外，其折色某项某项各若干，每石该折银若干，通计银若干，该县田地若干，每亩该实征银若干，共该银若干，其均徭、里甲三办均平等亦攒为一总，其某项各该银若干，通计共银若干；然后通查该县田地山若干，人丁除例该应免外，见在若干，每丁该银若干，田地山各若干，每亩该征银若干，共该银若干，二总应征银两；再算每田地山一亩该银若干，每丁该银若干，连前项正银通该若干；编派已定，即行照数备细造册一本，开写榜文一道，申送各分守道，查核明白，果无差错，关防印记发回，一面将榜文张挂，晓谕百姓通知，一面查照册籍，逐户填给由帖，用印钤盖，着各该里递分给各甲人户，照帖承办，依期赴纳。②

这条史料表明，审编改革主要针对的是折色银部分，包含税粮改折和徭役折银两个部分。其首先将田赋各项改折银两与均徭银、均平银相加，算出用银总量；再计算各类型田土总数以及优免以外的人丁总数，即各府县的丁田总量；最后计算出每丁、田的应纳白银数量，晓谕各家知道。笔者现将秀水县的赋役审编方式制成表4-5：

---

① （万历）《绍兴府志》卷15《田赋志二·赋下》，第1180—1185页。
② 同上书，第1186—1187页。

表 4-5　　　　　　　　　　　秀水县赋役审编科则①

丁田总计：田 564202.035 亩、地 44136.639 亩、荡滩 24783.335 亩
人丁 81912 丁　女口 18278 口
额征总数：本色米 98520.6873 石、税粮平徭马壮兵银 62916.2409 两

各项预算	科派项目 a	科则	实征总量
起运粮银 本色米 98379.8785 石 折色银 31494.4612 两	折实田地 608338.674 荡涂 24783.335 亩	0.1597 石/亩 0.0518 两/亩 0.05 石/亩	97151.6862 石 31511.9433 两 1239.1667 两
存留粮银并盐粮兵饷带 征额坐二办 本色米 140.8115 石 折色并盐粮兵饷带征额 坐二办银 16677.7019 两	折实田地 608338.674 亩 折实田地 608338.674 亩 原额田地 619398.559 亩 原额人丁 81912 丁 女口 18278 口	0.0003 石/亩 0.0147 两/亩 0.009 两/亩 0.0245 两/丁 0.0189 两/口	182.5016 石 8942.5785 两 5574.587 两 b 2006.844 两 345.4542 两
杂办民壮均徭银 14744.0776 两	实征田地 602164.555 亩 实征人丁 80474 丁 c	0.024 两/亩 0.0306 两/丁	12284.1569 两 2462.5044 两

通县计算各项科则：原额田 0.0294 两/亩、原额地 0.0274 两/亩
折实田地 0.16 石/亩　0.0665 两/亩
荡滩 0.05 石/亩
人丁 0.0551 两/丁　0.0189 两/口
优免各项：0.0204 两/亩
　　　　　0.0306 两/丁（丁田优免，止免杂办、民壮、均徭）

　　a."折实田地"一项为万历九年清丈田地时得出的实际数量。

　　b. 志书中"原额地"41136.639 亩，每亩科银 0.009 两/亩，共银 308.9565 两，疑误，此处改为 370.2298 两。

　　c. 实征田地人丁＝原额田地人丁－乡官举监生员吏承灶匠等田丁。

　　表 4-5 可见，秀水县赋役审编是首先确定该县丁田总数以及银粮总额，以便详细核算丁田科则。具体项目的审编则被归并为"起运粮银""存留粮银并盐粮兵饷带征额坐二办"和"杂办民壮均徭银"三大类。其中起运正项钱粮各项维持旧有审编方式，清丈土地以后，则按照折实田地起科。上供物料和兵饷则同存留粮银一同审编，前文分析已经指出，庞尚鹏改革之前，个别县分已有将银纳化的上供物料和驿传银摊入地亩带征的现象。清丈土地以后，存留粮银按照"折实田地"科派，上供物料和兵饷

---

　　① 数据来源：（万历）《秀水县志》卷 3《田赋》，《中国地方志丛书》第 57 号，第 145—153 页。

两项则根据"原额土地"和"原额丁口"审编。"杂办民壮均徭"一类也使用"原额田地"和"原额人丁"审编，但该类涉及优免，需要减去优免的田土和人丁数目，再根据实征的田地、人丁审编。该步骤与前引《绍兴府志》所述方法基本一致，这也代表了一条鞭法审编赋役的基本精神，用黄仁宇的话说即"一条鞭法代表了十六世纪明代管理者试图获得一种理想状态的各种努力"①，这种理想状态就是合并赋与役的负担平均摊派给各户的丁与田。

虽然一条鞭法对各地赋役审编方式做出了明确的规定，而且各地方政府也努力按照此种方法施行，但正如黄氏所言，这毕竟只是一种"理想状态"，在具体施行过程中，要做到按照"一条鞭"审编其实是非常困难的。从（万历）《绍兴府志》收录的一篇会稽县给府里的申文可以看出，"一条鞭"的审核方式自实施之日起就有诸多的困难。该县知县付良谏称："一条鞭立法详悉，无容再议，但本县优免繁琐，名项剧多，比之他县，甚有霄壤。"② 所谓"优免繁琐"是指品官田、灶户田和民户患田都有相应的优免措施，但不同都分的田土因产量的不同，优免的多寡也不尽相同，因此"头绪繁琐、遂难划一"。另外，均平银、均徭银、品官优免以及每年派征的兵饷数目多寡不同，"俱难派于条鞭之内"，也即定额税收和非定额税收很难放在一起统一审编。基于以上两种原因，该县提出了方便本县的审编方式，并得到上级的许可。

> 一条鞭之法，原合均平均差税粮为一，今该县将均平均差兵饷另为一则，将税粮另为一则，此乃两条鞭矣；又于税粮之内，将山海都分派以北折、备折，将水都分派以本色粮米、南存改备等折，是税粮又另分为两条鞭矣。但立法贵通人情，为政须宜土俗，该县前项均平均差每年有官吏生监优免之不同，兵饷银两每年有增减派征之不一，委难强入于税粮之内；其水都分厥土为上，山海都分厥土为下，赋敛轻重亦难强而、齐也……一条鞭之法亦小异而大同矣。③

可见，会稽县是将定额税粮和非定额役银分开审编，并根据田土的产量不同科派不同项目的税粮，而不是"一条鞭"。这种审编方式不失为一

---

① 〔美〕黄仁宇：《十六世纪明代中国之财政与税收》，第 164 页。
② （万历）《绍兴府志》卷 15《田赋志二·赋下》，第 1190 页。
③ 同上书，第 1195—1196 页。

种方便可行的办法，定额税收的审编一旦确定则可以长时间不动，非定额税收的审编则要根据每年的实际情况不断调整，而以定额的方式将二者放在一起统一审编是非常困难的，兵饷和均平银的扩张极容易出现"鞭外有鞭"的情况。因此，我们说一条鞭法代表一种理想状态，意在尽可能使地方财政审编简化、明晰，真正做到统一审编是非常困难的，立法之初这种问题就已经存在了。

（二）收纳之法

关于税银的收纳，各县根据各自规模大小制定收作文册和木柜，"县小者止一簿一柜，大者作二簿二柜或三四"，每柜选吏员和粮长各一名，发给收票100张和木印1个负责查收。民户由里长带领赴县缴纳，经收粮长和吏员共同验明纳税人户资产以及缴纳银两的数目和成色，并注写收纳日期与人户姓名。每隔十日，掌印官、管粮官和经收吏员、粮长共同清查登记。① 对比本章之前对庞尚鹏改革措施的解析可知，银财政成立之后的税银征收方式基本没有发生太大的变化，故而笔者在此不再赘述。

（三）起解之法

银财政成立以后，各税收项目的解送方式也相应发生了变化，主要体现在民解负担的减轻、官解比例的增大以及布政司内部税银上缴方式的变化上。（光绪）《石门县志》卷三：

> 嘉靖末，庞巡按尚鹏酌议裁革，令民出条鞭银雇役，稍得息肩，惟粮解、银解势不得蠲……②

可见，庞尚鹏改革以后，解户之役并没有完成银纳化，还是由民户承担，而从（万历）《绍兴府志》的记载来看，一条鞭法施行以后，一般民户承担的解送任务也并没有完全消除。

> 起解之法：如遇某项钱粮应解，将前库寄银两照簿内收过日期挨次顺支若干，应贴路费若干，当堂倾锭封付解人。凡银至五百两以上，差佐贰首领官；三百两以上差殷实候缺吏；一百两以下，差殷实粮里。仍查照贴解银数给予使费，解送至府，转文呈司交纳，责限

---

① （万历）《绍兴府志》卷15《田赋志二·赋下》，第1187—1189页。
② （光绪）《石门县志》卷3《食货志》，《中国方志丛书》第185号，第415页。

纳，获批收销缴。俱不许再佥收头、解户等项名色。①

从绍兴府的情况可知，各项税收银纳化改革以后，税银的解送按数量的大小由官、吏、民分别承担，百两以下的部分仍由粮里长负责解送。另据（光绪）《平湖县志》卷六：

> 均平行后，始每岁每里役一人为之，充解银米差役，复名之曰解户……万历后，银差用官解，以空役出银贴之，他役亦多所裁革，止余米解在民。②

两条史料对银解的记载略有出入，绍兴府的银解略微复杂一些，官、吏、民均有解送白银的任务，而平湖县则白银一律官解。这种记载差异，或由于各地具体操作情况不同，或由于《平湖县志》记载过略造成。但参考两条史料，我们还是可以发现一条鞭法施行以后起解办法的两个共同特点：其一是解户之役大量裁革，各税收项目折银后可以归并一总解送，解送人员自然不需要过多，平湖县的记载可知，均平法以后，每里只保留一名解户，这样一来大大减轻了民户的解送负担；③ 其二是官解的比例增加，大额税银基本由官吏解送，民户只负责一部分小额税银的解送，地方政府的财政责任开始增加，减轻了民户的解送责任。虽说如此，但从平湖县的记载可知，实物税收的征解则一直由民户负担，这一点本书在第二章已经论述过了。

一条鞭法除改变解户的构成和解送方式之外，也改变了布政司内各项税银的上缴方式，这一点笔者曾详细介绍了"总征类解法"的运作过程，即各县自行征收税银运解送至府、布政司，再由布政司类解，但尚有另外一种"敛解"的方式在此需要做出说明。敛解法见载于（光绪）《石门县志》之中，是一种税银的上缴方式，其具体过程如下：

> 假如各县钱粮，本司面其缓急，定为先后，填簿分发，各县征

---

① （万历）《绍兴府志》卷15《田赋志二·赋下》，第1189—1190页。
② （光绪）《平湖县志》卷6《食货上·田赋》，第641—642页。
③ 从平湖县的记载可知，其将粮长与解户作为同义词放在一起使用。我们一般将粮长视为解送正项钱粮的人员，而解户是解送物料的人员，但在浙江地区两者似乎并没有如此细致的区分，凡是解送之役都有被称为粮长的可能，如杭州府就有解银粮长和解绢粮长的称呼，该问题在此不详加讨论。

收，照限起解。每于双月初旬将征完某项某项钱粮若干，即填入格眼簿内，逐款报本司。一面将银倾销足色成锭，听候本司委首领官一员，即发所填簿收执，顺路挨次到各县，与县正官当堂逐款照簿，凭颁定法马兑准，惟京库银两照京库法马兑准，俱要足色足数逐锭用县印并纸实糊，银上用绵纸裹竹纸细条封口，仍用县官亲填职名，花押。各项银数逐款开列，总类一批，给付委官，向司投收。[①]

据此可知，敛解法就是布政司委派官员到下辖各府查收税银，而不必再用解户解送，这种做法既可以免去解户解送之苦，也可以防止下级政府的欺弊行为。但是这种方法只能在距离省城较近且交通便利的府分施行，如"嘉湖钱粮最多而弊孔亦最多，且去省甚近，舟楫往来甚便，委官敛解每府不过数日可完"，但"温、处等府处浙上游，本司委官往返，动辄千里，势不可行"，故而照旧实行类解法。

通过以上的论述可见，一条鞭法施行之后，各县税银总征之后，或以类解，或以敛解的方式解送至布政司，然后布政司再将各项税银分类解送至对口机构。在整个解送过程中，官解的比例逐渐增加，民解的比例在逐渐减少。

从派征、上纳和起解三个部分的调整情况来看，隆庆年间实行的"一条鞭法"是庞尚鹏改革以后的地方财政体系深入整合的一个阶段，目的是简化税收审编程序、节省税银解送成本、严肃财政纪律。虽然在具体的操作环节上，一些基本设想过于理想化，无法完全实现，但相较于此前分散的财政征收体制，一条鞭法改革的效果还是明显的。

其一，审编渐趋划一，庞尚鹏改革时期虽然对均平、均徭的审编做了详尽的规范，但毕竟处于分别审编的阶段，各项税银自然也要分别征收。一条鞭法的改革则试图废除原有各类审编文册，制定整齐划一的条鞭文册，将民户应纳钱粮一次性计算完毕，照单征收。这个设想虽然十分理想，但在具体实行过程中困难是很大的，主要问题在于将定额税收和非定额税收放在一起审编，无法形成固定的、长期有效的条鞭文册。很多县分在条鞭法施行之初就是按照税收类型分别审编的，像会稽县这样的做法，我们可以将其称为两条鞭，而一些县分即便最初实现了统一审编，但由于每年派加的税银不同，难免又出现了"鞭外有鞭"的情况。虽说统一审编困难重重，但该举措毕竟最大限度的合并了审编项目，简化了税银征收

---

①　（光绪）《石门县志》卷3《食货志》，第422—423页。

程序。

其二，公开税收细则，使一般民户明确自身缴纳税收的细则和数目，摒除"中间层"的侵欺克扣。这一点与庞尚鹏改革确立的制度基本保持一致。

其三，简化税收钱粮的征解程序。对税收项目解送体制的改变是从实物财政到货币财政的转换过程中，变动较大的方面。各类税收不再以实物的方式征收，全部缴纳白银，各项税收因此得以合并解送，所需解户的数量大大减少，其负担也相应减轻了。不仅如此，官解比例的增大也是减轻解户负担的重要举措，虽然粮解依然由民户负担，但长途的实物解送在银纳化改革以后所占比例很低，所以民运给百姓带来的困扰基本消除了。

庞尚鹏改革以及地方政府推行的一条鞭法改革作为连续的地方财政改革措施，一直被明史学者视为一个完整的"一条鞭法"改革历程，笔者也并不反对这样的提法。本书所以有意将其区别对待，意在细致描述改革的整个过程，明确两者在地方财政体制变迁过程中各自发挥的作用。通过对两者的分析和对比可知，庞尚鹏改革为地方财政提供了全新的操作思路，货币财政的成立改变了原有的赋役财政运行方式，初步建立起一套针对白银货币的审编和管理体制。此后的一条鞭法正是在这样的基础之上推行的，地方政府进一步把原有分别审编的正项田赋、均平银、均徭银等项目合并审编，完善税银的上纳和征解制度，降低税收的民解比例，增大官解比例，进一步削减残存的徭役负担。

本章小结

本章用了三节的篇幅讨论均徭法的稳定形态、地方财政的运行原理并重新解读了一条鞭法的财政史意义等一系列理论问题。在笔者所阅读的明代赋役制度史相关著作里，以社会经济的繁荣程度观察地租形态的变化，以地租形态考察赋役财政形态的演进是常见的分析理路，而市场经济的逐步繁荣则让财政体系的演进也呈现出线性变化轨迹。本章尝试使用另一种思路来分析明代的地方财政结构与变迁。其中均徭法的稳定结构具有一定的代表性，是地方财政徭役化以后的一种常见财政模式。在这个模式中，附带财政责任和货币化审编作为两个最活跃的因素也有助于我们对地方财政整体的运行原理作进一步分析。

在影响地方财政结构的三个因素中，虽然"定额"涵盖的内容处于不断变化之中，但收支水平尽量维持在一个固定额度上的基本原则始终未发生变化。当地方政府的财政开支无法在"定额"范围内解决时，不得不将额外部分转嫁给徭役人户承担，形成附有财政责任的"役"，这正是理解明代地方役法体系的关键所在。地方财政体系就是将正式的财政支出与约定俗成的徭役买办相结合的产物。"审编"作为稳定结构运行的重要因素不断得到完善，形成"货币化审编"。应役人户的资产和徭役的财政负担量均实现数字化衡量，从而保障摊派给应役人户的财政负担大致均平。

　　庞尚鹏改革推动了徭役全面银纳化和地方财政的市场化运行。均平法改革重新核算地方财政公费的预算，将徭役的财政负担全部吸收进去，变成合法项目，并在此基础之上，完成了徭役的全面银纳化。在这个过程中，庞尚鹏，或者说巡按御史庞尚鹏所代表的中央政府，所起到的绝不是简单的"总结式"或"收尾式"的作用，而是为地方财政转型扫清了制度障碍。一条鞭法的改革则是继承了庞尚鹏改革的既定思路，进一步整合了财政征解体制，简化了税收程序，减轻了民户的解送负担。

结　　论

本书分析了明代浙直地方财政中赋和役的收支结构与运行模式，进而重新解读一条鞭法改革的财政史意义，尝试为明代财政体系转型提供另一种解释理论。各章的分析均围绕这一主题展开。

第一章和第二章分别讨论了浙江布政司和南直隶地方的正项钱粮和上供物料的收支结构与改折问题，主要关注赋役财政体系中的"赋"。广义上讲，"赋"代表实物财政中的一切物资，既包括田土中所产之米、麦、棉等作物，也包括牲畜、木材等生产生活的各类物资。本书对"赋"的研究主要关注明代地方财政运行中的"定额"问题、银纳化（货币化）问题以及财政与市场之间的关系。

自明朝建立之初，中央政府就已经对正项田赋的支出方向做了明确的规定。留给地方的存留粮，地方政府也不能擅自动支或改折，除用于官俸、师生廪粮和孤铎口粮支出外，其余存留部分只作备用。地方政府与卫所的财政互动关系则更加明确的说明了地方存留粮的军事用途。上供物料的用度则在永乐、成弘和嘉靖等几个时段内不断增长，但这与地方财政收支无关，地方对上供物料的征收都是完成中央政府的财政任务。因此，"定额"既表现为财政用度被尽量控制很低的水平，也表现为中央对财政支出的严格控制，地方财政的自由支配空间则被压缩到最小，不得不迫使其另寻办法解决财政缺额，从而产生了本书关注的地方财政徭役化。

对于田赋的银纳化问题，本书以杭州等府为例的分析表明，浙江地区的正项田赋直到嘉靖中期以前都没有发生大规模折银的现象，只有京库折粮银、漕运轻赍银和派剩米麦等几个起运项目出现改折，作为财政开支主体部分的粮米则始终保持着实物收支的方式。而通过梳理存留粮与卫所之间的互动关系可以发现，至明代中后期，地方卫所军俸越来越倚重存留粮的供给，二者联系愈加紧密。既有的学术成果多认为地方存留粮随着社会经济的发展会发生不断的改折，但笔者认为由于地方政府与卫所之间的财政联系非常紧密，所以抗倭战争对白银的大量需求和卫所军俸支出结构改变应该是存留粮银纳化的重要的推动力。

上供物料的收支也有同样的情况。成弘以后，物料折银反映出明代中期以后出现了比较良好的金融环境，市场中白银存量的增加可以让基层民户更加便利的获得白银，有效降低实物运输中消耗的人力、物力成本。但良好的市场与金融环境只是财政货币化的必要前提，真正的思路转变还要得到政策面的支持。同时需要注意的是，物料折银征收不代表该部分实物财政已经实现了市场化运作，在造办和解运的环节上，实物主义财政色彩依旧很浓。各物料的具体解运方式需要遵循中央各部的指令，或运纳实物或直接缴纳白银。无论何种方式，都延续着物料对口解运的旧有方式。

从田赋和上供物料的收支情况可以看出，财政收支的具体形式主要取决于政府的实际需求，而明初确立的赋役财政体制主要秉持"实物主义"财政的基本思路。国家必须在整个财政构成中存有相当数量的实物，尤其要储备大量的粮食和物资，以确保国家的战略安全。社会经济的发展和白银存量的增加只能成为田赋与物料银纳化的必要前提，但并非直接促因。政府完全可以利用民户买办，间接与市场发生联系，而不必打破原有赋役财政体制的运行原理。东南抗倭战争的爆发，迫使中央政府将地方田赋收入的大部分改折白银，用以募兵和军饷使用，这才是田赋银纳化的直接动因，但没有中央政府的统一指令，地方政府是不能单独完成这一举措的。

本书第二章的一部分和第三章的主要考察赋役财政体系中"役"的问题，涉及地方财政运行的公费、均徭和驿站等几个领域。对徭役的使用可以视为明代财政中最具特色的部分，我们可以将其称为"地方财政徭役化"。黄仁宇也曾言，明代地方财政经费主要来自对徭役的使用，这样的理解基本正确，但必须深刻理解明代地方财政系统中"役"的独特之处。在经济史领域，"役"一般指政府通过强制性手段，而非经济手段，获得人力的一种方式，但明代地方财政中的"役"除了这一层含义以外，还包括应役人户额外的财政责任，这也是明代地方政府为解决财政用度不足，而发展出来的徭役的变体。这个特征集中体现在明代地方财政的里甲役、均徭役和驿传役中。

欧阳铎和庞尚鹏改革以前的南直隶与浙江布政司，均徭役并无大量力差转化为银差的现象，应役人户采用"力役亲充"或"雇人代当"两种方式充当力差。在理解明代均徭役问题时，需要区别"货币化审编"和徭役佥派两个过程。地方政府在佥派徭役的过程中，逐渐发展出来一套量化的审编系统。徭役的负担被量化成白银，人户的资产被换算成丁田，两者相较可以确保一定资产的人户负担相应等级的徭役，但决不能将这个过程误认为徭役的银纳化，因为被金派的民户并不缴纳白银，大多情况是花钱雇人替自己去服役，政府的最终需求依然是役，而不是白银。附带财政责任的"役"说到底还是徭役，与"征银除役"的银差有本质的区别。

同样的道理，作为地方公费使用的支应银也并不"追征贮官"，而是由现役里甲人户按照一定的额度"买办供送"。这笔开支负责地方政府日常办公与生活的费用、往来人员的接待费用和交际费用。不断膨胀的支应银用度给"买办供送"的里甲应役人户带来了比较沉重的负担，地方政府虽屡有银纳化改革的措施或提议，均因预算额度过低，不得不重新回到里甲买办供送的"役"的方式上来。

驿传役的银纳化改革虽然在正德到嘉靖初年基本完成，但在整体役法体系没有银纳化改革之前，尚有部分供役于驿站的人员，如馆夫、库子等，仍要在均徭中金派。驿传役的征银改革同时也意味着驿传银被定额化，随着驿站财政的膨胀，尤其抗倭战争爆发以后，驿站的财政压力骤增，缺额的开支再次被转嫁给在驿站服役的均徭人户身上。因此，驿站财政的变迁路径非常完整的反映出了明代地方财政运行的基本特点，即在役法体系没有彻底改变的情况下，正额外的财政支出总要转嫁给应役人户负担，形成负担连带财政责任的"役"。

公费银、均徭役和驿传役的收支结构所体现出来的共同特点就是政府并不实际征收白银，而是规定一定的用银额度，令应役人户按照这个额度给政府买办其行政所需各类物品。本书将这种形态称为附带财政责任的"役"，或者叫作包裹着白银外壳的"役"，这是地方政府解决财政用度不足时采用的最直接、最可行的办法。但是，无论是里甲役，还是均徭役，地方政府对民户的索取并不是无限度的，一种制度既然能够长期有效的实行，就一定有其自身的合理因素存在，审编和应役方式的完善就是地方财政役法体系中的自我调节因素。

综上可见，逐渐繁荣的市场经济和白银总供给的增加并没有促进田赋与徭役的银纳化进程，而是出现了一种市场与既有财政体系相结合的变体运行方式。这种方式具有较强的稳定性，欧阳铎均徭法改革的失败从一个侧面反映出地方财政"由役入赋"改革的内在动力不足，体制与技术上的困难并不容易解决。

在推动明代地方财政体制转型的动力问题上，笔者和刘光临先生的思路相类，东南抗倭战争所引发的军事动员体制的变更引发了徭役的全面银纳化。里甲和均徭银的提编彻底打破了原有体系的运行方式，迫使地方通过金役获取财政收入的思路发生转变。庞尚鹏改革就是确立地方财政的货币化运行思路，其提高公费银的预算额度，将大部分附加给里甲、均徭役支办的公费项目列入预算之中，解除徭役的财政负担，最终完成了里甲役和均徭役的银纳化改革，实现了田赋和徭役的合并审编与征收。

正是基于以上分析，引发了笔者对赋役财政体系的功能与一条鞭法改革财政史意义的重新思考。刘光临强调，明代现物主义财政体系形成的关键因素是军事动员反货币化（demonetized）模式，而非经济上的落后。明初财政收入包括官民田租赋、各类型商税收入、盐的收入、劳役征发等各个方面，甚至包括卫所系统中的军屯部分，相应制度设计则包括民收民解、竹木抽分、开中法以及复杂的配户当差制度等方面。如此严密的让实物与劳役相结合的财政体系，的确非常强烈的体现出全民动员性的军事化管理色彩，因而笔者也认为这样一整套财政体系的设计是战争财政动员体系的全面推广。战争中对物资与人力的庞大需求无法通过市场有效解决，这一点对于传统社会尤其如此，对物资和人力的强力管制则可以非常有效的满足战争需求，不通过市场就意味着反货币化。因此，赋役财政体系的最初设计思路就是实现对民户的全面控制，并从中获取财政所需的全部，尽量少的通过市场来配置财政资源，这样一种思路自明初就作为祖制被确定下来。所谓祖制不变不仅代表税收原额不动，同时也表示运行思路的不变。

东南抗倭战争的爆发，将卫所兵缺乏战斗力的弱点全部暴露出来，这一点从本书第一章第二节对卫所财政的分析也可以得到证实。国家不得不重新雇佣新兵并补充大量的军饷以保证战争的胜利，战争对白银的大量需求是现有财政体制无法完成供给的。因为，赋役财政体制与市场实现的是间接联系，政府本身并不存有大量的白银，必须将徭役身上的白银外壳剥离，收归己有，才能获取白银。提编里甲和均徭都是"编役为银"的做法，这种方法虽然获取了大量的白银，但同时也意味着既有的赋役财政运行思路不再有效，取而代之的是货币化财政的出现。庞尚鹏改革就是推动徭役全面银纳化并确立地方财政市场化运行的思路。在这个过程中，庞尚鹏，或者说巡按御史庞尚鹏所代表的中央政府，所起到的绝不是简单的"总结式"或"收尾式"的作用，而是为地方财政转型扫清了制度障碍。从里甲、均徭和驿传三役的变迁路径可以看出，在没有中央政府的许可或推动的情况下，地方政府无法单独完成财政结构的转变。随着市场化财政结构的建立，庞尚鹏也对原有的财政管理体系进行了改革，建立起一套基于"公共财政"的财政管理体制。虽然笔者同意岩井氏强调的"原额主义"财政思维贯穿有明一代，但毕竟庞尚鹏改革前后的地方财政结构和管理体制都发生了根本性的变化，因此并不能认为此次改革是简单的"原额主义"回归。一条鞭法的改革则是继承了庞尚鹏改革的既定思路，进一步整合了财政征解体制，简化税收程序，减轻民户的解送负担。

以上就是笔者对本书研究所涵盖问题的一个基本总结，回到本书绪论部分，这可以算作笔者从具体操作层面上，从地方财政的角度为理解赋役财政体系的运行原理及其变革提供的一份案例。以下笔者将在此基础之上，尝试做一些延展性的思考，以求从宏观层面上对本书关注的更加基本的问题，即国家财政类型和明代社会走向这一问题给出一些思考。

笔者在绪论中曾指出，目前对明代财政体系的基本看法可以归纳为三种学说，如果我们深入分析这三种学说则可以发现，它们共同关注的其实是同一个问题，即明清中国社会的历史走向问题。

其中，"明清特质说"的代表人物黄仁宇认为明清作为第三帝国，已经走向了全面的封闭和倒退，缺乏与其他国家和民族进行军事和经济竞争的意识，因而，其对明代财政体系的评价也是较为负面的。黄先生的研究直面国内学者关于明代"资本主义萌芽"的学说，其认为明代后期缺乏各种有助于资本主义发展的因素与条件，财政管理也是消极的，不足以对工商业的发展形成有效的制度支撑。

持"明中叶回归说"的刘光临先生则认为，唐宋之际的中国财政赋税体制是一种先进制度，开启了欧洲近代资本主义财政体制的先声，但这样一种先进的体制在明朝则销声匿迹，全面回到了八百年前，唐代天宝以前的实物财政体制之中。一条鞭法则是对"洪武型"赋役财政体制的彻底否定，重新回到唐宋变革以来的"两税法"体制之上。

"明中叶变革"说则基本上是对"资本主义萌芽"学说的一种改造，即明中叶发生的财政货币化转变在中国财政史上是一场革命性的变化，是对传统社会财政结构的一种突破。

总体而言，以上三种学说解读了唐宋以来，国家财政制度对社会经济发展的影响作用，我们也可以将其表述为，在制度层面上解读中国唐宋社会以来的发展道路问题。这类思考问题的方式既可以视为传统马克思主义学者重视生产关系的固有倾向，也可以视为对黄宗智、李伯重等学者注重从生产力角度解读中国传统社会道路的一种回应。

需要注意的是，无论从生产力的角度，还是从制度的角度解读唐宋社会以来的历史走向，其实都存在一个明显的假设前提，即制度安排是否能给市场经济的发展营造良好的空间，新制度经济史家也基本以此作为评判制度设计先进或落后的价值标准。当然，憧憬一个充满活力的、开放的市场经济环境可能是每一个经济学家或经济史家的倾向，这一点也无可厚非。但本书作为一篇财政史论文，笔者更倾向从财政问题本身思考这一制度安排的合理性问题。

本质上讲，财政体现国家政权汲取和使用社会资源以完成其既定目标的能力。如果明代国家政权建立之初并不将发展商品经济作为增进人民福祉的一种手段的话，那么财政制度不能营造良好的市场经济氛围也是可以理解的。笔者在书中曾提及，现实的国家建构总要考虑国家三大触手之间的协调与有效，即一支标准化军队、一个大幅改善的征税机构，以及一套高效的行政机构。因此，创建财政制度首先要考虑有效地支付庞大的军费开支与行政经费，而不一定是顺应社会经济的发展。明代国家政权首要考虑的同样是这两个目标，即《左传》所云"国之大事，在祀与戎"。从这个角度说，明初设计的战争动员型财政体制显然是为了更有效的确保军事物资供给，而市场与货币作为配置资源的手段，在战争面前往往是无效率的，尤其在总商品供给相对匮乏的时代。不过明初统治者并没有考虑到战争动员性的财政体制虽然短期非常有效，而长时期运行所付出的社会成本极大。因而，在经过了明初的几十年之后，尤其伴随着东南地区社会经济的快速恢复和发展，地方财政逐渐产生出一种财政衍生模式，即制度层面上依然排斥"公共财政"的存在，但政府与市场通过民户或揽纳户开始间接发生联系。嘉靖中期以后，"南倭北虏"给明王朝的持续压力，尤其给东南各省的军事压力，促使军事体制发生改变，才造成东南地区的财政体制发生方向性的转变，货币化程度不断提高，公共财政开始出现。因而，笔者认为，财政体制能否保证军事行动的有效性是衡量其优劣的重要指标之一，而明代地方财政体制发生转型在很大程度上是为了更有效的给迫在眉睫的军事行动提供物质支援。

当然，货币化财政的出现，徭役制度的解除无疑为商品社会营造了良好的制度环境，大大降低了商品交易的总成本。同时，日本和美洲白银的大量涌入使社会资本存量大增，良好的金融环境随之出现。这些因素共同促成了晚明江南社会的高度繁荣。当然，我们必须回到笔者之前提到的那个问题，即以高度市场化的财政体系供给军事资源是存在风险的，极容易导致整个财政体系的崩溃。对明王朝而言，这一财政风险究竟有多大，笔者目前还没有看到相关的研究著作，但很多现象均说明，晚明以后的明朝政府每年将大量的白银注入军事行动之中，却并没有收到预期的效果，这是否是财政体系系统性风险的显露，还有待于深入讨论。

总之，作为财政史的研究，笔者更倾向于从国家汲取和使用资源的有效性来看待该体制的优劣，抑或从国家控制社会的能力角度考察财政体制的功效，而非其是否有利于市场经济的发展。以上就是笔者从宏观角度对明代财政转型问题的一些看法，挂一漏万，过于疏阔，有待方家批评指正。

附录　明代地方财政史研究回顾

明代赋役问题的研究著述颇丰，限于本书的主题与篇幅，笔者并不能将各家著作尽数囊括。仅简要梳理与本书主题相关的若干论著，梳理过程不对观点进行批判与评论，具体分析见于各章问题提出部分。

一　配户当差与里甲制

梁方仲指出里甲制度是一种审编户口的制度，半官式的人民自卫组织，同时是州县行政上的与人民供应赋役的地域单位。[①] 虽然里甲在社会控制方面和自然村落是否重合是明史研究中存在争论的一个问题，但是从里甲的财政功能上来看，将其视为征调赋役的基层组织是没有问题的。[②]

里甲制的研究包括制度渊源、编排方法、人数构成以及里甲功能等方面。其中栗林宣夫《里甲制の研究》、川胜守《中国封建国家の支配構造——明清赋役制度史の研究》和唐文基的《明代赋役制度史研究》等著作在总结了前人研究成果的基础上，对里甲制度进行了全面深入的说明，可视为研究该问题的经典作品。刘志伟的《在国家与社会之间——明清广东地区里甲赋役制度与乡村社会》和侯鹏的《明清浙江赋役里甲制度研究》主要针对广东、浙江的里甲制度进行了实证性的个案研究，为我们观察里甲制度的地方映像提供了一种路径。[③] 以上著作限于篇幅，于此不一一详述，笔者仅就户役制度与里甲制的关系略作说明。

对于实物财政体系而言，里甲制度只能保证赋、役能够被征收，但并不能保证财政的多样化需求。财政活动对人和物的要求都是多样的，必须

---

① 梁方仲：《明代赋役制度》，《明代的黄册》，第 378 页。

② 关于里甲和自然村之间的关系，可参见〔日〕栗林宣夫《里甲制の研究》，香港文理书院 1971 年版，第 26—49 页；〔日〕川胜守：《中国封建国家の支配構造——明清赋役制度史の研究》，东京大学出版会 1980 年版，第 105—125 页；刘志伟：《在国家与社会之间——明清广东地区里甲赋役制度与乡村社会》，第 37—48 页。

③ 侯鹏：《明清浙江赋役里甲制度研究》，博士学位论文，华东师范大学，2011 年。

有一套系统保障国家能够在社会中取得所需的任何人力、物力资源。除正项田赋以外，包括宫廷和政府都需要大量的生产、生活资料，即上供物料主要由里甲内的人户来完成，政府所需的各类不同的人员也被定立为某种户籍将其固定下来，黄仁宇称"职业分籍管理的目的是确保军队补给与政府差役的完成"①。

明史学者王毓铨将明代的户役制命名为"配户当差"制度，其在《纳粮也是当差》和《明朝的配户当差制》两篇文章中对其进行了详细的论述。户役制度下，不同户籍的人户要承担不同的义务，或被指定输纳特定的实物，如捕禽户、果户；或从事专门生产，典型如匠户；或承担特定的劳役，如军户、坟户等。王毓铨提出配户当差的概念对于明代赋役财政研究无疑是非常重要的，无论是田赋提供还是徭役征发都与户役制度有着密切的关系，是分析明代财政制度的逻辑起点。

役户的成立大致有两种方式，一种是"役皆永充"，一旦户籍被确定下来，除非特殊情况是不能被擅自变更的；另外一种是在不变更户籍的情况下，地方政府酌量从地方人户中佥点，长时期固定的充当某些差役。②王毓铨列举出 80 余种承担不同差役的役户，国家财政收取的各种资源，政府运作需要的某些职役都由各色役户承担。各色人户无论籍贯如何均被编入里甲应役当差。栗林宣夫、川胜守、唐文基和刘志伟的研究都注意到了《惠安政书》对里甲制的描述，该材料表明明代里甲内部的户类构成和官方文献基本保持一致③，统以 110 户为一里，里内包含各种役户，而且不单民户，军户、站户等也可以充当里长④，但是这个结论和王毓铨认为的配户当差"役因籍异"的观点是相矛盾的。王氏认为不同的人户承担的差役并不相同，民户承担办纳粮草的正役和杂泛差役，其他役户则承担相

---

①　〔美〕黄仁宇：《十六世纪明代中国之财政与税收》，第 38 页。

②　高寿仙：《明代北京杂役考述》，《中国社会经济史研究》2003 年第 4 期。

③　《诸司职掌》，《户部·民科·赋役》载："凡各处有司。十年一造黄册，分豁上中下三等人户。仍开军、民、灶、匠等籍，除排年里甲依次充当外，其大小杂泛差役各照所分上中下三等人户点差"，《续修四库全书》史部第 748 册，上海古籍出版社 2003 年版；（万历）《明会典》卷 20《黄册》："凡攒造黄册。洪武十四年诏，天下府州县编赋役黄册，以一百一十户为里，推丁多者十人为长，余百户为十甲，甲凡十人，岁役里长一人，管摄一里之事。城中曰坊，近城曰厢，乡都曰里。凡十年一周，先后则各以丁数多寡为次，每里编为一册，册首总为一图，鳏寡孤独不任役者，则带管于百一十户之外，而列于图后名曰畸零。册成，一本进户部，布政司及府、州、县各存一本"，第 132 页。

④　〔日〕栗林宣夫：《里甲制の研究》，第 62 页；唐文基：《明代赋役制度史》，第 31—32 页。

应的特殊差役，不承担正、杂役。对于这个问题，梁方仲也有同样的论述①，这实际上讨论的是户役和里甲正役、杂役之间的关系问题。

栾成显在研究明代黄册问题时指出军户、匠户、灶户等专职役户，皆不免里甲正役，都要轮当州县正差，军、匠、灶等专门职役均是额外负担，高寿仙与栾氏持见相同，笔者也持此种看法。②

高寿仙指出明代杂役的佥充方式分为配户当差和点差两种方式，作为配户当差的役户是一般可以免除全部或者部分杂役，③《明会典》中关于优免差役的记载也说明杂役户和杂役之间的关系，优免条令说明随着各种户籍的出现，相应的优免政策也在制定，同样也说明杂役户在一定的优免政策之外，也要和一般户籍的人口一起承担杂泛差役。④

通过以上学者的研究，我们大致可以梳理出明代各役户和里甲制度以及里甲正、杂役之间的关系。即所有人户不分户籍统一被编入里甲之内，各类人户全部充当里甲正役，民户以外的杂役户还要承担各自相应的职役。原则上全体民户都要按照户等点差充当杂泛差役，杂役户具有一定的优免特权，但是优免范围以外的财产要被编入赋役文册之中，和一般民户共同承担杂泛差役。

二　里甲正役的任务

在既有的学术研究中，里甲正役的任务是学者们讨论的一个焦点。作为明代最基层的社会组织，里甲要承担社会组织和财政的两方面责任。唐文基认为里甲制度最主要的功能是作为一个服役单位，向官府提供徭役。⑤里甲正役的任务包括催征钱粮和勾摄公事两大部分，其中勾摄公事包括，管理本里人丁事产、清勾军匠、承符传唤、支应上供物料四个方面的内容。⑥山根幸夫和小山正明均将明代的里甲正役任务划分为 A、B 两大部类，A 类为里内行政管理职责，包括催收税粮、勾摄公事、攒造黄册三项

---

① 梁方仲认为，明代的户按照职业区分主要有民户、军户、匠户三种，军户应兵役、匠户承担工役，这两种是特殊的役。一般的里甲、均徭等役则以民户为主体应当。

② 栾成显：《明代黄册研究》，中国社会科学出版社 1998 年版，第 45 页；高寿仙：《明代北京杂役考述》，《中国社会经济史研究》2003 年第 4 期。

③ 高寿仙：《明代北京杂役考述》，《中国社会经济史研究》2003 年第 4 期。

④ 如 "正德五年议准，陵户、坟户杂泛差役，除正身外，准免二丁，其余人丁一体当差……"，更多记载可参见（万历）《明会典》卷 20《赋役》，第 134 页。

⑤ 唐文基认为，明代的里甲组织要承担受理民讼、法制教育、管理水利设施、公正土地买卖、抚恤贫弱等方面的社会管理责任。参见《明代赋役制度史》，第 38—40 页。

⑥ 唐文基：《明代赋役制度史》，第 40 页。

内容；B类为直接的负担，包括上供物料、地方公费、里甲夫马、甲首夫。①

以上中日学者的观点可以视为一类，虽然山根氏和小山氏将里甲任务分为两大部分，但是唐文基把第二类的内容基本归入了"勾摄公事"一项内，认为明初勾摄公事即在制度上规定了里甲有出办上供物料和地方公费的责任。岩见宏和岩井茂树则对上述观点提出了质疑。

岩见宏在《明代徭役制度の研究》一书中详细对明初的上供物料采办方式进行了详细考察，指出地方要完成中央物料的派办，就必须制定出详细的规定，物料的采办方式有很多种，一种物料也有不同的采办方式，但是总体上看有以下五种：1. 政府向生产者征收的；2. 政府让人民采办的；3. 以税粮的形式向人民征收；4. 以抽分的形式向商人征收；5. 由民间买办。②

岩见氏的研究以外，岩井茂树又对里甲正役的任务作出了更进一步的探讨，岩井氏通过对"勾摄公事"一词的仔细研究，认为该词汇在明代的语境中是有特定含义的，即"勾摄公事"并不是在官署进行的一般公务处理，而是指与事件或者诉讼案件有关的、在现场处理的事务（逮捕犯人、拘传原告、被告、证人等）。③岩井氏通过这一研究，证明了"勾摄公事"中并不含有负责上供物料和地方公费的责任，从而也排除了里甲正役任务中的这个项目。第二种观点也得到了日本学者谷口规矩雄的认同。④

综合可见，两种意见的争论焦点在于"上供物料"和"地方经费"是否由里甲负担。在这两种主要的观点以外，刘志伟提出了一个非常值得注意的问题。刘氏在《关于明初徭役制度的两点商榷》一文中指出，见年里甲出办上供物料并不是明初的制度，但是上供物料的办纳并非和里甲组织完全没有关系。里甲作为承担田赋和徭役的基本财政组织，无论是税粮折纳的，还是利用官钱买办的物料当然均由里甲人户买办完成，但是催征和买办与"出办"（直接的物质负担）都有不同的性质。⑤

通过刘志伟的论述，我们发现日本学者在讨论里甲正役内容的时候，

① 〔日〕山根幸夫：《明代徭役制度の展開》；小山正明：《明代社会経済史研究》，《赋·役制度の变革》，第65—66页。

② 〔日〕岩见宏：《明代徭役制度の研究》。

③ 〔日〕岩井茂树：《中国近代财政史研究》，第242页。

④ 〔日〕谷口规矩雄：《明代徭役制度史研究》，第15—25页；关于"勾摄公事"的研究也可参考〔日〕伍跃《明清时代の徭役制度と地方行政》，第82—90页。

⑤ 刘志伟：《关于明初徭役制度的两点商榷》，《首都师范大学学报》1982年第4期。

实际上解决了现年里甲是否负有直接的物质负担这个问题，但是对于明初上供物料征办方式其实并没有讨论。讨论这个问题，需要对"役"有相对清晰的认识，征发"役"是直接对劳动资源的获取方式，对于明代赋税征收而言，完成赋税征收的过程被视为"役"的一种，因此即便弄清楚了明初的里甲没有物质负担，但是对于普遍实行民收民解的实物财政体系，上供物料的征派依然是里甲的"役"，这个问题就目前日本学者的研究成果而言，是没有说明的，刘文则提出了关于这个问题的一种解释，即上供物料本身不是里甲正役的负担，但是催征、买办则是由见年里甲完成的，而刘文没有提供必要的史料来支持这一观点。因此对于明代财政收入中另一个重要部分"上供物料"的征收问题依然有必要进一步探讨。

三　杂役金派与均徭法

明代依法系统中有正役和杂役的区分。对于杂役的内容，日本学者做出了比较详细的归纳，并将其归类。

首先，山根幸夫按照杂役的内容将其分为如下六类：

Ⅰ. 供役于中央和地方政府的杂役，包括皂隶、禁子、门子、马夫、斋夫、膳夫。

Ⅱ. 维持地方治安的役，即弓兵。

Ⅲ. 与税粮有关的役，包括斗级、库子、解户、巡栏。[①]

Ⅳ. 与驿递有关的役，包括水夫、驿递所夫、铺司、铺兵。

Ⅴ. 土木工事有关的役，包括民夫、柴夫、闸夫、壩夫、浅夫。

Ⅵ. 杂役户的役，在户籍上来划分，从属于军、民、匠户的一类户籍，杂役户一般是世袭的承担一些特殊徭役。军户中包括将军户、校尉户、力士户、铺兵户、打捕户、站户；民户中包括儒户、医户、阴阳户、僧户、道户；匠户包括厨役户、乐户。川胜守强调，Ⅵ的部分因为与一般民户和军户无关，因此所谓杂役其实只包含五部分。谷口规矩雄也采用山根氏的分类方法，同样也没有将杂役户列入其中。[②]

小山正明将这五部分杂役分为两大部类，其中Ⅰ、Ⅱ、Ⅲ、Ⅴ是供中央地方各种行政治安的役使，包括皂隶、禁子、门子、马夫、斋夫、膳夫、弓兵、斗级、库子、解户、巡栏、柴夫、闸夫、壩夫、浅夫和其他繁

[①] 这里的巡栏供役于府、州、县税课司、局的徭役，从事商税的征收，称其为与赋税征收有关的役更加准确。

[②] 〔日〕山根幸夫：《明代徭役制度の展開》，第65—84页；〔日〕川勝守：《中国封建国家の支配構造》，第76—77页；〔日〕谷口规矩雄：《明代徭役制度史研究》，第26—31页。

杂的役目。Ⅳ是和驿传有关的役，包括水马驿、递运所、急递铺等等。①

　　所谓"均徭"役，据梁方仲先生考证，在明初并不存在这个名称，以均徭法金派杂役是在正统初年由江西金事夏时创立施行的。② 梁氏认为均徭法是对明初徭役旧制的改革，其特点就是把杂役中的经常项目开列出来，另立均徭文册，将点差职权收归政府，限制里甲长的权力。刘志伟认为均徭法的意义只是再次确立了明初徭役征派原则，并非改变差役编金方法。小山正明也认为，均徭法的成立就是整合杂役，使其与正役一样按照里内各甲为单位进行科派。③ 如果我们认为明代财政变革的关键点是赋役财政向货币财政的转变，那么均徭法的成立显然没有突破这个体系，因此笔者认同刘志伟等学者的意见，并不将均徭法作为明中期役法系统改革的开端。

　　均徭法作为明代地方杂役系统的规范办法，相关研究论著颇丰，代表性著作有梁方仲《论明代里甲法和均徭法的关系》、山根幸夫《明代徭役制度の展开》、岩见宏《明代徭役制度の研究》、唐文基《明代赋役制度史》以及岩井茂树《中国近代财政史研究》等，这些著作对明代均徭法实行的时间、方式及流变均有涉及，在此不一一赘述。由于明代均徭的应役方式对研究明代地方财政有非常的意义，它直接涉及地方政府一部分财政经费的取办原则，对研究观察财政货币化的转化路径是必不可少的环节，因此本部分以岩井茂树的研究为基础对均徭法的应役形式稍作梳理。④

　　均徭法成立以后杂役的承担方式也改为十年一轮，以甲为服役单位。岩井茂树指出，明史学界目前对于均徭以甲应役的方式有两种认识：A.在里内十甲中轮流应役，按户金点；B. 负担的分派也以甲为单位，共同应役。其中山根幸夫和小山正明认为均徭法成立以后，职役的应役方式由金点的方式改变为以甲为单位的科派，因此 B 形态基本是日本学界的共识，伍跃对此也有同样的看法。B 形态的基本方式就是县级行政单位将十年的差役预先审定好，然后摊派给各甲，由各甲来承担。

　　与日本学者持有不同观点的是梁方仲和唐文基等国内学者，这些学者认为均徭法虽然被编入里甲轮流承担，但金点方式是以户为单位的 A 形态，岩井氏也持这种看法，并将其称为均徭形态，即虽然在选定应役人户

────────────

① 〔日〕小山正明：《明清社会经济史研究》，第67页。
② 梁方仲：《明代赋役制度》，《论明代里甲法和均徭法的关系》。
③ 刘志伟：《在国家与社会之间——明清广东地区里甲赋役制度与乡村社会》，第99页；
　　〔日〕小山正明：《明清社会经济史研究》，第68页。
④ 〔日〕岩井茂树：《中国近代财政史研究》，第179—220页；

时采用以各户所属各甲为单位的轮役制，但徭役分派给各户，服役义务在各户。其具体的分派作业也由县衙门进行，里长户不能负责具体差役的分派，也不负责向一甲内各甲首户征收分担金额之类。其阐明理由有三：一是如果均徭役的负担方式与里甲役相同，那么各级政府就没有必要另造"均徭文册"，可以直接从户等或者丁粮额度测算出各户的负担能力，进行排列；二是均徭各役目均是由政府指定，即使是按照甲来应役，也只不过是政府在该甲内佥点相应人户，由甲长佥点应役人户的做法不符合均徭法的宗旨；三是均徭法的目的就是为了佥点与杂役的负担能力相称的人户，也即追求役的承担公平，如果与里甲役一样由里甲组织共同承担的话，是起不到这样的效果的。

谷口规矩雄针对岩井氏所述三个理由提出了自己的意见，谷口氏赞同岩井氏的第一条理由，但是小山正明在《明代的粮长》一文中给出了明代粮长佥点杂役的史料，因此其认为第二点理由还有继续研究的必要。同时，谷口氏认为，岩井茂树所提第三条理由过于抽象，其举出《明孝宗实录》中关于导河夫役佥点的材料证明，有些杂役用均徭方法佥点的确比临期取自里甲的方式更为合理，但是仅凭这一条材料是不足以立论的，本书随后会详细论述这个问题。①

与均徭的应役形态有关的第二个问题是华北地区实行的九等法。《明史》中没有关于九等法的记载，日本学者岩见宏最先关注该问题，就其所收文章时间序列来看，九等法应该在《明代における雑役の賦課について—均徭法と九等法》一文中最早提及，此后又在《均徭法·九等法と均徭事例》详细论述。② 岩见宏指出，成弘之后的均徭法应该分为狭义和广义两种，广义上的均徭法是包含九等法的。据岩见氏的研究，明人丘浚曾在《大学衍义补》中将均徭法与九等法并提，与均徭的十年一役不同的是，九等法将民户分为三等九则来承担相应负担的徭役，轮役周期是一年。谷口规矩雄指出，明代徭役折银在华北、华南和华中呈现出不同的完成路径，华北的门银、丁银制度和均徭法之间很难找到必然的联系，而解决这个问题的关键就在于九等法，即九等法形态的提出对我们合理解释华北一条鞭法形成的路径具有非常重要的学术意义。③

---

① 〔日〕谷口规矩雄：《明代徭役制度史研究》，第48—57页。
② 前文发表于《东洋史研究》，1965年，24卷3号；后文为1980年天津明清史国际学术研讨会提交论文，中文本发表于《中华史论丛》1981年第2辑，两篇文章均收于氏著《明代徭役制度の研究》一书中。
③ 〔日〕谷口规矩雄：《明代徭役制度史研究》，第63—69页。

四 田赋折银

税粮折征无疑在明代财政史上具有重要地位，也是本书关注的重点之一。明史学者基本上把明代田赋货币化的开端认定为正统年间金花银的出现。金花银是为了改变北京武官去南京支取俸粮的困难，将浙江、江西、湖广、南直隶、两广等地的起运税粮按照银粮比1∶4的折率缴纳白银，是为金花银。唐文基认为金花银就是折粮银、京库折银。

万明认为，正统初年金花银的名称尚未出现，而且没有规范化，存在一个逐渐形成定制的过程，成弘时期才逐渐形成定制。《明史》的记载误把折粮银、俸米折银、金花银等不同的银的概念混淆在了一起。万明进一步强调，白银货币化是一个自下向上的过程，其作为明代赋役制度改革的推动力，并非朝廷法令推行的结果。唐文基也认为货币的魅力是田赋货币化的推动力。黄阿明强调赋役制度的变动才是白银货币化的起点，在这个过程中，国家的作用力量不容忽视，白银货币化的完成都是围绕着国家财政这一中心主体展开的。[①] 刘志伟通过对明代广东地区金花银问题的研究强调，明中叶赋役征收普遍折征银子，并不完全是由于商品经济发展引发的财政制度自然转变，改折的另一个重要因素是统治者对银子的欲望。刘文进一步指出赋役折银不是一个单纯的市场流通领域的问题，而是与国家财政制度和贡赋经济运作密切相关的。[②]

五 均徭役银纳化和科派方式的调整

杂役银纳化始于宣德年间中央政府的柴薪皂隶折银，而地方财政杂役折银的情况大致出现在弘治年间，到正德年间在全国普遍确立，即银差、力差的出现，至嘉靖末年，力差经历了一个渐次银纳化的过程。[③]

---

① 唐文基：《明代赋役制度史》，第137—141、196页；万明：《明代白银货币化的初步考察》，《中国经济史研究》2003年第2期；《白银货币化视角下的明代赋役改革》，《学术月刊》2007年第5、6期；黄阿明：《明代货币与货币流通》，博士学位论文，华东师范大学，2008年。

② 刘志伟：《在国家与社会之间——明清广东地区里甲赋役制度与乡村社会》，第112—113页。

③ 〔日〕山根幸夫：《明代徭役制度の展开》，第二章《均徭法の银纳化——银差の出现》；〔日〕小山正明：《明清社会经济史研究》，第71—76页；〔日〕岩见宏：《明代徭役制度の研究》，後篇《银差の成立をめぐって—明代徭役の银纳化に关する一问题》；刘志伟：《明代均徭中的银差与力差》，《中山大学研究生学刊》1982年第2期；〔日〕伍跃：《明中期差役改革试论》，《文献》1986年第2期；唐文基：《明代赋役制度史》，第231—249页。

刘志伟的研究认为，嘉靖年间普遍的情况是库子、斗级、禁子、弓兵、门子、铺兵都是力差，而斋夫、膳夫、马夫和祗候是银差。在皂隶中，柴薪和两京直厅皂隶是银差，府州县的皂隶多是力差。银、力二差划分的大体依据是京师和远役是银差，府州县境内是力差。在银差和力差各自负担的轻重问题上，刘文指出梁方仲认为力差是重差，银差是轻差，而左云鹏的结论正好相反。刘氏认为本来银差是重差，但是力差在执行过程中由于存在种种额外负担，应役人户处处被盘剥，反而变成了重差。

山根幸夫认为，最初的徭役纳银一是由于田赋纳银的普及，二是由于银差较力差负担较轻，小农更希望承担银差，徭役纳银作为一种社会政策起到调节小农徭役负担的作用。因此山根氏认为银差是轻差，服役地点较远，力差是重差服役地点较近。

岩见宏通过对最初银差的项目进行梳理指出，明初杂役银纳化只有四项，即皂隶、马夫、斋夫和膳夫，而这四项内容折银征收均有国家的明文法令规定。最初的杂役银纳化是作为官员俸禄补贴出现的，体现了一种政府需求。因此银、力二差之间并不存在服役地点远近的区别，银差出现也不是为了起到调节徭役负担的作用。谷口规矩雄通过对华北地区门银制度确立过程的研究也认为，北方均徭中的门银与南方银差含义相同，包括了京班司府属柴薪、儒学斋夫、膳夫、王府斋郎和易州场柴夫，而这些杂役的折银也能找到中央政府相应的规定。岩见氏同时强调，虽然最初的杂役纳银源于官府对白银的欲求，但是在徭役银纳化的第二阶段，即力差逐渐向银差转化的过程中，折银是起到调节徭役负担作用的。

均徭法改革的第二个关注点是十段法问题。梁方仲的《明代十段锦法》最早对这个问题做出研究，小山正明的《明代の十段法》一文则对这个问题的论述尤为详细。① 小山正明指出对于明代十段法应该注意以下几点：其一，与以户为基准编排里甲或均徭银的原则不同，十段法的科派对象不受里甲内户的限制，而是以均等后的丁粮额度为基准，所以如此，是因为明初以来的以里甲户数为编排原则的体制此时已经崩坏了。其二，十段法的终极形态是均徭内无论银、力差均合并计算，原来根据役目不同金派相应户等人户的方法被废弃了，如果抛开十年一役还是一年一役的区别

---

① 〔日〕伍跃：《明代中叶差役改革试论》，《文献》1986 年第 2 期；梁方仲：《明清赋役制度》，《明代十段锦法》，第 436—455 页；〔日〕小山正明：《明清社会经济史研究》，第 63—96、145—200 页。

不论，这种办法已经和一条鞭法十分接近了。其三，明代里甲制是以国家对个别户的支配为基础的，里甲的编成必须要将户数原则和各里各甲间的徭役负担能力相对应，维持这种体系的社会基础是中小土地所有制。小山氏认为"析户"是维持中小土地所有制的一种办法，但是随着身份性精英在地方社会的兴起，优免政策的适用性也逐渐扩大，随之形成的乡绅土地所有制与中小土地所有制是相悖而行的。因此国家通过里甲征派徭役的方法，在乡绅土地所有制形成之后，施行起来就非常困难了，而十段法就是在处理这种矛盾的过程中产生的。

六　上供物料与地方公费的改革

岩见宏认为，在明初的财政结构中，上供物料并不作为里甲正役的内容由一般民众负担，而地方政府的办公经费同样也不由里甲出办①，但是这部分财政支出的确在明中期以后开始由基层里甲负担，并发展成为里甲役的物质负担。上供物料负担的转嫁，岩见宏认为买办代价不敷、最初的买办地点不当、官钱不足支以至延期支付是造成民间买办负担增大的三个重要原因，而地方公费从"系官钱粮"支出演变成现年里甲出办的历史过程，岩见氏没能给出实证性的解释，只是认为这是中国官僚政治的一个特色。岩井茂树对这个过程的大致动向作了如下解释，即永乐时期的迁都和大规模对外征伐是造成物料用度增大的一个重要原因；宝钞贬值造成地方政府的实际收入大幅度缩小，原本由"系官钱粮"买办的物品只能转嫁给一般民众。地方存留可用于行政经费支出的部分逐渐缩减，各地宗藩禄米的支出份额在逐渐增加，卫所屯粮的减少也增大了地方政府的支出压力。②总之，随着地方财政支出规模的扩大，各地也相应采取了不同的解决方式，而标题所示均平、纲银和门银就代表了三种主要的地方经费支出方式。

均平法是出现在浙江、广东、江西等地，解决上供物料支办和供应地方行政经费的办法。从唐文基、刘志伟、岩见宏和邓智华等学者的研究来看，均平法于三地出现的时间大致在天顺至成化时期，嘉靖时期由巡按御史庞尚鹏、潘季驯和盛应期分别进行了整理和规范。其中广东与浙江不同

---

① 〔日〕岩见宏：《明代徭役制度の研究》，第二章《明初における上供物料と地方公费》，第53—66页；后篇《明代地方财政の一考察—廣東の均平銀について》，第157—180页。
② 〔日〕岩井茂树：《中国近代财政史研究》，第262—278页。

的地方是，广东的均平银中并不包含上供物料的内容。① 山根幸夫和唐文基的研究指出，在成弘之际的福建地区，上供物料和地方经费分别采用"丁料"和"纲银"的办法支办。②

唐文基和刘志伟都强调，嘉靖年间的均平银改革经历了一个从无定额到定额化的过程，使额外之征和无名之费被纳入定额税收之中，这一过程虽然反映了人民负担增加的事实，但是却为一条鞭法的推行创造了条件。

七　一条鞭法的成立与展开

一条鞭法的研究首推梁方仲先生的《一条鞭法》一文，20 世纪 80 年代以后，唐文基《明代赋役制度史》、刘志伟《在国家与社会之间——明清广东地区里甲赋役制度与乡村社会》等著作或总体或区域，都对一条鞭法进行了深入的论述，俱为该领域的优秀研究成果。③ 日本学者对一条鞭法的研究用力颇多，早期如松本善海、和田清、清水泰次，后来如栗林宣夫、藤井宏、山根幸夫、岩见宏、小山正明、谷口规矩雄、岩井茂树都在仔细梳理前人研究成果的基础上，对该问题提出自己独到的见解。谷口规矩雄曾对日本史学界的条鞭研究成果进行了详细综述，该文是梳理学术史需要参考的重要资料。④

欧阳铎的改革一直被视为一条鞭法改革早期尝试被学界关注。其中岩见宏和唐文基将欧阳铎的改革措施归纳为四个方面：即以全县丁田分配全县徭役、徭役统一折征白银并随秋粮带征、轮役周期由十年改为一年、里甲均徭二役合并征收。⑤ 关于改革的特点，岩见宏和小山正明都认为欧阳铎的新法和一条鞭法几乎是相同的，梁方仲在编写《明代一条鞭法年表》

---

① 唐文基：《明代赋役制度史》，第 269—275 页；刘志伟：《在国家与社会之间——明清广东地区里甲赋役制度与乡村社会》，第 99—107 页；〔日〕岩見宏：《明代徭役制度の研究》，第 67—74 页；邓智华：《明中叶江西地方财政体制的改革》，《中国社会经济史研究》2001 年第 1 期。

② 〔日〕山根幸夫：《明代徭役制度の展开》；唐文基：《明代赋役制度史》，第 275—279 页；〔日〕谷口规矩雄：《明代徭役制度史研究》，補篇六《明代福建の一条鞭法について》，第 326—340 页。

③ 梁方仲：《一条鞭法》，《明代一条鞭法的论战》等文章收入《明代赋役制度》一书中；唐文基：《明代赋役制度史》；刘志伟：《在国家与社会之间——明清广东地区里甲赋役制度与乡村社会》。

④ 〔日〕谷口规矩雄：《明代徭役制度史研究》，補篇七《日本における明代徭役制度の研究》。

⑤ 唐文基：《明代赋役制度史》，第 286 页；〔日〕岩見宏：《明代徭役制度の研究》後编《明の嘉靖前後における赋役改革について》，第 120—121 页。

的时候也将欧阳铎的改革措施列入其中，唐文基则认为征一法是一条鞭法的前奏，其实早在清修地方志时就已经提出欧阳铎改革是"一条鞭法所由始"的观点了。① 关于改革的推行过程，小山正明认为欧阳铎改革由于各甲徭役负担不公平，所以并没有推行下去，而是重新施行了十段法。岩见宏和唐文基指出，均徭役的若干重差得不到雇募，没能实现银纳化，这是改革不彻底的地方。②

在一条鞭法成立的问题上，日本学者强调，杂役审编由均徭法最终并入条鞭的过程中，实际存在两条不同的路径：其一是华南、华中地区的"均徭法—十段法——一条鞭法"；其二是华北地区的"九等法—门银、丁银制——一条鞭法（或一串铃法）"。谷口规矩雄认为门银就是银差，丁银就是力差，只不过在华北地区，上供物料和公费的一部分被包含在银差之中，而造成这种不同的原因就是最初的徭役审编方法不同。③

刘志伟通过对广东地区的考察认为，一条鞭法改革以前的各次改革无不以定额赋税为中心课题；而且在改革中，部分赋役项目已经开始合并了；经过嘉靖年间的改革，确立了白银作为支付手段的地位；"四差"征派的审编原则从以户为单位变成了按丁粮征银；赋役征派上，呈现出土地税的成分增加，人丁税的成分减少的发展趋势。嘉靖间的各种改革，在很大程度上具备了一条鞭法的要素，可以视为一条鞭法改革的开始。

伍跃认为，明中叶差役改革体现了以下三个方面的特点：第一，改革是自下而上，日趋频繁，最后汇总为一条鞭法；第二，随着社会生产力的发展，里甲制度日趋瓦解以及大土地所有制的膨胀，田地、税粮逐渐成为编役纳银的重要标准；其三，由亲役到纳银代役的演变，反映了赋役征收从注重劳动的"自然形式、特殊形式"向获取"劳动的共性"发展，也即社会控制的超经济强制性在减弱。④

① 〔日〕岩见宏：《明の嘉靖前後における賦役改革について》，第121页；〔日〕小山正明：《明清社会经济史研究》第一部《明代的十段法》，第149页；梁方仲：《明代赋役制度》，《明代一条鞭法年表》，第182页；唐文基：《明代赋役制度史》，第290页；光绪《重修华亭县志》卷8《田赋下》，第628页。

② 〔日〕小山正明：《明代の十段法》，第149页；〔日〕岩见宏：《明の嘉靖前後における賦役改革について》，第121页；唐文基：《明代赋役制度史》，第288页。

③ 关于华北地区徭役变迁的路径考察可以参见〔日〕岩见宏《明代徭役制度の研究》，第86—92页；〔日〕谷口规矩雄：《明代徭役制度史研究》，第70—74页，補篇《明代華北における銀差成立の一研究—山東の門銀成立を中心として—》。

④ 刘志伟：《在国家与社会之间——明清广东地区里甲赋役制度与乡村社会》，第145—146页；伍跃：《明代中叶差役改革试论》，《文献》1986年第2期。

以上两位学者的观点可以代表中外学者对赋役财政体系在明中叶发展变化趋势的主流看法。但是香港学者刘光临认为，如果没有 16 世纪三四十年代的抗倭战争，特别是军事动员的货币化，则明代财政改革仅仅依赖其内部调整，未必能够打破原有的赋役财政体系，进入一条鞭法以后的新局面。[①] 因此，对一条鞭法形成路径的研究，尤其对国家和社会力量在整个改革过程中具体作用如何，依然是需要深入分析的，而这也正是本书关注的问题之一。

对于一条鞭法的形态与特点问题，梁方仲在《一条鞭法》的第二部分《一条鞭法本论》部分详细考察了各地区的改革形态，按照合并编派、合并征收、用银缴纳和解运制度改革四个部分对一条鞭法的形态进行了综合论述。日本学者岩见宏和谷口规矩雄则着重考察改革在不同地区的各自特点以及南北方条鞭形成的不同路径。两位学者均指出，虽然各地改革的路径均有差异，但是总的来说有两方面的特点，即税役银纳化统一按地丁征收，民众从徭役负担中解放出来。所谓民众徭役负担的减轻指的是一条鞭法以后不征发均徭，不金派里甲，不编设收头，不立头役。[②]

对于一条鞭以后的残存问题。岩见宏和谷口规矩雄的研究表明，虽然一条鞭法以后役的问题已经很好的解决了，但是依然有一部分徭役存在。明人当时就指出收头、粮长虽然被革除，而经催依然存在；里甲、均徭役虽然取消，但是买办则金派铺户。滨岛敦俊也指出，税粮的征收、收兑、解决以及水利的疏浚等这类粮、里长的里甲正役之基本部分，即使到了万历年间，也依然以力役的形态残存着。[③] 滨岛敦俊《围绕均田均役的实施》一文最早对一条鞭法以后的均田均役问题作出了研究，该办法针对一条鞭法残存的徭役和士绅的优免特权进行改革，由大批非身份性地主发起，虽然一开始遭到乡绅地主的反对，不过到天启年间，改革还是推行了下去。这次改革是跨越明清两朝的，对江南士绅的优免特权的裁革一直到康熙年间才呈现出一定的效果。

岩井茂树指出，学术界至今很少有从财政学的角度研究一条鞭法的论著，其在《中国近代财政史研究》一书中指出，一条鞭法成立以后，明代才建立了统一的、有组织的财政结构。条鞭以前，徭役银两完全不由官

---

① 刘光临、刘红铃：《嘉靖朝抗倭战争和一条鞭法的展开》，《明清论丛》第 12 辑。

② 〔日〕谷口规矩雄：《明代徭役制度史研究》第三章，第 75—148 页，补篇五《庞尚鹏の一条鞭法について》，补篇六《明代福建的一条鞭法について》。

③ 参见谷口前揭文，第 75—148 页；〔日〕滨岛敦俊：《围绕均田均役的实施》，栾成显译，《日本学者研究中国史论著选译》第六册，1993 年。

府，每个徭役项目均有各自独立的系统，不是统一的。一条鞭法把上述多重路径的征收办法统一起来归为一体化，为一揽子预算的确立创造了条件。而且一条鞭法以后，赋役各项被统一编入《赋役全书》，地方财政被正规化，也即中央化。岩井氏进一步指出，由于明代"原额主义"财政思想并没有变化，因此正规化的地方财政同时也意味着新的定额的形成。

高寿仙通过对《宛署杂记》中财政资料的整理，详细考察了一条鞭法以后宛平县的财政结构。高文认为一条鞭法虽然一改分收分解为总收分解，但是依然保留了零星派解的琐碎分散状态，难以解决财政体系不合理和低效率的痼疾。货币化程度的提高，财政支出方面则呈现出一种"伪市场化"现象，即把市场交易行为编成沉重的徭役负担。徭役折银也没有彻底改变对人身的超经济控制，编银金役的方式还普遍存在。①

---

① 高寿仙：《财竭商罄：晚明北京的"公私困惫"问题》，《北京联合大学学报》2010 年第4 期。

参考文献

一　古籍方志

（一）地方志类

（成化）《杭州府志》，《四库全书存目丛书》本，齐鲁书社 1997 年版。

（成化）《宁波郡志》，《北京图书馆古籍珍本丛刊》本，书目文献出版社 1987 年版。

（崇祯）《嘉兴县志》，《日本藏罕见中国地方志丛刊》本，书目文献出版社 1991 年版。

（崇祯）《开化县志》，《稀见中国地方志汇刊》本，中国书店 1992 年版。

（崇祯）《松江府志》，《日本藏中国罕见地方志丛刊》本。

（崇祯）《乌程县志》，《稀见中国地方志汇刊》本。

（崇祯）《义乌县志》，《稀见中国地方志汇刊》本。

（光绪）《乐清县志》，《中国方志丛书》本，台北成文出版社 1983 年版。

（光绪）《宁化县志》，《中国方志丛书》本。

（光绪）《桐乡县志》，《中国方志丛书》本。

（光绪）《余姚县志》，《中国方志丛书》本。

（光绪）《重修华亭县志》，《中国方志丛书》本。

（弘治）《湖州府志》，《四库全书存目丛书》本。

（弘治）《嘉兴府志》，《四库全书存目丛书》本。

（弘治）《衢州府志》，《天一阁藏明代方志选刊续编》本，上海书店 1990 年版。

（弘治）《温州府志》，《天一阁藏明代方志选刊续编》本。

（嘉靖）《安吉州志》，《天一阁藏明代方志选刊续编》本。

（嘉靖）《淳安县志》，《天一阁藏明代方志选刊》本。

（嘉靖）《定海县志》，《中国方志丛书》本。

（嘉靖）《高淳县志》，《天一阁藏明代方志选刊》，上海古籍书店 1963

　年版。

（嘉靖）《嘉定县志》，《南京图书馆藏稀见方志丛刊》本，国家图书馆出
　版社 2017 年版。

（嘉靖）《嘉兴府图记》，《中国方志丛书》本。

（嘉靖）《宁波府志》，《中国方志丛书》本。

（嘉靖）《浦江志略》，《天一阁藏明代方志选刊》本。

（嘉靖）《仁和县志》，《中国方志丛书》本。

（嘉靖）《瑞安县志》，《稀见中国地方志汇刊》本。

（嘉靖）《太仓州志》，《天一阁藏明代方志选刊续编》本。

（嘉靖）《太平县志》，《天一阁藏明代方志选刊》本。

（嘉靖）《温州府志》，《天一阁藏明代方志选刊》本。

（嘉靖）《武康县志》，《天一阁藏明代方志选刊》本。

（嘉靖）《象山县志》，《天一阁藏明代方志选刊续编》本。

（嘉靖）《萧山县志》，《天一阁藏明代方志选刊续编》本。

（嘉靖）《永嘉县志》，《稀见中国地方志汇刊》本。

（嘉靖）《浙江通志》，《中国地方志丛书》版。

（嘉庆）《长兴县志》，《中国方志丛书》本。

（嘉庆）《松江府志》，《中国方志丛书》本。

（嘉庆）《西安县志》，《中国方志丛书》本。

（嘉庆）《义乌县志》，《中国方志丛书》本。

（康熙）《昌化县志》，《稀见中国地方志汇刊》本。

（康熙）《德清县志》，《中国方志丛书》本。

（康熙）《海宁县志》，《中国方志丛书》本。

（康熙）《会稽县志》，《中国方志丛书》本。

（康熙）《嘉兴府志》，《稀见中国地方志汇刊》本。

（康熙）《金华县志》，《中国方志丛书》本。

（康熙）《临海县志》，《中国方志丛书》本。

（康熙）《绍兴府志》，《中国方志丛书》本。

（康熙）《汤溪县志》，《稀见中国地方志汇刊》本。

（康熙）《武进县志》，《北京大学图书馆藏稀见方志丛刊》本，国家图书
　馆出版社 2013 年版。

（康熙）《永康县志》，《中国方志丛书》本。

（隆庆）《平阳县志》，《中国方志丛书》本。

（民国）《江阴县续志》，《中国方志丛书》本。

（明）李贤等：《明一统志》，《文渊阁四库全书》本。

（乾隆）《平湖县志》，《稀见中国地方志汇刊》本。

（乾隆）《平湖县志》，《稀见中国地方志汇刊》本。

（乾隆）《乌程县志》，《中国方志丛书》本。

（乾隆）《吴江县志》，《中国地方志集成》本，江苏古籍出版社 1991
　　年版。

（乾隆）《镇江府志》，《中国地方志集成》版。

（清）穆彰阿、潘锡恩等纂修：《大清一统志》，《续修四库全书》本。

（天启）《慈溪县志》，《中国方志丛书》本。

（天启）《海盐县图经》，《四库全书存目丛书》本。

（天启）《平湖县志》，《天一阁藏明代方志选刊续编》本。

（天启）《衢州府志》，《中国方志丛书》本。

（万历）《杭州府志》，《中国方志丛书》本。

（万历）《湖州府志》，《四库全书存目丛书》本。

（万历）《黄岩县志》，《天一阁藏明代方志选刊》本。

（万历）《会稽县志》，《中国方志丛书》本。

（万历）《嘉定县志》，《四库全书存目丛书》本。

（万历）《嘉兴府志》，《中国方志丛书》本。

（万历）《金华府志》，《中国方志丛书》本。

（万历）《兰溪县志》，《中国方志丛书》本。

（万历）《钱塘县志》，《中国方志丛书》本。

（万历）《上虞县志》，《中国方志丛书》本。

（万历）《绍兴府志》，《中国方志丛书》本。

（万历）《遂安县志》，《中国方志丛书》本。

（万历）《武进县志》，《南京图书馆藏稀见方志丛刊》本。

（万历）《新修余姚县志》，《中国方志丛书》本。

（万历）《秀水县志》，《中国方志丛书》本。

（万历）《严州府志》，《中国方志丛书》本。

（万历）《重修常州府志》，《南京图书馆藏稀见方志丛刊》本。

（万历）《重修象山县志》，《中国方志丛书》本。

（雍正）《处州府志》，《中国方志丛书》本。

（雍正）《宁波府志》，《中国方志丛书》本。

（雍正）《浙江通志》，《文渊阁四库全书》本。

《永乐大典》载《湖州府志》，《中国方志丛书》本。

（永乐）《乐清县志》，《天一阁藏明代方志选刊》本。

（正德）《嘉兴志补》，《四库全书存目丛书》本。

（正德）《武义县志》，《稀见中国地方志汇刊》本。

（正德）《永康县志》，《天一阁藏明代方志选刊续编》本。

（二）实录、正史、政书、奏议与档案类

《崇祯长编·崇祯实录》，台湾文献史料丛刊本，台北大通书局1984年版。

（明）陈九德：《皇明名臣经济录》，《四库禁毁丛刊》本。

（明）陈子龙等编：《皇明经世文编》，中华书局1962年版。

（明）何乔远：《名山藏》，《续修四库全书》本。

（明）李东阳等：（正德）《明会典》，《文渊阁四库全书》本。

（明）李昭详：《龙江船厂志》，江苏古籍出版社1999年版。

（明）刘惟谦等：《大明律》，《续修四库全书》本。

（明）申时行等：（万历）《明会典》，中华书局1989年版。

（明）王圻：《续文献通考》，《续修四库全书》本。

（明）徐象梅：《两浙名贤录》，《续修四库全书》本。

（明）姚广孝等：《明实录》，台湾"中央研究院"历史语言研究所1962
　　年版。

（明）张学颜等：《万历会计录 上、下》，《北京图书馆古籍珍本丛
　　刊》本。

（清）乾隆敕撰：《钦定续文献通考》，《文渊阁四库全书》本。

（清）孙承泽：《春明梦余录》，《文渊阁四库全书》本。

（清）张廷玉等：《明史》，中华书局1974年版

《诸司职掌》，《续修四库全书》本。

（三）文集、笔记类

（明）顾鼎臣：《顾文康公疏草》，上海古籍出版社2013年版。

（明）顾起元：《客座赘语》，中华书局1987年版。

（明）归有光：《震川先生集》，上海古籍出版社1981年点校本。

（明）海瑞：《海瑞集》，中华书局1962年版。

（明）何良俊：《四友斋丛说》，中华书局1959年版。

（明）霍韬：《渭涯文集》，《四库全书存目丛书》本。

（明）况钟撰，吴奈夫等校点：《况太守集》，江苏人民出版社1983年版。

（明）欧阳铎：《欧阳恭简公文集》，《四库全书存目丛书》本。

（明）庞尚鹏：《百可亭摘稿》，《四库全书存目丛书》本。

（明）邱濬：《大学衍义补》，《文渊阁四库全书》本。

（明）沈德符：《万历野获编》，中华书局 1959 年版。

（明）唐顺之：《唐顺之集》，浙江古籍出版社 2014 年版。

（明）汪道昆：《太函集》，《续修四库全书》本。

（明）张萱：《西园闻见录》，《续修四库全书》本。

（明）张选：《忠谏静思张公遗集》，《四库全书存目丛书》本。

（明）朱健：《古今治平略》，《续修四库全书》本。

二　今人著作

（一）国内著作

包伟民：《宋代地方财政史研究》，上海古籍出版社 2001 年版。

曹树基：《中国人口史（第四卷 明时期）》，复旦大学出版社 2000 年版。

陈登原：《中国田赋史》，上海商务印书馆 1936 年版。

陈明光：《唐代财政史新编》，中国财政经济出版社 1991 年版。

程利英：《明代北直隶财政研究——以万历时期为中心》，中国社会科学出版社 2009 年版。

傅衣凌：《明清农村社会经济·明清社会经济变迁论》，中华书局 2007 年版。

傅衣凌：《明清社会经济史论文集》，人民出版社 1982 年版。

傅衣凌：《明清时代商人及商业资本·明代江南市民经济试探》，中华书局 2007 年版。

高寿仙：《明代农业经济与农村社会》，黄山书社 2006 年版。

何朝晖：《明代县政研究》，北京大学出版社 2006 年版。

何廉、李锐：《财政学》，商务印书馆 2011 年版。

侯家驹：《中国经济史》，新星出版社 2008 年版。

胡大恒：《明代土地问题》，台北成文出版社 1977 年版。

黄冕堂：《明史管见》，齐鲁书社 1985 年版。

蒋兆成：《明清杭嘉湖社会经济研究》，浙江大学出版社 2002 年版。

赖惠敏：《明代南直隶赋税制度的研究》，台湾大学出版委员会 1983 年版。

李伯重：《多视角看江南经济史（1250—1850）》，生活·读书·新知三联书店 2003 年版。

李伯重：《江南农业的发展 1620—1850》，上海古籍出版社 2007 年版。

李三谋：《明清财经史新探》，山西经济出版社 1990 年版。

李洵：《明史食货志校注》，中华书局 1982 年版。

李洵：《下学集》，中国社会科学出版社 2006 年版。

梁方仲：《梁方仲经济史论文集补编》，中州古籍出版社 1984 年版。

梁方仲：《梁方仲经济史论文集》，中华书局 1989 年版。

梁方仲：《明代赋役制度》，中华书局 2008 年版。

梁方仲：《明代粮长制度》，上海人民出版社 2001 年版。

梁方仲：《明清赋税与社会经济》，中华书局 2008 年版。

梁方仲：《中国历代户口、田地、田赋统计》，中华书局 2008 年版。

刘志伟：《在国家与社会之间：明清广东地区里甲赋役制度与乡村社会》，
中国人民大学出版社 2010 年版。

栾成显：《明代黄册研究》，中国社会科学出版社 1998 年版。

南炳文：《辉煌、曲折与启示：20 世纪中国明史研究回顾》，天津人民出
版社 2001 年版。

彭信威：《中国货币史》，上海人民出版社 2007 年版。

彭云鹤：《明清漕运史》，首都师范大学出版社 1995 年版。

全汉昇：《明清经济史研究》，联经出版事业公司 1987 年版。

全汉昇：《中国近代经济史论丛》，台北稻禾出版社 1996 年版。

全汉昇：《中国经济史研究（二）》，台北稻禾出版社 1990 年版。

唐文基：《明代赋役制度史》，中国社会科学出版社 1991 年版。

万明：《晚明社会变迁：问题与研究》，商务印书馆 2005 年版。

汪圣铎：《两宋财政史》，中华书局 1995 年版。

王毓铨：《明代的军屯》，中华书局 2009 年版。

王毓铨：《王毓铨集》，中国社会科学出版社 2006 年版。

王毓铨主编：《中国经济通史·明代经济卷（上、下）》，经济日报出版社
2007 年版。

王尊旺：《明代九边军费考》，天津古籍出版社 2015 年版。

吴晗：《读史札记》，生活·读书·新知三联书店 1956 年版。

伍丹戈：《明代土地制度和赋役制度的发展》，福建人民出版社 1982 年版。

叶振鹏：《20 世纪中国财政史研究概要》，湖南人民出版社 2005 年版。

于志嘉：《卫所、军户与军役——以明清江西地区为中心的研究》，北京大
学出版社 2010 年版。

郁维明：《明代周忱对江南地区社会经济的改革》，台北商务印书馆 1987
年版。

张金奎：《明代卫所军户研究》，线装书局 2007 年版。

赵轶峰：《明代的变迁》，上海三联书店 2008 年版。

赵毅、栾凡：《20 世纪明史研究综述》，东北师范大学出版社 2002 年版。

赵毅：《明清史抉微》，吉林人民出版社 2008 年版。

郑学檬主编：《中国赋役制度史》，上海人民出版社 2000 年版。

郑振满：《明清福建家族组织与社会变迁》，中国人民大学出版社 2009
　　年版。

周伯棣：《中国财政史》，上海人民出版社 1981 年版。

　　（二）国内期刊、学位论文及会议论文

鲍彦邦：《明代漕粮折征的数额、用途及影响》，《暨南学报》1994 年第
　　1 期。

鲍彦邦：《明代漕粮折色的派征方式》，《中国史研究》1992 年第 1 期。

晁中辰：《明后期白银的大量内流及其影响》，《史学月刊》1993 年第
　　1 期。

陈铿、赵建群：《明代纲银法》，《中国社会经济史研究》1988 年第 3 期。

陈明光：《20 世纪中国古代财政史研究评述》，《中国史研究动态》2002
　　年第 12 期。

陈明光、郑学檬：《中国古代赋役制度史研究的回顾与展望》，《历史研
　　究》2001 年第 1 期。

陈世昭：《明初赋役制度》，《江汉论坛》1985 年第 4 期。

陈世昭：《明代一条鞭法问题研究》，《江汉论坛》1987 年第 7 期。

陈学文：《明代中叶湖州府乌程县的社会经济结构——明清江南典型县份
　　个案研究之三》，《中国社会经济史研究》1992 年第 2 期。

陈学文：《明代中叶江南一个县份的社会经济结构——浙江崇德县个案研
　　究》，《浙江学刊》1985 年第 5 期。

陈学文：《明清时期江南一个县份的社会经济结构——苏州府嘉定县个案
　　研究》，《史林》1989 年第 2 期。

陈支平：《清初地丁钱粮征收新探》，《中国社会经济史研究》1986 年第
　　4 期。

邓智华：《明中叶江西地方财政体制的改革》，《中国社会经济史研究》
　　2001 年第 1 期。

董郁奎：《试论明中叶的财政危机与浙江的赋税制度改革》，《浙江学刊》
　　2000 年第 4 期。

樊树志：《明代江南官田与重赋之面面观》，《明史研究论丛》第 4 辑，江
　　苏古籍出版社 1991 年版。

樊树志：《"摊丁入地"的由来与发展》，《复旦学报》1984 年第 4 期。

范金民：《江南重赋原因的探讨》，《中国农史》1995 年第 3 期。

范金民：《明清杭嘉湖农村经济结构的变化》，《中国农史》1988 年第 2 期。

范金民：《明清江南重赋问题述论》，《中国经济史研究》1996 年第 3 期。

傅衣凌：《明代江南地主经济新发展的初步研究》，《厦门大学学报》1954 年第 5 期。

高寿仙：《明代北京杂役考述》，《中国社会经济史研究》2003 年第 4 期。

高寿仙：《明代京通二仓述略》，《中国史研究》2003 年第 1 期。

高寿仙：《明代揽纳考论——以解京钱粮物料为中心》，《中国史研究》2007 年第 3 期。

高寿仙：《明前期驿递夫役佥派方式初探》，《东岳论丛》1999 年第 1 期。

高王凌：《关于明代田赋改征》，《中国史研究》1986 年第 3 期。

郭厚安：《明代江南赋重问题析》，《西北师大学报》1984 年第 4 期。

洪沼：《明初的迁徙富户与粮长制》，《中国社会经济史研究》1984 年第 1 期。

黄阿明：《明代赋税征银中的负面问题》，《史林》2007 年第 6 期。

黄阿明：《明代货币与货币流通》，博士学位论文，华东师范大学，2008 年。

纪慧娟、宗韵：《明代驿递夫役佥派方式之变化》，《安徽师范大学学报》（人文社会科学版）2003 年第 1 期。

蒋兆成：《论明代杭嘉湖的官田》，《杭州大学学报》1992 年第 1 期。

蒋兆成：《明末清初杭嘉湖的里役改革》，《中国社会经济史研究》1991 年第 1 期。

赖惠敏：《明代南直隶赋税徭役与地方经费》，《史原（台湾）》1982 年第 12 期。

李长弓：《从江西行条鞭看明宣德以后地方自决体制》，《中国社会经济史研究》1989 年第 2 期。

李龙潜：《明初迁徙富户考释——兼论京师坊厢徭役制度》，《中国社会经济史研究》1988 年第 3 期。

李新峰：《论元明之间的变革》，《古代文明》2010 年第 4 期。

林金树：《关于明代急递铺的几个问题》，《北方论丛》1995 年第 6 期。

林金树：《关于明代江南官田的几个问题》，《中国经济史研究》1988 年第 1 期。

林金树：《明代江南民田的数量和科则》，《中国社会经济史研究》1987 年第 3 期。

林金树：《明代江南官田的由来、种类和科则》，《郑州大学学报》1987年第5期。

刘光临、刘红铃：《嘉靖朝抗倭战争和一条鞭法的展开》，《明清论丛》第12辑，故宫出版社2012年版。

刘文鹏、乐嘉辉：《明末清初的驿传差役制度变革——从几则地方志的材料谈起》，《中国地方志》2004年第6期

刘志伟：《关于明初徭役制度的两点商榷》，《首都师范大学学报》1982年第4期。

刘志伟：《明代均徭中的银差与力差》，《中山大学研究生学刊》1982年第2期。

牛亚贵：《关于明中叶徭役制度改革的几个问题——兼与唐文基先生商榷》，《内蒙古大学学报》1982年第3、4期。

彭雨新：《明清赋役改革与官绅地主阶层的逆流》，《中国经济史研究》1989年第1期。

史苏苑：《从明代的"一条鞭法"到清代的"地丁"制度——关于明清两代田赋之史的研究》，《新史学通讯》1954年第9期。

苏新红：《明代太仓库研究》，博士学位论文，东北师范大学，2009年。

孙良玉：《试论明代的白银货币化》，硕士学位论文，郑州大学，2006年。

唐文基：《论欧阳铎的赋役制度改革》，《中国社会经济史研究》1991年第1期。

唐文基：《明初的杂役和均工夫》，《中国社会经济史研究》1985年第3期。

唐文基：《明代江南重赋问题和国有官田的私有化》，《明史研究论丛》第4辑，江苏古籍出版社1991年版。

唐文基：《明代"金花银"和田赋货币化趋势》，《福建师范大学学报》1987年第2期。

唐文基：《明中叶东南地区徭役制度的变革》，《历史研究》1981年第2期。

唐文基：《试论明代里甲制度》，《社会科学战线》1987年第4期。

唐文基：《张居正的丈田运动》，《福建师范大学学报》1988年第4期。

田培栋：《论明代北方五省的赋役负担》，《首都师范大学学报》1995年第4期。

田澍：《明朝对河西走廊的财政政策》，《甘肃社会科学》2001年第2期。

万明：《白银货币化视角下的明代赋役改革（上）、（下）》，《学术月刊》

2007 年第 5、6 期。

万明：《关于明代白银货币化的思考》，《中国社会科学院院报》2004 年第
　5 期。

万明：《明代白银货币化的初步考察》，《中国经济史研究》2003 年第
　2 期。

万明：《明代白银货币化：中国与世界连接的新视角》，《河北学刊》2004
　年第 3 期。

万明：《晚明社会变迁：研究视角的转换》，《中国文化研究》2004 年春
　之卷。

吴慧：《明清（前期）财政结构性变化的计量性分析》，《中国社会经济史
　研究》1990 年第 3 期。

伍丹戈：《明代的官田和民田》，《中华文史论丛》1979 年第 1 期。

伍丹戈：《明代徭役的优免》，《中国社会经济史研究》1983 年第 3 期。

伍丹戈：《明代中叶的赋税改革和社会矛盾——所谓均田—均粮运动的开
　始和周忱的平米法》，《社会科学战线》1979 年第 4 期。

伍丹戈：《明代周忱赋役改革的作用和影响》，《明史研究论丛 第 3 缉》，
　江苏古籍出版社 1985 年版。

萧放：《白银货币的周流与明帝国的命运》，《史学月刊》1989 年第 6 期

肖立军：《从财政角度看明朝的腐败与灭亡》，《历史教学》1994 年第
　8 期。

肖立军：《明代财政制度中的起运与存留》，《南开学报》1997 年第 2 期。

颜广文：《论嘉靖年间戴璟在广东进行的驿递制度改革》，《广东教育学院
　学报》2000 年第 4 期

余用心：《关于明代一条鞭法的考察》，《西北师大学报》1983 年第 2 期。

倪来恩、夏维中：《外国白银与明帝国的崩溃——关于明末外国白银的输
　入及其作用的重新检讨》，《中国社会经济史研究》1990 年第 3 期。

张松梅：《明代军饷研究》，博士学位论文，南开大学，2008 年。

赵俪生：《试论明代土地——赋役问题症结之所在》，《天津社会科学》
　1983 年第 6 期。

赵轶峰：《明代中国历史趋势：帝制农商社会》，《东北师大学报》2007 年
　第 1 期。

赵中男：《明代物料征收研究》，博士学位论文，北京大学，2005 年。

　　（三）日本学者著作

刘俊文主编：《日本学者研究中国史论著选译》，中华书局 1993 年版。

刘俊文主编:《日本中青年学者论中国史》,上海古籍出版社 1995 年版。

〔日〕岸本美绪:《明清交替と江南社会——17 世纪中国の秩序问题》,东京大学出版会 1999 年版。

〔日〕滨岛敦俊:《明代江南农村社会の研究》,东京大学出版会 1982 年。

〔日〕滨岛敦俊:《明末南直苏松常三府的均田均役法》,《东洋学报》1976 年 57 卷 3、4 期。

〔日〕川勝守:《中国封建国家の支配構造研究——明清赋役制度史の研究》,东京大学出版会 1980 年版。

〔日〕渡辺信一郎:《中国古代の财政と国家》,东京汲古书院 2010 年版。

〔日〕谷口规矩雄:《明代徭役制度史研究》,京都同朋舍 1998 年版。

〔日〕樺山紘一等:《岩波讲座·世界历史》,东京岩波书店 1999 年版。

〔日〕加藤繁:《中国经济史考证》,台北华世出版社 1976 年版。

〔日〕林健久:《财政学講義》,东京大学出版会 1995 年版。

〔日〕森正夫:《明代江南土地制度の研究》,东京同朋舍 1988 年版。

〔日〕山本進:《清代财政史研究》,东京汲古书院 2002 年版。

〔日〕山本英史:《绅衿税粮包揽与清朝国家》,《东洋史研究》48—4,1990 年。

〔日〕山根幸夫:《明代徭役制度の展开》,东京女子大学学会 1966 年版。

〔日〕神野直彦:《财政学——财政现象的实体化分析》,南京大学出版社 2012 年版。

〔日〕市古尚三:《明代货币史考》,东京凤书房 1977 年版。

〔日〕斯波义信:《宋代江南经济史研究》,方健等译,江苏人民出版社 2001 年版。

〔日〕伍跃:《明代中叶差役改革试论》,《文献》1986 年第 2 期。

〔日〕伍躍:《明清時代の徭役制度と地方行政》,大阪经济法科大学出版部 2000 年版。

〔日〕小山正明:《明清社会经济史研究》,东京大学出版会 1992 年版。

〔日〕岩见宏:《明代徭役制度の研究》,京都同朋舍 1986 年版。

〔日〕岩井茂树:《中国近代财政史研究》,付勇译,社会科学文献出版社 2011 年版。

〔日〕中山八郎等编著:《清水博士追悼记念——明代史論叢》,东京大安株式会社 1962 年版。

〔日〕重田德:《清代社会经济史研究》,东京岩波书店 1975 年版。

〔日〕滋贺秀三等:《明清时期的民事审判与民间契约》,王亚新等编译,法律出版社 1998 年版。

（四）欧美学者论著

〔德〕贡德·弗兰克：《白银资本——重视经济全球化中的东方》，刘北成译，中央编译出版社 2000 年版。

〔法〕马克·布洛赫：《封建社会》，张绪山译，商务印书馆 2004 年版。

〔美〕G. W 施坚雅原著：《中国封建社会晚期城市研究——施坚雅模式》，王旭、李洵、赵毅等译，吉林教育出版社 1991 年版。

〔美〕道格拉斯·C. 诺思：《经济史上的结构与变迁》，陈郁、罗华平等译，上海人民出版社 1994 年版。

〔美〕德·希·珀金斯：《中国农业的发展（1368—1968 年）》，宋海文等译，伍丹戈校，上海译文出版社 1984 年版。

〔美〕何炳棣：《明初以降人口及其相关问题：1368—1953》，葛剑雄译，生活·读书·新知三联书店 2000 年版。

〔美〕黄仁宇：《放宽历史的视界》，生活·读书·新知三联书店 2007 年版

〔美〕黄仁宇：《明代的漕运》，张皓、张升译，新星出版社 2005 年版。

〔美〕黄仁宇：《十六世纪明代中国之财政与税收》，阿风等译，生活·读书·新知三联书店 2001 年版。

〔美〕黄宗智：《长江三角洲小农家庭与乡村发展》，中华书局 1992 年版。

〔美〕黄宗智：《经验与理论：中国社会、经济与法律的实践历史研究》，中国人民大学出版社 2007 年版。

〔美〕黄宗智：《中国研究的范式问题讨论》，社会科学文献出版社 2003 年版。

〔美〕牟复礼、〔英〕崔瑞德编：《剑桥中国明代史 1368—1644》，张书生等译，中国社会科学出版社 2006 年版。

〔美〕彭慕兰：《大分流：欧洲、中国及现代世界经济的发展》，史建云译，江苏人民出版社 2003 年版。

〔美〕王国斌：《转变的中国——历史变迁与欧洲经验的局限》，李伯重、连玲玲译，江苏人民出版社 1998 年版。

〔美〕王业键：《清代田赋刍议》，高风等译，人民出版社 2008 年版。

〔美〕曾小萍：《州县官的银两——18 世纪中国的合理化财政改革》，董建中译，中国人民大学出版社 2005 年版。

〔美〕赵冈、陈钟毅：《中国经济制度史论》，新星出版社 2006 年版。

〔美〕赵冈、陈钟毅：《中国土地制度史》，新星出版社 2006 年版。

〔英〕安格斯·麦迪森：《中国经济的长期表现——公元 960—2030 年》，

伍晓鹰、马德斌译，上海人民出版社 2008 年版。

〔英〕亚当·斯密：《国民财富的性质和原因的研究》，郭大力、王亚南译，商务印书馆 2007 年版。

〔英〕约翰·希克斯：《经济史理论》，厉以平译，商务印书馆 2007 年版。

后　记

　　本书是在我博士论文基础上增添修改完成的，就读期间原以明代浙江布政司作为研究区域，论文题目就是《明代浙江地区财政结构变迁研究》。自 2014 年博士研究生毕业以后便筹划出版事宜，不想在随后的工作科研中不断阅读南直隶地区的史料，略有一些感想，便写成几篇论文，与原稿整合一起申请了 2017 年国家社科基金后期资助项目，不意侥幸得中，转眼两年有余书稿才得以完成。这六年间，因各种机缘与众多学界前辈先生、同仁朋友畅谈明清社会经济史和财政史相关问题，方觉得自己原是井底之蛙，许多观点均有商榷之处。虽想大动干戈修改一番，奈何结项期限迫近，书稿已定，枣梨之际，竟有羞于见人之愧。虽说如此，拙著出版毕竟是对前期研究心得的一番总结，也算激励小子继续前行之动力。

　　2007 年，我拜入赵毅先生门下攻读明清史硕士学位。赵师心胸豁达，视野开阔，初见便嘱咐我们，治学读书不可局限，尤其不能只读历史书籍，要文学、社科无所不读，哪怕是最流行的小说也要拿来读，这番话令我受用至今。赵师待人宽厚，从不苛责学生，也不限制学生的研究方向与思路。那时，我阅读史料与史书，每有心得便与赵师交流，都得到他的鼓励，让我继续深入研读下去。2008 年，赵师教授我们"明代赋役制度史"课程，我便认真阅读梁方仲、黄仁宇、刘志伟、唐文基等先生的著作，对明代徭役问题颇感兴趣，又与赵师交流，赵师高兴的说"好啊，作吧，作毕业论文吧"。自此我与明代徭役结缘，转眼已十多年了，而赵师这一句话我竟始终不忘！

　　赵师行事严谨，治学教书，一丝不苟。凡给学生上课必须亲写讲义，无论事务多么繁忙，都不缺漏学生一次课程。求学期间每每嘱咐我们，治史要有大关照，文章不写半句空。我自本科求学时，深以赵师治学行事之风为是，自己治学教学均以赵师为榜样，不敢有一丝懈怠。而赵师于我，无论求学、工作、生活，均给予我和我的家庭无私的帮助和关照，我虽入门甚晚，但受恩最深。虽说书稿后记都要鸣谢、致敬，但赵师之恩又岂是一个"谢"字可了。

　　硕士在读期间，赵师曾带我参加新郑举办的"高拱学术会议"，会上结识高寿仙师。高师学识渊博，于明史各方向均有建树，尤精于明代社会经济史。会议期间我与高师共住一个房间，得以时时请教，这番帮助对我一个初涉史学的小学生实在难以估量。自那时起，我每有困难都向高师请教，每写成文章都求高师指点，得到高师耐心的指点与真诚的鼓励。虽然高老师没有给我上过一天的课，在我心中，始终以师侍之。

　　2010 年，我仍随赵师攻读博士学位，来到东北师范大学求学。求学期间得以在罗冬阳师主持的明清所学习，罗师思路敏捷、学术洞见极深，经常将治学思路传授于我，令我视野大开，思路拓宽。罗师知我专治明代赋役制度，每读到相关文章均加以留意，转送给我。2012 年，罗师读到《明清论丛》中刘光临先生的一篇文章，而刘先生的治学思路我早已经听高寿仙老师大家赞许过，遂认真阅读这篇抗倭战争与一条鞭法展开的文章，大受启发，基本奠定了我博士论文的思路。后经罗师帮助，我得以进入"清史编委会"图书室，短时间获取了大量珍贵史料与日本赋役制度研究原著。正是在罗师真诚的指导和帮助下，我才能够顺利完成学位论文。罗师之恩，至今难忘。

　　东师期间，赵轶峰老师为我们开设中华文明史、明清政治文化史等课程。轶峰师学贯中西，博大且精深，我每有困惑都求解于轶峰师面前，而先生往往一二语便开我茅塞，感佩至深。轶峰师醉心政治文化之研究，开设课程期间，布置我们研读政治文化书籍，自刘泽华先生之中国政治思想到高毅先生的《法兰西风格》、阿尔蒙德的《比较政治学》无所不读，中外之文化人物无所不论。轶峰师不斥我狂悖，我每有发论，他都悉心点评，多有鼓励。后我来到辽宁师范大学工作，指导的第一个研究生便以《明代阁臣署理部事研究》为题，从政治文化的角度解读明代的阁部关系。此时我才发现，轶峰师指导之政治文化研究思路已深入我思想之中，所谓"导师"正是此意吧。

　　论文开题、答辩过程，还得到刘晓东教授、刁书仁教授、王彦辉教授以及吉林大学王剑教授、吉林省社科院栾凡研究员的悉心指点，为论文的修改和完善提出诸多宝贵意见。本书从申请基金到编辑出版，还得到中国社会科学出版社宋燕鹏兄的热情帮助与认真校对，在此一并提出感谢。

　　工作以来，故宫博物院赵中男教授对我多有提携，每有会议均邀我参加，为我结识学界前辈新秀提供良好的平台。而与中山大学吴滔、于薇两位老师之结识更是大大裨益我近年之学识长进，两位老师多次筹办明清社会经济史研讨会，令我结识刘志伟、郑振满、赵世瑜等赋役制度、社会经济等方面的前辈大家，使我对本领域研究有了更深入的认识，竟颠覆了许多我以前不成熟的想法。而和学界友人谢湜、申斌、赵思渊、邱永志、侯鹏、黄忠鑫、周健等人的交流令我在思路和眼界上更上一个层次，对许多问题有了更深入的认识。诸位师友均是我学术生命中的"贵人"。

在辽师求学、工作期间，我还得到谢景芳、喻大华、刘贵福、郭培贵、秦海滢和已故之常金仓等诸位老师的教诲与帮助，在我的史学生涯中帮我夯实基础、指明方向。谢师之挥洒、喻师之幽默，犹令我在获取知识的同时，增进学习历史的浓厚兴趣。院系领导为我的教学科研工作提供了大力的支持。同门同辈学友胡克诚大师兄、范传南、田雨师兄、常文相、石怡、年旭、李凯、戴鹏辉、王铁男等同学在我求学和工作生活中给予了我无私的帮助，毕业以后虽然天各一方，但仍旧保持密切联系，对我多有扶持。

书稿中多篇文章已经在《中国史研究》《中国经济史研究》《古代文明》《故宫博物院院刊》《西南大学学报》《社会科学辑刊》《学习与探索》上发表。感谢各刊不弃，同时为我修改书稿提出了诸多宝贵意见。

最后，我要感谢为我默默奉献的父母，自我求学以来，每一次选择他们都毫无保留的支持我，资助我完成了漫长的求学生涯。尤其需要感谢的是我的同学、朋友、妻子张会会，自我读书期间就多得她的照顾。工作以后，她承担了大部分家务，照顾双方老人以及幼子大未，把宝贵的时间留给我专心治学，我所取得的这些成绩多要归功于她。

收笔之际，惟愿此书得到学界同仁真诚的批评与教诲，助我前行，方不负师友亲人于我之无私帮助！